Brentano
&
Meinong

现代西方
价值哲学经典

The Classic Works
of Modern Western
Value Philosophy

北京师范大学价值与文化研究中心　组编

冯　平　总主编

布伦塔诺
与迈农　卷

郝亿春　主编

郝亿春　蒋　曦　杨晞帆　译

北京师范大学出版集团
BEIJING NORMAL UNIVERSITY PUBLISHING GROUP
北京师范大学出版社

致　谢

2018 年北京师范大学价值与文化中心正式立项组织《现代西方价值哲学经典》(第一辑)的编辑和出版。《现代西方价值哲学经典》(第一辑)共八本。《尼采卷》由孙周兴主编,《布伦塔诺与迈农卷》由郝亿春主编,《舍勒卷》由倪梁康和张任之主编,《哈特曼卷》由邓安庆、杨俊英主编,《闵斯特伯格卷》由刘冰主编,《杜威卷》由冯平主编,《史蒂文森卷》由姚新中、张燕主编,《刘易斯卷》由江传月主编。

在本套丛书出版之际,特别感谢北京师范大学杨耕教授,感谢北京师范大学价值与文化中心,感谢中心主任吴向东教授,感谢中心的工作人员陈乐、张永芝,感谢北京师范大学出版社饶涛副总编辑和本套丛书的策划编辑祁传华编审,感谢孙周兴、倪梁康、张任之、邓安庆、姚新中、郝亿春、刘冰、江传月、杨俊英和张燕的鼎力相助。

诞生于 19 世纪中叶的现代西方价值哲学,是西方现代化运动之子。它直面现代人的困境,直面生活的巨大不确定性和信念的极度虚无主义,为我们提供了宝贵的思想资源。相信本套丛书一定能为中国的价值哲学研究做出贡献。

《现代西方价值哲学经典》(第一辑)总主编　冯平
2022 年 11 月 6 日于复旦大学 杜威研究中心

目录

导　言

　　布伦塔诺不仅是现象学的先驱，而且也是分析哲学的一个源头。[①] 施太格缪勒在其影响甚广的著作《当代哲学主流》中总结道：

> 引向各个不同方向的许多条线索都在布伦塔诺那里汇聚在一起。……人们对于布伦塔诺的研究对现代哲学所具有的意义，直到现在还一直估计得很不足。在布伦塔诺对现代哲学的巨大而实际的影响和他的各种学说在现代哲学教学和研究活动中受到的微不足道的注意之间，有一种奇怪的不相称。[②]

　　笔者曾在十年前的一篇文章中把布伦塔诺的思想主题归结为三个方面，分别是"存在""心灵"

---

① 参见迈克尔·达米特：《分析哲学的起源》，第五章"布伦塔诺的思想"，王路译，上海译文出版社，2005。
② 施太格缪勒：《当代哲学主流·上卷》，第41页，王炳文、王路、燕宏远等译，商务印书馆，1986。

和"价值"①，其中奠基于"心理现象"的"价值"②是其伦理思想的"基底"。布伦塔诺这种以"价值"为"伦理"奠基的思想进路也深刻地影响了其后学——比如舍勒和迈农。本卷读本所围绕主题即为布伦塔诺与迈农的价值哲学及其为伦理学奠基的尝试。

上篇"布伦塔诺的价值哲学"分为下述五个部分。

第一部分是反映布伦塔诺为自己的价值哲学进行自我定位的作品：《哲学的四个阶段及其时下状况》。其主要观点是：不论古代、中世纪还是近现代哲学，都经历了由上升阶段到下降阶段的蜕变。上升阶段的哲学以广义上的"科学探究"作为自身的根本兴趣和动力，其基本目的是对"真"的揭示。下降阶段分为三个环节：实践兴趣成为主导、怀疑态度占据主流以及最后陷入神秘主义与独断论。布伦塔诺将自己的全部哲学定位于对当时盛行的以黑格尔哲学为代表的德国古典哲学中的神秘主义之反动，因而从性质上看也是新一轮上升阶段哲学的开端。对于布伦塔诺价值哲学及伦理学的根本方法、立场与旨趣，也必须置入他自己所设定的这种基本的哲学历程定位中去进行把握和理解。具体地讲，布伦塔诺的价值哲学及伦理学是试图从明证性的经验立场出发的、每一步推进都力图得到明证性之保障的学说，这就与同时代以及后来的各种价值哲学及伦理学进路——比如怀疑主义的、相对主义的、神秘主义的以及独断教条主义的——从根本上区分了开来。

第二部分是为布伦塔诺价值哲学及伦理学奠定心理学基础的《从经验立场出发的心理学》（选录）。布伦塔诺多次强调，其价值哲学及伦理学等实践哲学形式无一例外都是其心理学在相关实践领域的具体体现形式。③ 因而，布伦塔诺的心理学可以说取代了传统上形而上学所占据的"第一哲学"地位而成为其全部哲学的基础。正如坊间流传柏拉图学园门口写着"不懂几何学者不得入内"一样，要想进入

---

① 参见郝亿春：《存在·心灵·价值——布伦塔诺哲学疏论》，载《现代哲学》，2009 年第 4 期。无独有偶，近期也有一位西方同行把布伦塔诺的思想主题归结为这三个方面，参见 Uriah Kriegel, *Brentano's Philosophical System*：*Mind*，*Being*，*Value*，Oxford：Oxford University Press，2018.

② 布伦塔诺思想中的"价值"与"心理现象"的关系，参见郝亿春：《价值与"心"——布伦塔诺对价值哲学的"内转"及其意义》，载《哲学研究》，2019 年第 5 期。

③ 比如，布伦塔诺自己坦率承认自己的伦理学—价值论著作《道德认识的来源》是"描述心理学（Descriptive Psychology）的一部分"。参见 Franz Brentano, *The Origin of Our Knowledge of Right and Wrong*，p. ix，trans. by M. Chisholm and E. H. Schnee-wind，Routledge and Kegan Paul Ltd.，1969.

布伦塔诺的价值哲学及伦理学，对其"心理学"基本内容的把握和理解应当是必备的前提条件。此部分选录的首先是这部"心理学"著作的两版"前言"，由此可以对其心理学的总体规划及用意有所把握。第一卷"作为一门科学的心理学"中的第一章"心理学的概念与目标"也被选录，其意在让读者从总体上了解布伦塔诺与众不同的"人文"心理学，这种心理学与同时代冯特开启的"实验"心理学殊途且不同归。第二卷"心理现象概论"首先选录了其经典性的第一章"心理现象与物理现象的区别"，其中刻画出的意向性的"心理现象"及其明证性机制是布伦塔诺所有伦理与价值思想的基本起点。随后选录的是对心理现象更进一步的区分和详细讨论：第六章"心理现象划分为表象、判断与爱恨现象"、第七章"表象与判断：两种不同的基本类型"、第八章"情感与意愿统合为一个基本类型"。这种划分提倡看似波澜不惊，其实完全打破了当时占据学界主流的康德主义者的"知""情""意"的三分模式，而与之分别相应的"真""美""善"价值也被布伦塔诺重新确立。这就是布伦塔诺在这三章中详加辨析和讨论的"表象""判断"与"情感"的重要意义，而这三种心理现象分别是"美""真"和"善"这三种基本价值的心理呈现机制，与之对应的则是平行并列的三门实践学科：美学、逻辑学及伦理学。布伦塔诺明确指出："这三门学科中的每一门都以服务于特定的理想即以一种独特的心灵完善为己任。这种理想有三种，它们相应于三种基本的心理行为类型：表象、判断与兴趣。表象的完善所针对的是美；判断的完善针对的是真；兴趣（爱与恨）的完善针对的是道德之善。"①讨论三种心理现象之价值位序的第九章"三种基本类型与内意识的三重现象之比较及其自然位序的确定"也被选录。如果说"真""美""善"是人类生活中的基本价值的话，那么布伦塔诺价值哲学的一个重要贡献就是，在"心理现象"的基石上对这些基本价值进行了重新锚定。

第三部分是布伦塔诺生前公开发表的唯一一部价值哲学及伦理学作品《道德认识的来源》。由于这是为一次公开的讲座准备的讲稿，其中内容只能以高度浓缩的形式出现。如果不参考上面提到的《从经验立场出发的心理学》和下面将提到的《伦理学的奠基与建构》中的相关内容，这部重要作品便很难被恰如其分地理解。这个讲座稿是针对耶凌（Ihering）的《论正义感之源起》（*über die Entstehung des Rechtsgefühls*）而做，其最初的标题是《论对法与道德的自然核准》

① Franz Brentano，*The Foundation and Construction of Ethics*，p. 4，Trans. by E. H. Schneewind，New York：Routledge & Kegan Paul Ltd.，2009.

（*von der natürlichen sanktion für recht und sittlich*）。与耶凌全面拒绝"自然法"不同，布伦塔诺认可下述意义上的"自然法"，即区别于那些依靠权力而偶然颁布的任意性法律，这种自然法只是凭借其自身的本性而被我们获知为正当的和具有约束力的。这种"自然法"其实就是普遍有效性的"道德律"及为之奠基的"价值律"，而这种道德律所揭示的恰恰是"道德真理"。这种真理由"自然自身教导"，且独立于教会、政治以及其他任何类型的社会权威。所谓由"自然自身教导"，就是出于人之为人的心理本性，特别是源自对"心理现象"以及与之相应的"真、美、善"价值的明证性知觉和认识。这便是道德认识的最终来源和明证性保障。

第四部分堪称集布伦塔诺价值哲学及伦理学之大成。这就是布伦塔诺在大学任教过程中打磨了近二十年、讲授了多次的《伦理学的奠基与建构》。从题目上看，这部作品主要是在讨论伦理学问题，然而其中为伦理学奠基的恰恰是其价值哲学。选入本读本的除了开宗明义为"伦理学"在诸学科中进行定位的"引论"，还包括了第一部分"伦理认识的原则"的第一章"作为研究与争论对象的认识原则"和第七章"为伦理学奠基的一种新尝试"，其中布伦塔诺在批判前人对伦理学原则之误解与误释的基础上提出了一种为伦理学奠基的全新尝试。这种新尝试的基本内容在第二部分"实践至善"中得以和盘托出。其中第二章"我们自身心理行为之内的善好"给出了布伦塔诺价值哲学中最为核心的诸种"内在价值"，第三章"我们自身心理行为之外的善好"给出了实现内在价值所必需的"外在价值"，而第四章"诸善好的价值关系"讨论了我们选择和实践中所应"偏爱"及优选的"价值"及其应当遵循的"价值律"。以此为基础，布伦塔诺在第五章"实践至善"中给出了一个人在伦常实践生活中的行动总原则和最高律令："在力所能及范围内追求最好"（即"总量原则"）。至此，布伦塔诺的伦理学以及与之相应的价值哲学便达到其顶点，接下来未选入本读本的"意志自由""良心""特殊道德准则"以及"道德准则之实现"实际上是对"实践至善"原则在道德生活各层面的具体贯彻。由此布伦塔诺也确立了一种自成系统而颇具实践性的"价值—伦理学"。

第五部分《爱与恨》是布伦塔诺晚年对自己价值哲学的总体性回顾，其中不乏以其后期有所变化的"实体—偶性论""表象—模态论"及"价值层级论"等思想为基础，对其原有价值哲学所进行的扩展和推进。不过其中作为其价值哲学与伦理学之"拱顶石"的"实践至善"原则并没有发生变化。

总之，从以上选录的五种作品出发，我们既可以把握布伦塔诺价值哲学的基本定位和立说宗旨，也可以进入其价值哲学最核心、最精微处一探究竟。同时我们也可以看到，布伦塔诺是如何尝试将道德生活奠基于价值律以及相应的心理现象的。

下篇即"迈农的价值哲学"。本读本选录了体现迈农价值哲学及伦理学的两种作品。

第一种作品是体现其价值哲学全貌的《论情感呈现》。作为布伦塔诺的亲炙弟子，迈农对其师的价值哲学开陈出新。布伦塔诺指明了真、善、美等价值是通过心理行为特别是其中的爱恨情感得以呈现和把握的。不过由于布伦塔诺把更多精力用在其价值哲学在整个伦常生活中的具体展现以及对传统相关思想进行批评与衔接方面，因而其中的一些更为精微和细节的问题，特别是"情感究竟如何呈现价值"等一系列问题尚有待深入讨论和严格厘清。这便成为其弟子迈农之价值哲学的主题。《论情感呈现》便是迈农从自己著名的"对象理论"出发对情感所呈现的不同种类对象，特别是价值性对象和内容进行细致区分与比较的结晶，从中也可以看到迈农对布伦塔诺相关思想的继承、批评和偏离。由于整部著作自成一体，且其中各部分内容紧密关联，因而本读本将其全部收录。

第二种作品是《伦理学的要素》。这是一部在迈农生前并未出版的作品。其中尤其体现了迈农价值哲学在伦理学中的具体运用及其科学化——甚至符号化——的尝试。从中我们不仅可以看到另一种奠基于价值哲学的伦理学类型，而且还可以发现对"利己性—利他性""道德价值律"等重要的伦理—道德主题所进行的别出心裁的讨论。由于其言简意赅，我们将其全部收录。

对翻译、校对及修订情况的说明

一、布伦塔诺部分

《哲学的四个阶段及其时下状况》正文由我负责翻译。吴珊珊翻译了注释并通读过译文，也提出了几处修改建议。最后我又进行了修订和统稿。

《从经验立场出发的心理学》（选录）由我译出，其中对商务印书馆版本（《从经验立场出发的心理学》，郝亿春译，商务印书馆 2017年版）中的相应部分进行了一些修订。正如商务版"中译说明"所言，其中的"心理现象与物理现象的区别"参考了陈维纲、林国文的译文，而这次选录内容也在商务版责任编辑关群德先生修改基础上进行了再次修订。《道德认识的来源》是我在许为勤、冯平译本《伦理知识的起源》（《现代西方价值哲学经典·心灵主义路向》，冯平主编，北京师范大学出版社 2009 年版）基础上的重新修订。其中的注释由周宇译出，他也对正文部分的一些翻译提出了修订意见。最后由我修订、统稿。

《伦理学的奠基与建构》（选录）可以说是集体翻译的结晶。近几年我开设的研究生课程就是以《伦理学的奠基与建构》为基本文本，每次课都会为学生布置相应翻译或修订译文的作业。本读本选录部分在几轮修课学生翻译和修订基础上，又请周宇和张智涛分别进行了校对和修订。最后由我修订、统稿。

《爱与恨》是由我负责翻译、校对和修订的。

周宇对布伦塔诺部分进行了通读，纠正了若干处文字方面的错误。

二、迈农部分

《论情感呈现》由蒋曦翻译。周宇进行了校对和修订，之后彭诗琴又进行了修订。最后由我修订、统稿。

《伦理学的要素》第 1—11 节由杨晞帆翻译，第 12—17 节由彭诗琴翻译。彭诗琴也校对和修订了第 1—11 节的译文，之后周宇又进行了全篇的校对和修订。最后由我修订、统稿。

需要说明的是，由于译者德语水平有限，上述作品均从英译本译出，其中重要术语参照了德文本。特别要感谢各位译者、校者及修订者（其中包括修课学生）。毫不夸张地说，呈现在读者面前的这个读本是集体智慧与心血的结晶。虽然我们已尽力而为，不过可以肯定，其中错误一定不少。请读者批评指正！

上　篇

布伦塔诺的价值哲学

布伦塔诺价值哲学的自我定位

哲学的四个阶段及其时下状况

**(献给奥匈的学术同人，
以回报你们诸多暖心的仁慈之举)**

前言：

我这里提供的是一个演讲稿，于 1894 年 11 月 28 日在维也纳文学学会首次发表。

我应邀就文学学会出版的一部著作发表演讲。任何读过 H. 罗姆先生《无根的乐观主义》这本著作的人都不会忽视我对其中每个核心论点的批评。不过对那些没读过此书的人而言，我的演讲同样不会使他们感到难以理解。这个演讲是自成一体的。

下面会看到，我的演讲触及的是当今最为重要的哲学问题。它所包含的对哲学史观的创发或许会使一些听众惊讶不已。而对我而言，这个观念已经经受过多年考验。我和参加我哲学史学术讲座的学生以此为前提开展研究已逾二十载。我不会自欺欺人地相信这个观念不会遭到反对；相反，我十分确定对它的反对如此强烈，以至于需要花费一些时间去回击。我只是希望我提供给你们的这些事实和考察为那些细心跟随这个演讲的人士留下印象。

我已尽可能使下面内容易于理解。简短的注释提供了一些编年顺序，是为那些不熟悉哲学史的人而做的。

另外，有件事情必须申明。如果有人认为当我提出那些非凡的划时代的哲学天才对哲学的进展并未做出真正的贡献时，我是在否认他们，那么这将是对我的严重误解。我赞同叔本华有关黑格尔体系之科学价值的判断；不过我不认同叔本华对人的理智能力的蔑视。大家尤其不要通过我讨论康德哲学的段落而误解我对这位伟大思者的真正看法。在我所述的有关康德的哲学体系之外，我对他在自然科学上的成就——正如普罗克鲁斯（Proclus）在数学上的成就一样——尚未触及。

弗兰兹·布伦塔诺
1895 年 1 月 18 日于维也纳

尊敬的会员们！

1. H. 罗姆先生写了一本书，名叫《无根的乐观主义》①，其中讨论的是最重要的哲学问题。维也纳文学学会出版了这本书，并希望我现在和你们谈谈它。

一个并非专门针对专家的哲学讲座总是会有些别扭。人们被迫要孤立出一些方面，而这些方面实际上是以多重方式彼此关联的。最有趣的东西通常不是最能被公众领会的东西。而最容易通达的显然是哲学的基本问题。然而，我面前这部著作的观点却是深奥难解的。从一开始，它关于如何抵达最重要问题的方法就悬而未决；再者，如果我只是简单跟随这部著作的主题，我就会陷入最糟糕的失策中，也就是说，会变得乏味。而且，在这种情况下，也没什么机会让我选择其中一个基本问题作为我的主题，因为我是被邀来评论罗姆所著的整本书，那么我不得不选择的范围在某种程度上就是有限的。

尽管如此，我还是接受了你们的邀请。文学学会出版了一系列哲学著作，由此也令人信服地回击了下述说法，即对哲学的一般兴

---

① H. 罗姆：《无根的乐观主义——一部研究性著作》，维也纳，文学学会出版社，1894。

趣已经销声匿迹。①贵学会的这种行为确实值得褒奖和感激。②

2. 罗姆的著作确有其独特之处。作者开放的心灵在其著作中表现出来，此书充满时而睿智激发、时而生动敏锐的洞察。罗姆也对其他人提出了批评，他详尽评估了导致时下哲学状况的现代情境及其历史成因。

他的陈述并不缺乏原创性，但对主体特殊性的着重强调使其观点的普遍有效性成为问题。同时，罗姆也证明了他或多或少属于其时代的一员。我们生活于其中的时代之乐观主义倾向已被他选择的主题所挑明。他对康德的深深敬佩也是我们时代的特征。不过，罗姆对康德的敬重与人们通常对康德的敬重确有不同：一方面，他为康德的《纯粹理性批判》欢欣鼓舞，并认为它为未来的任何研究确立了开端；另一方面，他又拒绝《实践理性批判》，认为它是完全站不住脚的和"脆弱的"。

正如我已指出的那样，罗姆费了很大力气来阐明哲学的现代情境及其前史。那么我认为自己做同样的工作也就是适当的。这看来比讨论罗姆所谓的"无根乐观主义"这种十分奇怪的态度更有意思。因为，正如罗姆在其著作结尾所写，"我的研究……只是为了个体。它既不是写给群体的，也不是写给俱乐部与协会的集体理性的"③，因而罗姆的著作显然不代表出版了它的维也纳文学学会的集体理性。

---

① 参见维也纳文学学会规章的第三段："本学会出版文学作品及具有普遍意义的科学著作。"在其成立的第一年（1894 年），它出版了五部著作：其中三部是文学作品，一部是科学著作，另一部就是罗姆有关哲学的著作。

② 在我最初的演讲中，插入了下述一段："我或许再也没有机会在我的维也纳朋友们面前演讲，你们二十多年前就善意地接受我加入你们的队伍，并从一开始就显示出最暖心的仁慈。我在大学中的活动时间被塔菲（Taafe）大臣缩短了，当宏痕瓦特（Hohenwart）接手教育部后，情况变得更糟——当然我指的是由文蒂希葛瑞兹（Windischgrätz）重组的教育部受到了宏痕瓦特的强大影响。我在向冯·马德斯基（Madeisky）表达的意见中指出：我在一个教育部门凭多年的工作所赢得的权利不应被行政上的改组而废除。马德斯基先生回复我说他不能赞同我的观点。这我理解，我现在最需要的就是自由的空气。我这次演讲可被看作最后的晚餐。我最后一次和我的维也纳朋友们一起庆祝。"我的言词在听众席上引起长时间的沉默，而在公众中则引起强烈反响。后来，我觉得有必要对这些言论及其诱发背景做一些评论，于是写了一组小文（见 1894 年 12 月 2、5、8、15、18 日的《新自由报》）。因为这与我演讲所讨论的问题无关，我就在发表的版本中将其删除了。同时，我在这个注释中再次提及它，为的是防止听过我讲座的人误解我，也防止他们认为我的言论是粗鲁无礼的，虽然我相信这样的言论如果离开其情境确实粗鲁无礼。

③ H. 罗姆：《无根的乐观主义——一部研究性著作》，第 328 页。

3. 哲学史是一种科学工作的历史，因而在某些方面类似于其他科学的历史。但从另一方面来说，它与后者还是不同，哲学史看起来更像美术史。在其他科学中，只要科学家努力，就会表现出恒长的进展，虽然这种进展有时也会被停滞所打断。然而，哲学史就像美术史一样，通常是一个时期上升，另一个时期下降。尽管如此，下降时期通常不会比健康多产时期更为丰富，虽然它在展现时代现象方面也是丰富的。在这些时期的承继中，可以发现一种规则。正如美术史各上升与下降时期所展现出的某种共同特征与相似性一样，西方哲学也以本质上相似的方式展现出三大重要时期。

在古代、中世纪和直到黑格尔学派瓦解的现代时期中，每个时期又可分为四个阶段。这些阶段在诸多方面各不相同，不过一旦得以认识，就其相似性确定无误而言，各阶段同时又是内在相关的。同时，只要对文化心理学稍做考察，就能够使这种显著的相关性得到充分理解。

第一阶段涵盖了全部的上升发展。其每种情形下的开端都以双重方式所标示：一方面通过一种活跃而纯粹的理论兴趣，正如柏拉图和亚里士多德所正确地指出的，人类正是通过惊讶而启动了哲学研究；另一方面则从根本上被适用于自然的方法（即使在其最初形式中还相当原始）所标示。科学正是借助于这种方法得以发展的，其中部分地通过完满的假定，部分地通过研究范围的扩展，另外部分地通过直面新问题。

第二阶段实际上是下降的第一时段。在每种情形中这都是通过对科学兴趣的削弱和歪曲而开启的。从这时起，研究基本上就被实践动机所决定。从而，对理论兴趣的追求就更少严格性和自觉性。于是观念缺少了力度和深度，虽然可能由此获得了与深度相对的某种广度。并且更多人开始对哲学派别的大众化学说感兴趣，但所有这些都不足以取代本真的科学活动。

在这种恶化的情境中，一种精神革命爆发了，这种革命构成了下降的第二个时段。这次是怀疑论占据了统治地位。科学开始变成非科学的，并且也由此使自己成为不值得信赖的；于是原先的信赖就被收回了。更有甚者，理性能够确保的某种知识现在也遭到普遍拒绝，或是认为这种能力应仅被限定在微不足道的剩余物上。

然而，怀疑论并不是能够满足人类热望的东西。正如亚里士多德《形而上学》闻名遐迩的首句所言："求知是人的本性。"一旦被怀疑论挑战，对真理的自然渴求就又高涨起来，它以暴力的方式前行。人们以病态的狂热再次开始构筑哲学教条。然而，除在第一阶段所运用的自然方法之外，他们现在发明出了完全非自然的获得知识的方法，这种方法以缺乏任何明证的"原则"为基础，讲求讨巧的"直接直觉"能力和精神生活的神秘强化——以至于人们不久就假定他们自己占有了超出人类所有能力的最崇高真理。

下降的阶段因而达到其最低点。相形之下，导向哲学探究富有成果的第一阶段的条件也就显露无遗。人们声称无所不知，而实际上却一无所知。因为人们甚至已经不再知道那仅存的唯一真理，而这种真理正是在第一阶段的开始经受过热望和煎熬的人们所深知的，那就是：我自知，我无知。

4. 让我们从古典时期开始，看看历史事实上是否符合我们提出的模式。

古希腊哲学以伊奥尼亚思者的自然哲学为开端。我们可以轻而易举地看出对宇宙之谜的惊讶如何引发出对知识的强烈追求。伊奥尼亚最伟大的思者之一阿那克萨戈拉（Anaxagoras）首先忽视了对财产的关心，并因此而遭到其亲属的责备。他放弃其全部财产只是为了无牵挂地进行哲学研究。他甚至不想利用其贵族头衔带来的政治特权，并且坚决拒绝参加其城邦的管理。正如他所言："宇宙乃吾祖国，钻研星球乃吾天命。"

这些早期的希腊人在其活泼单纯的理论兴趣之外，也掌握了一种自然的方法。这或许有些骇人听闻，因为直至今日仍有不少人——甚至连孔德也支持这种偏见——认为人类在早期所采用的方法完全与自然之物相反，他们只是在很晚的时候才发明了恰切的方法。不过人类的童年与每个个体的童年是非常相似的。正是拉瓦锡（Lavoisier）[1]注意到了儿童可以从一种发现迅速过渡到另一种发现，在自然的引领下他自己会找到探究的正确模式。任何人只要翻翻古姆泊兹（T. Gomperz）[2]关于古希腊哲学家的新作——比尔鲁斯（Billroth）[3]对这本书推崇备至——就会轻而易举地相信我赋予古代伊奥尼亚的内容毫不夸张。

---

[1] A. L. 拉瓦锡（A. L. Lavoisier）：《化学元素论》，第一部分序言的第 8 页，巴黎，1789。

[2] 古姆泊兹（T. Gomperz）：《希腊思者——古代哲学史》，莱比锡，1894。

[3] 参见《给编辑的一封信》，载《新自由报》，1894 年 2 月 11 日。

古希腊哲学正是通过这种兴趣和方法得以发展。他们的假定逐渐深入，他们的问题越来越多且变得更为复杂，最终构造出更为宽广的理论体系。仅仅在三百年后①，就使达到像亚里士多德哲学这种重要的科学成果成为可能。

然而，亚里士多德的著作也是古代哲学上升阶段的最后重要成果。正是在他之后，开始了下降的第一阶段。显而易见，理论兴趣开始让位于实践兴趣。

5. 希腊文化的整体在亚里士多德之后处于分化状态。大众宗教信仰走向终结，旧时代政治机构的权威已经解体。人们呼唤哲学提供援助，这不仅出于理论的需要，而且在很大程度上更是出于实践观的需要。

斯多亚②和伊壁鸠鲁③这两个学派通过其片面的实践定向，代表了古代哲学下降的第一阶段。这两个学派的学说都可分为三个部分：伦理学、逻辑学与物理学。然而，逻辑学与物理学作为伦理学的奴仆而惨遭蹂躏。其结果是，伦理学也丧失了其科学价值。这是自然而然的事情，因为如果不对人性进行更为深入的探究，那么人们就难以认清人的使命及其实现方式。

随着学派的肤浅化，其广度便增加了。与柏拉图和亚里士多德相比，伊壁鸠鲁吸引了更多的追随者。不过即便如此，这些追随者中也没有谁能够以科学的方法发展伊壁鸠鲁的教导。伊壁鸠鲁的一个追随者——如果不算《神圣话剧》作者的话——虽然是天才诗人④，但他也无法与柏拉图学派和逍遥学派匹敌。

6. 接下来的就是下降的第二阶段，即怀疑论阶段。怀疑派在古典时期以双重形式出现。其较弱形式就是新学园。⑤根据其代表作所言，我们只能获知可能性——我们不能指望达到以下目标，即获得那类排除了任何错误可能性的确定知识。怀疑论的强有力形式是如今被称为皮浪主义的思潮，其创立者皮浪的鼎盛年代在亚历山大大帝时期。最开始，他的活动引来的是反感而非接受。然而，当斯多亚与伊壁鸠鲁的教条日薄西山的时候，情形就变了。这个学派的代

---

① 从泰勒斯(Thales，生于公元前640年)到亚里士多德(卒于公元前322年)。

② 斯多亚学派(the stoa)由芝诺(Zeno)建立(约公元前308)，而由克里希波发展(公元前282—前209年)。

③ 伊壁鸠鲁(Epicurus)生活于公元前341—前270年。

④ T. 卢克莱修(T. Lucretius)，公元前95—前55年。

⑤ 建立新(或第三)学园的喀尼德斯(Carneades)生活于公元前214—前129年的雅典。

表埃奈西德穆①、阿格利帕②和塞克斯都·恩披里柯③都生活在这个阶段。

在强的和弱的怀疑论之外，我们还应提到折中主义学派。其代表人物允许自己以喜欢的方式随意从各现成的学派中拿来或拒斥相关内容，因而他们从未达到属于其自身的严格观点。其最重要的代表西塞罗（Marcus Tullius Cicero，前106—前43年）明确认为自己的立场与新学园的怀疑主义接近。

伊壁鸠鲁主义与斯多亚主义——尤其是在其后来的发展中——越来越多地被折中主义所浸染。如果考虑到这个事实，我们也就会理解，为何当时所有的哲学流派都被一种怀疑论气氛所影响，以及为何整个社会群体也都被这种态度所俘获。当耶稣对彼拉多（Pilate）宣讲说他来到世上是为了见证真理的时候，彼拉多以一个怀疑论的问题做出回应："什么是真理？"

7. 当然，怀疑论并非古代哲学史的最后阶段。毋宁说，其后跟随着可想象到的最为强烈的反弹。这就与犹太柏拉图主义和新毕达哥拉斯主义有关，其著作协助成就了古代哲学下降的第三个阶段。然而，在这一阶段最为重要的现象是，出现了将自身沉浸于"理智实体"世界的新柏拉图主义。普罗提诺（Plotinus，205—270年）、普罗克鲁斯等人是这个著名学派的领袖，他们不仅颂扬而且也害怕诸神。由于自然科学规律知识的匮乏，普罗克鲁斯以及其他人便采用了三位一体的人造规律来替代自然规律。

以上内容已足以确立古代哲学史中的四阶段规律。

8. 让我们转到中世纪。

哲学在这　时期上演了同样的剧目。西半球的部分德意志化了的人们就像阿拉伯人一样，很早就受到浓厚求知欲的影响。他们很早就认识到，在古代思想家中谁是真正的知识大师。虽然对希腊语的忽视使他们面临的任务颇为艰难，可经院思想家们④很快就形成对亚里士多德著作相同而令人惊讶的正确理解。不论是阿弗罗狄西亚的亚历山大（Alexander of Aphrodisias）还是辛普里丘（Simplicius），他们对亚里士多德的理解与托马斯·阿奎那——这位13世纪最伟大

---

① 埃奈西德穆（Aenesidemus）大概在基督诞生时于亚历山大里亚任教。
② 阿格利帕（Agrippa）生活于埃奈西德穆与塞克斯都·恩披里柯之间。
③ 塞克斯都·恩披里柯（Sextus Empiricus）大概生活于公元前200年。
④ 哈勒的亚历山大（Alexander of Hales）是第一个知晓亚里士多德所有著作的经院思想家（在他之前只有亚氏的逻辑学被人所知）。他于1245年离世。

的导师①——相比都稍欠火候。如果不是心有灵犀，阿奎那的这种成就是不可能实现的。他不仅在其他著作中，更在其政治哲学方面取得进展的名著《论统治原理》中表现出这种特点。于是人们开始奢望新的进展。

9. 不过且看，在阿奎那之后不久，中世纪哲学开始走上了下坡路。显而易见，其原因在于纯科学兴趣的衰微和歪曲。

中世纪哲学最重要的学者大都属于两个大的托钵僧教团，即多梅尼克（Dominican）与弗朗西斯（Franciscan）教团。这两个教团都涌现出了备受尊重的权威。两位杰出的多梅尼克教团成员——大阿尔伯特（Albert the Great）与托马斯·阿奎那使弗朗西斯教团的成就黯然失色。然而这非但没有引起后者的嫉恨，反而使其推举出一位有说服力并且多产的作家邓斯·斯各脱②，他们跟随这位领袖举起大旗。正如弗朗西斯教团的成员将自己的教诲归于邓斯·斯各脱，多梅尼克教团的成员也将自己的教诲归于托马斯·阿奎那。对真理与智慧的热爱现在降格为纯粹的观点之争。所有的观察以及对相反事实的谨慎考虑都黯然失色。甚至已确立了的对象也被过分的琐碎与没完没了的无意义区分而辩证地削减了。于是，在传统的两种区分即实在的与概念的区分之外，邓斯·斯各脱又发明了第三种区分，他称之为形式的区分。这种区分被认为"小于"实在的区分而"大于"概念的区分，但是由于没有给出清晰的界定，这第三种区分很容易成为空泛言辞争论的主题。③

于是对争论的痴迷变得越发荒诞不经。其一个标志是，弗朗西

---

① 托马斯·阿奎那（Thomas Aquinas，1227—1274 年）。

② 邓斯·斯各脱（John Duns Scotus，1274—1308 年）。

③ "实在差异"与"概念差异"这些表述的意思很好理解。X 与 Y 具有实在差异，仅当 X 永远是 X，并且 X 合法地拒绝成为 Y。而 X 与 Y 具有概念差异仅当 X 永远是 X，且 X 的概念合法拒绝成为 Y 的概念。两个人在实在上是不同的。一个音乐家与一个画家通常在概念上也是不同的。

下述情形很容易得到认识：即使在概念上不同的两个东西，它们在实在上也可以相同。一个音乐家可以同时成为一个画家。同样显而易见的是，即使两个具有实在差异的东西，它们也能够在概念上相同，例如，作为政治家的毕斯马克与卡皮瑞威就落入同一个概念中。因而说实在的区分"大于"概念的区分是不适当的；它们其中一个并不包含另一个，它们完全是迥异的。在实在与概念间再引入一种"居间范围"的"形式区分"则更为荒谬。

斯各脱将其形式区分应用到神学的最高神秘性上。他认为，三种神圣位格的区分既非实在的也非概念的；它们其实是形式上的差异。并且由于"形式区分"的意义是模糊不清的，因而也不能证明这种论说是与教会的正统教导相反的。

斯派斯各脱主义的马里尼斯①在巴黎发起了所谓"索邦行动",这真是一种痛苦的折磨。可怜的辩护人被迫在整整 12 小时里(除去短暂的午餐)通过应对任何人的挑战而捍卫其自身立场。这种经院思想至今仍保留着坏名声,因为它对其时代的影响是微不足道的,我们可把这一阶段称为斯各脱主义阶段。

10. 上述就是下降的第一阶段,它引发了下降的第二阶段,即怀疑论阶段。唯名论代表着中世纪时期的怀疑论阶段,其革新与怀疑的特征常被提及。奥康姆的威廉②不仅拒绝共相的实在性,他甚至声称,我们所有的观念只不过是记号。就像烟是火的记号而与火没有任何相似性一样,他认为我们的观念与对象也不存在任何相似性。尽管对上帝极尽赞扬之能事,他还是认为关于上帝的理性知识——把上帝看作全知、创世和无限的存在——是不可能的。相似地,我们也不知道人身上是否有某种精神和不朽,因而也就不存在自然道德性这种东西。因为上帝会由其意愿发布命令,他会像发布真理那样发布谎言;会像保证婚姻忠诚那样打破婚姻;会像爱我们邻人那样爱凶手;他甚至会令我们恨他自己,甚至在这种情形下,他都令我们敬仰。

在中世纪,教会的权威仍然很强势,它会禁止这种怀疑论的倾向。另外,唯名论者会想方设法摆脱这种控制。为了达到其目的,他们逢迎地宣称,他们所说的东西与教会的教诲毫不相干。他们声称教会的教导在神学上是正确的;但他们认为有必要指出,同样的教导在哲学上就是断然错误的。通过断言同一个命题能够同时既是对的又是错的,真理的本质便被彻底摧毁了。

11. 一种反拨这种怀疑论倾向的新生力量把中世纪哲学推向了最后一个阶段。

众所周知,这一阶段出现了不少杰出的神秘主义思想家,其中包括艾克哈特大师③、约翰内斯·陶勒④、亨利·苏索⑤、约翰·路

---

① 弗朗西斯派的马里尼斯(Franciscus Marionis,号称"抽象博士")于 1325 年去世。在 1315 年,他引入了索邦行动,即在整个夏天每周的上午六点到下午六点致力于辩证辩论。

② 奥康姆的威廉(William of Ockham)是 14 世纪最重要的唯名论代表,他维护巴威利的路德维希而反对教皇。

③ 艾克哈特(Eckhardt)大师于 1329 年去世。

④ 约翰内斯·陶勒(Johannes Tauler)逝于 1361 年。

⑤ 亨利·苏索(Henry Suso)由于被教会拷打,于 1365 年逝世。

易斯布罗艾克①以及后来路德编辑的《德国神学》的作者②。格尔森（John Gerson，1363—1429）——那位作为其时代最重要的人物而主持康斯坦兹议会的领袖——也可被正确地归于神秘主义。

而除了宗教上的神秘主义，我们也发现了哲学上的思辨主义；它通过一种前所未闻的非自然的新方法，一下子飞跃到真理的顶点。我这里指的一方面是鲁路的追随者，另一方面是德国著名的红衣主教库萨的尼古拉的追随者。

瑞姆杜斯·鲁路（Raymundus Lullus，1235—1315）是一位高贵并不乏眼力的人，他生活于13世纪早期的西班牙。他将自己发明的逻辑方法称为"大技艺（ars magna）"。他设计了一种相互关联的同心圆盘，在每个圆盘上写下不同的概念，这展示了其相互关联的丰富变化。我们很难看出自然如何会以这种方式透露出其秘密。然而，鲁路通过其发明而透露出的最大期望是，这些发明看上去像是上帝自己赋予他的。于是他仅通过理性就勇敢地展示出下述现象的必然性，即神的三位一体、原罪、道成肉身以及救世主之死。这位非同寻常的人物在他的时代并没吸引多少追随者。然而，到了14世纪，鲁路主义信奉者的数量大增，以至于在格尔森领导下的巴黎大学觉得有必要谴责"大技艺"。鲁路主义者对其导师的著作推崇备至。正如他们所言：《旧约》源于圣父，《新约》源于圣子，而鲁路的教诲源于圣灵。他们声称，这种教诲不能通过反思性的研究获得，它也是不可学得的。领悟它的唯一方式是通过灵感的庄重形式。到了宗教改革的时候，鲁路的追随者数量如此之多（乔尔达诺·布鲁诺对鲁路的智慧给予了最高的评价），以至于教皇保罗四世——就像他之前的格里高利十一世一样——对其著作进行了谴责和禁绝。

在沉思领域中的狂热野心在那个时代比以前的各时代都兴盛，这种特征甚至在库萨的尼古拉③的著作中也得到了清晰的反映，而后者的看法也帮助布鲁诺确定了鲁路的观点。尼古拉将自己的教诲命名为"有学识的无知"，以此他意指一种超出所有知识形式的无知。他称这种无知为"无理解的看"，或是"不可理解的理解""猜想""直觉""神秘神学""第三天堂"和"智慧"等。知识的最低形式是感觉（sensus）。较高的形式是理性（ratio）。第三种也是我们精神能力中

---

① 约翰·路易斯布罗艾克（John Ruysbroek）逝于1381年。

② 《德国神学》的作者至今仍是个谜。

③ 库萨的尼古拉（Nicholas of Cusa，约1401—1464年）生于特里尔的库萨，是波利克森的主教。

最崇高的形式是"智性（intellectus）"。如果说感觉通过确认知晓事物，理性通过肯定或否定知晓事物，那么智性洞见则是完全通过否定而获得知识。在智性领域，矛盾律失去作用。相反，智性恰好是相反相成的原理。①通过这种超理智及理性的疯狂形式，关于上帝、创世以及二者一体化的知识便以一种先天的方式得到了建构。②

令人遗憾的是，我现在没法深入中世纪最后阶段的思辨体系的原初细节中去。不过我相信我所提到的这些体系的特征——就像古典时代的新毕达哥拉斯主义与新柏拉图主义一样——足以与哲学史中第四个阶段的一般特征吻合。

下面让我们直接进入现代时期。

12. 第三个时期从弗朗西斯·培根与笛卡尔开始。③

众所周知，有力而单纯的求知欲是这一阶段的特征。于是对自然方法的古老诉求返回一种显而易见的形式。经验被尊奉为相关知识的伟大导师。用以研究的这种归纳法自此便与培根的名字紧密相连。相似地，笛卡尔也转向对事实的观察。据说有一次某人要求参观一下笛卡尔的图书馆。笛卡尔打开他的储藏室，可里面一本书也没有。取而代之的是在墙上悬挂着一只被屠宰的幼兽，它是笛卡尔用来进行生理学和心理学研究的。笛卡尔告诉他的参观者："这就是我的图书馆，我从中获取智慧。"

培根与笛卡尔的追随者保留了对经验方法的忠诚。在这种方法的帮助下，洛克④的研究取得了有史以来最真实的有效成果。莱布尼茨⑤也达到一系列重要的心理学洞见。然而，莱布尼茨将才智挥霍在许多领域，这妨碍了他将自己非凡的才华完全用在哲学上。

13. 就像在古典时代一样，进入现代时期没多久，上升阶段的进

---

① 库萨的尼古拉通过数学范例解释其"对立统一"的原理。例如，一边是条直线，另一边是条曲线，它们彼此对立；可无限的曲线则会等同于无限的直线。一个钝角与一个锐角对立；他还认为二者的极限点是相同的，因为一个角的两条边可以形成一条直线。

② 尽管库萨的尼古拉与黑格尔的思想间有着鸿沟，两种体系间的某种相似性却是毫无疑问的。两种体系都出现了由前两种要素融合而成的第三种要素。我们也可以想起，黑格尔将矛盾原理转化为其对立面，而这又有助于形成其思辨阶段的否定原理。

③ 在这种情境下人们也会提到伽利略（Galileo，1564—1642 年），不过在我看来他在哲学中并没有产生太大影响。其原因或许是，意大利在那个时代的哲学讨论中并没有扮演重要角色。实际上，对伽利略著作的考察一点也不会改变我所勾勒的哲学处于上升的第一阶段的基本特征。

④ 约翰·洛克（John Locke，1632—1704 年）直至今日仍被看作分析心理学的最重要奠基人。

⑤ G. W. 莱布尼茨（G. W. Leibniz，1646—1716 年）。

一步展开则打破了这一景象。

这种情况其实在许多方面类似于古希腊哲学下降阶段的开始。大众宗教不再像以前那样对人影响至深；而在政治方面，所有传统的东西也开始摇摆不定。哲学又被召来作为帮手，于是纯粹理论的兴趣被实践兴趣所取代。这与古代如出一辙。哲学开始变得肤浅，除了对哲学感兴趣的人数量增长了以外，其科学研究的意义开始回落。

法国与德国的启蒙运动虽然大不相同，但对我刚讲的却都是适用的。前者可被视为洛克哲学的简单化①，而后者可被视为莱布尼茨思想的简单化。② 大卫·休谟（David Hume，1711—1776 年）提请我们注意下述事实：在某段时间，没有人阅读洛克的著作，而公众的观点是由肤浅的哲学作者塑造的。③

14. 在第一阶段的下降之后，紧跟着第二阶段的下降，即怀疑论阶段。

在第三个大的哲学时期中，怀疑论阶段的重要代表是大卫·休谟。④休谟哲学是如此众所周知，以至于没什么必要对其进行详述。正如我们所知的那样，他的怀疑论锋芒不仅给英国带来痛苦，而且也在德国与英国一道培育了哲学观念最肥沃的土壤。正如康德所言，将其从独断论的迷梦中唤醒的正是休谟。

15. 然而，现在我们来看：作为对这种怀疑论强有力的回应，人们随之以一种前所未闻与非自然的方式挽救和推进知识。

在英国，这种回应发生在所谓的司各特学校，其创始人是托马斯·李德⑤，那里的哲学家在如今的德国鲜为人知。他声称基本判断的总汇能在我们每个人的心中发现。我们确信它们是正确的，虽

---

① 伏尔泰（Voltaire，1694—1778 年）是把洛克哲学移植到法兰西土壤的思想家中最重要的一位。

② 人们或许会说克里斯汀·沃尔夫（Christian Wolff，1679—1754 年）冲淡了莱布尼茨哲学。他的学派统治了德国启蒙运动。莱辛（Lessing，1729—1781 年）由于对三位一体的重新阐释而被看作一位斯宾诺莎的追随者。然而，在哲学的其他方面，正如如今已真相大白的那样，他是莱布尼茨的盟友。

③ 大卫·休谟：《人类理解研究》，第一部分。

④ 在现代正如在古代一样，怀疑论除了表现为一种折中主义外，还被一种怀疑的不确定性所标示。

⑤ 托马斯·李德（Thomas Reid，1710—1796 年）是司各特学派的第一位哲学家。他著名的追随者有：杜甘德·斯提瓦特（Dugald Stewart，1753—1828 年）、托马斯·布朗（Thomas Brown，1778—1820 年），以及威廉·汉密尔顿爵士（Sir William Hamilton，1788—1856 年）。

然我们不能提供什么证据。李德称这些基本判断的总汇为"常识"。关于这些常识是否真实，我们可能会出错，可无论如何我们又不得不相信它们；我们进而可以将之作为一种科学的基础。只有通过这种方式我们才能够克服怀疑论。

在德国，康德承担了从休谟的怀疑论中挽救知识的任务，他的方法在本质上与李德的相似。康德声称科学需要一些他称为先天综合判断的原理作为基础。然而，如果切近考察其意旨，我们会发现，他所讲的代表真命题的"先天"一词，对我们而言从一开始就是缺乏明证的。①先天判断的总和与李德所谓的"常识"其实是异曲同工的。

不过康德还是引入了一些属于他自己的独特的东西。虽然李德在其基于盲目偏见而构建知识的过程中不会掩盖明显的非理性，可康德却试图寻找一种方法——通过这种方法，明显的悖谬过程将会得到辩护。正如康德所总结的，建立于盲目偏见上的知识只有在下述条件下才是可能的：当我们设想对象可以按这些偏见的样子进行调整。②这种假定必定会因此而被做出。正如康德所言，到目前为止人们都相信知识与事物符合，而我们现在必须假定事物自身屈从于我们的知识。在原来的假定上，怀疑论是不能被克服的。而运用先天综合判断，怀疑论就可以被顺利击退。

上述两种假定当然都不错，只是第一种看起来更加符合自然，而第二种却是非自然且愚蠢的诉求。

虽然康德想方设法使之更为合理，他指出我们的研究所针对的一组对象——所有经验对象的总汇——仅仅是现象的。现象被我们的主体性所共同决定。先天综合知识仅仅指这组对象；在现象之外，在可能的经验领域之外，知识被认为是绝对不可能的。因而，就像在休谟那里一样，在康德这里对任何极致的哲学问题的研究都被排除了。我们得不到与上帝、不朽和自由的知识相关的任何保证；我们不知道世界是否有个开端，不知道宇宙是关联的还是离散的——虽然我们对这些知识如饥似渴。

康德试图从怀疑论中擒获的战利品因而只是部分成功——如果说这算是一种成功的话。因为康德的立场实际上必须被显而易见地拒绝。无可否认，就对象作为我们的现象而言，其特殊性在某种程度上是被主体性一同决定的。然而，通过陈述这些，根本无法证明

---

① 参见康德《纯粹理性批判》，A 版第 153—155 页。（O. 克劳斯注）

② 俞波维希（Überweg）也称这些综合判断为"先天偏见"。然而，布伦塔诺的指责不在于这些判断是先天的，而在于对康德而言，其正确性是不能被证明的。（O. 克劳斯注）

我们可能拥有的任何古老盲目的偏见在应用于这些对象的过程中得以证实自身。如果我们假定对象被我们的偏见或是情愿或是不情愿地决定，那么我们就是设定某些东西在逻辑上是不被允许的；而如果我们想把科学建基于这种假定之上，那么怀疑论有关独断原则的指控就仍将有效。

然而，康德并没意识到他哲学中的这个缺陷。他所关心的并不是对现象的怀疑，而是意识到，他面对怀疑论者而不得不牺牲知识最为优越以及最为崇高的部分。于是他想出了一种新的替代办法。如果先天综合知识是我们必须盲目接受的，那么上帝存在、灵魂不朽和意志自由也就成了我们应当相信的事情。它们是"纯粹实践理性的悬设"。我们并没有拥有关于其真理性的明证，但这并不会减弱我们有关其有效性的信念。我应紧抓它们，就像紧抓我自己的道德尊严那样。因而康德自诩自己已经建立了关于这些崇高理念之客观现实的确定性。

正如我们看到的，库萨的尼古拉将其"智性（intelletus）"称为一种"不可理解的理解"。与此相似，在我看来康德将其实践理性设定为一种"不可信的信仰"。他为了克服怀疑论而拿出的所有东西都恰好是反自然的，这也与前面对哲学下降第二阶段的反弹一样怪异。

然而，在德国，康德的哲学只是对怀疑论反弹的开始。不过更为沉着的英国哲学家在李德开启的道路上并没有走多远，以至于李德的继承者、司各特学派的托马斯·布朗又开始返回更为自然的研究方式。在德国，康德的追随者费希特运用了其正题、反题与合题的方法。随后，费希特的追随者谢林以其"智性直观（intelletuellen Anschauung）"设定出一种自在自有的绝对知识：它是不可教的；至于为何哲学会被迫特别注意这种奇怪的力量也不甚清楚。事实上，有人试图从我们的通常知识出发推出通达这种知识的方式，可这两者之间根本没什么关联。黑格尔以其绝对哲学来追随谢林，这种绝对哲学断言其自身包含着所有真理的知识，并从其自身再生出自然与精神世界的整体。黑格尔试图将其出发点建立在完全不包含内容的思想上，并将"否定"作为辩证发展的手段。通过一系列如此这般的狂舞，他希望上升到绝对的顶点。

16. 不要再说胡话了！黑格尔的体系及其狂妄已经暴露无遗。这种体系在几十年前还被普遍颂扬为人类研究的最高成果，而如今却被普遍贬低为人类思想的极端退化形式。这是个好兆头。我们也有充分根据相信，我们的时代是一个新发展阶段的开始。

最近的体系大都毫无价值，这种信念自然会导向返回先前的思想家，并从其著作中获得一种更为丰富的开端，正如中世纪在亚里士多德之中寻求开端那样。有人开始在康德身上寻求这种开端，并将其看作"现代的亚里士多德"。然而，我们的历史研究表明，康德难当此重任。不论是先于康德的，还是他自己所教导的，还是他身后的，其在哲学史上的地位总是无法与古代的斯塔基拉人（亚里士多德的别称）相提并论。

赫尔巴特（Herbart）写道，康德擦出了可以点燃的火星，不过他的遗产却被把持在继任者的手上。换言之，赫尔巴特直接承认在康德之后事情变得比在他之前更糟。人们不禁会问，究竟为何在唤醒康德之后情况会变得更糟呢？难道在科学史上未曾听说过下述情形，即紧随一位走上正确道路的人物之后，特别是在他的影响下，所有错误的东西一下子变得比以前更为糟糕？

我们允许自己被这些论证及影响我们时代意见的其他人物所误导吗？当然不允许！如果我们的时代在哲学上被颂扬为已经恢复了活力，那么这就是在宣明一种真相，即我们的时代已经进入了一种新的少年期。不过这样的判断不会拥有太大的确定性。进而言之，通过其反复无常的变化，现在的公众意见自身也遭受着多重检验。昨日人们还在颂扬叔本华伦理学上的同情理论，今天他们就开始轻视叔本华，而向尼采的"超人"[1]这种非人观念表达敬意。此外，我们时下最优秀的心灵已经从与康德有关的时髦观点中解放出来了。我们只提一位最受尊敬的哲学家赫尔巴特·斯宾塞，他在关于康德的观点方面与我非常接近，而我们都是非常独立地得出这种观点的。当我向同人们阐发我有关康德哲学的看法时，有不止一位声称："确实如此！从你这里听到这种言论我是多么高兴！我的信念完全与你的一致，只是这是不允许承认的东西。"而我对这种恐惧却一无所知。相反，我认为在如此重要的问题上公开自己的真实想法是一种科学责任。

看到下述情形也是富有教益的，即通过试图回到康德而重振哲学的哲学家最终一无所获。且看，就算是这些将康德认作导师的哲学家自己也不得不同时承认这点，即康德的哲学不能作为一个整体来接受。当他们在褒扬一些著作——尤其是《纯粹理性判断》——的同时，却贬斥另外一些著作，尤其是《实践理性批判》。这正是叔本

---

[1] 参见布伦塔诺：《论耶稣及其生平意义》，第129页，莱比锡，1921。（O. 克劳斯注）

华的观点，也如我所言，这也正是罗姆的观点。这意味着康德在声称走向正确道路之后，不仅他的追随者误入歧途，而且他也将先前的正确之路引向错误的轨道。难道这会是耸人听闻吗？

更有甚者，《纯粹理性批判》大部分都被视为不自洽的和无价值的。侥幸逃过这种瓶颈的内容会独自保留其意义，而这些也被认为需要某种修正。如此修正了的康德主义就与现代自然科学所导向的某种直觉和意见相符，如约翰内斯·缪勒（Johannes Müller）的"感官的特殊能量"理论，或是海克尔（Haeckel）以及其他达尔文主义者的内在观念与判断的设定，或是杜·布瓦-雷蒙（Du Bois-Reymond）的自然知识之界限的理论。罗姆也未超出这些形式。

然而，进一步研究会表明，这里被看作根本一致的东西其实在深层上是缺乏相似性的。缪勒有关感官特殊能量的概念与康德所谓作为感官先天形式的时空理论毫不相干；感官能量的观念毋宁说与洛克主义及传统的经验主义所持的感官性质的主体特性看法更为接近。①海克尔以及其他达尔文主义者所谓天然思想的理论——我们可以附加说这是一种与经验相反的理论——与康德的先天概念和判断也毫无关系，众所周知，这种理论认为思想根本不出自经验，甚至不出自我们的祖先。最后，杜·布瓦-雷蒙也与康德所谓的"物自体"不可知以及先天综合知识无法用于超越问题的教导扯不上关系。他们之间的关联可能只有这些：所有哲学家都坚持人类知识具有某种限度。然而这种观念早已被先前的经验主义学派所倡导，他们已经基于心理学考察给出了一系列细节方面的发现。②然而，事实是，人们一般对这些早先的思想者所知不多，因而康德时常被当作源头，其实他的思想却是从其他人那里获得的不纯粹的杂烩。于是人们通常认为康德是建立起哲学与自然研究之和谐关系的第一人。然而，这两种研究在拉瓦锡那里已经紧密地结合在一起了，他在其名著——至今仍为化学中的奠基之作——中特意援引了一大段孔狄亚克关于正确研究方法的论述，其中，拉瓦锡指出他自己在研究中就遵循着这种方法，而且也发现这种方法完全证实了自身。③

现在让我们返回本真的、更为环环相扣的源头。让我们设法与哲学发展的第一个上升阶段的成就联系起来。我们在那里发现的是

---

① 托马斯·杨（Thomas Young）将特殊的感官能量假定更早应用于视觉领域，且比约翰内斯·缪勒更为前后一致。看来我们可以排除后者对德国哲学的任何影响。

② 参见休谟：《人类理解研究》，第四章，第三节。

③ 拉瓦锡：《化学元素论》，第一部分，基本考察，第5—31页，巴黎，1789。

真正的基础和有声有色的健全方法，这使我们成功接续先人的工作成为可能。

17. 相似的说法也可以用来述说更早时期上升阶段的成果。我心里想到的特别是古代哲学的成果。与现代相比，它拥有一种更为持久的上升阶段的优势，因而在许多方面它就可以实现更为丰富的结果。甚至在今天，许多东西最好还是要从亚里士多德那里学习。①

在中世纪时期，正如莱布尼茨已经认识到的那样②，必须说其所成就的价值不能与古代及现代相提并论。事实上，这期间从未展现出致力于自由而理性的研究。哲学被当作"神学的婢女"。因而，只有相对而言，才可以说那一时期的第一阶段表明了一种纯粹的理论化兴趣。这无疑对后来的展开起了作用，不过在随后的阶段它阻滞了重要的研究，且助长了标志着第一阶段下降的无谓争论。因而，返回中世纪哲学的意义不如返回哲学其他时期的意义重大。然而，如果有人由于想让哲学再次屈从于神学，而将这一阶段视为典范，那么这就绝对会是个大麻烦。③

18. 我们不仅在古代和现代哲学史中发现了新起点，而且也在其他科学成就中，特别是在自然科学与数学——时下正体现着其集中发展——中发现了新起点。毕竟，科学中的所有东西都彼此关联。这就是为何我们有时会发现杰出数学家和科学家的著作会对哲学有根本贡献。仅举一个例子，概率论的发展能够解决一些逻辑难题，以此种方式休谟怀疑论所关注的问题可以完全得以解决，事实上它们已被解决了——就此而言，李德与康德必定要诉诸的非自然方法已毫无用武之地。④

19. 正如我们刚才看到的，通往更高领域的道路就这样被关闭了，因为康德邀请我们进入的这条道路并非通过理智明察（Einsicht）之门，而是通过一种最为奇特的方式，即通过不可信的盲目信念行

---

① 布伦塔诺同时也声称亚里士多德哲学作为整体是难以自持的，参见其《亚里士多德及其世界观》，第 4 页。(O. 克劳斯注)

② 正如莱布尼茨所言："我知道中世纪的著作充满了胡言乱语，但在稻草之下却埋藏着黄金。"

③ 在原初讲座中，我在这里插入了一段致奥地利教育大臣的言论。根据维也纳大学的新闻报道，这位大臣在关于哲学教席的决定中，拒绝了学术委员会的建议。相反，他有意违背其更佳的判断，即任命了一位在布雷斯劳任大主教学术检察官的经院哲学家，来担任为我保留了十四年的维也纳大学的全职教授职位。鉴于前面引论中提到的相似理由，我也将这段话从我讲座的印刷版中去除。

④ 参见布伦塔诺：《认识探究》，第 160 页以下，莱比锡，1925。(O. 克劳斯注)

为，对此前文已有交代。诚然，知识通常都是有限度的。对于一些问题而言，其答案的给出只能基于概率的基础；而对另一些问题而言，我们甚至连这种程度都达不到。不过即使所有知识都是碎片化的，那也是一种壮观的片段。正如索福克勒斯所写，人在所有生物中是最奇妙的；也正如歌德所言，科学"是人最高贵的能力"。这种能力时常将他推至他连做梦都想不到的地方，甚至在那些最高贵的问题上情形亦然。

由于不知道物质的本质，我们就建立起物质本质上是不腐坏的说法；由于不知心灵的本质，我们就可以表明我们有一种根深蒂固的希望，即希望"灵魂不朽"的存在。由于不知物质世界第一因的本质，我们就必定会通过一种理性的确信表明，世界是被最好的东西即被第一因所决定。通过这种方式我们也能够获得乐观主义问题的答案，即这与我们的自然需求是真正相符的。

罗姆正确地认识到叔本华与 H. 哈特曼的悲观主义反对并无任何科学价值。前者建基于荒谬的形而上学之上，后者仅是罗列一些肤浅而偏颇的事情清单，就其自身而言，它们不得不被用来支持其悲观主义结论。罗姆认为，科学悲观主义的真正基础是一种令人沮丧的失调，即人们的理智需要与满足这种需要的能力之间的失调，这种失调看来是作为康德《纯粹理性批判》的结果而出现的。当然，即使罗姆的这种反对也不合情理。

20. 然而，我们仍然提出了另一个或许也是更大的反对。这种反对就是指出有机世界的去目的论和无机领域缺失任何目的论的特征。然而请看，新近生物学研究已经以一种与先前结论截然相反的方式重构了我们的概念。赫胥黎①——我们时代最值得称道的生物学家——基于达尔文的进化论宣称，物质世界在其原初结构中表现出某种目的论。同样的观点最近被伟大的 E. 贝尔②重申，同时也被 19 世纪初拉马克③给予进化运动的首次推动所印证。这意味着，目的论特征同样涵盖了有机与无机的自然。

---

① 参见 T. 赫胥黎(Thomas Huxley)的《地质学问题》，卷四，在这里他与海克尔进行了论辩。在德国的达尔文主义者中，韦斯迈(Weismann)特别强调世界基本目的论结构的必然性。

② K. E. v. 贝尔(Karl Ernst von Baer)：《自然科学领域研究》，第二部分第四、第五章，布伦瑞克，1996。

③ 拉马克(Jean-Baptiste Pierre Antoine De Monet De Lamarck)：《动物哲学》，1819。

还有其他的反对意见，与创世的必然有限性特征相关的东西[①]；有的反对援引空间的有数维度[②]，另外的反对意见则指出即将到来的地球毁灭以及其他可能居住的星球；最后，有反对意见也提出熵增定律，他们担心所有自然过程最终会停滞，至少高级形式的自然过程会如此。[③]有人提出了根据神正论必定会产生的问题，即认为罪恶就其自身而言是否定性的，或者从另一个角度而言只是作为摆脱了与根本善因素的关联而产生的。[④]就这点而言，这种研究进入了范畴理论最精深的问题。

那么显然，就其诸衍生形式而言，乐观主义的问题是其中最为复杂的一个。另外，我们这里所面对的难题之网上的钮结没有哪个是不可解的。事实上，解开诸纽结也就是新的发现，而这些发现是原来所未曾想象的。这正是古老的乐观主义者赫拉克利特[⑤]所断言的："隐藏的和谐远比显现出的大（或好）。"

在上升阶段的每一位重要的哲学家——正如历史所教导的那样——都是乐观主义的。柏拉图与亚里士多德、奥古斯丁及托马

---

① 对于这个问题的可能解决，我曾在一首小诗中表述过：

> 一个人说，这个世界一定是所有可能世界中最好的那个，
> 因为，在创世时，最好的造物者一定会选择最好的世界。
> 另一个人说，不；
> 如果那样的话，
> 将暴露上帝能力的限度。
> 噢，请听我说吧，你们两个争论者！
> 我们能说出世界之所是吗？
> 不能；
> 世界正在成其所是，它超越了所有善好的限度，
> 只是永无止境地追求从相似到更相似，
> 朝向最高且永远无法企及的主的形象。

② 对于这种论据的回应，很自然会指向下述事实：在我们的经验领域之外，还有"潜空间"与"超空间"（如果允许我们引入这些表述的话），其中每一种都拥有特定数量的维度（它们都与我们所熟悉的空间维度相异）。例如，斯宾诺莎在零维思想与三维广延之外，毫不费力地将其他维度空间归入其实体。然而，这种观念也只能导向新的困难。因为即使接受多维空间设想，下述危险仍不会消失，即我们的宇宙仍会毁灭，就像一幕坏的悲剧陷入了一段插曲之中（如果借用亚里士多德的有力表述，参见《形而上学》，1090b19）。然而，在目前境况中，我们不能表明这种反对如何也能被拒斥。

③ 对于这种观点可参见赫姆霍兹（Helmhotz）的著名演讲："论自然力的相互作用"（宣读于1854年），以及"论太阳的源头"（宣读于1871年）。

④ 这个难题已经被奥古斯丁和托马斯·阿奎那所认识到。

⑤ 以弗所的赫拉克利特是最富天才的伊奥尼亚自然哲学家，得到了苏格拉底本人的高度推崇，他的活跃期在公元前500年前后。

斯·阿奎那，还有笛卡尔、洛克和莱布尼茨在这方面都达成了重要共识，这正是值得我们赞同的。将这些乐观主义的观点与我们时下哲学的悲观主义观点比照——就像罗姆所做的那样——是无法令人接受的。然而，我们确实可以希望，我们及我们的后继者会完成这些哲学家所遗留的问题。

21. 任何认识行为都意味着自由与救赎。这对于下述类型认识尤为正确，即它以一种方式满足了我们的本性，而我们在世界上又是将其作为罪恶来体验的。悲观主义的担忧在于人类所遭受到的最悲惨的噩梦。

我们人民的宗教，就其全能的教义与全善的父而言，本质上是乐观主义的。只有在乐观主义旗帜下才能在世界上为其自身开辟道路，毋宁说，乐观主义已经成为承担世界—历史的人性的一部分。当然，有迹象表明这种胜利并非持续的。然而，即使所有这些伟大的文化现象都消失了，世界也不会仅留下一片空白；它也不会被一种悲观主义世界观所取代。不论取代它的是什么，也不论其会取得多大成功，它必定显而易见是乐观主义的，它对世界的描述也比基督教那一套要高明，后者秉持原罪说及救世主的救赎说。这种革命类似于使基督教时代没落的东西，而至今一直被视为宗教之本质的清规戒律也将失效。请注意：真正的本质却将被完好保存，它会渗透进单纯而清晰的形式中。目前被视作本质的东西也会以这种方式再次消失。我知道，当我谈到这些的时候，一些高贵的人会感受到被我的语言冒犯，正如宗教仪式的仁慈信奉者被圣·保罗冒犯了一样。但是正如谢林所言，信仰的三个词语只在灵魂深处强烈回响，它将全力塑造人们的内在生命与外在生命。

布伦塔诺价值哲学的
心理学基础

从经验立场出发的心理学

1874 年版前言

我为本部著作所拟的题目既标示其对象也刻画其方法。我的心理学立场是经验论的；唯有经验是吾师。不过我也认同一些同行的下述确信：这种立场完全可以与某种观念论立场相容。我对心理学方法的看法将在这六卷本①的第一卷中详细描述。第一卷讨论作为科学的心理学；第二卷一般性地考察心理现象；接下来第三卷研究表象的特征及其所遵循的规律；第四卷关注判断的特征及规律；第五卷考察情感，特别关注意愿行为的特征与规律；最后一卷处理身心关系问题，因而我们也会追究下述问题，即灵魂生活在身体朽

---

① 严格地讲，布伦塔诺仅完成了这个规划的前两卷，即本部著作所包含的两卷。其他四卷所涉及的内容分散在他的各种专论和讲课稿中，在其生前公开发表的也不多。——中译者注

灭后继续存在是否可信。

于是，这部论著的规划就涵盖了心理学中所有相异而根本性的领域。然而，我们的目的不是写一部心理学概要，虽然我们会尽量让每个对哲学研究感兴趣的人都能清楚明白地理解这部著作。我们经常会在某些特别的难题上劳神费力，并且我们也会以比通常所知晓的标准更为严苛地考察心理学的基础。或许有人会觉得这种谨小慎微的方法过于夸张、令人生厌，我倒宁愿接受这种批评，而非被人批评说我的论断证据不足。我们在心理学上最急迫的需求并非其原则的多样性和普遍性，而是其学说的统一性。在这种框架下，我们必须试图达到最初是数学随后是物理学、化学及生理学所达到的程度，即一种被普遍接受的真理核心能够吸收来自所有其他科学领域的成果。我们必须寻求建立一种统一的心理科学来取代我们现存的诸种心理学。

此外，正如不存在特殊的德国真理一样，也不存在特殊的国家心理学，遑论一种德国心理学。正因如此，我考察现代英国哲学家的杰出科学贡献不亚于考察德国哲学家的贡献。

科学无疑被一些不讲原则的妥协败坏了，因为妥协者为了顾及与先师的统一性和一致性而牺牲了学说的统一性和自洽性。事实上，没什么会比折中主义更导向哲学观的分裂。

在科学中——正如在政治中——不经过冲突是难以取得一致的，不过在科学争论中，我们不应追求这个或那个研究者的胜利，而只应追求真理的胜利。这种冲突背后的动力不应是野心，而应是对所共同遵从真理的渴求，此真理唯精唯一。因此，正像我毫无保留地拒绝和批评他人在我看来错误的观点一样，我也随时欢迎对我所提观点的任何纠正。在这里以及随后的研究中，我将经常且坚定地与诸如穆勒、贝恩（B. Bain）、费西纳（Gustav Fechner）、洛采（Lotze）、赫姆霍兹以及其他最杰出的研究者商榷，但这样做不应被理解为或是减少了这些人物的长处，或是削弱了其影响力。相反，这恰恰是一种标志，即就像其他人那样，我也以一种特殊方式受到这些人物的影响，并从其学说中受益，这不仅在接受他们的学说时成立，而且在我不得不挑战他们时同样成立。因而，我希望别人也可以像我一样在对这些理论的彻底估价中受益。

我也非常清楚，有时我对自己的论辩所针对的观点其实并没有多少内在兴趣。我在这上面费神是因为这些观点在时下享有不适当的名声，并且施加给公众一些令人不快的影响；而公众尚未认识到应该要求科学具有说服力，这种情况在心理学领域比在其他领域更甚。

读者会时常发现我提出了一些闻所未闻的观点。我相信，同时也显而易见的是，我没有在什么地方故意要标新立异。相反，我是从传统概念出发的，只是不情愿地且只被理性力量所迫而做出一些革新，这种理性力量至少在我看来是无法抵挡的。而且，更进一步的分析会表明，即使在我转达看上去最为原初的观念时，上述的新观点在某种程度上也已经被预示了。我不能对这些早先的预示置若罔闻，甚至当我的观点独立于早先类似的观点时，我也不会对早先的观点置之不理，因为我所关心的并不是成为一种新学说的阐发者，而是成为一种真理的拥立者。

如果说早先的学说有时只被看作后来更精准理论的预示，那么我自己的论著也不过是为将来更为完备的理论做准备。过不了多久就会看到，我们这个时代的某种哲学——这种哲学一度将自己当作所有科学的最终体现①——并非不可超越的，而是不可证明的。一种排除了向更完满状态发展的科学理论又是个死胎。时下的心理学发现自己尤其处于下述情形，即那些自诩为专家的人士暴露出比苏格拉底所说的"我自知我无知"更大的无知。

然而，真理不存在于极端中。目前出现了科学心理学的开端。虽然这些开端自身不起眼，但它们拥有充分发展的可能性，于是有朝一日便会硕果累累，不过这只能寄希望于后生了。

弗兰兹·布伦塔诺

1874 年 3 月 7 日于阿沙芬堡

1911 年版前言②

能够为科学做出巨大贡献的，并非那些旨在将一个既定的科学科目体系化的专著或作品，而是解决一个难题的专论。因而下述情形就不足为奇，即我的《从经验立场出发的心理学》尽管没有全部完成，但仍引起了广泛兴趣。在这部论著中，我为某些基本问题提供了全新解答，且为了详尽地证成我的创发而殚精竭虑。值得一提的是，我有关心理现象分类的研究吸引了越来越多科学家的普遍关注。

---

① 这里显然是指黑格尔的思辨哲学。——O. 克劳斯注

② 1911 年的这个版本只包含第二卷的第五至第九章，书名为《心理现象的分类》(*Von der Klassifikation der Psychischen Phänomene*)，书后有一个附录。——中译者注

近来有人请求我授权把与这些研究有关的章节翻译为意大利文，这一事实也表明在这一主题上的兴趣一直在增长。

我这本书已经出版三十多年了，不过我后来的研究并未在根本上改变其中的观点，毋宁说这些观点只是得到了进一步发展，或者说——至少我自己相信——在一些更为重要的方面得到了改进。看来不太可能不提及这些修改，不过保留这本著作的原貌这个主意也不错，因为它正是以这种样式影响了其时代的同行。下述情形也促使我保留这部著作的原样，即我认识到：不少对我的学说表现出极大兴趣的杰出心理学家，更多受到了这本书原初形式的激励，而较少跟随我后来形成的思路。因此我决定原封不动地重印原来的正文，而将增补的内容小部分放在注释中、大部分放在附录中。这些增补包括一些辩护，即针对那些对我的学说所做的批评进行的辩护，就我自己的判断而言，这些批评完善了我学说中那些需要改进的方面。

其中最重要的改进之一是，我不再坚持下述观点，即心理关系除了以一种实在物（Reales）作为其对象，也能够以其他东西作为其对象。为了论证这种新观点，我不得不扩展一些全新问题域，如我不得不开始对表象的诸样态进行研究。

我完全明白对我们表象的简化并无助于对这一主题的理解。有鉴于此，我会更精准地表述自己的看法。

一些德国心理学家听说《从经验立场出发的心理学》出了意大利文版本，并且其中包含一些增补，就请求我也准备一个新的德文版本，这尤其也是因为第一版脱销已久。为满足需求，意大利文新版中包含的一切也都将出现在德文第二版中，本版也以我上述提到的方式得到了增补。

弗兰兹·布伦塔诺
1911 年于佛罗伦萨

第一卷　作为一门科学的心理学

第一章　心理学的概念与目标

有这样一些现象，它们乍看上去是显而易见的，并且似乎可以为那些模糊不清的东西提供解释。可后来这些现象自身看上去也变得神秘兮兮，并开始引起人们的惊讶与好奇。恰恰首先是这些现象而非其他现象才被古代的大思想家们热心探究。然而，时至今日，对这些现象的研究仍然或是少有共识或是模糊不清。我正是将这些现象当作自己的研究对象。在这部著作中，我试图以普遍术语概要地给出关于这些现象的特征与规律的确切画面。没有哪种科学不在关于自然与生命的知识方面硕果累累，也没有哪种科学不曾最大程度地满足我们最根本的需要。没有哪个知识领域——唯独形而上学除外——被民众所轻视。不过也没有哪个知识领域被人们赋予更大的价值，并因而给予更高的敬重。事实上，如果不将心理学这种知识门类纳入其中的话，整个真理领域就会显得贫乏而粗鄙。因为人们相信其他科学只有作为通向心理学的手段才会受到尊重。事实上，其他科学只是基础；而心理学却是王冠之顶端。其他科学都为心理学做准备，而心理学也依赖每种科学。不过据说心理学同时也给诸科学施加了最为有力的反作用。心理学被看作要更新人们的全部生活，并加速与确保后者的发展。如果心理学一方面要成为科学这个塔形结构的顶尖，那么另一方面它就注定会成为社会及其最高贵财富的基础，并且通过这种事实，心理学也成为所有科学追求活动的基础。

1. "心理学"一词意指"关于灵魂的科学"。事实上，最早对科学进行分类且对其分支进行分门别类研究的亚里士多德，将其著作之一冠名为《灵魂论》(περὶ ψυχῆς)。亚氏以"灵魂"意指生物的本质，或是像他所表述的那样，意指生物的"形式""首要现实""首要实现"等。[①]亚氏认为生物就是一个能营养自身、能生长和繁殖、具有感觉和思维能力的东西，或是至少具有其中一种能力的东西。亚氏虽然远未将意识赋予植物，但还是认为属于植物领域的东西是活着的且具有灵魂的。因而，在建立了灵魂的概念之后，最古老的心理学著作就继续讨论那些既具有营养能力也具有感觉或理智能力的存在者的最普遍特征。

这就是心理学最初所包含的问题域。不过后来这个范围从根本上缩小了。心理学家们不再讨论植物性活动。基于植物缺少意识这种假定，整个植物生命领域淡出了心理学的研究范围。同样，动物领域由于像植物与其他无机物那样也是外感知的对象，因而也被排除在研究范围之外。这种排除也扩展到与感觉生活紧密联系的现象，如神经系统与肌肉，以至于这些研究成为生理学家而非心理学家的研究领域。

这种心理学范围的狭窄化并非任意而为。相反，这种显而易见的调校是由题材本身的性质所推动的。事实上，只有当相互关联的

布伦塔诺价值哲学的心理学基础

---

① 希腊文的表述为：ψύσις, μορφή, πρώτη ενεργεια, πρώτη εντελέχεια。

领域实现统一，而彼此无关的领域完全分离时，各学科边界才能得以正确划分，这种分类也才能有助于知识的增进。而意识现象在很大的程度上彼此相关。相同的感知模式给予我们关于这些现象的全部知识，并且在高级与低级现象之间存在着无数相似的关联。而由外感知呈现给我们的关于生物的现象看来像是来自不同的视角，甚至是以完全不同的形式，我们在这里所发现的诸普遍真理有时是以同一的原则，有时又是以相似的原则支配着无机的自然。

可以说——这也并非毫无根据——正是亚里士多德自己预示了后来对心理学界限更为恰切的划定。熟悉亚氏著作的人都知道，他是如何经常地提出一种不同然而更为正确的初步观点，虽然这种观点还远没进展为学说。亚里士多德的形而上学、逻辑学以及伦理学都提供了这方面的例证。在《灵魂论》卷三，当讨论情愿行为时，他排除了对诸器官进行研究的想法，因为这些器官只是欲求所指向的运动载体与身体部分之间的中介。他说这种研究不属于研究灵魂者的任务，而属于研究身体者的任务①，这听起来确实像是现代心理学家的言论。我仅粗略地提及这些，以便或许比较容易说服一些直到我们这个时代仍然存在的亚里士多德的狂热追随者。

我们已经看到心理学的范围是如何被缩减的。同时，生命的概念也被以相似的方式狭窄化，不过至少还没被缩减到上述灵魂概念的范围，因为科学家们通常是在其宽泛的原初意义上来使用"生命"这个术语的。

在现代术语中，"灵魂"一词指的是表象（Vorstellungen）与其他行为的本体承担者，这些行为都奠基于表象，且像表象一样只能通过内经验被直接知觉。因而我们通常称灵魂为具有诸能力的本体，这些能力包括：感觉［例如想象（Phantasie）］、回忆行为、希望或害怕行为以及欲求或嫌恶行为等。

我们也正是在这种意义上运用"灵魂"一词。尽管这个概念已经发生了变化，但也不妨碍我们以亚里士多德曾经运用的方式来界定心理学，即心理学是关于灵魂的科学。因而正如自然科学研究作为外经验对象的物理物体的属性与规律，心理学则是研究灵魂的属性与规律的科学，这种灵魂是我们在自身中通过内经验直接发觉，并通过类比推出在他人中也存在着的。

---

　①　亚里士多德：《灵魂论》，第三卷，第十章，433b21。

心理学与诸自然科学看来如此这般地划分了它们之间的全部经验科学领域，这种划定也使它们彼此的边界得以清晰界定和区分。

不过这种初步的划分至少是不属实的。还有一些事实也能以与内经验或外经验领域相同的方式被言明。而且正因为这些事实范围广阔，它们更为综合性的原则就既不专属于诸自然科学也不专属于心理学。这些原则既可被归于这类科学又可被归于那类科学的事实便表明它们最好不要被归于其中任何一类。不过，这些无比重要的原则应当有一种特殊的研究领域，这种研究领域就是形而上学，我们必须把它既与自然科学又与心理学区别开来。

然而，甚至科学的二分比三分更缺少普遍性这种看法也不是绝对的。就像两种科学经常相互关涉一样，自然科学与心理科学的边界相互包含也是不可避免的。尽管生理学与心理学在特性上存在巨大差异，但它们所研究的东西却紧密关联。我们会发现身体与心理属性统一在同一个组群。不仅身体状态会引发身体状态，心理状态会引发心理状态，而且身体状态能产生心理状态方面的结果，心理状态也能产生身体状态方面的结果。

有些论者已划分出独立的科学分支来处理这些问题。尤其是费西纳，他将这门科学分支称为"心理—物理学"，并把他自己建立的关于这种联结的著名规律称为"心理—物理律"。也有人不甚恰当地将这门科学称为"生理学的心理学"。[①]

上述科学自以为消除了心理学与生理学之间所有的界限之争。然而，一方面在心理学与心理—物理学之间，另一方面在心理—物理学与生理学之间难道不是又引发了无数有关划界的新争执吗？抑或，应该由心理学家来确定心理现象的基本要素难道不是显而易见的吗？不过心理—物理学家也必须研究它们，因为感觉是被物理刺激所引发的。将情愿及反射行为通过不间断的因果链回溯至原点难道不是生理学家的任务吗？心理—物理学家当然也将不得不研究心理导致的最初物理后果。

那么，让我们不要被下述不可避免的难题过多侵扰，即究竟是生理学建基于心理学还是相反。这种侵扰并不会比像物理学与化学何者更为基础这样的难题侵扰更大。这丝毫也不会否认我们已建立

---

① 最近冯特(Wundt)在其重要的著作《生理学的心理学原理》中采用了这个表述。"生理学的"会被误解为一种方法，虽然这并非其文中的意思。我们随后会看到，有人想把所有心理学都奠基在生理学的研究上。也可参见哈根(F. W. Hagen)：《心理学研究》(*Psychologische Studien*)，第7页，Braunschweig，1847。

界限的正确性；这只是表明，这种区分正如科学中的其他区分一样，在某种程度上都是人为的。也没必要把这种所谓的心理—物理学问题的整个领域处理两次：一次在生理学中处理，另一次在心理学中处理。在每种包含这种难题的情形中，我们都会轻而易举地发现是哪个领域包含着根本困难。一旦这种根本困难被解决了，这个难题本身也就会很好地得以解决。例如，确定基本的心理现象（这些现象由物理刺激引发）是心理学家的本分，尽管他们在这种确定的过程中不能不去留意各种生理学事实。同样，在身体的情愿行为情形中，心理学家会去探寻与一系列物理变化相关的最终的及当下的心理先行因素，而生理学家的任务则是探究引发感觉的最终的及当下的物理原因，尽管生理学家在进行这些研究工作时显然必须参照心理现象。当然，在考察由心理引起的运动时，生理学家也必须在自己的领域内构建最终的和邻近的影响。

关于在物理与心理的因果引发之间的相应关系难题的阐明，即所谓的"心理—物理律"研究，我认为应分为两个部分：一部分属于生理学家的任务，另一部分则属于心理学家的任务。前一部分确定与可被注意到的心理现象强度的微小分差相应的物理刺激强度的相关分差，后一部分试图发现可被注意到的微小分差之间的关系。对后一部分问题的回答难道不是直接而完全明证的吗？所有可注意到的微小分差都必须得到相同对待难道不是显而易见的吗？这已是被普遍接受的观点。冯特在其《生理学的心理学原理》中提出了下述论证："刚好可被注意到的在强度上的分差具有……一种常量上的心理值。事实上，如果一种刚好可被注意到的分差比另一种更大或更小，那么这另一种就比刚好可被注意到的更大或更小，这是一个矛盾。"①冯特没有意识到这是个循环论证。如果有人质疑所有可被注意到的分差都是相等的，那么这样一来，"可被注意到"就不再是一种常量特征。先天明见的唯一正确情形是，所有可被注意到的分差都同样是可被注意到的，而非它们全都是相等的。如果它们全都相等的话，那么每种分差的等量增加就会伴有注意的等量增加，并且每种注意的等量增加也会伴有分差的等量增加。不过这是有待研究的，而对这一问题的研究又属心理学家的工作，因为它所处理的是比较判断的规律，这产生的结果会与我们的期待大异其趣。月亮在天边的时候其位置变化比在正空时候的位置变化更为引人注目，而

---

① 冯特：《生理学的心理学原理》，第295页。

事实上它在相同的时间内都移动了相同的距离。此外，上述提到的第一项任务无疑属于生理学家。物理学观察在这里大有用武之地。与此相应，我们也必须感谢一流的生理学家（如 E. H. 韦伯等）铺设了通向这个规律的道路，而受过哲学训练的物理学家（如费西纳）也在更为广泛的领域确立了这个规律。[①]

于是上述对心理学的界定得到了辩护，心理学与相邻科学的位置关系也得以澄清。

2. 然而，并非所有心理学家都认同上述将心理学界定为关于灵魂的科学的做法。有人宁愿将心理学界定为关于心理现象的科学，如此就将其放在与姊妹学科同一水平。以这些人的观点看，自然科学也就相应地被界定为有关物理现象的科学，而非关于物体的科学。

让我们来澄清这种反对的基础。"关于心理现象的科学"或"关于物理现象的科学"是什么意思呢？"现象"或"显现"一词经常用于与"真实存在之物"相对立的东西。例如，我们说在感觉中揭示的感性对象是单纯现象；颜色、声音、温热和气味在我们感觉之外并不真实存在，即使这些现象可以指向真实存在的对象。洛克曾做过这样一个实验：他先将一只手暖起来，将另一只手冰起来，然后同时将两只手伸进同一盆水中。这时他的一只手感觉到冷，而另一只手却感觉到热，这就证明了在水中热和冷都不真实存在。同样，我们知道覆在眼球上的压力能够引起一种视觉现象，而这种视觉现象却会被以为是所谓有色物体发射的光线产生的。如果考虑到对空间定位的确定，那些将现象看作真实的人，很容易被发现是犯了类似的错误。从相同的距离看，不同位置的东西看上去是在相同的位置，如果从不同距离看，相同位置的东西看上去是在不同的位置。在相对运动中，运动的东西看上去是静止的，而静止的东西看上去却是运动的。这些事实无疑都证明了感觉经验的对象具有欺骗性。即使这种欺骗性没被如此清楚地证明，我们仍不得不怀疑感觉对象的真实性，因为除了下述假设之外，它们是缺乏保证的，即有一个在现实中实存的世界引起了我们的感觉，感觉内容与这个世界的内容具有某种相似性，这种相似关系足以对现象进行说明。

---

① 对于这种关联，费西纳说："外在心理—物理学从物理学中借用了手段和方法；而内在心理—物理学从生理学和解剖学，特别是从神经系统……借来手段与方法。"（费西纳：《心理—物理学要素》，第10页，纽约，1966）在前言中，他又说："这本书特别会引起生理学家的兴趣，不过我同时希望它会引起哲学家的兴趣。"（同上书，第xx-ix页）

因而，我们不能相信所谓的外感知对象像其显现给我们的那样真实存在。事实上，它们在我们之外并不实存。与真实的存在相反，外感知对象仅仅是现象。

不过，关于外感知对象的说法并不能同样适用于内知觉对象。在后一种情形下，没有谁曾表明，认定这种现象为真实的人会因此而陷入悖谬。相反，对于内知觉对象的实存我们具有直接明见所提供的清晰认识和完全确定性。因而，没有谁会真正怀疑他在自身中所知觉到的心灵状态的实存性，而且这种状态恰恰是在被他知觉到的时候实存的。那些把他的怀疑推广到内知觉经验的人必定会引发一种绝对的怀疑状态，而这种怀疑论肯定会毁灭其自身，因为这种绝对怀疑也必定毁灭怀疑论为试图攻击其他知识而需先行具备的坚实基础。

将心理学界定为关于心理现象的科学是为了使自然科学与心理科学在这方面彼此相像，当然，这尚未得到合理辩护。①

不过，还有一种非常不同的理由看来会普遍地激发采取上述界定的人。这些人不会否认思维和欲求的真实存在。他们将"心理现象"或"心理显现"这些表述完全等义于"心理状态""心理过程"以及"心理事件"等，正如内知觉向我们所揭示的那样。然而，这些人对心理学旧定义的反驳也与下述事实相关，即如果基于旧定义，知识的界限就会被误解。如果有人说自然科学是关于物体的科学，而他所说的"物体"是指作用于我们的感官并产生出物理现象的表象的本体，那么他就假定了本体是外在现象的原因。同样，当他说心理学是关于灵魂的科学时，那么"灵魂"就意味着心理状态的本体承载者，于是他就透露了下述信念，即心理过程被看作一个本体的属性。可我们有什么权力假定存在着这类本体呢？上文已经讲过这些本体并非经验的对象；无论是感觉还是内知觉都不会向我们揭示这种本体。正如我们在感觉中遭遇到温热、颜色和声音等现象，我们在内知觉中则遭遇到思维、情感和欲求等现象。然而我们从没遭遇过这些属性的本体。不过下述看法则是虚幻的，即认为这些本体没有相应的实在性，或是即使本体实存，它的实存性也无从证明。显然，这种本体并非科学的对象。因而自然科学不会被界定为关于物体的科学，而心理学也不会被界定为关于灵魂的科学。前者宁可被界定为关于物理现象的科学，而后者相应地则被界定为关于心理现象的科学。

---

① 康德已做过这项工作，而且这是一个常常被重复证明的错误，特别是在俞波维希的《逻辑学体系》中。

就我们研究的范围而言，并不涉及灵魂这种本体，因而心理学也就能够——如果借用朗格（Albert Lange）悖论式的表达的话——以没有灵魂的心理学的方式存在。[①]

我们发现这个观念看上去并没有它在表述中那样荒谬。即使以这种方式看，心理学依然保留了广泛的研究领域。

浏览一下自然科学就会明白这些。因为当这一分支学科被看作研究物体的科学时所研究的所有事实与规律，在这个学科被看作研究物理现象的科学时仍然被这个学科所研究。这是当前不少著名自然科学家实际持有的观点，他们已就哲学问题达成了共识，这也归功于目前把哲学与自然科学紧密联系在一起的显著倾向。这样做的时候，这些自然科学家并没有限制自然科学的领域。他们将旧科学中所具有的共存和持续规律，也都统统纳入新的科学领域。

这对于心理学同样成立。被内知觉所揭示的现象也都服从诸规律。任何进行科学心理学研究的人都会发现这一点，甚至懒于思考的人在其内知觉中也会轻而易举地确证这一点。而那些否认心理学是任何关于灵魂的知识的研究者，仍会保留心理现象的共存与持续规律作为其研究对象。不过这也会给心理学家带来大量疑难问题，其中大部分仍有待解决。

为了使心理学的本性更易于理解，在这方面发挥了重大影响的约翰·穆勒在其《逻辑学体系》[②]中给出了在他看来心理学必须关注的问题之纲要。

根据穆勒的看法，心理学一般性地研究控制我们心理状态之持续性的规律，也即一种心理状态据此产生另一种心理状态[③]的规律。

在穆勒看来，这些规律中有些是普遍的，有些是较为特殊的。例如，一种普遍规律是这样的，根据它"当我们之中的意识状态无论被什么原因所引发的时候，……与前者相似且稍弱的意识状态就会在我们之中复现，这不需要最初引发这种状态的原因再次出现"。他说，每种印象——如果用休谟的话说——都有其观念。与此相似，也存在着决定这种观念实际呈现的某种普遍规律。他提到三种如此

---

① "那么，平心静气地设定一门没有灵魂的心理学！只要我们研究一种没被其他科学完全覆盖的领域时，这一名称就仍是有用的。"参见朗格：《唯物主义史》，第二卷，第三部分，第三章，第168页。

② 约翰·穆勒：《逻辑学体系》，第六卷，第四章，第3节。

③ 感觉当然也是心理状态。不过它们的持续与它们所表象的物理现象的持续是一样的。因而，就其依赖于感官物理刺激而言，建立有关感觉持续性的规律就是自然科学家的任务。

这般的观念联结律。第一个是相似律："相似的观念会相互引发。"第二个是接近律："当两个印象经常被一起经验时……不论它们是同时的，还是直接相继的……那么当这些印象或其观念中的一个再现时，也会引发另一个观念。"第三个是强度律："两个印象或其中一个印象强度越大，如果使它们彼此引发的话，它们之间也就具有越强的联结频率。"

穆勒认为，心理学的进一步任务是从心理现象的这些普遍与基本规律中得出思维的更为特殊复杂的规律。他说，因为许多心理现象通常都一起运行，那么是否每种这样的情形都是诸原因的联结呢？换言之，诸结果以及初始条件通常是否像在力学领域中那样联结呢？在力学中，运动通常是运动的结果，这种运动通常与其原因是同质的，且在某种意义上是其诸原因的总和；抑或是，心理领域像化学的化合过程那样，即水只是氢和氧化合的结果，硫化汞只是硫和汞化合的结果。穆勒相信，在内在现象领域，上述两种情况都存在是已被证明了的事实。这种过程有时像是力学的，有时又像是化学反应。或许一些观念会以下述方式结合，即它们不再呈现为多个观念，而是呈现为与原来观念完全不同种类的一个观念，就像广延与三维空间的观念源于肌肉运动感觉一样。

不少新的研究与此相关。其中尤其出现了信念和欲求是否是心理化合物的问题，即它们是否由诸观念化合而成。穆勒认为我们或许要否定地回答这个问题。不过在信念和欲求应当以何种方式被确定的问题上，或许可以肯定地讲，这里一定敞开了完全不同的研究领域。这就出现了新的探究任务，即通过特殊的观察手段，对这些现象的持续性规律进行探究，也即探究它们是否属于这些心理化合物的结果。对信念而言，我们要研究我们直接相信的是什么；一个信念根据什么规律成生另一个信念；一个东西根据什么规律作为另一个东西（或对或错）的证据；对欲求而言，基本任务是确定我们自然而原初的欲求对象是什么，进一步必须确定是什么原因导致我们原初地欲求不同的东西，甚至在原初欲求方面彼此纷争不断。

此外，还有另一个丰富的研究领域，在这里心理学与生理学的研究比在其他地方都更水乳交融。根据穆勒的看法，心理学家具有下述任务，即研究被其他因素所产生的心理状态在多大程度上被可确定的身体状态所影响。同样的心理原因产生的个体感受性差异被认为具有三重基础。这种差异可以是最初与最终的事实，可以是这些个体的先前心理史的后果，也可以是身体器官差异的结果。在穆勒看来，细心而明辨的观察者会认识到，一个人的大部分特性都能被其所受的教育以及所处的外在环境充分地说明。其余的大体上只能被机体差异间接地解释。这不仅对下述众所周知的情形是显而易见的，如从耳聋到充耳不闻，从天生盲人到好色之徒，从生理残障者到心理过敏者等；而且这对拥有较少理智现象的人也是适用的。正如穆勒所赞同的那样，如果还有其他一些现象（特别是本能性的），除了直接用一个人特殊的身体官能对之进行解释外，不能用其他东西对之做出解释，那我们就会看到，心理学研究在道德学领域亦即在发现品性形成的规律方面仍大有用武之地。

这就是将心理学当作纯粹现象科学的最重要倡导者对心理学问题进行的研究。当然，从上面提到的这些方面看，心理学确实未曾受到这种新的心理学概念或导向这种新概念的观点的损害。事实上，除了穆勒所提出和分析的问题，还有同样重要的其他一些问题。因而，对于这个学派的心理学家而言就不缺少重要的任务，就目前情形来看，他们正以促进这一科学的发展为己任。

然而，上述心理学概念至少排除了一个问题，这个问题是如此重要，以至于如果缺少了它，心理学就会产生严重的裂痕。被旧心理学当作主要的研究任务，以及给了心理学研究以第一推动的问题在上述心理学的视域中显然不能再被提出了。我指的是死后不朽的问题。熟悉柏拉图的人都知道，正是想确定这一问题的真相使他进入了心理学领域。他的《斐多篇》便致力于此，他的其他对话（如《斐德罗篇》《蒂迈欧篇》以及《理想国》）也一再回到这个问题。亚里士多德也是如此。虽然他对灵魂不朽所提供的详细证据要少于柏拉图，但由此推出这个问题在他那里便无足轻重则是错误的。在其逻辑学著作中，绝对的或科学的演证必定是最重要的问题，可亚氏仍在《后分析篇》的最后几页集中讨论"不朽"这一问题，这与他对其他问题的冗长而详尽的讨论形成对比。在《形而上学》的最后一卷①，亚氏虽然只用寥寥几语提到神圣者，不过这个研究对他而言是如此根本，以至于他居然以"神学"来称呼这整门科学，这门科学当然也被称作"智慧之学"及"第一哲学"。同样，在其《灵魂论》中，即便不是一带而过，亚氏也只是非常简短地讨论了人的灵魂及其不朽。不过亚氏在这部著作开头对心理学问题的分类，已清楚表明不朽这个问题在他看来是心理学最重要的内容。我们在《灵魂论》中看到，心理学最

① 我指的是卷 Lambda。

重要的任务是研究灵魂之所是，进而研究其属性，其中有些属性是只内在于灵魂而不在身体中的，因而它们是精神性的。亚氏还必须进一步研究灵魂是由诸部分构成的还是单一的，所有部分都属于身体状态还是有些不是，在什么情形中可以确定不朽。与这一问题相关的各种难点表明，我们碰触到诱发这位大思想家求知欲的开端。这就是心理学最初所致力于的任务，它也给予心理学发展以第一推动力。不过这种任务现在看来却是不光彩的，也是不可能的，至少从那些拒绝将心理学看作关于灵魂的科学的观点来看是如此。因为如果不再有灵魂，那么灵魂不朽的问题自然也就不成为问题了。

这个结论看来如此显而易见，以至于像朗格那样将心理学概念的上述发展看作不证自明也就不足为奇了。[①] 因而心理学提供给我们类似于在自然科学中所发生的一幕。炼金术士为了从混合元素中提取黄金而最先开始了化学研究，可成熟的化学科学却将这种野心作为不可能实现的事情而放弃了。这就像一个著名的寓言所说的那样：行将就木的父亲立下了遗嘱，可他的继承人却实现了他的言外之意。在这个寓言中，儿子们辛勤地挖掘葡萄园，他们深信里面埋着黄金，结果他们虽然没有找到埋藏的黄金，却收获了易于播种的土壤。在化学家甚至心理学家那里发生的情况与此相似。成熟科学不得不抛弃不朽问题，不过聊以慰藉的是，对原本不可能解答的问题的执着探究导致了其他问题的解决，而这些已被解决问题的深远意义则是毋庸置疑的。

不过上述两种情形还是不能一概而论。取代炼金术士们梦想的是，现实给出了一种更高级的替代物。而柏拉图和亚里士多德希望确定的是，我们最高贵的部分是否能够在身体消解后继续存在，这个问题几乎无法被观念的联结律、信念和意见的发展律、欲求和爱的发生律及增长律等真实地弥补。这个希望的丧失看来是更为令人遗憾的。因而，如果两种心理学概念的对立确实意味着接受或拒绝不朽问题，那么这个问题就是至关重要的，这迫使我们对作为承载心理状态的本体之实存性进行形而上学方面的探究。

不过在这种联结中，无论所限定研究的范围是多么必然的现象，这终究还是一种现象。休谟在他的时代强烈反对这样一些形而上学家，他们声称在自身中找到了心理状态之承载者的本体。休谟说："就我而言，当我最为内在地进入所谓我自己时，我总是碰到这个或

---

① 参见朗格《唯物主义史》，第二卷，第一部分，第一章，第162页。

那个特殊的感知，如冷或热、明或暗、爱或恨、苦或乐等。任何时候，我总不能抓住一个离开感知的我自己，而且除了感知之外，我不能观察到任何东西。当我的感知在一段时间内离开的时候，例如，在酣睡中，那么这期间我便知觉不到我自己，因而这时可以真正地说我是不存在的。"如果某些哲学家声称将他们自己知觉为单一而持续的，休谟也不想反对他们，不过对他自己及对其他每个人而言（唯独上述形而上学家除外），休谟相信："他们只是一束或一团互异的知觉，这些知觉以不可想象的速度互相接续并处于永久流变之中。"①我们由此看到，休谟毫不含糊地站在本体性灵魂的反对者一边。不过休谟自己也承认所有不朽的证据在他的概念中与在他所反对的传统概念中一样，仍然保留着同样绝对的力量。当然，朗格把休谟的这种解释理解为一种嘲讽②，他很可能是对的，因为休谟并没在什么地方表现出对以恶毒的反讽作为武器的轻蔑。③不过休谟所说的，并非像朗格或他自己也许会认为的那样存在显而易见的荒谬之处。因为即使下述说法是自明的，即否认本体性灵魂存在的人不能在恰当的意义上讲灵魂不朽这句话；这仍不能得出，我们否认心理现象本体承载者的存在而使灵魂不朽的问题失去全部意义。当人们认识到下述情形时，这一点就是不证自明的，即不论存不存在本体性灵魂，都不能否认我们实际上存在着一种连续的心灵生命。如果某人否弃本体的存在，那么他必定假定这种连续性不需要一种本体承载者。也就是说，我们的心灵生命在身体消失后是否继续存在的问题，对他来说就像对其他人来说一样是毫无意义的问题。正因为如此，劝说人们否认不朽问题的思想家从根本上讲就是不能自洽的，虽然这种情况下的不朽问题也应当被适当地称为生命不朽而非灵魂不朽。

穆勒已经充分认识到了这一点。在前面所引用的其《逻辑学体系》的同一页，穆勒说，在所列出的要被心理学解决的问题的名单上，我们确实找不到不朽这个问题。不过穆勒在关于汉密尔顿的著作中，已经将我们刚才提到的想法表达得一清二楚。④

---

① 休谟：《人性论》，第一卷，第四章，第六节。
② 朗格：《唯物主义史》，第二卷，第一部分，第一章，第162页。
③ 贝恩关于休谟曾说道："作为一个像喜欢沉思一样喜欢修辞的作家，我们常常搞不清楚他什么时候偏向哪一边。"（《心理科学》，第207页）
④ "至于不朽问题，恰好就像我们可以很容易设想情感、意识之流是永恒延续的那样，我们也可设想精神本体也是永远持续的；其中一方面的证据也会证明另一方面。"参见约翰·穆勒：《对汉密尔顿哲学的探究》，第十二章。

同样，在目前德国的重要哲学家中，没谁比费西纳更经常振振有词地拒绝心灵状态与身体状态具有本体性基质。在他的《心理—物理学》和《原子学说》及其他著述中，他时而严肃、时而幽默地批评了这个理论。不过，费西纳还是坦率地承认他相信不朽。因而，显然即使一个人接受了下述形而上的观点，这种形而上的观点导致现代思想家将心理学界定为心理现象的科学，取代了传统上将其界定为灵魂科学的，心理学领域也不会因此而缩小，重要的是，它不会遭受任何根本的损失。

然而，如果不经过通盘的形而上研究就接受这种观点，也未免显得过于草率，就像未经验证而拒绝它一样。正如有杰出人物质疑和否认现象具有本体性承载者一样，也有著名的科学家对其存在坚信不疑。洛采在这方面便认同亚里士多德和莱布尼茨的本体论立场，在现代英国经验主义者中，斯宾塞①也是如此。甚至穆勒也以其坦率的性格在其关于汉密尔顿的著作中承认，对现象之承载者的本体的拒绝并不能完全摆脱困难和不确定性，特别在心理领域更是如此。②因此，如果心理学的新定义与新的形而上学关联在一起，正如旧定义与旧形而上学关联一样，那么我们要么被迫寻求心理学的第三种定义，要么进入对形而上学令人生畏的深层研究。

庆幸的是，以上情形的反面才是真实的。心理学的新定义中没有什么是不能被老学派的继承者所接受的。因为不论存不存在灵魂，总是存在着心理现象却是不争的事实。没有哪个承认灵魂的本体性理论的人会否认，关于灵魂所确立起的东西同时也与心理现象有关。因而，如果我们采纳了现代的定义以取代心理学之为灵魂科学的定义，没有什么东西会妨碍我们。或许新旧两者都对。它们之间仍存在的差异是，旧定义包含着形而上的设定，而现代的定义则免除了这种前设；后者可被对立的思想学派接受而前者却是特定学派的标记；因此后者（新定义）使我们从对一般前提的研究中解脱出来，而前者（旧定义）却迫使我们去从事这种研究。所以，对现代概念的采纳简化了我们的工作。再者，这也提供了一种额外的优势：对任何不相干问题的排除不仅简化了工作，而且也强化了工作。这表明我们的研究结果更少依赖假定，因而也给予我们所确信的内容以更大的确定性。

因此，我们在上述已阐明的意义上将心理学界定为关于心理现

---

① 参见斯宾塞：《第一原理》。

② 约翰·穆勒：《对汉密尔顿哲学的探究》，第十二章。

象的科学。前面的讨论已充分澄清了这一定义的普遍意义。我们接下来对心理现象与物理现象之差异的研究将会提供其所需的进一步澄清。

3. 如果有人只想用被现代的两种研究类型所激发出的兴趣为尺度，来比较上面以自然科学方式所描述的科学领域的相对价值，那么心理学无疑会黯然失色。我们如果比较这两类科学所追求的目标，那么就会发现它们是不同的。我们会看到自然科学家能够触及的是哪类知识。他们研究的现象（如光、声、热、空间定位和位移等）并不是真实存在的。它们只是某些真实之物的表示，通过这些真实之物的始因活动，可以产生出关于它们的表象。不过，这些表象并非真实之物的完备图像，而只是在非常不完备的意义上给我们以知识。我们可以说，存在着某物，它在一定条件下导致这种或那种感觉的出现。我们大概也可以证明这些真实之物间存在的关系类似于形状及尺寸这些空间现象所显示出的关系。而这已经是我们能够达到的极致了。我们对真实存在的东西就其自身而言并不具有真正的经验，而我们所经验到的又并不真实。正如人们所言，物理现象的真只是一种相对的真。

内知觉现象则完全不同。它们自身就是真实的。因而它们在现实中就呈现为一种事实，这种事实被它们由以知觉的途径之明证性所确保。那么谁又会否认这构成了心理学超出自然科学的巨大优越性呢？

心理学知识的更高理论价值显然也表现在其他方面。一种科学的价值不仅随着其知晓方式的改进而提升，而且也随着其研究对象价值的增进而增进。被心理学所研究的现象优越于物理现象，不仅因为前种现象自身是真实的，而且因为它们具有无与伦比的美与尊贵。颜色、声音、广延和运动是相对于感觉而言的，而想象、判断及意愿等却是相对于展现在艺术家的观念、伟大思想家的探究以及有德者的自我奉献中的所有庄严现象而言的。这样我们就以一种新的方式揭示了心理学家的任务如何优于自然科学家的任务。

下述情形当然也是正确的，即相对于处在我们之外的东西而言，直接与我们休戚相关的东西更容易引起我们的注意。我们更渴望知道我们太阳系的秩序和规则，而非遥远天体上的情形。我们自己祖国的历史和祖先比那些与我们没有切近关系的人们更能引起我们的注意。而这也是将关于心理现象的科学置于更高位序的另一个原因。因为我们的心理现象是属于我们自己的。一些哲学家甚至已经将自我等同于心理现象的集合，而另一些人则把自我等同于这种现象集合的本体性承载者。而且在日常语言中我们也说，物理变化外在于我们，而心理变化则在我们自身中发生。

这些非常简单的观察能易于令人相信，心理学知识具有重大的理论意义。并且从实践意义的角度看，心理学问题的意义也绝不逊于自然科学问题，或许这一点最为令人吃惊。甚至在实践方面也难有其他科学分支与心理学平起平坐，除非这些学科也可以成为基于下述基础的研究，即它们都是通向心理学知识最终成果的独立而不可或缺的准备性步骤。

请允许我只是简要地指出心理学包含了美学的根基。心理学发展到一定阶段，无疑会扩展艺术家的视野并确保其进展。同样，可以充分地讲，逻辑学的重要技艺在心理学中有其源头，而逻辑学的少许进展就能带来科学的无数更新。另外，心理学还可以成为教育理论的科学基础，不论这种教育理论是个体性的还是社会性的。与美学和逻辑学一样，伦理学和政治学也扎根于心理学领域。因而，心理学似乎就成为人类进步的基本条件，而正是这些条件构成了人类的尊严。如果不运用心理学，父辈与政治领袖的关怀就会落空。正因为直到现在心理学原则在政治领域还未被系统应用，甚至由于保民官们即使没完全抛弃，也是完全忽视了这些原则，我们便可以附和柏拉图及当代一些思想家的断言，即不论有多么著名的人物脱颖而出，历史上依然尚未出现过真正伟大的政治家。虽然在生理学系统地运用于医药学之前，也不缺乏著名的医师，正如医师们所取得的信任及做出的惊人救治所表明的那样。不过现在熟悉医药学的人都知道，不经过数十载的学习是不可能成为真正伟大的治疗师的。其他人只是盲目的经验主义者，他们多少有些技术，也多少有些幸运。这些人不是，也不可能是训练有素和名副其实的医师必定所是的样子。目前的政治家正是这种情形。他们在多大程度上还是盲目的经验主义者会通过下述情形表现出来，即每当重大事件改变了政治环境之际，他们就会明显发现自己像是身处环境迥异的异国他乡。这时试图从其经验中得出处事原则，则会完全于事无补。

通过正确的心理学的治疗，或通过心理状态可依之塑形的规律之知识，多少罪过可以得到补救啊！——不论是在个体层面还是在社会层面。通过心理学的分析，如果决定一个人成为诗人、科学家或具备实践能力者的不同才情之基本心理条件会变得确定无疑，那么人类的心理力量将会得到多么大的提升！如果这是可能的，我们就不是从其果实，而是从其最初枝芽来认识一棵树，从而可以一开始就将其放在适合本性的环境中。因为才情本身就是非常复杂的现象；才情无非是诸种力量导致的长远后果，而这些力量的初始活动蕴含这种后果正如树上的花朵蕴含果实。不过在这两种情形中，我们都是在处理属于相似律的关系。正如植物学可以预言果实一样，充分发展的心理学也能做到这点。以这种方式或以许许多多其他不同的方式，其心理学的影响就成为最富成效的。或许只有心理学才能为我们提供抵制颓势的途径，而这种令人沮丧的颓势不时地打断文化的平稳进展。我们早已正确地注意到经常使用的表述——如"古老民族""古老文明"等——严格来说是不恰切的，因为各种有机物只是部分地更新自身，而社会则是在连续不断的时代中完全地更新自身；我们可以说族群及时代是生病了，而不能说它变老了。然而，存在着直到现阶段还时常出现的病症，而由于缺少相应的治疗技术，这必定会逐步导致机体的衰竭。因此，尽管二者不具有真正的本质相似性，但现代情况在外在表现上与古代情况的相似性却是不可否认的。

显然，我为心理学赋予的实践任务并非无足轻重。可是心理学真能达到这种理想吗？对此生疑看来并非毫无根据。从到目前为止千百年来心理学尚未在实践事务方面取得进展这个事实出发，人们或许会确信下述说法，即心理学将来也不会对人类的实践利益有多大促进。

回应上述的反对意见不需舍近求远。只需看看心理学在诸科学的体系中所处的地位，这一点便会昭然若揭。

普遍性的理论科学形成一种层级系统，其中每层更高的科学都建立在它下一层科学的基础之上。更高的科学研究更复杂的现象，而较低层的科学则研究构成复杂现象的简单现象。高层科学的进展自然预设了低层科学的进展。因而，自明的是，如果撇开经验中某些弱的先例，那么较高级科学的发展显然迟于较低级科学的发展。尤其是，高级科学不能与低级科学同时达到满足生活的充分需要这种成熟状态。因此，我们看到数学很久以来就被转向实践应用，而物理学却在其摇篮中昏睡，这时它并未显示出丝毫力量，可随后的辉煌却证明了物理学可以满足生活的需要和欲求。同样，当拉瓦锡为化学奠定了第一块基石的时候，物理学早已成熟且应用于实践，在接下来的几十年，化学更新了世界的文明领域（如果不是改变了整个世界的话），因而也更新了其他实践活动领域。同样，当生理学尚未诞生时化学已硕果累累。我们不用退回多少年就会发现生理学令人满意的发展之开端，接下来便是其实践应用的尝试。这些应用也许是不完全的，不过已显明，只有从生理学出发，才能期待医药学的新生。这就可以理解为何生理学发育得如此之晚。因为它研究的现象比它所依赖的早熟的科学所研究的现象更为复杂，正如化学现象依赖于物理现象，而物理现象依赖于数学现象一样。因此不难理解，心理学为何到现在为止还未产生出丰硕的成果。正如物理现象处于数学规律的影响下，化学现象处于物理学规律的影响下，生理现象处于所有这些规律的影响下那样，心理学的现象处于控制着形成及更新身体器官所涉及的各种力量的规律的影响下。因此，如果某人到目前为止还没有从直接经验获知心理学状态的话，如果他熟悉其他理论科学的历史、熟悉生理学的最近诞生，甚至熟悉化学，如果他对心理学方面的问题不抱着一种怀疑主义的话，那么他就会断言，虽然心理学尚未取得什么成果或是成果甚少，不过恰是在眼下，它已呈现出一种从根本上发展的趋向。这意味着心理学在实践生活方面的最重要成果系于未来。因此，如果谁只是将注意力集中于心理学的历史的话，那么他就会发现心理学如他所预期的那样患了不育症；他也就难以认同心理学在未来会硕果累累这种不受人欢迎的断定。

即使不怀疑心理学在将来有丰富发展的可能性，我们也会看到心理学目前处于尴尬的境地是一种必然。我们所承诺的这种可能性事实上已经初露端倪，虽然仍隐而不彰。一旦心理学这种可能的发展达到一定程度，其实践方面的后果就会不期而至。对于个人甚至对于群体而言，如果有利与不利的未知环境可以相互平衡的话，那么心理学规律将为行动提供一种可靠的基础。

因此，我们可以信心十足地希望，心理学并不会永远缺乏内在发展和有效应用。事实上，它必须要满足的需要已经开始变得迫切。社会的无序更急迫地呼唤校正，这比完善诸如航海、铁路运输、农业和卫生更为迫切。我们较少注意的问题，如果被提到选择日程的话，就会引起每个人的关注。一些人已经看到这将是我们时代最为重要的任务。我们会提到一些重要的科学家，他们怀着同样的目的，献身于心理学规律的研究，献身于方法论研究，而这种研究又关涉将会应用于实践的确定性结论或这些结论的派生物。

结束目前的混乱以及在日益陷入利益冲突中的社会中重建和平不可能是政治经济学的任务。政治经济学在其中起一定作用，不过它既不能作为全部任务也不能作为其中重要部分任务的倚傍。事实上，依照政治经济学而增长的利益只会证实这些说法。穆勒在其《政治经济学原理》的导论中，探讨了这门科学与心理学的关系。在他看来，不同时期的不同个人在商品生产和分配方面的差异一定程度上有赖于他们在自然事物的知识状态方面的差异，而这也存在着心理学方面的原因。他说：

> 就一个国家的经济条件有赖于自然知识的状态而言，它是自然科学的以及建立在自然科学之上的技术的主题。然而就其原因是道德的或心理学的而言，这些原因或是依赖于制度和社会关系，或是依赖于有关人类本性的原理，对它们的研究不属于自然科学，而属于道德与社会科学，而且这就是被称为政治经济学的对象。①

因此，无可置疑的是，在未来——或许是在不远的将来——心理学会对生活的实践方面产生相当可观的影响。在这种意义上，就像某些人已经指出的那样，我们可以将心理学标示为未来之学。也就是说，与其他任何一门科学相比较而言，未来更属于心理学；这门科学也比任何其他一门科学更能塑造未来；在未来，其他科学将服务于且在其实践应用方面将隶属于这门科学。这就是心理学一旦达到成熟及能够富有成效地起作用时所占据的地位。亚里士多德将政治学称为主导技艺，而其他科学作为附属者服务于它。不过，正如我们看到的，为了成为它应是的样子，政治学就必须留意心理学，正如次要的技艺必须留意自然科学的教导一样。我宁愿认为，政治学理论只会是对旨在获得实践目标的心理学原则的不同编排和进一步拓展。

我们已经提出四个理由，这些理由看来足以表明心理科学的突出重要性：心理学所研究现象的内在真实性；这些现象的高贵性；这些现象与我们之间的特殊关系，以及掌控这些现象的规律之实践重要性。不过，我们还必须加上这门学科特有的、无可比拟的重要性，即心理学为我们提供有关不朽的教诲，从而心理学在另一种意义上成为未来之学。如此，对来世希望的关注以及参与一个更完满世界状态之构建的任务就落在心理学肩上。正如我们注意到的，心理学已经试图解决这个难题，并且看来它在这个方向上的努力并非一无所成。果真如此的话，我们这里无疑就会拥有心理学最高的理论成就，这种成就除了给予心理学的其他理论成就以新的价值之外，也会具有最巨大的实践重要性。当我们出离了这个生命之后，我们就将自己与受制于自然科学规律的东西分离开来。关于重力和声光电的规律随着经验因之而建立的现象之消失而消失。此外，心理规律对我们将要来临的生命是适用的，就像它适用于我们当下的生命

---

① 穆勒：《政治经济学原理》，第 26 页。

那样，只要我们的生命是不朽的。

因此，亚里士多德有足够理由将心理学置于众科学之冠，就像他在《灵魂论》的开头所做的那样，在这个时候，他甚至将心理学在理论上的独特优先性考虑在内。

> 虽然我们认为所有知识都是可敬而可贵的，但其中的这一类，比之于他类，或凭其更高的确切性，或由于其关涉的题材更为尊贵奇妙，恰就显得更为可敬而精致。于这两方面而言，我们自然举出灵魂这论题作为学术上的首要研究工作。①

这里无疑会令人惊讶的是，亚里士多德在这里断定，甚至就其确切性而言，心理学也优于其他科学。而对亚氏而言，知识的确切性是与对象的不朽性紧密关联的。根据他的观点，不断变化的东西在每个方面都会逃脱科学的研究，而最一贯的东西就具有最持久的真理性。于是我们也就不能否认心理学规律至少具有一种永恒而重要的真理性。

第二卷　心理现象概论

第一章　心理现象与物理现象的区别

1. 我们的整个现象世界可以分为两大类：物理现象与心理现象。我们早在定义心理学概念的过程中就讲到过这个区别，而且在探究心理学方法时再次提到了它。但是，我们所讲的东西仍然不够；现在必须更牢固、更确切地确定我们当时只是一带而过的内容。

迄今为止关于这两类现象的界分既不统一也不完全清晰，这使我们的工作显得越发必要。我们已经看到，呈现在想象（Phantasie）中的物理现象如何被误认作心理现象。而且，还存在其他混淆情况。甚至一些重要的心理学家或许在这个问题上也难以免于自相矛盾②的指责。

---

① 亚里士多德：《灵魂论》，402a1—3。

② 就此而言，至少在我看来，贝恩在他新近出版的一本心理学著作中所提出的不同定义都不能协调一致（贝恩：《心理科学》，伦敦，第三版，1872）。在第 120 页上他写道："心理科学（关于心灵的科学，他也称之为主观科学）以自身意识或内省注意为基础；而眼、耳和触觉器官则只是我们观察物理世界（用他的话来说，是'客观世界'）的媒介。"但在另一处（同上书，第 198 页）他又说："与被动的感受相反，对物质的感知或客观意识则与肌肉能量的释放相关。"他接着解释说："如同其他不唤起肌肉能量的感觉一样，在纯粹的被动感受中，我们并不感知物质，而是处于一种主观意识的状态中。"他以下述事例来阐明这点，即人在洗热水澡时对热的感觉，以及那些不需肌肉活动而进行轻柔接触的情形；他声称，在同样条件下，声音，甚至光线与色彩也可能成为"纯粹的主观经验"。他这样把来自眼、耳以及触觉器官的感觉当作基本的主观意识的例证，而他在前面已经将这些感觉标示为与"主观意识"相反的"客观意识"的显示。

例如，我们时常碰到下述主张：感觉是作为物理现象的结果而出现的，想象则是根据联想律而由心理现象引起的，正是这一事实把感觉和想象区别开来。可是，持这种主张的心理学家同时又承认，在感觉中呈现的并不符合其有效原因。于是结果就是，所谓的物理现象并不会如其所是地呈现给我们，我们实际上无论如何都不具有物理现象的表象；这确实是对"现象"一词的奇怪误用！在这种情况下，我们不禁要更为仔细地考察一下这个问题。

2. 我们所要寻求的说明并非一种依据传统的逻辑规则而给出的定义。这些规则最近已经受到各种公允的批评，可这些批评还远远不够。我们的目的是澄清物理现象与心理现象这两个术语的意义，排除与此相关的所有误解与混淆。只要能够真正有利于澄清这两个术语，那么究竟采用何种方法我们是不太在意的。

为了达到这个目的，仅仅给出特定的较普遍、较综括的定义是不够的。正如我们谈及证明的类型时发现演绎与归纳是相反的一样，在这个事例中，通过把术语放进一个更为普遍的术语下进行说明与通过事例这种殊相进行说明也是相反的。只要特殊术语比普遍术语更清楚明白，通过殊相进行说明则更为恰切。因此，很有可能通过说"颜色"意指一个包含红、黄、绿、蓝等的一个类来说明"颜色"这个术语，比通过说"红色"是颜色的一个特殊类来说明"红色"这个术语更为有效。此外，通过殊相定义来进行的说明还有一种更重要的作用，那就是它特别适合于用来处理这样一些术语（我们要说明的术语便属此类）：这些术语本身在日常生活中并不常见，但包括在它们属下的一些特殊现象却是人们所熟知的。因此，不妨让我们首先借助事例来澄清上述模糊不清的概念术语。

我们在感觉或想象中所具有的每个表象（Vorstellung）都是心理现象的一个例示。这里的表象不是指所表象的，而是指表象行为。由此，听一个声音、看一个有色的东西、感受暖或冷以及相似的想象状态，都是我以心理现象这个术语所意指有东西的例示；我也以这个术语意指对一个普遍概念的思维，假如这种思维确实发生了的话。此外，每个判断、每个回忆、每个期待、每个推理、每个信念或看法、每个怀疑，也都是一种心理现象。而且，下述每一种感情也会被包含在这一术语之内：喜悦、悲痛、害怕、希望、勇气、失望、愤怒、爱、恨、欲求、意愿、意图、吃惊、钦佩、轻蔑等。

此外，物理现象的例示则有：我所看到的一种颜色、一个形状和一种景观；我所听到的一曲弦乐；我所感觉到的热、冷和气味；

同时也包括在我的想象中呈现的相似图景。

这些例示也许足以表明这两类现象的差异。

3. 不过，我们仍想找到一种不同的且更为统一的说明心理现象的方式。为了达到这个目的，我们要利用一下前面已经做出的定义，即"心理现象"这个术语不仅适用于表象，而且也适用于奠基于表象之上的所有现象。几乎不必再次提示：这里的"表象"并非意指被表象的内容，而是指表象行为。这种表象行为不仅构成判断行为的基础，而且构成欲求以及每种其他心理行为的基础。只有一个东西被表象之后，这个东西才能被判断、被欲求、被希望或被害怕。因此，我们所给出的定义包括了上面列出的所有心理现象的例示，并且通常包括所有属于这一领域的现象。

在心理学中，几乎每一关于心理现象的话语都会引起不少争论，而这正是心理学不够成熟的标志。不过，对于我们关于表象乃是其他心理现象的基础的主张，绝大多数心理学家都持赞成态度。例如，赫尔巴特就曾非常正确地指出：

> 每当人具有某种感受(Gefühle)时，总有某种这样或那样的东西(不论其多么复杂多变)呈现于意识中，因而这种特定的表象便被包含在这种特定的感受中。相似地，每当我们欲求时……在我们心中就会出现我们所欲求的东西。[1]

然而，赫尔巴特走得却更远。他把其他所有现象都看作从表象本身得出的表象的某种状态。这一观点已经一再受到沉重打击，尤其受到洛采的打击。最近，迈耶尔(J. B. Mcyer)在其讨论康德心理学的著述中对这一观点也提出了较严厉的批评。不过迈耶尔并不满足于否认感受与欲求能够从表象中生发出来。他还声称感受与欲求这些现象 能够离开表象而存在。[2] 迈耶尔确实相信：最低等的动物生命形式只有感受和欲求，而没有表象；甚而高等生命和人类在一开始也只有感受和欲求，只是随着进一步的成长才出现了表象。[3]这样，迈耶尔与我们的观点同样发生了冲突。

尽管如此，如果我没有弄错的话，迈耶尔与我们之间的对立更多的是表面的而非实质性的。从他提出的不少表述看，他对表象这

---

[1] 赫尔巴特：《作为科学的心理学》，第二部分，第一卷，第一章，第 103 页。亦可参见德罗毕希(Drobisch)：《经验心理学》，第 38 页。还可参见赫尔巴特派中其他人的著述。

[2] 迈耶尔：《康德心理学》，第 92 页，柏林，1870。

[3] 同上书，第 94 页。

一概念的使用远比我们狭隘，但他却相应地扩展了感受概念的范围。他指出："仅当我们在自己的状态中经验到的变式能被理解为外在刺激的结果时，表象才出现，甚至这种表象也是在无意识地环顾或感受引起它的外在对象时才开始展现自身。"要是迈耶尔的表象概念和我们的一致，那么他绝不可能讲这番话。他会看到在他所描述的表象得以产生的条件中，已经包含了丰富多样的表象，如时间连续的表象、空间接近的表象以及因果表象等。上述表象如果要在心灵中成为迈耶尔意义上的表象，就必须都已经呈现于心灵中，那么显而易见，他意指的这种东西就绝对不能成为其他心理现象的基础。甚至可以说，上面所提到的东西中，任何一个的呈现状态（Gegenwar-tig-sein），都是我们意义上的被表象状态（Vorgestellt-sein）。只要某种东西呈现于意识中——不管它是被恨的、被爱的、被漠视的，也不管它是被肯定的还是被否定的，或者干脆是被悬置判断的和被表象的（对此我想象不出还有什么其他更好的说法）——这种情形就都会发生。就我们对于动词"表象"一词的用法而言，"被表象"与"显现"（erscheinen）是同义的。

迈耶尔本人也承认：这种意义上的表象已被每种快乐或痛苦的感受所预设，甚至被最低级的感受所预设；不过，由于与我们的术语不同，他把上述内容称为感受而非表象。这至少可以从他下述一段话中看出来，他说：

> 在感觉与非感觉之间是没有居间状态的……最简单的感觉形式只需要拥有自己身体或其一部分的对变化的感觉，这些变化是因某种刺激引起的。拥有这种感觉只是意味着对其自身状态的一种感受。心灵对这些（对其有利或是有害的）变化的感觉正好能够与对某人自己体肤下所发生状况的活的感受直接相关，即便这种新的感觉不能简单地从那种感受中得出：这个心灵会与感觉一道具有快乐与痛苦的感受……而在这种情况下，心灵还不具有表象。[①]

---

① 迈耶尔：《康德心理学》，第92页。迈耶尔对感觉的理解与俞波维希在其《逻辑学体系》一书中所提出的观点近似（参见俞波维希：《逻辑学体系》，第36页，第二版的第64页）："感知（Wahrnehmung）与纯粹感觉（Empfindung）不一样。……在感觉中，意识只与主观状态发生联系；而在感知中，意识指向被感知的东西，后者作为外在于主体的客观事物而与感知活动相对立。"即使俞波维希关于感觉与感知之区别的说法是正确的，感觉仍然要纳入我们意义上的某种表象，不过，我们并不接受他的这种区分，其理由将在后面给出。

显然，以我们的观点看唯一能称为"感受"的东西，按照迈耶尔的观点，也是作为二阶要素出现的。这种感受是以另一种要素为前提的，后者便落入我们所理解的表象这个概念中，而这种表象恰恰构成感受这种二阶现象的不可或缺的前提。因此，如果用我们的术语来翻译迈耶尔的观点的话，这种对立看起来会自行消失。

其他与迈耶尔观点近似的人或许也属于这种情况。不过，我们肯定可以发现，其中有人仍然会主张：在诸如感性的快乐和痛苦这种感受中，根本不包含任何表象，即便是我们所说意义上的表象。我们至少不能否认这种看法具有某种诱惑力。例如，当一个人被刀割或火烧时，出现的感受便是如此。当一个人被割伤时，他并没有碰触的感觉，当一个人在烧伤时，他不会有热感，而在这两种情况下，他只有痛感。

然而，毋庸置疑，甚至在这种情况下，感受也是基于一种表象的。在诸如此类的情况下，我们总有一个特定的空间定位表象，对此我们一般以与我们身体可视或可触部分的关联来标示。例如，我们总是说脚或手受了伤，身体的这一部位或那一部位疼痛等。那些把空间定位表象看作由神经刺激自身给出的人，不会否认表象是感受的基础。而其他人也无法避免这一前提。因为，我们不仅有对特定空间位置的表象，还有对某种特定感觉性质（它们类似于色彩、声音和其他所谓的感觉性质）的表象，这类感觉性质属于物理现象，它们与所伴随的感受截然不同。如果我们听到一种轻柔悦耳的声音或者尖锐刺耳的声音、听到一种和谐动听的音乐或纷乱走调的乐声，我们绝不会把声音本身与伴随的愉快或不快的感受混为一谈。同样，当刀割、火烧或瘙痒令我们产生痛苦或愉悦的感受时，我们同样必须区分两种东西：其一是作为外感知对象而呈现的物理现象，其二是伴随这种现象呈现的心理现象——感受。当然，敷衍潦草的观察者更倾向于混淆二者。

之所以产生这种错误，可能主要是由于如下情形。众所周知，我们的感觉是被所谓的传入神经传递的。人们早就相信，不同的感觉性质（颜色、声音等）有不同的特殊传导神经，但最近，生理学却越来越倾向于相反的观点。[①]下列说法几乎已成为普遍的范本：当触觉神经被以某种方式刺激时，我们身上便会产生热和冷的感觉；而当它被以另一种方式刺激时，则会产生所谓痛苦和愉悦的感觉。然

---

　① 特别参见冯特：《生理学的心理学原理》，第345页。

而，实际上，就刚才提到的这些感觉可以由每一种神经产生而言，所有这些神经都具有相似性。如果所有的神经都受到非常强烈的刺激，那么它们也都会引起痛苦的现象，而这些痛苦的现象彼此之间并不能相互区别开来。当一种神经充当着不同感觉类型的媒介时，它通常便会同时充当多种感觉的媒介。例如，直视一盏电灯既能呈现一种"美丽"（即愉悦）的颜色现象，也能产生一种令人痛苦的颜色现象。触觉神经常常同时传递所谓的触感、热感或冷感以及痛感或快感。现在我们注意到，当几种感觉现象同时呈现时，它们往往被认作同一种现象。这在味觉和嗅觉方面表现得特别明显。确实，几乎所有我们习惯认为是味觉上的差异实际上只是同时出现的嗅觉上的差异。当我们吃冷食或热食时类似的情形也会发生：有些我们常常认为是味觉上的差异，实际上只是温度感觉的差异。所以，毫不奇怪，我们一般并不严格地区分温热感觉现象与触觉现象。要不是这两种现象时常各自独立地出现，说不定我们根本就不会去区分它们。如果我们现在来看感受性感觉（Gefühlsempfindungen）的话，我们就会发现相反的情况，即它们的现象通常都与另一类感觉相关联，而当兴奋非常强烈时，那些其他种类的感觉便微不足道了。这就很容易解释，为什么在某一类感觉性质出现时我们常常会弄错它们，即在存在两种感觉时却认为它们是一种。因为居间的表象被一种相对而言非常强的感受所伴随，而这种感受不知比它所跟随的第一阶的性质强出多少倍，所以人们就会认为这种心理现象（即感受）是他所经验到的唯一的新东西。再者，一旦那种第一阶的性质完全消失，他便会相信他所拥有的只不过是一种感受，而这种感受并不需任何物理现象的表象为之奠基。

产生这种幻觉的更深层基础乃是如下事实：先于这种感受的性质与该感受本身具有相同的名称。例如，我们把伴随疼痛感受的物理现象也称为疼痛。我们确实不会说我们在脚上感觉到伴随着疼痛的这种或那种现象；我们只是说我们感觉到脚痛。这确实是一种含混不清的说法，可每当不同的东西密切关联时，这种含混不清便难以避免。我们会说身体健康，而参照着这种表达，我们也会说健康的食品、健康的脸色等，不过，这里的"健康"显然是在另一种意义上讲的。在我们提到的上述情形中，快乐感或痛苦感总是伴随着相应物理现象的呈现而出现的，而我们把这种物理现象本身也称作快乐或痛苦，显然，后种"快乐"与"痛苦"是在改变了的意义上用的。同样，当我们听到一段和谐的音调而经验到某种快乐时，我们就会称这音调本身是快乐的；因失去朋友而带来的痛苦亦然。经验表明，含混不清是识别差异的主要障碍之一。而在事物本身就易被混淆的情况下（或许同一词语之词义扩展本身就是这一混淆的结果），这种含混不清必定会成为最大的障碍。难怪许多心理学家都被这种含混不清所骗，而这种错误又孕育出进一步的错误。有些人得出下述错误结论：在肢体受伤的地方，进行感觉的主体必定会呈现，在这个地方，一种充满疼痛的现象被定位在感觉中。由于他们把这种现象等同于伴随着的痛苦感，结果他们便把这种现象也当成了心理现象而非物理现象。正因为如此，他们就认为肢体中的这种感知是内在的，因而也就成为明证而不谬的感知。①然而，他们的看法恰与下述事实相矛盾：当这部分肢体被截掉时，同样的现象经常会以相同的方式呈现。有鉴于此，也有一些人以相当怀疑的方式来反对内知觉的自明性。如果我们区分开两种疼痛：一种描述我们身体部位的呈现条件，另一种描述伴随着感觉的疼痛感受，那么这个难题就会自行消失。只要明白了这点，我们就不再会说：当一个人受伤时，他所经验的感到疼痛这种感受不以任何表象为基础。

如此，则下述关于心理现象的定义是无可置疑的：在上述意义上，心理现象不是表象便是基于表象。于是我们便提供了对心理现象的第二个界定，这也是对这个概念的更为简洁的说明。当然，这种说明并不是完全统一的，因为它把心理现象划分为两组。

4. 有人已尝试通过否定的方法给出一个完全统一的界定，这一界定会把所有心理现象与物理现象区别开来。按照他们的看法，一切物理现象都有广延和空间位置，不论它们是视觉现象还是其他感觉现象，抑或是——将相似的对象呈现给我们的——想象的产物。而对于心理现象来说，情况则恰好相反：思维、意欲等都没有广延，而且也没有空间位置。

根据这一观点，由于物理现象乃是具有广延性和空间位置的东西，因此我们可以把物理现象与心理现象相对照，从而轻而易举地准确刻画它们。反过来，我们也可以准确地界定心理现象，即它们是不具广延性和空间位置的。这种划分可追溯到笛卡尔和斯宾诺莎。不过这种观点的首要支持者是康德，他主张空间乃是外感知的直观形式。

贝恩最近也给出了同样的界定。他说：

---

① 这是耶稣会教士腾乔尔吉（Tongiorgi）的观点，参见他那本流传甚广的哲学教科书。

我们可以用一种性质来严格地界定客观领域或客观世界，那就是广延。而主观经验世界恰好缺少这种性质。一棵树或一条河都有延展的量；但快乐却没有长、宽、高，它根本不具广延性。我们可以有关于广延的想法或观念，但这些想法本身却不能说成是具有广延性的。同样，我们也不能说某种意愿行为、某一欲求或信念具有空间维度。所以，可以说所有隶属于主观领域的东西都是非广延的。因而，如果人们一般都把心灵看作主观经验的总和，那么我们就可以通过缺乏广延性这一否定性的事实来界定它。①

这样，我们似乎便为全部心理现象找到了一种至少是否定性的统一界定。

不过，在这一点上，心理学家们的意见并不一致。许多人都拒绝承认可以用是否具备广延性来划分物理现象和心理现象，尽管他们所持的理由相互矛盾。

不少人主张：这种界定之所以是错误的，是因为缺乏广延性的不仅有心理现象，许多物理现象也是如此。例如，很多并非不重要的心理学家都告诉我们，某些感官现象，甚至可以说所有的感官现象原本都不具备广延性，也没有特定的空间位置。尤其是，几乎没有人相信声音和气味现象具有这种性质。贝克莱否定了颜色具有广延性；普兰特纳(Platner)认为触觉现象也是如此；赫尔巴特、洛采、哈特雷(Hartley)、布朗(Brown)、穆勒父子、斯宾塞和其他人甚而主张所有的外感觉现象也都是如此。当然，看起来外感觉(特别是视觉和触觉)所揭示的现象确实是空间地延展的。据说，这是因为我们把这些现象与我们根据过去的经验逐渐形成的空间表象联系在一起。这些外感觉现象原本并不具备特定的空间位置，是我们随后把它们空间化了。倘若物理现象真的只是以这种方式来获得其空间位置的，则我们显然就不能再依据这种性质来划分这两大领域。事实上，我们也正是以同样的方式来给心理现象定位的，例如，我们把愤怒现象定位在一只暴跳如雷的狮子身上，而把思想定位在我们自己所占据的空间中。

这就是不少杰出的心理学家(其中包括贝恩)对上述界定所提出的一种批评。乍看上去，贝恩捍卫这种界定，但实际上，他对于这个问题的解答却因袭了哈特雷的思路。贝恩之所以能这样做，乃是

① 参见贝恩：《心理科学》，导言，第 1 章。

因为他实际上并不认为外感觉现象自在自为地属于物理现象（虽然他并非总是前后一致）。

另一些人则依据相反的理由拒绝这一界定。引起他们反感的并不是认为所有物理现象都具有广延性的说法，相反，他们要反对的是认为一切心理现象都缺乏广延性的主张。在他们看来，某些心理现象本身也具备广延性。亚里士多德似乎就持这种看法，他在论感觉及感觉对象一书的第一章中提出：感官感知乃是身体器官的行为，这一点是直接明证而无需前提的。①现代心理学家和生理学家在分析某些感触时也表达了相同的看法。他们谈到了呈现在外部器官中的苦乐感，这些感受甚至在截肢后依然存在，它们像知觉那样同属于心理现象。此外，有些作者甚至坚持感觉欲望是可以被定位的。在诗人的笔下，心灵及身体的所有部分时常充溢着狂喜和渴慕（或许不包括思想），这也可算是上述观点的佐证。

我们已经看到，我们所讨论的这种区分标准受到来自物理现象和心理现象两方面视角的质疑。或许这两方面的反对都难以成立。②不过，这至少表明需要我们为心理现象提供新的统一性界定。由于物理现象及心理现象是否具有广延性乃是一个争论不休的问题，这种争论表明是否具有广延性并不能提供足够明确的划分标准。况且，这个标准只是给出对心理现象的一种否定性界定。

5. 我们能提出什么样的肯定性划分标准呢？抑或，根本就不存在可普遍适用于所有心理现象的肯定性界定吗？贝恩认为事实上不存在这种界定。③不过，早期的心理学家已经指出，所有心理现象都具有一种特殊的相似性，而这正是物理现象所不具备的。

每一心理现象都被一种东西所标识，中世纪经院哲学家称其为关于一个对象的意向的（即心灵的）④内存在，我们也可以将之称为——虽然还有些模棱两可——关涉一种内容、指涉一个对象[这里

---

① 参见亚里士多德：《论感觉》，436b7；并参见他在《灵魂论》（第一卷，第一章）中关于感触状态，特别是关于恐惧的论述（403a16）。

② 显然，这种认为心理现象也具有广延的主张建立在将物理现象与心理现象相混淆的基础上。这与我们在前面所讨论的那种混淆类似，在那里我们已经指出，甚至感官感受也必须以表象为基础。

③ 贝恩：《感觉与理智》，导言。

④ 他也用"作为一个对象（对象性地）存在于某物之中"来表达这个意思，可是，我们要考虑到，这个表述意味着那个"对象"是心灵之外实存的东西。至少在相似的表述"作为一个对象内在地存在"所意味的东西中，"内在地"一词可以排除我们所担心的那种误解。

不应被理解为一种实物（Realität）］，或将之称为一种内在对象性（immanent Gegenstandlichkeit）。每一心理现象都包含作为对象的某物，尽管其方式不尽相同。在表象中总有某物被表象，在判断中总有某物被肯定或否定，在爱中总有某物被爱，在恨中总有某物被恨，在欲求中总有某物被欲求，如此等等。①

这种意向的内存在是心理现象所专有的特性。没有任何物理现象能表现出类似的性质。所以，我们完全能够为心理现象做出如下界定：它们是在自身中意向地包含一个对象的现象。

不过在这里，我们也会遇到争论与反驳。汉密尔顿尤其否认这种特性被所有心理现象所具有，在他看来，他所标示的所有感受以及各式各样的快乐和痛苦都不属此列。他只同意思维现象和欲求现象具有这种特点。显然，离开思维对象便不会有思维行为、离开欲求对象便不会有欲求行为。

> 相反，在感受现象，即在快乐与痛苦现象中，意识不会把一种心理的变形或状态置于它自己前面；它不会将这种现象与自身分开来而沉思它，因为它与这种现象本来就是融为一体的。因而，感受的特别之处在于：它只是属于主观地主观的东西（subjectively subjective）；这里根本不存在与自身不同的对象——不存在自身样式的任何对象化。②

根据汉密尔顿的术语，在第一种情形下会存在某种"客观的"东西，而在第二种情况下，会存在"客观地主观的"东西，正如在自身知觉中——汉密尔顿后来将自身知觉的对象称为"主观—对象"。通

---

① 亚里士多德早已谈及心灵的这种内居性（Einwohnung）。在其关于灵魂的著述中，他指出：被感知的对象，就其被感知而言，乃是存在于感知者之中；感知包含着被感知的对象，只是排除了其质料；思维的对象存在于思维者的理智中。斐洛（Philo）也提出了心灵的存在与内存在的学说。不过，由于他把这种存在与严格意义上的存在混为一谈，他便得出了有关逻各斯（logos）和理念的充满矛盾的理论。新柏拉图主义者也是如此。奥古斯丁在他关于精神话语（Verbum mentis）及其内在来源的理论中碰触到了同样的事实；而安瑟尔谟在其著名的本体论证明中也是如此；不少人都认为其荒谬在于把心灵的存在当成了真实的存在（参见俞波维希：《哲学史》，第二部分）。托马斯·阿奎那指出：被思考的对象意向地存在于思维者中，被爱的对象意向地存在于爱者中，被欲求的对象意向地存在于欲求者中，当然他是为了神学的目的而提出这种思想的。当《圣经》谈到圣灵的内居时，阿奎那对此做出了这样的解释：通过爱而意向性地内居。另外，他也试图通过与思和爱的行为中意向地内存在的类比，来表明三位一体及道（Wortes）与灵（Geistes）之内在化的神秘性。

② 汉密尔顿：《形而上学讲演集》，第一部分，第 432 页。

过否认感受具有上述两种情形，汉密尔顿毫不含糊地拒绝了所有感受现象是具有意向的内存在。

事实上，汉密尔顿所说的东西并不完全正确，因为某些感受无疑指向对象。我们的语言本身也通过其使用的表达显示了这一点。我们说，某人为某物或者对某物感到高兴，某人对某物感到哀伤或者感到悲痛等。同样，我们也说，这令我高兴，这伤害了我，这使我感到遗憾等。就像肯定和否定、爱和恨、欲求和厌恶一样，喜悦与悲伤显然也建立在表象的基础上，并且也与所表象的东西相关。

正如我们在前面已经看到的，在这些情况中人们大多会倾向于赞同汉密尔顿的看法，而在这种情形中人们很容易会陷入感受并非基于表象这种错误中——例如，在刀割或火烧所导致的疼痛情形中。可正如我们所看到的，陷入错误的原因其实正是这个错误的假定。甚至汉密尔顿本人也和我们一样认识到下述事实，即在这种情况下表象会毫无例外地发生，并因而会构成感受的基础。因而他对感受具有一种对象的拒绝看起来更为令人惊讶。

当然，我们确实不得不承认下述事实：感受所指向的对象并不总是一个外在对象。甚至当我听一段和谐的乐曲时，我所感受到的快乐其实并不是在声音里，而是在听中。确实，你可以说（虽然这并不正确），在某些情况下感受会指向它自身，这就或多或少会导向汉密尔顿所说的东西，即感受与对象是"融为一体"的。而这对于思维及认识现象也并非不正确，我在后面讨论内意识时会看到这一点。在这些情况下它们仍然保持为一种心灵的内存在，或者用汉密尔顿的话来说，它们仍然是一种"主观—对象"，这对于感受也是成立的。汉密尔顿的错误在于，他认为所有感受都是"主观地主观的"。这一说法本身就是自相矛盾的，因为在不能谈论一个"客观"的地方，也不能谈论一个"主观"。再者，当他谈到感受与相应的心理印象融为一体时，如果仔细考究的话，他实际上恰好为自己的论断提供了否定的证据。任何融合都意味着几种东西的联结统一；因而，尽管他使用"融为一体"这一形象化措辞的本意是想让我们具体地把握感受的显著特征，但这一说法本身仍然指向这种统一中的二元性。

因此，我们可以把"有关一个对象的意向的内存在"看作心理现象的一个普遍特征，而这个特征把心理现象与物理现象区分开来。

6. 所有心理现象所共同具有的另一个特性是：它们只在内意识中被知觉，而物理现象只有通过外感知才能通达。这一区别性特征是汉密尔顿所强调的。①

有人可能会指出，这一界定并没有很大意义。因为，看来更为自然的乃是根据对象来界定行为，因而应当说，与其他感知种类不同，内知觉是对心理现象的知觉。然而，内知觉除了具有特殊对象这一事实外，还具有另一种显著特征：它具有直接而不谬的明证性。对于与经验对象有关的所有认识种类而言，只有内知觉认识具有这种特点。因此，当我们说心理现象乃是由内知觉把握的现象时，我们是在说对这些现象的知觉乃是直接明证的。

不仅如此，内知觉不但是唯一具有直接明证性的感知种类，而且在"知觉"（Wahrnehmung）这个词严格的意义上而言，内知觉实际上是唯一的知觉。正如我们已经看到的，所谓的外感知现象甚至通过间接的演证也不能被证明为真实的。因此，如果谁信赖外感知现象，将它们看作看上去的样子，谁就会被这些现象关联的方式引入歧途。严格说来，所谓的外感知根本就不是知觉。②所以，我们有理由把心理现象称作唯一可能被知觉——就这个词的严格意义而言——的现象。

这一界定也是对心理现象的充分标示。这并不是说所有心理现象可被所有的人内在地知觉，而那些不能被某人知觉的东西则统统被他归于物理现象的行列。显然，正如我们前面提到的那样，虽然一个特定的心理现象只可能为一个特定的个体所知觉，不过同时我们也可以看到，每一类心理现象也都会呈现在每一位充分发展了的人类心灵生活中。因此，对构成内知觉领域的现象的援引令人满意地达到了我们的目的。

7. 我们已经说过，心理现象乃是唯一一种能被知觉——在这个词严格的意义上——的现象。据此我们还可以进一步说，心理现象也是唯一一种既具有真实（wirkliche）存在又具有意向存在的现象。认识、欢乐、欲求是真实存在；而颜色、声音、温热则是只具有现象的（phänomenal）与意向的存在。

有些哲学家走得如此之远，以至于他们认为下述情形是明证的：我们称之为物理现象的那些现象不具有任何真实性。根据他们的看法，断定这些现象具有不同于心灵存在的一种存在方式是自相矛盾

---

① 汉密尔顿：《形而上学讲演集》，第一部分，第432页。
② 由此看来，布伦塔诺将同一个词"Wahrnehmung"用在"内"与"外"时，其含义显然存在着根本差别。为显示这一差别，当"Wahrnehmung"意指"内知觉"时译为"知觉"，而当它意为"外感知"时译为"感知"。——中译者注

的。例如，贝恩讲，有人试图通过设定一种物质世界——"它首先是独立于感知的，尔后又通过作用于心灵而进入到感知中"——来解释外感知现象。他认为：

> 这种看法包含着一种矛盾。这一流行的观点主张，一棵树就其自身而言是独立于一切感知的；通过其发光的流射，它便印在我们的心灵中，于是它便被感知了。感知是效果，而不可感知的树——独立于感知而存在的树——是原因。可是，这棵树只能通过感知而被知晓；我们根本不能说它在被感知前或在独立于感知的情况下是什么；我们只能将其当作已被感知的东西，而不能当作未被感知的东西。因此，在上述的设定中存在一种显而易见的矛盾；我们被要求同时感知而又不感知一个东西。我们知道对铁的触摸，但不能知道离开触摸之物的触摸。①

必须承认，我不能被贝恩的论证说服。只有当我们对一种颜色拥有表象时，这种颜色才能呈现给我们，这一点确实毫无疑问。然而，我们绝不能从这一点推出被表象之物离开被表象就不能存在。除非当被表象状态作为颜色的诸要素之一（作为它所包含的性质或强度）被包含在颜色中时，未被表象的颜色才包含着一种矛盾，因为不拥有其一个部分的整体实际上是一个矛盾。可是这里的情况显然并非如此。否则，下述情形是绝对不可想象的，即为何对外在于我们表象的物理现象之真实存在的信念会如此广为流传、如此根深蒂固，甚至在相当长的时期最杰出的思想家都对此深信不疑。贝恩说："当一棵树被感知时，我们才能思考它；当它不被感知时我们就不能思考它。在这个假定中存在着明显的矛盾。"如果他的这种说法是正确的，那么其进一步的结论就不能被反对。可恰好他的这种说法是不能被认同的。贝恩是这样来解释他的说法的："我们被要求同时感知又不感知一个东西。"然而，说这种要求也适用于我们则是不对的。因为，第一，并非每种思维行为都是一种感知。第二，即便如此，也只能得出，我们只能思考已被我们感知过的树；而不能得出，我们只能把树思考为被我们所感知的。品尝一块白糖并不意味着把这块糖品尝为白色的。在心理现象的情形中，这种错误便会昭然若揭。如果某人说："离开对一种心理现象的思考我便不能思考它；因而我只能把心理现象思考为我的思维；因而没有心理现象在我的思维之

---

① 贝恩：《心理科学》，第198页。

外存在。"那么这个人的推理方式与贝恩的就是相同的。然而，即使贝恩本人也不会否认，并非只有他个人的心理生活才具有真实存在。当贝恩补充说"我们知道对铁的触摸，但不能知道离开触摸之物的触摸"时，这里的"触摸"首先指被感知对象，其次指感知行为。尽管是同一个词，但它却有不同的概念含义。因而，只有那些甘心让自己被含糊不清所糊弄的人才会赞同贝恩提出的假定的直接明证性。

所以，下述说法是不对的，即在心灵之外存在着的物理现象与在我们之中意向地发现的物理现象恰好是同样真实的，这种假定包含着矛盾。情况只是，当我们把其中一个与另一个进行比较时，我们才会发现各种冲突，这些冲突清楚地表明，在这种情况下，没有真实的存在与意向的存在相对应。即使这只适用于我们自己的经验范围，我们仍可正确地说：一般而言，物理现象除了意向的存在之外不具任何其他存在形式。

8. 有人还指出了另一种区分物理现象和心理现象的情形。在他们看来，心理现象只是前后相继地呈现，而物理现象则同时出现。不过这些人赋予这一断定的含义却不总是相同的，而且，其中许多解释恐怕都与事实不符。

斯宾塞近来就这个问题发表了他的看法。他说：

> 我们可以凭借下列一点来大致区分生理学与心理学所包含的两大类生命活动，这就是：生理活动既包括同时性的变化又包括前后相继的变化，而心理活动却只包括前后相继的变化。生理学所研究的现象乃是由不同的连续序列联合组成的，反之，心理学所研究的现象却只是一个单一的连续序列。有机体的生命由众多前后相接的活动构成，但只要粗略观察一下这些活动便可发现，它们不仅是连续的，而且也是共时性的；消化、循环、呼吸、排泄、分泌等各自包括众多亚系统的生理系统都是彼此相倚而同时存在的。另外，只要我们稍加反思便可发现，构成意识的那些活动却并不能同时存在，它们乃是前后相继的。①

斯宾塞在这里把生理现象与心理现象的比较限定在具有心理生命的同一个机体上。如果不是这样，那么他就得承认：不同序列的心理现象也可以同时发生，因为在世界上拥有心理生命的生物有很

① 斯宾塞：《心理学原理》，第一卷，第177节，第395页。

多。不过，即使我们只是在他所规定的界限内来考虑这一问题，他的论点仍不能完全成立。就是他本人也不得不承认，在有些低等生物（如辐射性生物）中，在同一个身体上有多个心理生命同时进行。因此，他便认为——虽然别人并不会承认——心理生命与物理生命之间很少有什么区别。①之后，他还做出了进一步的退让，宣称心理现象与生理现象之间存在的差异仅是程度上的。更有甚者，如果我们追问他所说的与心理现象截然有别的生理现象（与心理现象的变化相反，这种变化被认为是同时发生的）到底指的是什么，我们就会发现这个术语并非指物理现象，它所指的其实是物理现象的原因，而这些原因就其自身而言是不可知的。事实上，就自身呈现于感觉中的物理现象而言，不可否认，如果感觉本身没有发生同时性的变化，那么这些物理现象也不能发生同时性的变化。因此，我们几乎不能用这种方式实现对两类现象的标志性区分。

还有一些人力图通过下列事实来确定心理生活的特性：在一给定时刻，意识只能同时把握一个对象，而不可能同时把握多个对象。他们举出在确定时间方面发生的著名误差例证：一个被观察的星座进入天文望远镜的叉线与钟摆的某一次摆动是同时发生的，但是，天文学家不可能在这同一瞬间既观察到该星座又观察到钟摆的这次摆动；所以，他所记录下来的该星座出现的时刻必定要么稍早于要么稍迟于它实际出现的那一瞬间。②他们由此推断出，心理现象只可能在单一连续序列中交替呈现，而在同一个时间只能出现一种心理现象。但是，我们不能不看到，这是一个牵涉到注意力需要高度集中的极端例子，因此，除非能得到进一步的证据，否则，其结论肯定是有问题的。就连斯宾塞也指出：

> 我们有时可发现自己身上同时呈现出多达五种的神经活动变化，而且，由于它们中没有哪一种可被说成是绝对无意识的，因而可以说它们都进入了意识，只是程度有所不同罢了。例如，当我们行走时，就会有运动序列；在某些情况下会有触觉序列；至少对我而言，会有听觉序列，例如，某一段旋律不时回荡在我的耳际；还有视觉序列也是如此。它们全都附属于由一些反思序列构成的主导意识上，这些内容在意识中持续地相互穿插、

---

① 斯宾塞：《心理学原理》，第一卷，第 397 页。
② 参见贝塞尔（Bessel）：《天文观察》（*Konigsberg*，1823），导言，第八部分。也参见斯特卢威（Struve）：《测时考察》（*Petersburg*，1844），第 29 页。

交织。①

　　汉密尔顿、卡戴兰克（Cardaillac）以及其他一些心理学家都曾根据自己的经验报道过同样的事实。然而，假定所有的感知情形都与上述那个天文学家的情况相同，难道我们通常不会承认在表象某一事物的同时会对它进行判断或欲求吗？因此，多种心理现象仍会同时存在。的确，我们甚而有理由提出一种恰好相反的主张：在许多情况下，意识能同时呈现几种心理现象，而同时能呈现的物理现象却只有一种。

　　那么，在什么意义上我们才可以说心理现象只能单个地呈现，而多个物理现象却可以同时呈现呢？在我看来，仅在下列意义上我们方有理由坚持这种主张，那就是：内知觉所把握的多重心理现象总是以一个统一体的面目出现；反之，外感知所能同时把握的诸物理现象却并非如此。有些心理学家往往容易把整体事物错当成单一事物；结果他们便主张内意识知觉到的心理现象不过是一种单一的东西。有些人有大量理由坚持心理现象的单一性，同时否认其统一体。这种看法也难以保持立场的一致，因为当他们描述自己的内在生活时，他们会发现自己将涉及大量不同的要素；而这些不同要素又不能避免自身非其所愿地确证心理现象的统一。他们又像其他人一样会说"我"而不说"我们"，而有时却把"我"描述为"一束"现象，并且有时又用其他名称来表示这种内在统一体的融合。当我们同时感知到颜色、声音、温热和气味时，没有什么可以阻止我们把它们当作各不相同的特殊事物。另外，我们却不得不把下列多重行为都当作单一且统一的：首先是感觉行为（看、听以及对温热、味道的经验），其次是同时发生的意欲、感受及思考行为，最后还有我们借以把握所有这些相关认识的内知觉行为；这三重行为都作为一种单一现象的部分而被包含于单一现象之中。我们后面会详细讨论，究竟是什么构成了这种必然性的基础。到那时我也会讨论与此问题相关的其他要点。这里所涉及的正是所谓的意识统一体——心理学中最重要的事实之一，不过目前它仍处于争论中。

　　9. 现在，让我们来简略总结一下上面关于物理现象与心理现象之区别的讨论结果。首先，我们通过例证表明了这两个现象种类的特殊本性。其次，我们又把心理现象界定为表象或奠基于表象的现

①　斯宾塞：《心理学原理》，第398页。德罗毕希说这是个事实，即"不同的表象序列可以同时进入意识——只是在不同的层次上"。参见德罗毕希：《经验心理学》，第140页。

象；而其他的现象均属物理现象。接下来我们又讨论了广延，按照心理学家通常的说法，广延乃是一切物理现象独具的特征，而所有心理现象则被认为都是非广延的；不过，这个断言会走向矛盾，而这种矛盾只能被随后的研究所澄清；眼下可以肯定的是，所有心理现象的确都表现为非广延的。我们进一步发现意向的内存在（即指涉作为对象的某物）是所有心理现象的区分性特征。物理现象没有表现出任何的相似性。继而，我们把心理现象界定为内知觉的专有对象；因此，仅有心理现象才是以直接明证性被知觉的。确实，就"知觉"这个词的严格意义而言，只有心理现象可被知觉。以此为基础，我们得出了对心理现象的进一步界定：它是除了意向的存在之外还具有真实存在的唯一一类现象。最后，我们又强调了心理现象的另一个区分性特征：尽管我们知觉到的心理现象是多重的，但它们总是以一个统一体的形式呈现给我们；而我们同时感知到的诸物理现象却不能以同样的方式呈现为一种单一现象之诸部分。

最好地表现出心理现象特征的无疑是它的意向的内存在。所以，我们可以凭借这个以及其他上述所列特征来将心理现象与物理现象清晰地划分开来。

我们对心理现象与物理现象的说明也不会有悖于前面对心理科学与自然科学的清晰界定。事实上，我们已经表明，其中一个是有关心理现象的科学，而另一个是有关物理现象的科学。现在很容易看到，两种界定都暗自包含着某种局限。

对自然科学的界定尤其如此。事实上，这些科学并不处理一切物理现象，而只处理呈现于感觉之中的物理现象，不处理呈现于想象中的现象。即便是对于前者，自然科学也只确定那些依赖于感觉的物理刺激之现象的规律。我们可以这样精确地说明自然科学的任务：以如下的设定为基础，即具有空间三维性与时间一维性①的世界刺激我们的感官，从而产生出与正常而纯粹的感觉（即不受任何特定心理条件与进程影响的感觉）相关的物理现象；自然科学的任务正是试图解释这些纯粹的物理现象之间的相继关系。自然科学不考虑世界的绝对本质是什么，而只是满足于承认世界拥有产生诸感觉以及施加相互影响的种种"力"，并确定有关这些"力"的共存与持续的规律。通过这些规律，自然科学随后就会间接地确立感觉这种物理

---

① 关于这一点，参见俞波维希的《逻辑学体系》。当然，他的分析未必完全正确，其中的一个最明显的错误是，他认为外在原因的世界在空间与时间上是延展的，而不是说它相似于一个空间与时间上都延展的世界。

现象的持续性规律，如果——通过对伴随的心理条件进行科学抽象——我们承认这些规律会在一种纯粹的状态中展现自身以及会相关于一种恒常的感官能力而发生的话。如果要使"关于物理现象的科学"与"自然科学"成为同义词，我们就必须对之进行这种多少有些复杂的解释。①

不过我们已经看到，"物理现象"这个表述有时是如何被错误地用到上面所提到的"力"自身的。并且，由于通常而言科学的对象被标示为这样的对象，即它的规律是由这种科学直接而明确地确定的；那么，我相信我的下述假定就不会是错误的，即自然科学是关于物理现象的科学这种界定时常会与力的概念关联，而力又属于一个类似于空间上延展、时间上流变的世界；力通过对感官的影响而引发出感觉以及感觉活动之间的相互影响，而自然科学所研究的正是这些关系的共存与持续的规律。如果这些"力"被认为是自然科学的对象，那么也会出现下述优势，即这种科学的对象看来具有某种真实的存在性。当然，如果自然科学被界定为关于感觉的科学也会实现这点，不过这就暗自加上了我们刚刚提到的那种限定。的确，选择"关于物理现象"这种表述大概是基于下述事实，即某些心理学家认为，感觉的外在原因对应于发生在我们之中的物理现象，这要么是在所有方面（这是最初的看法），要么只是在三维广延方面（这是目前有些人的看法）。显然"外感知"这种不恰当的表述就从这个概念而来。然而，必须补充说，感觉行为表明，在物理现象的意向的内存在之外，自然科学家根本不会考虑其他特征，因为通过这些特征，感觉不会以同样方式给予我们有关不同关系（这些关系控制着外在世界）的信息。

现在让我们来考察心理学的界定，初看起来，心理现象的概念必须相应地扩展而非收缩，因为，除了那些我们在前面界定的心理现象之外，现在的心理现象概念至少还需包括在想象中呈现出来的物理现象；此外，呈现于感觉中的现象也不能被感觉理论弃之不顾。不过，很明显，它们只是作为心理现象的内容而被纳入考虑范围的，亦即当我们描述心理现象的特定特征时发生的。这对于所有心理

---

① 这种解释与康德可能做出的解释或许并不完全一致，但却十分接近。在某种意义上，这种解释和穆勒在其《对汉密尔顿哲学的探究》一书中（第十一章）所提出的观点更为相似，尽管两者在所有关键之处都不吻合；穆勒所说的"感觉的持续可能性"与我们所说的"力"密切相关。至于俞波维希的看法与我们的解释之间的关联和关键性分歧，可参见上面的注释。

现象（它们也具有单纯现象的存在）同样都是成立的。我们必须只把真实存在意义上的心理现象当作心理学的真正对象。并且我们只把指涉这些现象的心理学称为关于心理现象的科学。

第六章　心理现象划分为表象、判断与爱恨现象

1. 在对心理现象基本种类的划分中我们必须坚持什么样的原则呢？这显然与其他分类情形中所要考虑的原则是同样的，而诸自然科学已经提供给我们一些它们的分类所用原则的显著案例。

一种科学的分类应当以有利于研究的方式来安排对象。为了达到这个目的，所用原则必须是自然的，也就是说，它必须把天然地紧密相关的东西划归到同一类对象中，同时必须把天然地相对疏远的东西划归到不同种类的对象中。这种分类只有在对所划分对象具有一定量的知识时才是可能的，而且作为一种基本的分类原则，它应当从对所划分对象的研究中产生，而非从一种先天结构中产生。当克鲁格（Krug）从一开始就争辩说心理现象不得不具有两种类型，即从外指向内的与从内指向外的，这时他便犯了这种"先天"方面的错误。正如我们前面看到的，霍维兹（Horwicz）也违反了这个原则。霍维兹不是通过对心理的对立现象自身更为精准的研究来尽力确证或校正通常的分类，而是在生理学观察的基础上直接跳到结论，揭示了感觉神经和运动神经与贯穿在整个心理领域中的思维和欲求的对立相似。鉴于心理科学的落后状态，也就易于理解，为何心理学家们会乐于接受一种由对其他内容的研究而非由对心理现象的研究所支持的一种相应分类。可是，如果自然程序尚不可行，那么就更不能指望其他程序能提供给我们达到目的的途径了。另外，如果我们允许自己被到目前为止所获得的心理学知识所引导，那么我们至少会为最好的分类铺平道路，虽然最终不一定会将它建立起来。因为，在这里就像在其他领域中一样，分类与关于特性及规律的知识是相互促进的，正如它们在先进科学中那样。

2. 我们在前章所讨论的所有分类尝试就其均出于对心理现象的探究而言值得我们赞赏。作者们也都意识到了分类的结构必须合于自然，因为他们让自己被区别于其他现象的特定现象之独立性或极端不相似性所引导。当然，这并不是说这些作者的努力没有被心理学领域中不完备的知识所误导。无论如何，在这些分类的努力中有一些比另一些价值更少，这既是因为这些分类的基础仍是有待讨论的，也是因为有些作者自认为的研究优势由于无法解决一些特殊难题而消失了。

让我们以特定的例子来澄清上述论断。

亚里士多德把心理现象区分为人与动物共有的以及人所特有的。从亚氏理论的立场看，这种分类显然具有多种优势。因为亚氏相信，灵魂的特定能力是人所独具的特性并且是非质料性的，而动物共有的能力则是身体器官的功能。因此，假定亚氏理论是正确的，这种分类也会将本性上独立发生的现象划分为两组。并且，两类现象中后一个是一种器官的功能而前一个不是一种器官的功能，这个事实也允许我们假定，在这两类现象的每一类中，都存在着重要的共同特征和规律。不过关于亚氏这种分类的基础的理论却有很大的争议。很多人否认理智能力是专属于人类的（即动物是不具备这种能力的）这个断言；并且在哪些心理现象是人与动物所共有的，哪些不是二者所共有的问题上，人们一般也不能达成一致。当笛卡尔否认动物具有所有心理现象时，其他并非不重要的学者却承认动物的高级种类与我们分享较为简单的心理现象中的所有种类。这些学者们相信，在我们的行为与那些动物的行为之间仅仅存在程度差别，而且他们也认为，动物行为与我们行为之间的所有差别也能被这种事实充分解释。特别是，如果亚氏相信动物缺乏拥有普遍观念和抽象观念的能力，洛克一定也会赞同他，但洛克却从其他不同的方面产生出对亚氏下述观念的反对，即这种能力构成了人的心灵与动物的心灵之间的基本差异。有人认为动物具有普遍性观念已经是一个被证明了的事实；而以贝克莱为首的其他一些人甚至否认人具有这种普遍性观念。

虽然对反射的研究使不少现代思想家倾向于笛卡尔的观点，可这也不能打消我们的顾虑。因为甚至现在一些代表不同学派观点的著名思想家仍持相反的观点。特别是贝克莱的追随者在英国逐渐壮大，而且在欧洲大陆也站稳了脚跟。如果人与动物在心灵天赋方面真的没有本质差异的话，可以说，把心理现象划分为所有动物都共有的现象与对人而言所特有的现象显然就大大失去了其重要性。无论如何，相互冲突的观点以及解决它们的困难，我们难以将上述分类作为组织我们材料的基本分类。

这种分类能够提供给研究的主要优势最多是，对我们心理现象的一个领域可以进行独立研究，不过，即使这也被下述事实从根本上限定，即我们对动物的心理生活只具有间接理解。这个事实连同对确定无疑的假定的欲求，就是亚氏自己为何没在其有关灵魂的系统论述中将之作为基本分类的缘由。

正如我们所听闻的那样，贝恩把心理现象划分为基本现象和从中发展出的现象。在这里，第一类现象也包含了本性上可以独立于其他现象而发生的现象。不过其中再次出现了类似于我们刚看到的情况，即在这些现象能够独立发生的地方，它们却不能被我们直接观察。另外，要确定地获知心理生活最初开端之本性的困难也不小。当一种物理刺激长期地产生一种感觉后，如此获得的倾向就能对这种感觉施加一种有力的转化。事实上，我们发现这个领域是至今仍争论不休的主要区域。因此，不论我们在确定我们研究的组织原则时必须要在多大程度上考虑贝恩的观点，在我们的基本分类中最好还是选择一个不同的标准。

对于基本分类还有下述内容有待考虑，即以心理行为与它们的内在对象之不同关系为基础进行划分，或者说依据心理行为的意向的内存在的不同类型进行划分。亚里士多德在安排其素材时也把这一点作为其最为优先的考虑。在后来的阶段，对于心理现象的基本分类这个问题，各派思想家们或多或少都自觉倾向于诉诸这个观点而非其他观点。没有什么比下述标准更能区分开心理现象与物理现象，即某种东西作为一个对象内在于心理现象这个事实。出于这种原因，就很容易理解，心理现象中作为对象而存在的东西在存在方式上的基本差异构成了心理现象在基本种类上的差异。心理学越发展，它便越会发现每组心理现象所共同的属性及规律与现象在指向其对象的方式上的基本差异的关联比与其他任何差异的关联更为紧密。如果前面提到的诸种分类能用以下的观点来反对的话：由于观察者位置的变化使这些分类的大部分有用性丧失了，那么我们所讨论的这种分类在价值上便可免除这种观察者位置上的限制。因此，许多不同的考虑也使我们对基本分类采取相同的原则。

3. 然而，我们必须区分出几种基本类型以及区分出哪几种基本类型呢？我们看到在这个问题上心理学家没有达成完全一致的意见。亚里士多德区分了两种基本类型：思维与欲求。而多数现代的作者赞同表象、情感与追求（不论他们如何称呼它）的三分。

我们从一开始就申明我们的观点，即我们也坚持心理现象必须被三分，这种划分的依据是它们指向其内容的不同方式。不过我所说的三分与通常被提议的三分不同。在缺乏更为恰切的表述的情况下，我们把第一类称为"表象"，第二类称为"判断"，而第三类称为"情感""兴趣"或"爱"。

上述三类中没有哪一类是不会产生误解的；相反，其中每一类通常都是在比我所用的意义更为狭窄的意义上来使用的。然而，我们的词汇并没能更好地提供与这些概念相一致的统一性表述。虽然以具有变动意义的表述（特别是以一种比通常更为宽泛的意义来运用它们）来界定如此重要的术语具有某种危险性，可对我而言这比引入全新的陌生词更好。

我们已经解释了我们用"表象"意指什么。当有某种东西呈现给我们时，我们就说这是一种表象。当我们看某种东西时，一种颜色便被表象了；听某种东西时，一种声音便被表象了；想象某种东西时，一种意象便被表象了。鉴于我们使用这个术语的普遍性，可以说，意识行为不可能以任何方式指向没有被表象的东西。①当我听到并理解一个命名某种东西的词语时，我便具有对这个词所意指东西的表象；而且一般而言，这种词语的目的便是唤起表象。②

根据通常的哲学用法，我们用"判断"意指（由于"真"）接受或（由于"假"）拒绝。然而，我们已经注意到，这种接受或拒绝也发生在下述情形中：有些人在心理行为的知觉中或者在回忆中不使用"判断"这个术语；而我们当然会毫不犹豫地把这些情形也包括在判断这种类别中。

在第三个类别的情形中，最缺乏一种适当的表述，我们把这类现象称为"情感"，称为"兴趣现象"或"爱的现象"。在我们看来，这个类别包含着除前两种类别之外的所有心理现象。而"情感"这个术语通常被理解为只是意指与身体可见的激动相关的感触。每个人都会将愤怒、忧虑以及充满热情的欲求称为情感；而我们也以最一般的方式把这个术语运用在所有希求、决心与意图上。至少康德甚至在以一种比我们更为宽泛的方式运用情感（Gemüt）一词，因为他把每一种心理能力（甚至认识能力）都标示为一种情感能力。

同样，"兴趣"一词通常只是用来意指某些行为，这些行为属于我们所说的能够引起惊讶或好奇的那一类。不过把每种对于某物的快乐或不快都称为兴趣是不合适的，把每种希求、每种有意的决定

---

① 参见本书第二卷，第一章，第3节。

② 迈耶尔在《康德心理学》、伯格曼（H. Bergmann）在《论意识》、冯特在《治疗心理学》中，还有其他人都以一种更为狭窄的意义来使用表象这个概念，而诸如赫尔巴特与洛采的用法与我们这里所使用的方式则是相同的。我们可以把前面就"意识"（第二卷，第二章，第1节）概念所讲到的东西运用到这里。最好是尽可能可以用这个语词来填补我们术语上的一个裂隙。如果我们选用更不具备普遍性的其他表述，那么我们将不能用这种表述来表达我们的第一种基本类别。因此，在非常普遍的意义上使用"表象"一词看来是必要的。

都称为对于某物的兴趣行为也是不合适的。

严格讲来，我会以"爱或恨"来取代"爱"，以标示上述第三个种类。为了简便起见，我只取用这两个词语中的一个，这只是因为在其他情形下我们也会这样做；例如，我们会说一个判断是一个行为，而我们以此表明一个东西是"真的"；或者我们在广义上讨论欲求现象①，然而我们也总是在相反的意义上思考这些表述。但是，甚至就此而言，一些人也许仍会批评我对这个术语的使用在意义上过于宽泛。确实，"爱"这个词即便以其所有意义也不能覆盖第三个类别的全部领域。事实上，我们在一种意义上说我们爱我们的朋友，而在另一种意义上说我们爱葡萄酒；我爱我的朋友是希望他会好，而我爱葡萄酒是将其作为好东西而欲求它，而且品尝它也会带来快乐。这样，我相信在属于第三个种类的每种行为中，都有某种东西被爱，或者更严格地说，都有某种东西被爱或者被恨。正如每个判断都把一个对象当作真的或假的一样，属于第三个类别的每种现象也以相似的方式把一个对象作为好的或坏的。在下述讨论中，我们会以更详尽的方式解释这一点，并希望这种分类的确立能够成为确定无疑的。

4. 如果拿我们的三分法与从康德以来在心理学中占统治地位的三分法相比较的话，我们会发现有两方面不同。直到如今还被统合在第一类中的现象被我们区分为两个基本种类；而后两种现象却被我们结合为一类。在上述每一个方面，我们都不得不为我们的立场辩护。

可如何才能实现这种辩护呢？难道我们可以诉诸内经验之外的东西吗？这种内经验告诉我们意识之于其对象的关系在一个种类中或是确然相同的，或是相似的，而在其他种类中则是截然不同的。看来除此之外，并无其他方式可以利用。对于意向指涉的相同或相异方面的争论，显然内经验是唯一可以诉诸的仲裁者。可是我们的反对者也会举证他们自己的内经验呀！那么谁的内经验又应当优先呢？

其实这里的困难与其他情形中的困难并无不同。人们在观察中也会出错，不论是出于遗漏，还是由于观察的一些来自推论或由推论而得到的特征，这些特征是与观察到的东西混杂或混合在一起的。不过如果其他人提请我们注意这点，我们就会（通过再一次观察）认

---

① 亚里士多德以欲求这个术语意指基本的心理类型，而康德也遵循了这种方式，康德把三种基本能力之一称为欲求能力。

识到我们所犯的错误。为了有望获得我们反对者的赞同，并在这个重要的问题上达到完全一致，我们在这里就不得不遵循上述同样的程序。

不过在观察中如果存在着承袭下来的以及根深蒂固的偏见所伴随着的错误，那么经验就会向我们表明（心理学也会解释这种情况），即这使得一个人要认识自己的错误就更为困难。在这种情况下，仅仅反对已获得的意见以及要求新的观察是不够的。只是提请注意你希望纠正的错误在观察中发生了，以及把这种错误与真实的事态相对照也是不够的。相反，我们不得不同时做的是，把我们的注意力指向相关的特征，特别是指向那些被普遍接受而又与所谓的观察相矛盾的特征。最后，我们必须不仅发现错误，而且发现错误的原因。

如果需要这种程序，那么在上述情形中也会需要它。在下一章我们会试着对表象与判断的区分给出一种小心谨慎的辩护，而在再下一章，我们会对情感与追求的结合给出同样的辩护。

第七章　表象与判断：两种不同的基本类型

1. 当我们说，表象与判断是心理现象的两种不同的基本类型时，根据我们前面的论述，我们所意指的是，它们是意识到一个对象的两种完全不同的方式。这并不否认，每种判断都预设了一种表象。恰恰相反，我们认为每种判断的对象都以两种方式进入意识：作为表象的对象以及作为肯定或否定的对象。正如我们已经看到的，这种关系因而类似于多数哲学家——包括康德与亚里士多德——所假定的表象与欲求之间的关系。如果不首先成为表象的对象，那么一个东西就不可能成为欲求的对象；不过欲求构成第二种全新的指涉对象类型，即对象以第二种全新的方式进入意识中。下述情形同样正确，如果一个东西不首先成为表象的对象，那么它就永不会成为判断的对象，并且我们也认为当表象的对象成为肯定或否定判断的对象时，我们的意识便进入一种与对象的全新关系之中。这个对象在意识中便以双重方式呈现，一是作为表象的对象，二是作为被断定为真或被否定的对象，正如当有人欲求一个对象时，这个对象便同时成为被表象的与被欲求的内在对象那样。

我们认为，这可以通过内知觉以及通过在记忆中对判断现象的留意观察清楚地揭示出来。

2. 尽管这是事实，可是判断与表象的真实关系确实已经被普遍误解了。因而我预计我的立场在一开始会遭到最大程度的怀疑，尽管我所说的东西都是被内知觉的见证所确定的。

即使一个人拒绝承认在表象之外判断具有第二种不同的指涉对象的方式，他也不会否认在判断状态与表象状态之间具有某种差异。或许一种对判断与表象之差异的切近考察——即使不以我们的方式进行解释——会使我们的对手更加倾向于接受我们的观点，不过我们也可以通过表明（对这种差异而言）并不存在可接受的合理替代解释模式而做到这点。

如果在判断中不会呈现与表象不同的指涉对象的第二种方式，那么在一个人的意识中，判断对象的方式与表象对象的方式在根本上就成为相同的了。因此，表象与判断之间的差异只能是下述两种方式的差异：要么是内容方面的差异，即表象与判断所指涉的对象之间的差异；要么心灵中所充盈的内容①是相同的，而差异只是在于表象与判断的方式。因为在我们称为表象的思维类型与称为判断的思维类型之间确实存在着内在差别。

当然，贝恩有一个令人遗憾的想法：他认为表象与判断之间的差异并非思维活动本身所具有的，而是在这些活动的结果中出现的。因为当我们把一个对象判断为真而非仅仅具有对它的表象时，我们就令某种东西以一种特殊的方式影响了我们的行为与意欲，于是他便认为坚持某物是真的与仅仅表象它的差别只是在于施加在意愿上的这种影响。被施加了这种影响的表象——就它受到这种施加的影响而言——就成为一种信念。我认为这个理论是令人遗憾的。的确，为何有关这个对象的一种表象对行为具有这种影响而另一种表象却没有呢？只是提出问题就足以非常清楚地表明贝恩令人遗憾地忽略了一些东西。如果思维过程的本性中并没有特殊结果的基础，那么也就不会有特殊的结果。结果上的差异不是使假定单纯表象与判断之间存在内在差异成为不必要的，而是强调了这种内在差异。当被约翰·穆勒②挑战之后，贝恩自己也承认，他在其有关情感与意愿③的主要著作以及心理学纲要初版中所提出的观点是错误的，而他在自己一本著作的第三版结尾处的注释中也批判了这种观点。④

---

① 我这里使用"内容"一词的方式——这里继续使用它只是为了忠实于原初文本——完全不值得推荐。这里与这个词的通用用法不同，因为没有人说"上帝存在"这个判断与"上帝不存在"这个判断只是由于其具有相同的对象便具有相同的内容。在这版的附录中，我是在通常意义上使用"内容"这个词，而非在此处的非通常意义上使用它（1911年版作者注释）。

② 参见穆勒：《人类心理现象分析》，第二版，第一卷，第402页。

③ 贝恩：《情感与意愿》。

④ 贝恩：《心灵与道德科学》，论信念那章的注释以及附录，第100页，伦敦，1872。

老穆勒①与最近的赫尔伯特·斯宾塞②犯了一个相似的错误。这两个哲学家都持有下述观点，即当两种特性在意识中形成一种不可分离的关联时，也就是说，当一起表象两种特性的习惯变得如此牢固，以至于其中一个表象不可避免地会在意识中唤起另一个并将其与前一个相关联时，那么关于这两种特性结合的表象就伴随着信念。这两位哲学家告诉我们，信念无非就是这种不可分离的特性的联结。我们在这里不去考察下述情况是否确实为真：当特性间的某种关联被肯定为真时，它们之间就确实存在着一种不可分的联结，而且当这种联结形成时，这种关系就会被确认为"真"。即便我们假定，这两种声称都是正确的，仍可容易地看出，肯定不能这样界定表象与判断之差异，因为如果这是判断与相应的表象之间仅存的差别，那么就其自身来看的话，这两者恰恰就会是同样的思维活动。将两种特性放在一起思考的习惯自身并不是一种思维或一种思维的特定特性，而只是将自己展现在其后果中的一种习性。而且不可能思考两个特性中的一个而不去思考另一个，这一点同样不是一种思维或一种思维的特定特性。相反，根据这些哲学家的观点，只有这种习性才会达到一种特别高的程度。如果这种习性只在下述事实中展现自身，即两种特性的联结被认为是毫无例外的，但是这一联结被认为与获得这种习性之前的联结方式是完全一样的，那么显然正如我们所言，在早先的只是单纯表象的思想与后来的被认为是信念的思想之间并无内在差别。如果这种习性仍然以其他方式发生影响，以至于在它被获得之后，它便改变了联结的思维，并赋予其一种新的、特定的特性，那么我们就不得不说，正是这种特性而非特性产生的不可分的联结构成了"认为某物为真"与"认为它仅仅是表象"的真正差异。这就是为何我说詹姆斯·穆勒以及赫尔伯特·斯宾塞的错误与贝恩的错误是相关的。因为，正如贝恩混淆了结果的显著特征与判断一个东西为真的内在属性一样，老穆勒与斯宾塞把这种思想过程中的一个显著特征称为一种特性，而这一特性最多只能被称作其显著特性之可能产生的原因。

3. 因此，表象与判断的差异必定是一类思维与另一类思维的内在差别这一点就是十分确定的。如果这是正确的，那么我们上面所说的也就是正确的，即那些否认我们对于判断的看法的人只能在下

---

① 穆勒：《人类心理现象分析》，第十一章。
② 斯宾塞：《心理学原理》，第二版（1870），Ⅰ，也可参见上文提到的约翰·穆勒的注释。

述两种东西之一中寻求判断与单纯表象的差异：或者在于思维对象的差异中，或者在这些对象被思考的充盈性上的差异中。先让我们来看看这两种假定的第二种。

当两种指向其对象之方式以及所指涉的内容上都相似的心理现象在其充盈性方面有差异时，这种差异就只能是两种行为的强度上的差异。需要研究的因而只是下述问题：与表象相比，判断的显著特征是否存在于下述事实中，即在判断中内容以一种更大的强度被思考，以至于一个对象的表象只需要增加其强度便可以达到判断的地位。具有明证性的是，这种观点是不对的。因为依据这种观点，判断就只是一种更强的表象，而表象则只是一种更弱的判断。可是成为一种表象的对象却不等同于成为一种判断的对象，不论这一对象有多么清晰、显著和生动，而且不论我们对一个判断多么缺乏信心，它也不仅仅是一个表象。当然，当一个人狂热地想象某种东西时，他可以把这个东西当作真的，就像他亲眼所见一样，可当印象的强度消减之后他可能就不会这样做了。即使在某些情况下，将某物认为真的行为恰好与一个表象的较大强度一致，可就此而言，这个表象自身也并非一个判断。这就是为何错误的判断会消失，而表象的活跃性却可以持续。而且在另一些情况下，甚至当判断的内容根本不活跃时，我们也会坚定地相信某物是真的。最后，如果对一个对象的肯定是一个强的表象，那么我们又将如何看待对同一个对象的否定呢？

把更多的时间花费在与从一开始就只有少数几个人捍卫的假定的战斗中无疑是不划算的。下面让我们来看我们是否能够表明另一个选项也是不可能的，而在对我们观点的拒绝中，这个选项看上去更为合理。

4. 认为判断是由发生在表象领域的联结或分离所构成的是一种非常常见的看法。肯定判断以及经过某种变形的否定判断——它们不同于单纯表象——通常被看作思维过程的复合或联结。以这种方式解释的话，在判断与单纯表象之间的差异就仅仅成了判断内容与表象内容之间的差别。

如果两种性质之间的某种联结或关系是思维的话，那么这种思维就是一个判断，而其内容中没有这种关系的思维就不得不称为单纯表象。

这种观点也是经不起推敲的。

如果我们假定，判断内容真的总是由一些特性的某种联结所构成，那么我们确实能够将判断与一些表象区分开来，但却无法将之与所有表象区分开来。因为下述情况显然会发生，即仅仅是一个表象的思维行为将特性的一种联结作为其内容，而这种联结完全相似于且事实上完全等同于在另外一种情形下构成一个判断之对象的东西。如果我说"一棵树是绿的"，那么绿与树的联结就形成了我判断的内容。但是有人会问我："有红色的树吗?"如果我对植物界的情况不太熟悉，并且忘记了秋天树叶的颜色，那么，我就会在有关这一事情的所有判断上打住。然而，我确实理解这个问题，因而我必定具有一个红树的表象。那么红与树的联结——正如上面的绿与树的联结——就会形成不伴随判断的一个表象的内容。而且对于只看到过与红叶联结的树而未曾看到过与绿叶联结的树的人而言，当向他问及绿树的时候，或许其表象内容并不仅仅相似于特性的联结，而且还有与构成我的判断内容相同的东西。

詹姆斯·穆勒与赫尔伯特·斯宾塞显然知晓这些，因为在对判断的显著本性进行界定时，他们并不将自己限定于(就像其他多数人所做的那样)仅仅认为，判断内容是被表象的属性的某种联结；他们还附加了另一个条件，即一种不可分的联结在它们之间必定存在。贝恩甚至相信有必要附加一种特殊的决定性因素，那就是思维对行动的影响。上述论者的错误只是在于，他们没有试图通过列举判断的一些内在属性来完成其理论。他们只是提议以习性或结果来取代差异。约翰·穆勒更为幸运，他着重强调了这一点，并且一般而言，他比任何其他哲学家都更接近于正确地赞同表象与判断之间的差别。

穆勒在其《逻辑学体系》中说：

> 下述情况当然是正确的……当我们判断说金子是黄色的时候……我们一定具有金子的观念与黄的观念，而且这两种观念在我们心中必定被放在了一起。可是首先，具有明证性的是，这只是所发生情况的一部分；因为我们可以把两个观念放在一起而不具有任何信念行为；当我们只是想象某物如金山的时候便是如此。或者当我们事实上不相信某物时也是如此：甚至为了不相信穆罕默德是神的使者，我们也必须把穆罕默德的观念与神的使者的观念放在一起。确定在赞同或不赞同的情形中除了将两个观念放在一起之外还发生了什么是形而上难题中最为复杂的问题之一。①

---

① 穆勒：《逻辑学体系》，第一卷，第五章，第1节。

　　小穆勒在对詹姆斯·穆勒《人类心理现象分析》进行评注时，更为彻底地进入了主题。在论"谓述"的一章，小穆勒反对的是下述观点：把断定当作某种观念序列的表达，相似地，也把语词看作单个观念的表达。他说，一种判断与其他形式的言谈之间的特性差异在于，判断不仅把一个特定的对象带到心灵中，而且它也断定有关这个对象的某种东西；判断不但引起某种观念序列的表象，也引起观念序列之中的信念，这种信念显示着这种序列是一种实际上存在着的事实。①他无论是在这章②还是在随后的章节都一再回到这一点上来；例如，在论记忆的一章，穆勒说，在一个事物的观念与我已经看到它这个事实的观念之外，一定也存在着我已经看到它这种信念。③不过，在论信念那章的长注中，他最为广泛地讨论了作为与表象相对的判断的特殊本性。穆勒一再清楚地表明，判断不能被还原为单纯表象，它也不能由表象的简单联结所构成。穆勒说，相反，我们必须认识到，不可能从那种现象得出这种现象，我们必须把表象与判断之间的差别看作一种最终的与原初的事实。在一个相当长的讨论的结尾，他自问道："总之，对我们的心灵而言，在想到一种现实与表象一种想象的图像之间有什么差别呢？我承认我无可避免地认识到下述这一点，即其差别是终极性的和初始性的。"④我们看到约翰·穆勒在这里认识到一种类似于康德与其他人在思维与情感之间所断言的差别。如果借用他们的术语，穆勒的陈述等于说：对于表象与信念而言——或者如我们所说的，对于表象与判断而言——必须设定两种不同的基本能力。如果用我们的术语说，小穆勒的理论是说表象与判断是指涉一种内容的两种完全不同的方式，是意识一个对象的两种完全不同的方式。

　　因此，正如我们所言，即使我们假定所表象的属性的联结或分

①　"一种判断与其他形式的言谈之间的特性差异在于，判断不仅把一个特定的对象带到心灵中……它也断定关涉到它的某种东西……无论我们采纳何种心理学上对于信念本性的看法……都有必要区分出在仅仅向心灵提出某种感觉或观念序列（如当我们想到字母表或计数表时所发生的那样）与显示这个序列实际上是一种正在发生（或已经发生或经常发生或在某些限定的情况下经常发生）的事实之间的差异；其中所显示的事情是真实的就是一个肯定判断，而所显示的事情是虚假的则是一个否定的判断。"（穆勒：《人类心理现象分析》，第二版，第一卷，第四章，第4节，第162页，注释48）

②　同上书，第187页，注释55。

③　同上书，第十章，第329页，注释91。

④　同上书，第412页。

离真的会在每种判断中发生——约翰·穆勒实际上持有这种观点①——这也不能得出，与单纯表象相对的判断性思维的本质属性在于联结或分离。这种特性会将判断与一些表象区分开，但不能将判断与所有表象绝对地区分开。因此，这种特性也就不会使对另一种及更多的特征属性之假定成为多余——例如，我们确定的那个假定：意识之样态方面的差异。

5. 还有更多内容需要说明。甚至说在所有判断中都存在着所表象的属性的联结或分离也是不对的。肯定与否定并不比欲求或厌恶更经常地指向联结或关联。那种是表象的对象的特性也可以被肯定或否定。

当我们说"A 存在"的时候，这个句子并不是像不少人仍相信的那样是一个谓述，其中"存在"是与"A"这个主词相关联的谓词。被肯定的对象并非"存在"属性与"A"的联结，而是"A"自身。出于同样的理由，当我们说"A 不存在"时，这也不是以一种否定的方式来谓述"A"的存在——不是对"存在"属性与"A"联结的否认。相反，"A"是我们否定的对象。

为了进一步澄清上述内容，我提请大家注意下述事实，即当某人肯定了一个整体时，他也就肯定了这个整体的每一个部分。因此，当某人肯定了几个属性联结的时候，他同时也就肯定了包含在这个联结中的每个特殊要素。在肯定一个博学之人的存在时，即"博学"的属性与一个人的联结时，同时也就肯定了一个人的存在。让我们把这种情况应用到"A 存在"这个判断上。如果判断在于对"存在"属性与 A 之联结的肯定，那么它就包含对联结中的每个个体要素的肯定，于是也就会包含对 A 的肯定。因而我们不能避免预设对 A 的单纯肯定。然而，对 A 的单纯肯定又以什么方式不同于"A 存在"这个句子中所表达的 A 与"存在"属性的联结呢？显然根本没什么差异。因此我们看到，对 A 的肯定构成了这个命题的真与它的全部意义，而且 A 独自便是判断的对象。

让我们现在以同样的方式考察"A 不存在"这个命题。或许对这

---

① 这个观点既在其《逻辑学体系》(其中第一卷第 5 章讨论判断内容的地方)中有所表述，也在其上面提到的对其父的评述性著述的注释中有所表述。例如，他说："我认为下述情形是真实的，即每种断定、每种信念的对象(所有能够成为真、假的东西，能够成为赞同或不赞同对象的东西)都是某种感觉或观念的序列：有些与实际上经验到(或被假定为能够被经验到的)的感觉或观念并存或接续。"(参见穆勒：《逻辑学体系》，第一卷，第四章，第 162 页，注释 48)

个命题的考察会使我们立场的真理性更具明证性。当某人肯定一个整体时，他也就肯定了这个整体的每一部分，可相反的情况并不真实，即当有人否定一个整体时，他就会否定这个整体的每个部分。如果我们否认绿且白的天鹅存在，这并不暗含着否认白天鹅的存在。而且这是非常自然的，因为如果一部分是假的，整体也不会是真的。因此当一个人否认属性的联结体时，他绝不是否认作为这个联结要素中的每一个属性。例如，如果一个人否认一只博学之鸟的存在，也即否认鸟与"博学"属性的联结，但他并没有因此否认在现实中存在着一只鸟或博学。那么，让我们把这个结论应用到我们的情形中。如果判断"A 不存在"是对"A"与"存在"这种属性之联结的否定，那么，A 就没有以任何方式被否定。但是任何人都不可能持有这种观点，因为很显然，对 A 的否定正是这个命题的意思。因此，A 独自便是这个否定判断的对象。

6. 谓述并不是每种判断的本质，这由下述事实非常清楚地呈现出来，即所有知觉都是判断，不论它们是认识的例证还是仅为错误的断定。我们谈论内意识的不同方面时，已经涉及这点。[①]而且这一点也没被那些认为每种判断都在于主词与谓词的联结的思想家们所否认。例如，约翰·穆勒就在上面刚刚引述的那个段落以及其他地方清楚地认识到了这一点。在上面那个段落，他补充说，认为（他就是这么认为的）对实在的断定与想象虚构的表象之间的差异是最终的和原初的，这并不比认为感觉与观念[②]的差异是原初的更为困难。这看来只是同样差异的另一个方面。[③]不过没有什么事情比下述事实更显而易见、更毫无疑问，即一种知觉并不是一个主词概念与一个谓词概念的联结，它也不指向这样一个联结。相反，一个内知觉的对象只是一种心理现象，而一种外感知的对象只是一种物理现象，如一个声音、一种气味等。于是我们这里就拥有了我们断定之真的最明显证据。

对此也应当提出一些质疑吗？因为我们不仅说知觉一种颜色、一个声音、一个看的行为、一个听的行为，而且我们也说我们知觉一个看的行为或听的行为的存在，有人或许会认为知觉也在于对"存

---

① 第二卷，第三章，第 1 节以下。

② 在休谟的意义上。参见上面第一卷，第一章，第 2 节。

③ 穆勒补充说："认为事情如此并不比认为一种感觉与一个观念的差别是原初的更为困难。这几乎是同一个差异的另一个方面。"他在同一论著中也说道："这种差异（即把某物在本性上认识为实在与把它仅看作我们的一种单纯思维）正是以与感觉和观念之差异那样最为原初的方式来呈现自身的。"（《分析》，第 419 页）

在"属性与所考察现象联结的肯定。这样一种对事实的明显误解在我看来几乎是不可想象的。在讨论存在概念时，这种观点之站不住脚会再次清楚地显露出来。有些哲学家认为"存在"这个概念不能从经验中获得。因此，我们就不得不结合对内在观念的研究来考察这个方面。并且当我们这样做的时候，我们将发现"存在"这个概念无疑是从经验中得出的，不过是从内经验中得出的，并且只有相关于判断才能得到它。因此"存在"概念并不会成为我们一阶判断的谓词，正如"判断"概念不会成为谓词那样。因此，我们以这种方式也认识到，至少一阶知觉——呈现在一阶心理现象中的知觉——不可能由这种谓述构成。

约翰·穆勒在其《逻辑学体系》的最后一版（第八版）中以下述方式界定了"存在"概念：他说，"存在"意味着唤起或能够唤起一些（不少）感觉或其他意识状态。虽然我对此并不完全同意，不过这个界定也非常清晰地表明，曾经在我们的一阶知觉中被用作判断谓述的"存在"概念是不可能的。因为这个界定与这样一个界定是一致的，而这个界定的真（我们希望表明这种"真"）只能相关于心理行为而得到，如果我们所反对的理论是对的，那么这些心理行为自身就预设了"存在"概念，并将这个概念作为已经给定的东西来运用。

7. 下述事实是哲学家通常（虽然不是每次）没能认识到的真相，即并非所有判断都指涉所表象的属性的一个联结，并且在判断中一个概念谓述另一个概念也不是一种至关重要的因素。康德在批评有关上帝存在的本体论证明中，恰当地评论道，在一个存在命题或曰在"A 存在"这种形式的命题中，存在"并非一个真正的谓词，亦即它不是能被加在一个事物的概念之上的某物的概念"。他说："它只是对某物或某种规定本身的设定。"可是既然说存在命题根本不是一种定言命题，那么它就既非在康德意义上的分析命题（即谓词包含在主词中），也非一个综合命题（其中主词不包含谓词①），可康德仍误入歧途地把存在命题划归为一种综合命题。因为康德认为就像作为系词的"是"通常把两个概念置入彼此的关系中一样，存在命题的"存在"把"对象置入与我的概念的关系中"。他说："对象被综合性地添

---

① 我这里也使用康德自己的界定，即便（从下面研究可以看出）这些界定并不真正合乎所讨论的判断的情形。这不会阻止它们提供一种充分的刻画，因为它们与通常持有的关于判断的观点是一致的。

加到我的概念中。"①

这种半途而废的标准是不清晰且矛盾的。赫尔巴特把这种标准推向终点，他是通过清楚地把存在命题从定言命题中区分出来作为一种特殊类型而做到这点的。②其他一些哲学家在这一点上也赞同赫尔巴特，这不仅是因为他有众多门徒，而且是因为在某种程度上他们就像特伦德伦堡(Trendelenburg)那样常常与赫尔巴特学派进行论辩。③但这还不是全部。即使并非所有哲学家都承认我们对存在命题的解释是正确的，他们现在也都同意能严格地推出我们的观点的另一观点是正确的。甚至那些误解了存在命题中的"存在"与"不存在"本性的人，对于作为系词加之于主词与谓词的"是"与"不是"的本性也有完全正确的意见。即使他们相信存在命题中的"存在"与"不存在"就其自身而言意味着某种东西，即它们把谓词"存在"的表象加在主词的表象上，并且把它们关联在一起。不过他们也认识到系词就其自身而言是没有意义的，因为它只是把表象的表述转化为肯定或否定判断的表述。比如，让我们听听约翰·穆勒的说法，在对存在命题的解释这个主题上，他是我们的反对者。穆勒说：

---

① 康德把存在命题包含在定言判断中，这一结论可从他没能成功地把它们与判断关系相关联而得出。在中世纪，托马斯·阿奎那与康德一样接近真理，他同样充分地对命题"上帝存在"进行了反思。根据他的看法，"是"并非一个真正的谓词，而仅仅是一种肯定的标志(阿奎那：《神学大全》，第一卷，Q. 3，A. 4)。不过他也思考了这种定言命题，并且相信判断包含了我们的表象与其对象的比较，按照他的看法，这对每种判断而言都是真实的(同上书，Q. 16，A. 2)。我们已经看到这种说法是不可能的(参见阿奎那：《神学大全》，第二卷，第三章，第2节，第139页)。

② 有关这个主题可与德罗毕希的《逻辑学》比较，第三版，第61页。

③ 《逻辑研究》第二版，第二卷，第208页；亦可参见他从施莱尔马赫(Schleiermacher)那里引述的段落(第二卷，第214页，注释1)。关于存在命题这种正确观点的提议最早可追溯到亚里士多德。不过亚氏似乎在这个主题上还没达到彻底的清晰。亚里士多德在《形而上学》(第九卷，第10章)中教导说，因为真在于思想与实在的一致，与其他类的知识相反，对于简单对象的认识必定不是诸属性的联结或分离，而是一个简单的思想行为，是一种感知(他称之为一种接触)。在《解释篇》(第3章)他清楚地阐述，作为系词的"是"自身并不(像名词那样)意指任何东西，而只是完成一个判断的表述，他从未将存在命题的"存在"从系词的"是"中区分开来，并将之当作一种根本不同且自身具有意义的东西。策勒在做下述断言时是正确的，即"亚里士多德没在任何地方说，任何判断——甚至存在判断——如果从逻辑上考虑的话都会包含三种要素"。策勒指出：相反，有更多证据会让我们相信，亚氏所主张的是与此对立的观点(策勒：《亚里士多德与早期逍遥学派》，第一卷，第231页，注释2，伦敦，1897)。如果这是真的，亚氏的观点就不会逊于后来逻辑理论所普遍接受的观点，正如策勒看上去所认为的那样。相反，在这里与在其他许多地方一样，亚氏已经预示了一种更为正确的观点(亦可参见阿奎那在《神学大全》，第一卷，Q. 85，A. 5中对亚氏学说的重塑)。

一个谓词与一个主词是构成一个命题所必需的；但是，我们不会仅仅看到两个名称放在一起就会得出结论说其中一个是主词一个是谓词，也就是说，不会认为其中一个意在对另一个进行肯定或否定，如果是这样的话，必须有某种样态或样式来显示这种意向；必须有某种标记来区分谓述与其他话语类型。……当想肯定时，这种功能通常就被是所填充；当想否定时，它就被不是所填充，或被动词的变式将是所填充。如此充当谓词目的的这个词被称为……系词。①

随后，他集中阐明了系词"是"与"不是"之间的差异，这种系词在其意义中也包含了存在概念。然而，这个学说并非穆勒所独有的，而是被所有反对我们有关存在命题的那些人所共享的。不仅逻辑学家，而且连语法专家及词典编纂者也倡导它。②而且当约翰·穆勒把詹姆斯·穆勒誉为清晰地发展了这种解释的第一人时，小穆勒的确也犯了个错误。③例如，他其实会在波尔·罗亚尔（Port Royal）的逻辑学中发现一模一样的表述。④

那么，我们需要做的就是，尽量使我们的对手承认，对于系词必然会得出下述结论，即对于存在命题中的"存在"与"不存在"，并不能给予它额外的功能。因为可以极为清晰地表明，每种定言命题都可被翻译为一个存在命题而意义毫无改变，而在这种情况下，存在命题中的"存在"与"不存在"就占据了系词的位置。

我想提供一些例子来证明这一点。

定言命题"有人是病弱的"与下述存在命题意指同样的内容："病弱的人存在"或"有病弱的人"。

定言命题"没有石头是活的"与下述存在命题意指同样内容："一个活石头不存在"或"没有活石头"。

定言命题"所有人都是有朽的"与下述存在命题意指同样内容："一个不朽的人不存在"或"不存在不朽的人"。⑤

---

① 穆勒：《逻辑学体系》，第一卷，第四章，第1节。
② 参见赫赛斯（Heyses）：《德语词典》。
③ 穆勒：《逻辑学体系》，第一卷，第四章，第1节。
④ 阿诺德（Antoine Arnauld）与尼古拉（Pierre Nicole）合著：《逻辑或思想术》，第二部分，第三章。
⑤ 逻辑上通常把下述两个判断"所有人都是有朽的"与"没有人是不朽的"看作等值的（参见俞波维希：《逻辑学体系》，第二版，第五部分，第96节，第235页）；事实上，两个判断是同一的。

定言命题"有人不是博学的"与下述存在命题意指同样内容："不博学的人存在"或"有不博学的人"。

因为我选择的这四个例子显明了通常被逻辑学家①区分出的全部四种定言命题类型，这实际上就是可以把定言命题转化为存在命题的一般证据。再者，显然存在命题中的"存在"或"不存在"仅仅等同于系词，因而它们就不是谓词，它们自身也就根本没有意义。

可是我们把四种定言命题还原为存在命题真的没错吗？赫尔巴特自己（我们前面曾引用他的学说来支持我们的观点）会反对这种还原，因为他关于定言命题的概念与我们的概念是完全不同的。赫尔巴特认为每种定言命题都表达了一个假言判断，而谓词只有基于一个假定——认为主词存在的假定——才能被归于主词或否认主词。正是基于这一点，他论证说存在命题不能被解释为一种定言命题。②相反，我们认为，定言命题对应于一种判断，而这种判断正好也可用存在的形式表达，并且真正的肯定性定言命题也包含着对主词的肯定。③然而，尽管我们同意赫尔巴特对存在命题中"存在"的看法，我们却不能同意他从中的推导。这在我们看来正好是亚里士多德下述评论的一个例证，即错误的前提会导出一种正确的结论。下面这一期待是不合理的和不可能的，这一期待要我们相信命题"有人是走着的"，或前面提到的"有人是病弱的"包含着一个未言明的预设"如果如此的话，那就确实存在着一个人"。与此类似，认为"有人不是博学的"这个命题包含着同样的预设不仅不正确，而且也是完全不可能的。在命题"没有石头是活的"中，我不知道"如果如此的话，那就确实存在一块石头"这个假定的限定会有什么意义。即使没有石头，说没有活石头仍然可以是正确的。只有在例子"所有人都是有朽的"中，即在所谓的全称肯定命题中，这种限制条件看来才是真实的。这个命题似乎断定了"人"与"有朽"的联结。如果人不存在，这种联

---

① 特称肯定判断、全称否定判断以及（错误地）所谓的全称肯定判断与特称否定判断。事实上，正如我们把这些命题还原为存在的命题形式所清楚地表明的那样，并没有肯定判断是普遍的（因为那样的话，我们就不得不称与一个个体有关的判断为普遍的），也没有否定判断是特殊的。

② 参见德罗毕希：《逻辑学》，第三版，第59页以下。

③ 正如我们在前面的注释中指出的，真正的肯定命题就是所谓的特称肯定与特称否定命题。真正的否定命题（其中包括普遍的肯定命题）显然不包含对主词的肯定，因为它们事实上并不肯定任何东西，而只是否认一些东西。我们前面已经解释了，它们为何也不包含对主词的否定（参见本章第5节）。

结显然也就不会存在。可是人的存在并不能从"所有人都是有朽的"这个命题中推出。因此，这个命题看来只是基于人存在这个假定才肯定了人与有朽的联结。不过只要参看一下与定言命题等价的存在命题，这些困难就会全部迎刃而解。这表明上述命题并非真正的肯定命题，而是一个否定命题，因而刚才对于命题"没有石头是活的"所谈的内容对这个命题也适用。

此外，我在这里批评赫尔巴特关于所有定言命题都是假言命题的理论，只是对我把它们翻译为存在命题这种做法进行辩护，而非因为如果赫尔巴特是对的，这种还原就是不可能的。相反，我对定言命题所说的一切对于假言命题同样成立；它们也能以存在命题的形式表现出来，而且它们最终也都是纯粹的否定断定。一个例子将充分表明，没有任何变化的同一个判断，如何能以假言命题形式、定言命题形式以及存在命题形式同样好地表达出来。命题"如果一个人行为败坏，他将伤及自身"是个假言判断。就其意义而言，它与下述定言命题是相同的："所有行为败坏的人都会伤及自身。"而这也正是下述存在命题的意义，"一个行为败坏的人不伤及自身的情况是不存在的"，或者用一个更为恰当的表述是，"不存在这样一个人，他行为败坏而又不伤及自身"。鉴于存在命题形式表述的笨拙，就很容易看到为何在语言中要使用其他的语法表述形式。不过这三种命题类型的差异只是语言表达上的差异，然而著名的柯尼斯堡的哲学家(康德)也被这种差异所误导，以至于在这些命题之间假定了一种判断方面的基本差异，并且把特定的先天范畴建基于这些"判断之间的关系"上。

因此，定言命题以及所有表达判断的命题都可还原为存在命题就是不容置疑的。[①] 这个结论以两种方式拒绝了下述错误观点，即断言判断与表象的根本差别在于判断的内容是诸属性的联结。一

[①] 仍存在一些情形，在其中这种还原会受到一些特殊考虑的攻击。我不想正文中的讨论由于这些考虑而被打断(不少读者在一开始并没有受到这些想法的干扰)，所以，在注释中讨论它们至少是个不错的主意。约翰·穆勒在其《逻辑学体系》的一个段落中，试图澄清作为系词的"是"与作为存在命题的"存在"的区别，而存在命题在他看来包含着存在概念，他以"人面兽身物是文学的虚构"这一命题来进行说明。他说，这个命题并不可能断定存在，相反，这个命题恰恰断定了其主词不是真实存在的(第一卷，第4章，第1节)。出于相似目的，他在另一个场合举出"朱庇特是一个非实在"这个命题。事实上，有这样一类命题，将它们还原为存在命题的可能性看上去是比较小的。在与穆勒的通信中，我再次提出存在命题的问题，我尤其反对穆勒的观点，即我（转下页注）

（接上页注）认为存在命题中的"存在"与系词的"是"是有关系的，我提出把每种命题都还原为存在命题是可能的。穆勒在其回信中还是坚持他原来的观点。尽管他并未明确反对我提出的所有断定都可还原为存在命题的看法，我仍怀疑我并没有能够清楚地向他表明我的观点。有鉴于此，我再次回到这个问题中，并且特别讨论穆勒《逻辑学体系》中的例子。由于我在自己的文件中找到了那封信的草稿，那么这里就复述一下这个小小的争论。我写道："如果我尤其运用您的逻辑学给出的一个特殊命题证明了这种还原是可能的，那也许是不无裨益的，而您给出这种命题应该说是为了证明相反的东西的。正如您正确指出的那样，命题'人面兽身物是文学的虚构'，并不意味着人面兽身物存在，而更多地意味着它不存在。不过，如果这个命题是真的，它确实意味着有某种东西存在，即马的某部分与人的某部分以某种特定的方式结合起来的文学虚构物存在。如果没有文学虚构，而且如果没有被诗人在想象中创造的人面兽身物，那么这个命题就是假的。事实上，这个句子只是意味着'有一种文学虚构，它把人的上半身与马的下半身构思在一起'，或是（同一个意思）'有一种诗人在想象中创造的人面兽身物'。当我说'朱庇特是个非实在'时亦然，这是说他是个只存在于想象中而不存在于现实中的某物。这个命题的真不需要存在一个朱庇特，而需要存在一种其他东西。如果没有仅仅存在于一个人的思想中的某种东西，那么这个命题就不会是真的。在我看来，人们倾向于怀疑像'人面兽身物是个虚构'这种命题可以还原为存在命题的特殊原因在于，这种命题中主词与谓词之间的被逻辑学家们忽略了的关系。正如形容词通常加在实体的概念上会为其增加新的属性一样，谓词也是如此，但是谓词有时会增加一些改变主词特性的东西。例如，对于前者，我们会说'一个人是博学的'，而对于后者，我们会说'一个人是死的'。一个博学的人是一个人，而一个死了的人却已不是一个人。因此命题'一个死人存在'为了成为真的就不会预设一个人的存在，而仅仅是预设一个死的人存在。相似地，命题'人面兽身物是个虚构'并没预设存在一个人面兽身物，而只是预设存在一个想象的人面兽身物，即有一个虚构的人面兽身物……"或许这会消除所有人存有的疑虑。对于穆勒而言，结果表明这种澄清根本没什么必要，因为在1873年2月6日他给我写信说："正如你所希望的那样，你在说服我可以意义不变地将定言肯定谓词转化为存在命题的内容方面并没有失败。（他意指的是肯定性存在命题，而我明显没有将之说成'存在谓词'。）虽然这个建议对我来说是全新的，不过你一指出这一点我就看出它是对的。在这一点上我们并不存在分歧……"尽管穆勒承认所有定言命题都可以还原为存在命题，他还是固守着他早期的观点，即"是"与"不是"自身包含了作为谓词的"存在"概念。这清楚地表现在上面对他书信所引述的段落中，而在接下来的内容中他更为强调了这一点。穆勒未说明，他如何能同时坚持他的系词理论。如果穆勒前后一贯的话，他就会放弃他的系词理论，并且也会对其《逻辑学体系》的相关部分（如第一卷，第五章，第5节）做某种根本的修改。我只是希望，我在接受了他的邀请，初夏时在阿维尼翁（Avignon）与他相聚后，我们就可以通过口头讨论而在这个问题以及其他问题上更为容易地彼此理解，所以我在这个问题上就没有进一步推进。然而他突然的离世使我的希望破灭［在即将出版的《约翰·穆勒后期书信集（1849—1873）》（F. E. Mineka 与 D. N. Lindley 编，见《约翰·穆勒全集》，University of Toronto Press，Toronto，1963）中，保存着11封穆勒写给布伦塔诺的信，编号分别是 1709，1726，1734，1739，1741，1746，1752，1767，1774，1789 与 1802。——编者 O. 克劳斯注］。

　　我只想给我与穆勒的争论作一个简短的评论。像"一个人是死的"这类命题在其真正的意义上并非定言命题，因为"死的"并非一个属性，而是像我们评论的那样是主体的变形。我们对定言三段论所说的是："所有人都是生物；有些人是要死的；因而有些生物是要死的。"如果小前提是一个真正的定言命题，这就会是一个有效（转下页注）

了系词，并且"存在"因而不像它原来那样包含一个谓述；另一方面，通常被当作判断的一般或特殊本质的多个要素的复合（如主词与谓词的复合、前因与后果的复合等）实际上只是语言表达的问题。

如果从一开始就认识到这点，大概就没有人会基于下述标准而对表象与判断进行区分，即表象的内容是简单观念而判断的内容是复合观念。事实上，从内容来看，表象与判断之间没有丝毫差别。不论一个人是肯定它、否定它还是对它不置可否，他的意识中呈现的总是同一个对象；不过在上述第三种情况下对象只是被表象，而在前两种情况下对象在被表象的同时也被肯定或否定。任何作为表象内容的对象在适当的情境下也会成为判断的内容。

8. 让我们再快速地回顾一下我们研究过程中最根本的阶段。我们认为，即便一个人不承认表象与判断的差异和表象与欲求的差异类似（也就是类似于对象的关系方式方面的差异），他也不会否认它们之间必定存在着某种差异。然而，这种差异不可能仅仅是一种外在的差异，即在原因或结果上的差异。如果我们排除了在指涉方式上的差异，那么也就只有两种样式可以想象：或者是在思维内容方面的差异，或者是在思维它的强度方面的差异。我们对这两种假定都进行了检验。第一种假定虽然一开始看上去很有吸引力，可经过仔细考察，被证明是站不住脚的。第二种假定则直接就被证明是站不住脚的。虽然很多人仍持下述观点，即表象指涉的是一个简单对象，而判断指涉的是一种复杂对象、一种联结或分离，可是我们已经证明了仅仅是表象也可以指涉复合对象，而判断也可以指涉简单对象。我们已经表明，主词与谓词的联结以及其他相似的联结绝不是判断的本质部分。我们把这种诉求建基于对肯定的与否定的存在命题的考察上。我们通过参考我们的知觉，特别是参考我们的原初知觉来证明它，最终又通过把定言判断还原为存在命题、事实上把所有类型的断定都还原为存在命题来证明这一点。构成判断与表象之间区分性特征的既非内容方面的差异，也非强度方面的差异。那么，正如我们所表明的那样，判断的显著特征性差异在于内在对象的特定关系类型上的差异。

（接上页注）的三段论的第三格。如果我们希望像康德那样假定，判断的"关系"存在着不同的类别，而这些判断又对应着断定的不同类型，这里我们就会再次做出新的"先验论"发现。然而，事实是，这种例外的断言形式是很容易处理的，因为存在命题"有一个死人"与"一个人是死的"所意味的绝对是相同的东西。因此，我希望人们最终会一劳永逸地中止思维中对语言差异与思想差异的混淆。

9. 我相信刚才完成的讨论正好确证了我们的主题，同时也减缓了人们对这一主题的所有怀疑。不过，由于这个问题的根本重要性，我们将从另一个视角再次阐明表象与判断的差别。除了找到可替代的真理——我们上面所说的在内经验中的直接被给予——还有其他许多东西可说。

为了达到这一目的，让我们比较表象与判断之间的关系与另外两类现象之间的关系，即表象与爱恨现象之间的关系。毫无疑问，在与其对象的关系方面，表象、判断和爱恨是有根本差异的。正像一个同时被表象和爱或被表象和恨的对象确实是在意识中以两种不同的方式被意向性地表象和爱或被意向性地表象和恨那样，一个同时被表象和肯定或被表象和否定的对象，也是在意识中以两种方式被意向性地表象和肯定，或被意向性地表象和否定的。这两种情况中的所有情形都是相似的，并且这些情形表明，如果意识的一种基本差异能被加到第一种情况中，那么它也会被加到第二种情况中。

让我们来详细地看一下。

在表象中，除了它们包含的对象的对立之外，我们不会发现其他对立。就热与冷、明与暗以及高音与低音等构成的对立而言，我们可以说对其中一个东西的表象与对另一个东西的表象是对立的。不过在这类心理行为的全部领域，根本就不会再有其他意义上的对立。

当爱与恨加入进来后，就会出现一种完全不同意义上的对立。这种对立并非诸对象的对立，因为同一个对象既能被爱也能被恨；毋宁说这是指涉一个对象方式上的对立。这确实清楚地显示出，我们正在处理这样一类现象，它指涉对象的本性完全不同于表象中的指涉情形。

当对表象之物的肯定或否定取代了指向它的爱与恨之后，在心理现象领域一种完全相似的对立就会毫无疑问地出现。

此外，表象中包含的唯一强度是现象或强或弱的清晰生动性。

然而，当爱与恨加入进来后，一种新的强度便被引入了——一种有关权能的或强或弱的程度、一种情感力量的或是激烈或是适中的状况。

当判断加到表象上的时候，我们也会以一种全然相似的方式发现一种全新的强度类型。因为在确信或意见上的确定性程度的大小——与表象的强度差异相比较而言——很显然与爱在强度上的差异更为接近。

此外，在表象中没有美德、没有罪恶、没有认识、没有错误。所有这些从本性上看都是在表象之外的；我们最多只能通过同名异义的类比才能称表象为道德上好的或坏的、真的或假的。例如，一个表象被称为坏的是因为喜爱被表象对象的人是坏人，一个表象被称为错误的，是因为肯定被表象对象的人是错的；或者是因为这种喜爱或肯定具有的危险性已被蕴含在表象中了。①

爱与恨的领域于是揭示了一种全新的完善与不完善的类型，这种类型并非表象领域所揭示内容留下的痕迹。正如爱与恨被添加到表象现象中那样，道德的善与恶也进入心理行为领域——至少会经常如此，在这种情况下，便关涉一个负责的心理存在者。

即使在这里，有些相似的情形对于判断也是成立的，因为另一种全新的、非常重要的且单纯表象领域完全缺乏的完善与不完善正是判断领域的属性。正如爱恨与善恶相关一样，肯定或否定则与知识或错误相关。

下面是最后一点。即使爱与恨并不独立于支配表象持续的规律，它们作为具有基本不同的意识样式的特殊种类的现象，也成为一种特殊的现象，从而受特殊的持续与发展规律支配，而这种规律首先构成了伦理学的主要心理学基础。当一个对象就其自身而言不会以任何方式触动我们，抑或它只是在我们之中唤起相反的感情，那么这个对象通常也会由于另一个对象而被爱或被恨。爱一旦以这种方式转移的话，通常就会逐渐永久性地附属在新的对象上面而不再与它的源头相关。

就此而言，我们在判断中也发现了一种绝对相似的事实。在支配表象之持续性的普遍规律之外（它在判断领域中所起的作用不能被忽视），我们也发现了尤其对判断有效的特殊规律，它们与逻辑学的关系就像爱与恨的规律之于伦理学的关系。正如一种爱根据特殊规律产生自另一种爱一样，一个判断根据特殊规律跟随着另一个判断。

因此，约翰·穆勒在其《逻辑学体系》中所讲的一段话就是正确的：

> 对于信念而言，心理学家们总是不得不探究我们通过直接意识而具有什么信念，一个信念根据什么规律而产生另一个信念；一个东西是依据什么规律被心灵——或对或错地——识认

---

① 可以比较我的论著《跟随亚里士多德论存在的多义性》（第 31 页以下）中亚里士多德对此的评论。

为另一个东西的证据。对于欲求而言，他们会不得不考察，我们自然地欲求什么对象，是什么原因使我们最初欲求无关紧要的东西，甚至欲求令我们不快的东西，诸如此类。①

因此，在小穆勒对詹姆斯·穆勒的《分析》的评注中，他不仅拒绝了其父与赫尔伯特·斯宾塞的观点，即信念在于与观念切近的及不可分离的关联，他还拒绝了信念完全建基于观念的联想律之上的观点，而这也正是后两位思想家所必定假定的。小穆勒说：

> 如果信念只是一种不可分离的联结，那么信念就是一种习惯与偶性，而非理性。显然两个观念的联结不论如何紧密，都不足以成为信念的基础；而且也不是相应的事实在外在自然中联结在一起的证据。这种理论看来消除了聪明的信念与愚蠢的信念之间的全部差别，前者被明证所规导，并且符合于世界中的真正持续与并存的事物，而后者被一些偶然的联结机械地产生，并暗示心灵中持续或并存的观念：通常的表述所恰当地标示的一种信念——相信一个东西是因为这个东西已进入相信者的头脑。②

在一个足够清晰的问题上停留过久是多余的，除了少数人之外，几乎所有思想家都认同这一结论。接下去我们就会进一步讨论我们刚才讲的判断与情感的特殊规律。③

因此，我们的结论就是：从所有伴随关系的相似性看，再一次明显的是，如果表象与爱在指涉对象方面存在根本差别的话，以及一般而言在两种不同的心理现象之间存在根本差异的话，我们就必须认为这种差异也存在于判断与表象之间。

10. 简单总结一下，支持这种真相的论据如下：首先，当我们对表象及判断进行断定的时候，内经验直接在它们的指涉内容方面揭示出差异。其次，如果这并不是表象与判断之间的差异，那这两者之间则根本不再会有差异。不论是有关强度差异的假定，还是有关判断及与之对立的单纯表象在内容上存在差异这种假定，都是站不住脚的。最后，如果我们比较表象与判断之间的差别和表象与其他种类的心理现象之间的差别，我们会发现在后一种差别中，意识指

---

① 穆勒：《逻辑学体系》，第六卷，第四章，第3节。
② 《分析》，第一部分，第十一章，第407页，注释108。
③ 第四卷与第五卷(1911年版的作者注释)。这两卷并未写出。——中译者注

涉对象的方式上的所有差异也全部显著地呈现在第一种差别中，无一遗漏。因此，如果我们这里没有确定表象与判断的这种差异，我们也就不能确定心理领域其他任何情况下的差异。

11. 还有一个困难有待我们解决。在表明了人们通常所持的错误之外，我们还必须表明这种错误的原因。

在我们看来，这个错误有双重原因。一是心理学上的，就是说存在一种喜欢这类欺瞒的心理事实；二是语言学上的。

心理学原因在我看来是更为优先的，它基于下述事实，即每种意识行为，不论它多么简单——如对声音这种对象的表象行为——都会同时包含一种表象和一个判断（即一种认识）。这就是在内意识中对于心理现象的认识，其普遍性我们上面已经阐明。[①] 这种情况已经导致有些思想家把所有心理现象都包含在认识概念中，就像它们是一个种类似的，这也导致其他人认为在同一个种类中至少包含了表象与判断，因为二者从不会彼此分离地发生，不过他们却把情感与追求这类现象归入一种全新的特殊种类。

为了证实这种评论，我只需要回顾前面引用过的汉密尔顿的《形而上学讲演集》中的一段话：

> 具有明证性的是，每种心理现象或者是一种认识行为，或者只有通过一种认识行为才可能，因为内意识是一种认识；而且以此为原则，不少哲学家（如笛卡尔、莱布尼茨、沃尔夫、普兰特纳以及其他人）已经把认识或表象能力（他们也称其为认识能力）当作心灵的一种基本能力，而所有其他心灵能力都从中派生出来。这个问题不难回答。这些哲学家没能看到，即便是快乐与不快以及欲求与意愿，它们也只是被知晓为如此这般的；不过在这种变形中，一种新质、一种绝对全新的心理现象被添加进来了——这种现象永不会被包含进认识能力中，也不会从认识能力中派生出来。认识能力在位序上确实是首要的，因而是不以其他现象为条件的……[②]

我们看到，由于只有被内认识所伴随，心理现象才是可能的，汉密尔顿便相信认识优先于所有其他心理现象，而且由于他把认识与表象划归为同一个类别，他也就把情感与追求区分为独立的类别。

---

① 汉密尔顿：《形而上学讲演集》，第一部分，第187页。
② 同上书，第187页。

然而，说认识是基本的心理事实其实是不对的。确实，认识呈现于所有的心理行为中——当然也呈现在第一类心理现象中，不过只是二阶性的罢了。行为的一阶对象通常并不被认知（如果这种对象从不会被我们错误地判断的话），甚至通常并不被判断（如果我们对其没有疑问或询问的话），一阶对象通常且在最简单的行为中只是被表象。此外，即使对于二阶对象来说，认识在某种程度上也只构成二阶性因素，因为正如每种判断一样，这也预设了一种对所判断对象的表象。正是这种表象至少在事物的本性上（如果不是在时间上的话）是优先的。

人们也可以用汉密尔顿论证认识之首要性的方法来论证情感的首要性，不过作为其后果，它们或许会混淆表象与判断。因为正如我们看到的，在每种心理行为中也都存在着作为二阶现象发生的感受。[①]这种感受的普遍性之所以没有——或者至少还没有像伴随的内知觉之普遍性那样经常地——导致一种相似的误解是因为：一方面，感受的普遍呈现还没被一般性地认识到；另一方面，某些表象给我们留下的内容至少是相对中立的，而且同样的表象在不同时候所伴随的感受也是不同的，甚至是相反的。[②]与此相反，内知觉在意识中总是以同样完满的确信而不变地存在，如果这种内知觉强度改变的话，它也是随着其所伴随现象的强度改变而成比例地改变。[③]

因此，这就是我所说的在我们所讨论问题上犯"错误"的心理学原因。

12. 此外，正如我们所言，还存在导致上述错误的语言学上的原因。

我们不能期望那些甚至使敏锐的思想家都陷入错误的关系不会对日常的观点产生影响。人们的语言正是从这些观点中发展出来的。因此，我们一定会期望，作为一种必然发生之事，在日常用于指涉心理行为的用语之中，有一种既可用于表象又可用于判断，却不能用于其他现象的语词，这就把表象和判断归入一个更为宽广的类别中。这正是实际情形。我们把表象与判断也都同样地称为思维；然而，如果不强暴地对待语言的话，我们不会把这一表述用于情感或意欲。我们也发现语词的这种用法在外语中也如此，不论是古代还

---

① 参见本书第二卷，第三章，第6节。亦可参见附录短文以及我的《感觉心理学研究》中相关的讨论（1911年版作者注释）。

② 参见本书第二卷，第三章，第6节（1911年版作者注释）。

③ 参见本书第二卷，第三章，第4节。

是现代。

当我说上述情况会产生一种有害的影响时，没有哪个通晓科学发展史的人会反对我。如果现代杰出的哲学家一再地犯含混不清的错误的话，他们又如何不被现象领域分类方面术语的相似性引入歧途呢？惠威尔（Whewell）在《归纳科学的历史》中，给出了这种错误以及相关错误的充足例证：正如语言经常把不相似的东西放在一起那样，它也经常把无差别的东西区分开来。并不只有经院哲学家才仅仅根据语词来划分事物。因而，同名异义的"思维"一词就很自然地对我们这种情形下的内容具有负面影响。

13.不过毋庸置疑，语言表述的另外一种特殊性已经使有关真正关系的认识更为困难。可以说对判断的表述通常是一个句子，是几个词的联结，这从我们的观点也很好理解。这就不得不面对下述事实，即每种判断都基于表象，肯定与否定判断同它们所指涉的内容相符，因为否定判断只是拒绝相应的肯定判断所肯定的对象。虽然判断的表述是语言交流的主要目的，然而这个事实强烈地预示出，表述的最简单形式即单个的语词不应为了这个目的而被使用。不过，如果单个的语词被用于表象的表述，而两种判断形式又都以此为基础的话，如果双重形式的曲折或套用老调的说法——两种小词（如"是"与"不是"）是为了表达判断而被加入的话，这种简单的手段就会使人们的记忆事半功倍，因为同一语词既可以用于肯定判断也可以用于相应的否定判断。除此之外，通过省略这些增补的符号，就会得到对另一类现象——表象——的单纯而独立的表述。因为表象构成欲求及感受的基础，那么这个表述也就能够履行在一些语言形式——如提问、感叹以及命令等——中更为令人刮目相看的功能。

因此，不可避免的是，在真正的科学探究开始之前很久，一种对判断的表述就已经成为多种不同因素的复合。

因此便出现了下述观点，即判断自身也必须是一种复合，当然是表象的复合，因为大多数词语都是名称，而名称又表述表象。[1]一旦这种观点建立起来，我们似乎就有了用以区分判断与表象的特性，也就没有谁会觉得有必要进一步地探究，这是否是判断与表象之间的全部差异，以及它们之间的差异是否能以这种方式来理解。

如果把这些都考虑在内的话，我们就能很好地解释，为何两种具有根本差异的心理现象之间的真正关系被遮蔽得如此之久。

---

① 对这种比较的说明参见亚里士多德的《解释篇》第一章。

布伦塔诺价值哲学的心理学基础

14. 与此同时，这种错误的根基自然也生发出各种错误的枝蔓，这些枝蔓不仅扩展到心理学领域，而且也扩展到形而上学与逻辑学领域。上帝存在的本体论证明只是其中一种结果。发生在中世纪经院中的激烈争论，即有关本质(essentia)与存在(esse)之争——更为精确地说是有关本质之存在(esse essentiae)与实存之存在(esse existentiae)的争论——已经为一种殚精竭虑所展示，其中一种雄心勃勃的理智力量试图掌控这种难以消化的要素。阿奎那、司各特、奥卡姆以及苏亚雷斯(Suarez)等人都热心地投入这场论战中；每个人在其论辩术方面都是正确的，可没有人在其肯定性的断言方面是正确的。下述问题一再地被提出：一个存在者的实存与它的存在自身是同种实在，还是不同的实在。司各特、奥卡姆以及苏亚雷斯正确地否认了实存是一种不同的实在(这特别要归功于司各特的威望；事实上，在司各特的语境中实存只应被看作一个奇迹)。然而，他们由此却都落入下述错误思想中，即一个事物的实存属于一个事物的本质，并且他们将"实存"看作事物最普遍的概念。托马斯主义者在这里的反对是正确的，虽然他们的批评尚未打击到对手真正的弱点，因为他们的批评主要基于被大家普遍持有的错误假定。他们质问道：事物的实存如何能够成为其最普遍的概念呢？这是不可能的！果真如此的话，事物的实存就会跟随着事物的定义，因而一个被造物的实存就会成为自身明证的，并且被造物的实存必然先于造物主自身的实存。从被造物的定义中得出的唯一结论是：它是不矛盾的，所以它是可能的。因此，被造物的本质就仅仅是它的可能性，而每种实存的被造物都由两个部分构成：一种真实的可能性，一种真实的现实性。在存在命题中，其中一个部分被另一个部分断定，并且它们彼此相关，这就有些像亚里士多德的质料与形式在物理对象中彼此相关那样。可能性的边界自然也就像涵盖于其中的实在的边界。因此，就其自身而言作为缺乏限制及全被涵盖的某物的实存，也就在造物主中得到限定。在神的情形中这是不同的。神是在自身中必然存在的，他被所有偶然的东西所依靠。因此，神并不由可能性及现实性构成。神的本质就是神的实存；神不实存这种说法本身就是个矛盾。也正因为这个原因，神就是无限的。不被可能性所涵盖，神的实存也就是无限定的；因而，神就是所有实在与完满的总括。

这些都是高深的玄思，不过它将不再拥有信众。值得注意的是，像阿奎那这样杰出的思想家无疑真的相信，他通过这样一种证据而演示了世界第一因的无限完满。在这之后，我不需要向读者指出现代形而上学的著名例证，这个例证会清楚地显示与之密切相关的判断以及事物被错误的观点所强加的悲剧性影响。①

15. 在逻辑学中，不理解判断的本质也必然导致进一步的错误。我已经从这种观点出发思考了这种观念的结果，发现这在逻辑上只会导致一种推倒重来，并且导致对基本逻辑进行重构。所有事情于是开始变得简单、清晰以及更为确切。我只想用几个例子来表明重建的逻辑学规则与传统的逻辑学规则的对比，因为一种详尽的解释与说明必定会让我们耽搁太久，也会使我们偏离我们的主题太远。②

我以下述三个主要规则来取代定言三段论的旧有规则，这三个规则能被直接应用于每一种格上，而且它们自身也正好足以检验任何三段论。

(1)每个定言三段论都包含四个词项，其中两个是彼此相对的，而其他两个则出现两次。

(2)如果结论是否定的，那么每个前提在其质上及在它的一个词项上就是与结论一致的。

(3)如果结论是肯定的，那么一个前提就具有相同的质与词项，而另一个前提则具有相对的质与词项。

这些是一位老派的逻辑学家听到之后必然感到震惊的逻辑规则。每个三段论都被认为有四个词项，这也经常被批评为四词项谬误。③否定的结论被认为具有纯粹否定的前提，不过这位逻辑学家也教导说，从两个否定的前提中什么结论都得不出。甚至在一个肯定结论的前提之中，我们也说有一种否定判断，而这位老派的逻辑学家发誓说这个结论总是需要两个肯定的前提。事实上，不再有从两个肯

---

① 现代形而上学对康德先验论哲学的影响前文已经提到。

② 在我为我的逻辑学讲座(即我在乌兹堡大学 1870—1871 年冬季学期的讲座)做准备的时候，我在这种新的基础之上建立起一种系统而完备的基础逻辑学。因为这不仅被我的学生所关注，也被与我交往的哲学同事所关注，我准备在我的《心理学》完成之后来修正、出版它。我这里通过例证所给出的规则将像其他内容一样得到详尽的辩护，因为读者有权要求反对从亚里士多德开始的逻辑学的整个传统的人给出这种辩护。另外，不少读者或许也会看到这个内容与已经出现的有关判断本质之观点的必然关联。可以参照海勒布兰德(Franz Hillebrand)的《有关范畴消失的新理论》，维也纳，1891年(1911 年版的注释)。

③ 最近，一个英国逻辑学家布勒(Boole)也正确地认识到，不少定言三段论具有四个词项，其中两个是彼此相对的。其他人已经同意了这种观点，其中甚至包括贝恩，他在自己的《逻辑学》中详尽地叙述了布勒对三段论的贡献，并表达了自己毫无保留的赞同(第一卷，第 205 页)。虽然布勒只是把这些三段论与三词项的三段论并置，而非认识到四词项是一般的规则，虽然他全部的推导方法与我的并不相像，不过我对这个信号仍然很感兴趣，即海峡另一边的人也开始对三段论必须只有三个词项的规则提出质疑了。

定前提中得出的定言结论的位置了；然而，他在其讲座中总是坚持说肯定的前提是最好的，而当一个否定前提与一个肯定前提邻接时，他将其称为一个坏的角色。最后，虽然在这些新规则中没有提到"普遍"与"特殊"的前提；然而可以说，他几乎要说出它们了。而且，难道他的旧规则自身没有显示出对三段论的检验如此适应吗？三段论标准所检测的上千种推论现在自身就是它的检验与证据吗？难道我们不再承认诸如下述的三段论，即"所有人都是有朽的，张三是人《张三是有朽的"，这已经不再有效了吗？这看起来是一种无理取闹。

事实上，情况不至于坏到这种地步。三段论理论的旧规则由之而来的错误在于误解了判断的本性，不论对于其内容还是形式而言都是如此。因此，当规则一再地在其应用中得到坚持的时候，错误的各种有害结果一般就相互抵消。[1]在所有根据旧规则而有效的推论中，只有在四种样态中的推论是被不正确地推导出的。然而，并非无关紧要的一些有效样态被忽视了。[2]

在所谓的直接推理理论的情形中，结果是更为有害的。作为三段论转换的真正规则，传统逻辑学不仅断定每种定言命题是可转换的（假如我们清楚地知道真正的主词与真正的谓词的话），而且根据旧有的规则，一些本来无效的转换被认为是有效的，反之亦然。同样的情形也适用于所谓蕴含的以及对立的推论。[3]另外，当我们对旧规则进行批评性地相互比较时，我们发现，非常奇怪的是，它们有时彼此冲突，以至于根据一个规则有效的东西根据另一个规则会无效。

16. 不过，我将把在细节上证明与展开这一点留作我将来逻辑学的任务。[4]我们这里较少关注对判断本性的误解在逻辑学与形而上学方面的有害后果，而更多关注其在心理学中的有害后果。因为对心理学富有成效的发展来说，心理学与逻辑学之间的关系无疑构成了

---

① 例如，当逻辑学家由于误解了命题，说一个有效的定言三段论必定有三个词项时，他是由这同一个误解所误导的，即看到一个特殊的论证中只有三个词项，然而实际上它是有四个词项的。

② 前面提到的英国逻辑学家已经认识到这点。我所讲的四种无效的样态是，第三格中的AAI(Darapti)与EAO(Felapton)以及第四格中的AAI(Bamalip)与EAO(Fesapo)。

③ 一种全称肯定命题转换为一种特称肯定命题是不被允许的；通过蕴含而进行的普遍推理永远无效；同样，在对立推理中，那些从对立的假或次对立的真中得出的结论也永远无效。

④ 参见上面提到的弗兰兹·海勒布兰德已经发表的著作。这部著作更为彻底地研究了我这里提到的主题(1911年版的注释)。[布伦塔诺的逻辑学在其去世后以《论正确判断的学说》的书名出版，编者为迈耶尔-海勒布兰德(Franziska Mayer-Hillebrand)，波恩，1956年。——编者O.克劳斯注]

新的障碍。可以不无偏见地说，到目前为止，心理学已经不恰当地忽视了对判断起源之规律的研究。这种情况之所以发生，是因为表象与判断通常被归于"思维"这个种类，以至于人们认为当他们在研究观念持续的规律的时候，对于判断而言本质性的内容已经被研究过了。正像洛采这样的杰出心理学家所说的：

> 例如，当我们发现判断与想象力彼此并置的时候，我们必定会毫不犹豫地同意，这两种形式并不构成原初心理之物的部分，它们只是在生命进展中发展出的能力，其中一个缓慢，一个迅速。我们必须同时承认，解释它们的发展除了联想律之外并不需要其他任何东西……①

这个陈述表明，洛采在这里严重疏忽的原因在于，他从康德那里借用了错误的分类。

约翰·穆勒在这一主题的判断上会更好一些。在上面援引的段落中我们看到，他特别强调了对判断律进行特殊研究的不可或缺的必要性。他认为判断不是绝对自足的，只是因为其源于观念持续的规律。不过，尽管穆勒对于判断的本性持有其他正确观点，他通常仍认为观念的关联、主词与谓词的联结对于判断是根本性的。这有碍他足够清晰地看到判断的本性，即清晰地看到判断与其他基本类型一样是心理现象的独特种类。因此，接下来发生的情况是，不仅思想上接近穆勒的贝恩，而且其他人也都会利用穆勒为了填充心理学中这个巨大的鸿沟而给出的提示。

在目前这种情况下，每一方面都印证了经院哲学从亚里士多德那里承继来的一个成语：失之毫厘，谬以千里（parvus error inprincipio maximus in fine）。

第八章　情感与意愿统合为一个基本类型

1. 在我们把表象与判断确立为两个不同的基本类型后，我们也得证成我们对传统分类的第二个偏离。正如我们把表象与判断分离一样，我们也把情感与意愿统合在一起。

相对于前一个观点而言，这个观点没有多大创新，因为从亚里士多德直到泰藤斯、门德尔松乃至康德，都普遍地认为情感与追求正是一个基本种类。在目前的心理学权威中，我们已经看到赫尔巴特·斯宾塞把心理生活领域只区分为认识与情感两个领域。不过鉴

---

① 洛采：《小宇宙》，第一卷，第176页，爱丁堡，1885。

于问题的重要性，我们不会让它成为我们确立及支撑自己理论的障碍，也不会让它成为我们利用所有资源的障碍。

我们将会以研究表象与判断之关系的方式来进行这里的研究。由此我们首先会诉诸直接经验的确证。我们说，内知觉揭示了这种情况中一种基本区别的缺失，正如上一章的情况清楚地揭示了一种基本区别的存在一样。不过，在这里它揭示了指涉对象方式的根本一致，而在那里它揭示的则是指涉对象方式的完全不同。

如果我们现在所考察的这种剩余的心理现象真的被揭示出存在着类似于表象与判断之间的根本差异，如果就其本质而言情感与追求之间确实存在着一条明显的界限，那么在界定其中每一类的不同本性时我们可能会犯错，不过分组——确定哪些现象属于哪一组——倒是件容易的事情。即使有人完全不清楚判断的本性，他也仍然可以毫不犹豫地说，"人"表达了一个单纯表象，而"人存在"则表达了一个判断。这在包含两类思维的整个心理行为领域都有效。不过什么算作一种情感，什么又算作一种欲求、意欲或是追求这个问题却是另外一回事情。老实说，至少我不知道这两类现象的真正界限在哪里。存在着一些现象，它们处于快乐与不快的感受和通常被称为意欲或追求这种行为之间。两个极端间的距离或许会显得有些大，可如果把中间状态纳入考虑，并且不断地对相互接近的现象进行比较的话，那么在整个序列中就不会发现什么鸿沟，它们之间的转变是非常渐进地发生的。

例如，我们可以考察下述系列：伤悲——向往所缺乏的善——希求它会属于我们——向往它会产生——鼓足去尝试的勇气——去行动的意愿决定。其中一个端点是情感，而另一个端点则是意愿；它们看起来彼此十分遥远。不过如果我们留心中间的成员而且只比较毗邻的内容，我们就会发现其间存在最为紧密的关联，并且难以发现毗邻的内容之间能够感觉得到的变化。如果我们希望把它们归入情感或追求，那么我们应当把每种情形分别归入哪类呢？我们说，"我感受到一种向往""我感受到一种希求""我感受到把这种东西带给我自己的渴望""我感受到去尝试这样做的勇气"——人们唯一不会说的是他感受到一种意愿决定。那么，或许这就是界限，而所有居间的要素都应被归于情感。如果我们允许日常语言为我们消除这些问题，我们当然就会这样判断。事实上，至少下述情形是真实的，即由于不拥有某物的伤悲与拥有它的向往的关联与下述关联是同样的，即对一个对象的否定与确定它非实存的关联。难道在向往中没有埋藏一颗未被觉察的生发出追求的种子吗？当某人在希求时这颗种子便发芽，当他想到可能做某件事情时、当他希望去做并拥有如此做的勇气时、直到最后向往既克服了对可能代价的厌恶又克服了在希望中长时间考虑的时候它开花，而最终在意愿决定中它结果。确实，如果我们仍然希望把这种现象序列从根本上区分为一些基本类型的话，那么我们把它们居间的成员划归为称作情感的第一类从而与第二类相对，以及我们把它们归为称作意愿或追求的类别从而与第一类相对，这都没什么不可以。同样，把每种现象自身看作一种特殊的种类也未尝不可。而在这种情况下，我相信每个人都会明白无误地认识到，这些种类之间的区分不像在表象与判断之间的区分，或这些种类与所有其他种类现象之间的区分那样深入和关键。内意识所给出的材料的特征迫使我们扩展出一种完全包含情感与追求之统一的基本类型。

2. 如果情感与意愿现象属于同一个基本类型，那么根据我们采用的划分原则，这两种意识形式必定在指涉某物的方式上具有根本关联。可是它们在指涉对象的方式上有什么共同的特征呢？如果我们的观点是正确的，那么这个问题的答案也必定会被内经验给出。内经验确实会提供一个答案，于是也会提供最终类别具有统一性的更为直接的证据。

正如判断的普遍性质在于对一事实的肯定或否定那样，我们也从内经验的见证中得知，我们现在所考察的这个领域的特性在于对某种东西的接受或拒绝——并不是以相同的意义，而是以一种类比的意义。如果某物能够成为判断的内容是因为它能够作为真的而被接受或作为假的而被拒绝的话，那么对于属于第三种基本类型的现象对象也是如此，因为它也会对某些好的东西感到惬意（就这个词的广义而言），而对某些坏东西感到厌恶。这里我们是在关注一个对象是否有价值，而在另一种情况下我们是在关注其对错。

我相信任何理解我的人都不会认为属于这类的现象是认识行为，通过它我们知觉某种对象的好坏以及价值。为了使那样一种解释成为完全不可能的，我会明确指出那是对我真实意思的一种完全误解。首先，这种误解会意味着我把这些现象看作判断；而事实上我却把它们作为一种独立的种类。其次，这意味着我会假定，这类现象预设了有关好与坏、价值与非价值的表象。而这与事实相去甚远，我是表明这种表象只能从对这些现象的内知觉中得出。正如没有谁会对此持怀疑态度那样，我们有关真与假的表象也预设了对判断的看法以及也被对判断的看法所获得。如果我们说每种肯定判断都是把某物当作真的行为，而每种否定判断都是把某物当作假的行为，这并不意味着前者存在于被当作真的谓述之真中，而后者存在于被当作假的谓述之假中。我们前面的讨论已经表明，这种表述意指的是对一个对象的一种特殊的意向接受，是一种与众不同的对意识内容的心理指涉。唯一正确的解释是，认为某物为真的人不仅断定了对象，而且在问及对象是否要被断定的时候，也会断定对象的被断定性，即它的真（就这个表述的宽泛意义而言）。"把某物当作真"这个表述可以与此关联。"把某物当作假"这个表述也将得到一种类似的说明。

那么"被赞赏为好的"与"被厌恶为坏的"这些表述就是以一种相似的方式来运用的，这并不意味着在这类现象中，善就归类为被赞赏为好的东西，而坏就归类为被厌恶为坏的东西。相反，这类现象只是标志着心理行为指向一种内容的与众不同的方式。这里唯一正确的解释是，其意识以这种方式直接指向一种内容的人对下述问题给出了一种肯定的回答，这一问题是：这类对象是否能够进入这种关系中——这就意味着把好或坏、有价值或无价值归于这类对象。

属于这个种类的现象并不是判断（"这是应被爱的某物"或"这是应被恨的某物"才是对善与恶的判断）。相反，这种现象属于爱与恨的行为。我们现在可以在刚才所给出的解释的意义上不怕误解地重复，对象的好与坏、有价值与无价值之间的关系以及属于此类的现象，与对和错的获得以及判断的情况是相似的。我认为正是这种指向对象的特性在欲求及意愿中通过内知觉直接而明证地揭示自身，同样在我们称为感受或情感的东西中通过内知觉直接而明证地揭示自身。

3. 就我们所考察的追求、欲求和意欲而言，我所讲的东西可以被看作被普遍地认识到了。让我们来听听捍卫情感与意愿基本区分的一个最杰出、最有影响力的人的说法。

洛采在反对把意愿解释为认知的一个种类时，也反对"我意愿"只是"我将"的一种自信形式。他在这样做的时候，把意欲的本质放在赞同或不赞同的行为中，即放在发现某种东西是好、某种东西是坏的行为中。他说："也许仅仅确信我'将行动'就等同于知晓了我的意欲，但是，行为的观念必定包括赞同、许可或意图这些特定因素，这些元素使意愿成其所是。"①再者，针对那些把意愿理解为产生某种结果的力量的人，他说："我们的意愿通过赞同，将观念之链的急迫动机给予它的决定当作自己的决定，或通过不赞同而拒绝这一决定，这是可想象的，即使赞同或不赞同都不具有丝毫干涉（决定和改变）心理事件过程的力量。"②洛采所讲的这种赞同或不赞同是什么呢？显然，他并不是意指在实践判断的意义上发现或好或坏的东西，因为正如我们所看到的，他把判断归于表象这个种类。那么，除了认为意欲的本质在于心理行为与或是好或是坏的对象的特殊关系之外，他还能坚持什么呢？

与此相似，我们也可以列举康德与门德尔松的段落，他们是通常的三分法的主要创立者，他们支持下述观点，即这种对或是好或是坏的对象的指涉构成任一欲求的基本特征。③不过我们宁愿回到古代，以此可以把古代心理学的证据与现代心理学的证据结合起来。

亚里士多德以毫无保留的清晰性论及这一主题。他把"好"与"可欲求的"当作同义的。他在其论灵魂的书中说："欲求的对象或者是好的，或者是显得好。"亚氏在其伦理学的开头便宣称："每种活动和选择看来都指向某种善，因而，善可以被正确地表述为所有事物都指向的东西。"④因此，他就把目的因等同于善。⑤同样的理论在整个中世纪都保留着。托马斯·阿奎那非常清楚地教导，正如思维与作为可知的对象相关联一样，欲求与作为善的对象相关联。因此，同一个事物可以是完全异质的心理行为的对象。⑥

我们从这些例子中能够看到，对于追求与意欲，不同时期的杰出思想家都赞同我们所断定的经验事实，虽然他们没有以同样方式评估其意义。

4. 让我们转向另一个相关的现象，即快乐与不快，这是作为情感最为经常地与意愿区分开来的现象。在这里下面这一点——内经验清楚揭示，这种不同的指涉内容的方式（赞同为好或厌恶为坏）是现象的基本特征——也是真的吗？下述情况——这些现象必须涉及其对象的价值之有无，而这种涉及方式与判断真假的方式相似——

① 洛采：《小宇宙》，1885，英译版，第一卷，第257页。
② 同上书，第257页。
③ 参见门德尔松：《著作集》，Ⅳ，第122页以下。
④ 亚里士多德：《灵魂论》，卷三，章十；亚里士多德：《尼各马可伦理学》，第一卷，第1章；亚里士多德：《形而上学》，XⅡ，7；也可参见亚里士多德：《修辞学》，Ⅰ，6。
⑤ 亚里士多德：《形而上学》XⅡ，10；以及其他地方。
⑥ 参见阿奎那：《神学大全》，P.Ⅰ，Q.80，A.1 ad 2。

也是一清二楚的吗？就我的考察而言，这在情感中与在欲求中同样明显。

不过，因为人们有可能认为在这里起作用的一个偏见使我误释了现象，我将再次诉诸其他人的佐证。首先，让我们听听洛采在这个关节点上怎么说。他在《小宇宙》中说：

> 如果这是一种原初的心理特性，那么这种心理特性不仅会经历变化，而且也会在思维的呈现中领会自身，这些心理特性不仅原初地属于自身，不仅向其自身表象自身，而且也开始以快乐与不快的方式意识到这些心理特性之于自身的价值。①

接下来他做出了一个相似的断言："处于快乐中的……心灵开始意识到其权能的实施就是作为其实存中一种提升了的价值。"他甚至经常重复这些观念，把它们既与高层的情感也与低层的情感牢固地关联起来。以他的观点看，感官动力的真正核心是："处于快乐或不快中的情感向我们揭示了一种身体状态的价值，这通常或许并不会上升到意识的清晰性。"②"每个时代的道德原则通常是被心灵而非被认识之真所核准的，它们也是被一种具有鉴赏力的感情所指令的。"③

我不想对洛采看待情感中价值感受的方式做完全自信的解释，不过可以确定的是，他并不把情感自身当作对价值的认识。这不仅从其特定的表述看是清楚的，而且也因为，即使洛采认为情感是对价值的认识，他也会把这种认识包含在第一种类型中。关于这个理论，看来其表述只能以一种方式——以我们的这种观点——来捍卫。同样值得注意的是，洛采不只是说情感感受有价值且无情感则无价值，而且以这种方式将之与或是好或是坏的对象相关联。他在这种关联中也使用"赞同"这个术语——他原本就是用这个术语来确证"使意愿成其所是的特定要素"。相反，在另一个场合，他使用术语"温和的兴趣"（herzliche Teilnahme）——一个通常用于快乐与痛苦现象的表述——来形容"意欲"。这种最具特色的术语从一个领域到另一个领域的转变如何能是无意而为的呢？不过对本质相似性的主要确证都体现在现象指涉其对象的不同方式中，而这种确证也有利于这些现象被统合在一个基本类型中。

---

① 洛采：《小宇宙》，第一卷，第240页。
② 同上书，第255页。
③ 同上书，第247页。

汉密尔顿(我们不希望遗漏这位对情感进行单独分类的伟大捍卫者)与洛采所用的表述极为相似,他称"快乐与不快"是"对相关对象价值的一种评估"。[①]我们必须把下述难题留给汉密尔顿自己:这与他所教导的情感的"主观地主观"特征如何和解。这种说法——这显然承认了情感指向其或为好或为坏的对象——在汉密尔顿那里重复出现,事实上可以说是经常出现。

最后,在《判断力批判》中,康德把情感与欲求都称为爱好,他正是在想区分二者时这样称呼的,只不过是把其中一个称为无利益的爱好,把另一个则称为实践的爱好。更为切近地考察,最终的事实是:在情感中,一个人只对对象的表象感兴趣;而在欲求中,一个人却对对象的实存感兴趣。如果这里所表明的是,康德在这种情况下所说的情感真的指向作为其对象的表象自身,那么这种区分也会被消除。而在一部较早期的著作中,康德恰恰说:"正是在我们的时代,我们首先开始对下述事实具有了洞见,即表象真的能力是知识,而经验善的能力是情感,这两种情形不能彼此混淆。"[②]

确实不能否认从我们最杰出的对手嘴里说出的这种证词的意义。这里也存在着长期以来的观点与现代观点一致的地方。[③]我们的历史性探究已经告诉我们,这样说(康德就是如此说的)是多么不确切:直到他(康德)的时代,指向作为善的东西的特殊能力才首次与指向作为真的东西的能力并置在一起。早期心理学——就其受亚里士多德统治的意义而言——早已在这种意义上区分了思维与欲求。在欲求——这个词的意义非常广泛——中包含了快乐与不快以及任何不属于表象性或判断性思维的内容。这里与我们的问题相关联且引起我们兴趣的主要是,其中包含着与或为好或为坏的对象相关联的认识,我们认为这种认识是情感所具有的普遍而基本的特征,它几乎

---

① 参见汉密尔顿:《形而上学讲演集》,第二部分,434 ff.,特别是436页,Nos.3与4。
② "对自然神学与伦理学原则清晰性的探究",见康德:《著作集》II。
③ 赫尔巴特也给出了有利于情感与意愿在特征上确实一致的进一步证词,虽然他对此确实是无意为之。如果有人询问心理学家情感与欲求划界的源头,他会说:"他们的解释在原地打转。"马阿斯(Maass)在论情感的著作中(第一部分,第39页)以欲求来界定情感("出于其自身之故被欲求的情感就是快乐"),而同时,他在其有关激情的著作中说,欲求被表象为好的东西与躲避被表象为坏的东西是一种众所周知的自然律。于是问题产生了:什么是好什么是坏呢?被给出的答案是:我们的感觉本性地快乐地触动我们的东西呈现为好,等等。这完全是在带着我们兜圈子。在其《经验心理学大纲》中,霍夫鲍尔(Hoffbauer)以下述论情感与欲求能力的章节开始:"我们意识到我们想要产生的一些状态;我们将其称为快乐;某些表象使我们想要实现其对象;我们称之为欲求",等等。这里情感与欲求都被给予了同样的基础——想要。

同样频繁地出现在情感和欲求及意欲中。我们在《尼各马可伦理学》中可以发现(我们在对意识的研究中也曾指出过),亚里士多德对伴随性的快乐与行为的完满性之关系的论述表明了同样的情形。其《修辞学》中一些段落的论述也是如此。①中世纪的逍遥学派以一种更为明确的方式支持了相同的观点。这对于托马斯·阿奎那有关情感是如何被关联的这种有趣理论来说特别正确。②

日常语言也表明,快乐与不快包含着对一种对象的指涉,这与意欲的情形在根本上是相似的。人们喜欢将一种开始时用在一个领域的表述后来转用到另一个领域。我们称我们享受的东西为令人快乐的,而称给我们带来痛苦的东西为令人不快的,不过我们也说某种东西是"我的快乐",或是说"做某件事情是一种快乐",而这就必定与意愿有关。显然赞同意义上的赞成(Placet)以同样方式从情感领域扩展到了意愿行为领域。显而易见,动词"喜欢"(gefallen)已经经历了与下述说法相同的过程,即"只要你喜欢"或"你喜欢做什么?"等等。甚至"乐意(Lust)"这个词自身也毫无疑问被用来表示对下述问题的意愿态度,即"你乐意吗?(Hast du Lust?)"。另外,"不满"(Unwillen)几乎根本不能被称为意愿,虽然后者是前者的词源;不可否认,"反感"(Widerwillen)作为一种对厌恶或嫌弃的表示也已经成为一种情感的名称。

然而,语言要比仅仅将一个领域的现象名称扩展到另一个领域所做的事情更多。"爱"与"恨"这样的表述可以表示出恰好落入这整个领域中的所有现象。因为即使"爱"与"恨"并没被经常地用于这种或那种情形,人们仍会理解当它们被使用时是什么意思,并会看到它们没有脱离其真正的意思。在这种情况下,针对使用这些词的情况只应提到的事情是,语言的使用通常会选择更为特殊的表示。因为真相是,这些表述标示着指涉一种对象的方式,而这正是与我们所说的第三类现象相应的,虽然在通常的意义上这些表述并不专属于这种现象。

"快乐与爱""爱与遗憾"等说法的并置表明"爱"这个表述通常被用于指称最为广泛的情感。当我们说"爱"或"恨"的时候,难道我们不仅仅是意指引起快乐或不快的现象吗?另外,例如,"他爱我""你爱什么"中的爱显然是指涉意愿现象的。"他对科学工作有一种偏爱

---

① 参见亚里士多德:《尼各马可伦理学》,第三卷,第6章;以及亚里士多德:《修辞学》Ⅰ,11特别是1370 a 16;Ⅱ,4,1381 a 6。

② 阿奎那:《神学大全》,P.Ⅱ,1,Q. 26 ff。

（Vorliebe）"，这个句子所表达的东西，有些人会称为一种情感，另一些人则会称为意愿的一种习惯性倾向。同样，我可以让其他人来决定，在包含爱的一系列词语（如"错爱""不爱""最爱""钟爱的马"以及"钟爱的研究"等）中，是否有更好的理由把这些所讨论的现象归于情感或是归于意愿。就我而言，我相信，上述更为一般的表述在这些特定情形中都涵括了情感与意愿两个领域。

一个向往某物的人会喜爱拥有这个东西；一个因某物而沮丧的人发现他因为不喜爱这个东西而沮丧；一个因某物而高兴的人喜爱这个东西如此这般的情形；一个想做某件事情的人之所以喜爱做它，即便不是出于这件事自身之故，至少也是为了它产生的这种或那种后果；等等。刚才提到的这些行为并不仅仅是与爱并存的，它们还是爱的行为本身。那么显然，"成为好的东西"与"成为以某种方式被爱的某物"意味着同样的事情，而"成为坏的东西"与"成为以某种方式被恨的某物"也是如此。我们选择"爱"一词来涵盖爱及其反面同样也是可以得到辩护的，这正如我们在前面讨论欲求与意欲时习惯性地所做的那样。

那么，作为讨论的结果，我们就可以说，内经验显然揭示了情感与意愿是统一的基本种类。内经验向我们表明，情感与意愿从不会界限分明，而它们与其他心理现象的区别在于其指涉一种内容时所具有的共同特性。不同哲学家都曾谈及这一点，甚至那些把情感与意愿分为两类的哲学家也是如此，他们清楚地给出其共同特征，并且确证了我们对这些内在现象的描述的正确性，正如日常语言所做的那样。

5. 让我们继续我们的研究计划。

当我们想证明表象与判断是两种不同的基本类别时，我们并不满足于仅仅提供直接的经验确证。相反，我们也表明，存在于这两种现象之间不可否认的巨大差异完全是按照它们指涉对象的不同方式来确定的。除了这种区别外，每种判断都会与一种表象一致，反之亦然。现在我们将针对情感与意愿的关系提出同样的问题。如果某人认识到高兴与痛苦的情感指涉其对象的方式与意欲指涉其对象的方式没什么差别的话，他还能够说出其他一些情感与意愿之间的区别性因素吗？情感与意愿之间的所有差别因而也都会被抹平吗？显然这并非实情。

我们前面已经看到，在高兴或痛苦的情感与严格意义上的意欲之间有一种心理状态上的连续性，即存在一些居间的心理状态。而且我们在区分情感与意愿领域时，我们真的不知道这些居间心理状态应当属于哪一边。向往、希求、勇气以及其他一些现象都属于这一居间状态。除了这些现象指向对象的方式没有什么差异之外，确实没人声称这些现象中的任何两个之间不存在差异。这些现象奠基于其上的表象与判断的显著特性使这些现象彼此得以区分，因而，不论在古代还是在现代，人们都被这种区分所引领而试图划定它们的界限。在亚里士多德的《修辞学》与《尼各马可伦理学》中都是如此。其他人诸如西塞罗在其《论问题》第四部中也跟随了亚氏的典范。后来我们在诸如格里高利(Gregory of Nyssa)、奥古斯丁以及其他教父那里也发现了相似的尝试，在中世纪托马斯·阿奎那的《首要与次要》(Prima Secundae)中这种尝试的相似性达到了很高的程度。在现代，我们在笛卡尔的《论激情》中，在斯宾诺莎《伦理学》的第三部分中(整部著作的最好部分)，也在休谟、哈特雷、詹姆斯·穆勒等直到如今的著作中遇到同样的情形。

当然，这种想区分每一单一种类的界定——不仅是从其他一个种类出发而且是从其他所有种类出发的界定——通常也不会忽视其反面，这种反面也贯穿了这个领域，正如肯定与否定贯穿了判断领域。而且这种界定还必须考虑现象强度方面的差异。不过，事实上这是所有必要的东西，而且这连同上面提到的资源一起，足以界定属于这个领域的任何一个种类的概念。毋庸讳言，这并不意味着由上述哲学家提供协助的每种尝试实际上都已经成功了。

洛采在其《医疗心理学》中运用了与此相同的界定方式，当他界定情感的各种类别时，他没有尝试诉诸意欲的鲜明特征，因为他认为这必定会失败："否认意欲的实在性是徒劳的，这种徒劳正如用长篇大论说明其简单本性一样，因为意欲的本性只能通过经验而被直接知晓。"①这与洛采自己的观点是一致的，不过我却完全不能赞同。每种意欲行为都会分享我们所划分的第三种类别的共同特征，因而，当人们称意欲对象为某种人们喜爱的东西(was jemand lieb ist)时，他们就已经在某种程度上以非常普遍的方式标示出了意愿行为的本质。如果我们这时确定意欲及与之得以奠基的表象与判断的区别性特征及其内容的特殊本性，那就完成了对这一特殊本性的原初刻画，并且对之做出了准确的界定，而这是与情感被界定时的情况完全一样。每种意欲都必须与我们认为能够实施的行为相关联，必须与

---

① 洛采：《小宇宙》，第一卷，第257页。

期望从意欲行为得到的善相关联。当亚里士多德把能通过行为达到的善称为可被选择之物时，他就碰触过这种规定。詹姆斯·穆勒与贝恩对这些特殊条件给出了更为细致的分析，这些条件被这些情感现象所基于的表象与判断所确定。即便我们会发现对这些分析的这个或那个存在着反对，我仍认为，如果人们仔细考虑的话就会确信，意欲确实可以通过与界定情感这种特定种类相似的方式得以界定，意欲并不像洛采所声称的那样不可名状。①

6. 当我们说意欲可以通过对爱的普遍概念添加这样一些规定而得以界定时，我们并不是想说某个未曾对这种特殊现象进行过亲身体验的人可以仅仅通过界定而完全清晰地把握这一现象。这是绝对不可能的。就这方面而言，对意欲的界定与对判断的界定便存在着巨大差异，后者只举证他们肯定或否定所针对的内容种类即可。任何人只要曾经做出过肯定或否定的判断就能够完全把其他判断生动地带到心灵中，只要他知道判断肯定或否定地指向的内容是什么。另外，不论一个人多么经常地以不同强度进入爱与恨的行为，如果他不曾特别地意欲什么东西，他就不会从上面提到的关于意欲的鲜明特征的陈述中获得这种现象之本性的完全观念。如果洛采只是想说这些内容的话，我们会毫无保留地同意他。

不过，我们已经讲过，上述情况对于通常归于情感名下的其他特殊种类也都成立，如果用洛采自己的表述，就是这些特殊种类中的每一个都表明了一种不同的情调。下述情况是不可能的，即对于一个只经验了高兴与痛苦情感的人，仅从"希望"或"恐惧"的界定便可以完全清楚它们的内在差别性特征。这种情形对于高兴或开心的不同类别也是正确的；对一种善意的欣喜、对舒适温度的快感、欣赏一幅美丽图画的愉悦以及由一顿美味带来的开心不仅在量上是相互区别的，而且在质上也是相互区别的。如果缺乏一种相应的特定经验，那么就没什么对对象的规定可以产生正好与那个对象相对应的观念。

由于这些性质上的差异，一个人当然必须承认在爱的范围内，仍然存在着指涉对象方式上的差别。不过这并不是说，爱的现象并没被同一个基本种类的单元所包含。相反，在爱的有质性差别的诸现象中存在着本质性的关联与一致，正如性质不同的颜色之间的关系一样。爱的现象与判断领域的相似性也使这一点更为清晰。这里也存在着指涉同一个对象的不同方式；首要的是，我们应当把肯定与否定之间的

布伦塔诺价值哲学的心理学基础

---

① 我们会在第五卷中详细讨论这个问题。(这一卷实际上并未完成。——编者 O. 克劳斯注)

差异看作这种差异。①把这种差异称为性质上的差异是正确的。

不过，同一个基本种类的统一体包含了多个方面，这是因为这些方面在其基本特征上是相似的，而且它们的区别虽然是其本性的一部分，却不会具有如同表象与判断之间的区别那样的重要意义。目前的情况正是如此。显然，在"爱"这一基本种类的特殊类别之间的性质差异不应被纳入考虑，正如判断中性质的差异不应被纳入考虑一样。如果它们被纳入考虑的话，那么最终的类别就会数目巨大，甚至不计其数，因为与爱或恨相关联的对象都变成了爱恨自身的对象，并且这些现象在过程中经常改变其情调。而这种详尽区分的狭窄界限最终也会与最初基本分类的总体目标相左。

正因如此，甚至那些把我们所认为的一种基本类型分为多个类别的人，也不会把所有这些差别都纳入考虑。他们只会区分出情感与意愿两类。他们不会考虑他们称为意愿的领域包含着爱与恨的各种情调，同样也会无视情感领域更为复杂的情况。他们在实践中认识到各种各样的情形，而这种次要的区分也不能为区分为几个基本类别辩护。如果我们的解释是正确的，那么他们就应当原则上承认对情感与意愿所做的区分也是应被拒绝的。

7. 我们现在进行第三组考察，其结果将会确证我们的主题，即情感与意愿属于同一种天然的基本类型。

当我们想确立表象与判断之间基本差别的时候，我们详细表明了一种现象与另一种现象的基本区分如何在于其指涉内容的方式上。当判断加到表象上时，我们会发现一种全新的类型、一种全新的强度、一种全新的完善与不完善、一种全新的支配这些现象产生及持续的规律。同时，这也表明，作为一个整体的爱恨类型，由于其特征属性而与表象及判断是完全不同的。如果在爱恨现象这个种类内，在指涉对象的方式上仍然存在着另一种基本区分，那么我们就会期望，其中一个领域也会显明自身与另一个领域在每个列举到的方面都会有一种相似的区分。

可事实上根本不是这么回事。

一个人很容易明白下述事实，即情感与意愿的差异和爱恨同肯定与否定之间的差异是不可同日而语的。即使我们将高兴—痛苦与意欲某种东西—不意欲某种东西进行对比，我们在这两种情形中也

---

① 我们这里也应当考虑明证与非明证的差异以及绝然判断与定言判断等方面的差别（1911年版作者注释）。

会看到基本上相同的对比，都是爱与不爱、喜欢与不喜欢的对比。当然，在这两种情形的每一种中都会有某种变形与现象的各种不同情调相对应，不过它们之间的差异不会比这个种类中诸如高兴与痛苦、希求与恐惧、勇敢与懦弱、想望与厌恶等现象之间的差异更甚。

对于强度而言这同样成立。这整个类别显然被一种特殊的强度所区分。正如我们前面谈及的，确定性的程度差异与爱恨程度差异不具可比性。如果有人说，"这对我来说大概是两倍，就像那是可爱的一样"，这种说法就是非常荒谬的。不过上述情况在同一类中则是不成立的。我们可以比较不同爱或恨之间的程度，正如我们可以比较肯定确信与否定确信的不同程度一样。正如可以毫无困难地说，我对某物的肯定程度要大于对其他东西的否定程度，我也可以说我爱某个东西多于我恨另一个东西。我们不仅可以确定相反的强度是较大的或较小的，而且也可以确定高兴、向往、意愿及意图彼此相关的强度大小。我从这里获得的高兴程度比从那里获得的向往程度要大、我再次见他的向往没有我让他知道我不开心的意图强烈等。

这与完善及不完善显然有某种相似的关联。我们看到在表象中既没有美德也没有恶德，既没有知识也没有错误。我们在判断现象中获得了对错，而在爱恨领域则独特地发现了善恶。难道仅能在意愿领域而不能在情感领域发现善恶这种区分吗？很容易看出这并非实情，确实存在着道德上或好或坏的情感，正如存在着道德上或好或坏的意愿一样，如同情、感激、勇气、嫉妒、幸灾乐祸、惧怕等。鉴于前面提到的清晰界划的缺失，我确实不知道每个特别事例在什么程度上可以正确地划归为意愿领域；不过即使其中只有一种属于情感，那也会达到我们的目的。①我们也不能说德与恶对情感与意愿这两者而言都是共同的，而在意愿中却存在着另一种特殊的完善与不完善的新类型。至少就我的知识而言，还没人能确证这种新类型。

让我们转到比较的最后一点，即对支配现象持续之规律的比较。

虽然判断无法独立于支配表象序列的规律，可仍然存在着对于判断成立的特殊规律，这些规律不能从表象规律中获得。我们已经

---

① 下述说法是正确的，即我们通常在狭义上使用德与恶这两个词，以至于可以说每种爱恨行为都是德或恶。只有某种突出的行为才可以冠之以德的称号，即爱某种真正值得爱之物的行为与恨某种真正值得恨之物的行为。相似地，我们也把恶的名称赋予会引发相反态度的臭名昭著的行为。显然，以恰当的态度进行爱恨的行为并不能称为德。或许我们会表明，这些概念如何能得到扩展以至于它们会具有完全普遍的应用性。不过这足以表明，这些概念至少在通常的运用中并没给出人们惯常对情感与意愿之区分的支持。

注意到，这些判断规律构成了逻辑学的主要心理学基础。我们看到相似情况之于爱与恨也是成立的。事实上，爱恨现象既离不开支配表象序列的规律，也离不开支配判断的产生及彼此相伴的规律；不过爱恨现象也展现出支配其特殊持续与发展的不可被派生的规律，这些规律构成伦理学的心理学基础。

我们现在可以询问这些规律的情况是怎样的。这种情况是专有性地局限于意愿吗？还是说它们至少有一部分既支配情感也支配意愿行为，而另一种具有新特征的不同部分则只适用于意欲现象呢？这两种可能性都不对；相反，在一种情形中，一种意欲行为会从高兴与悲伤的行为中得出，而在另一种情形中，高兴与悲伤的行为同样会从意欲行为中得出。为了另一个东西，我会喜欢或厌烦一个对象，虽然通常我会对后者无动于衷。同样，我会由于另一个东西而对一个东西有向往和意愿，虽然通常我并不想要后者。下述情况也是真实的，即如果我们剥夺了一种习惯性享有的快乐，就会对之唤起一种更强的欲求，反之亦然，在长期向往之后发生的快乐因而就会得到提升与加强。

怎么会这样呢？我们说情感领域与意愿领域的规律在本性上是相同的，不过在整个心理学领域到处存在的最大对立看来正是位于这里。作为区别于其他所有类别的一种类别，意愿被认为是处在自由的领域。即使这个领域不能完全免除规律的影响，确实也能免除诸如存在于其他领域中的规律的支配。因此，我们似乎面对着强有力的有利于情感与意愿所做的通常区分的论证。

众所周知，这种反对所基于的意志①自由早已成为激烈争论的主题，我后面会进入这个主题。②不过我相信我们已经站在可以拒绝其论证而不必担心其后果的有利位置上。让我们假定在意愿领域有完全的自由，因而在特定情形下意欲某物或不意欲，抑或是意愿相反的东西都是可能的。这确实不能存在于整个领域，而只能存在于这样的领域中，在这一领域行为的不同方式（或至少是行动或不行动）的每一种都能以其自身的方式被看作好的。自由意志最重要的鼓吹者通常也会坦率地承认这一点。不过，虽然未清晰地说出来，他

---

① Will(Wille)一词只有在与"自由"联用时才译为"意志"，其他地方一般译为"意愿"。布伦塔诺几乎不作区分地使用"Wille"和"Wollen"，后者一般译为"意欲"。——中译者注

② 这是第五卷的主题。（这个主题在布伦塔诺的《伦理学的奠基与建构》中有所触及。英译见 trans. Elizabeth H. Schneewind, Routledge & Kegan Paul, 1973。——编者 O. 克劳斯注）

们的下述信念还是明白无误的，即在不能被称作意愿行为而是常常被称作情感行为的心理活动中也存在着自由行为。过去所犯罪过引发的悔恨的痛苦、恶毒的快乐以及快乐与悲伤的许多其他现象被认为并不比改变一个人生活的决心以及伤害某人的意图更少自由。确实有些人相信，包含对上帝的沉思之爱的情感比爱邻人的仁慈意愿更有价值，即使他们做这些只是谈到与自由行为相关的价值和无价值。如果人们不管这些，而只是谈论意志自由，正如我们看到的，这就与意愿这个词在古代哲学中的扩展使用有关，即意愿包含着狭义的情感与狭义的意愿概念。然而，在现代哲学家的用法中，意愿这个词的含义经常会与他们研究中所包含的其他非清晰性因素相关。甚至洛克也从未完全弄清楚下述差别：能够做或避免做一种行为有赖于某人是否意欲它与在相同条件下意欲或不意欲它的可能性之间的差别。因此确定的是，如果爱与恨的领域有自由的话，它就不会只包括意欲行为领域，而是也扩展到某些情感行为。另外，同样确定的是，我们也会像称呼意欲行为自由那样称呼每种情感行为的自由。这足以表明，对自由存在的承认并不会加剧情感与意欲之间的裂隙，而且这对传统的分类也不会有什么支持。

8. 我们现在已经完成了我们研究过程的第三部分。在考察情感与欲求关系的时候，我们从根本上跟随了前面在研究表象与判断的根本差异时所遵循的道路。然而在这里的每一步，我们的观察正好都是与上一章相反的。

让我们简单概括这些观察的结果。

首先，内经验向我们表明，在情感与意愿之间并没有任何严格的界限。我们发现所有不是表象与判断的心理现象在其指向其内容方面都是相似的，它们都可在一种明确的意义上称为爱恨现象。

其次，虽然否认了表象与判断在指涉方式方面存在差异，便不能在二者间列举出任何差别，可我们看到在爱恨领域相反的情形才是正确的。这里每种特殊的类型都能被其所基于的特殊现象所界定，这种界定也需借助于爱与恨及其强度差异之对比。

最后，我们看到，在情感与意愿中不需要去发现的情境变化，而情境变化在存在着差异的意识种类中是经常发生的。

因此，我们已经完全论证了第三类现象的统一性。有待我们表明的是——正如我们讨论表象与判断的关系时所表明的那样——是什么导致了我们对真正的情况产生误解是什么。

9. 这种错误的原因在我看来有三重：心理上的、语言上的以及历史上的，所谓历史上的原因就是其源于心理学先前在其他问题上所犯的错误。

让我们先来看其中最为突出的心理上的原因。

我们前面已经看到内意识现象如何与其对象以一种独特的方式融合在一起。内知觉被包含进它所知觉的行为中，而且伴随一种行为的内情感也以同样方式成为其对象的一部分。这就很容易混淆内知觉与其对象关联的特殊方式与意向地指涉对象的特殊方式，并且把属于内意识的爱恨现象当作独立的基本种类。

如果我们回忆康德有关情感与欲求之差异的说法，我相信我们会清楚地看到他的理论与刚提到区别的关联痕迹。他说欲求能力有一种"对象性的指涉"，而情感所指涉的"只是主体"。①

在汉密尔顿那里，在其大大加剧了情感与追求的分离性的意义上，这种事实更加醒目地凸显出来。其中非常难以相互一致的诸界定倒是一致地指向这样一个事实：他谈论情感种类的时候，他心中想的主要是属于内意识的情感现象。他把情感界定为只属于当下的存在则是辩护性的，而他所说的"主观地主观的"情感特征则至少是可理智化的。他在其讲座的第二卷中对情感源头的研究也正好与这种解释一致。②

可是如果这种内在现象与其对象的特殊关联在这种情况下导致两种基本类型区分的话，那么为何同样的事情不能在认识领域发生呢？为何我们不能把内知觉与其他每种认识区分开来而当作一种基本的不同指涉方式呢？这个问题容易回答。我们已经看到，爱恨现象的一种特定特征如何包含了不同的变化，它们彼此的不同远甚于判断中特定种类的不同。那么在这里就更不会看到，指涉种类比认识现象的联结更具有普遍一致的特征。在一种情形中引起错误的情境被证明在另一种情形下并没什么诱惑。

10. 除了我们所举出的这个原因之外，这种错误还有另外一种心理上的原因。正如我们所记得的那样，康德及其追随者坚持，意欲现象不可从情感现象中派生出来对于认为这两类现象之间具有根本的差异是有利的。意欲现象不能从任何其他心理现象中派生出来无疑是正确的。而且我这里并不是只想说意欲活动的特定变化只能通过特殊经验获知，因为这一说法对于爱恨的其他个别种类也都是成

① 参见本卷第五章第 4 节的注释。
② 汉密尔顿：《形而上学讲演集》，第二部分，第 436 页以下；亦可参见洛采：《小宇宙》，第一卷，第 240 页，以及其他地方。

立的。希求与占有的快乐相比具有某种特定色调，而高层精神愉悦的不同情调与低层的感性快乐相反，同时二者都具有不可派生性。其他一些东西要对下述事实负责，即特殊的意欲看来尤其是不可派生的，而由此也产生了把意欲解释为一种特殊原初能力的倾向。

每种意欲或追求在严格意义上都指向一个行动。这不仅是欲求某种东西发生，而且是向往某种东西作为这种向往自身的结果而发生。如果某人还不知道，或是至少怀疑某种爱及向往会直接或间接产生所爱的对象，那么这种意欲行为对它而言就是不可能的。

可是，一个人如何才能获得这种认识或这种怀疑呢？这不能从爱之现象的本性中获得，不论它们是快乐或不快现象、向往或畏惧现象还是其他什么现象。那么，剩下的唯一可能性就是，假定这种认识或是内在的，或是从经验中获得的，就像我们获得有关力的关系的其他认识那样。第一种选项显然假定了一个非常特别的事实，这一事实就是容许派生的最后之物。而第二种选项清楚地预设了一种特殊的经验范围（这在一开始肯定具有更大的可能性），以及预设了这些经验所指涉的一种特殊能力的实存与实施。因此，某种爱之现象的力量是意欲的一个前提，而这些现象是要去实现它们所指向的对象的。这也正是以某种方式给予我们意欲的能力，只要我们不像贝恩所做的那样把行为能力当作意欲自身的能力的话。既然由于这种表达与践行爱与向往的能力完全不同于爱与向往自身的能力，那么它们看来就既非源于自身也非源于认识的能力，实际上看来也是如此。因此，追求与意欲的能力自然就显现为一种尤其不能派生的能力，虽然其派生的不可能性不基于下述事实，即相关的现象自身在特性上与其他爱的现象根本不同。

相反，一种切近的考察会揭示，这展现了在意愿现象与其他爱及向往现象之间一种新的相似性标记。如果意欲预设某个经验了爱之现象影响的人带来了被爱的对象，那么显然也就预设了不能称为意欲的爱之现象，这也证明爱之现象以与意欲相似的方式而有效，虽然这或许是以一种更小的程度相似。因为如果这种影响专有性地与意欲关联，那么我们就会进入一种令人不快的循环。意欲会预设一种对意欲的经验，而这自然也会预设意欲。如果只是向往某种作为其发生结果的事件，那就是另一回事了；那么这就能被下述修正所重复，即我们有关力的关系的认识导致了通常所谓的意欲行为的发生。

这些建议只有到后面我们开始详细研究意欲来源时才能得到充

分说明。①

如果我们前面考察过的康德关于情感区分特征的陈述能够使我们认识到，他的分类和某种爱之现象属于内意识的事实之间的关联，那么还有不少其他说法非常清楚地指出我们刚才考察的各种关系。康德确实把欲求能力界定为："一个人的表象能力，也就是把这些表象对象转化为现实性的能力。"在同一段落中，他说表象指涉的"仅仅是主体"，表象是在"与快乐情感的关系中被考察的"，在此他说到了另外一种"客观的关系，它是欲求能力的一部分，因为它同时被视作这个对象现实性的原因"。不过如果爱的内在现象都被归于情感并且与其他所有现象相对的话，那么这两种分类的界限就出现了，而这个界限与我们做下述区分时得到的界限一点也不一致：我们把对一个对象的追求（这假定我们所讨论的力的关系是已被知晓的）与其他所有爱之现象区分开来。这就是为何我们在康德那里发现了奇怪的说法，即任何希望，即使我们认识到它是不可能的（如拥有翅膀的希望），它也是试图获得所希望之物的向往，它也包含着我们欲求之因果性的表象。②这是为了使一组考虑与另一组能够彼此融洽，从而强行划定界限的绝望尝试。另一些人宁愿进一步扩展情感这个类型，直至扩展到严格意义上的意欲的界限，而且，还有一些人或多或少描述了这两种类型的居间部分，因而我们就遇到了界限的不确定性问题。

11. 我们说分类错误的产生除了出于现象自身特性的心理上的因素，还有语言上的因素。

正如我们讲过的那样，亚里士多德正确地认识到我们第三类基本现象的统一性，并以"欲求"这个词来称呼它。这个表述选择的不是太好③，因为在日常语言中把喜悦称为欲求比较少见。不过这并没能阻止中世纪的人追随"哲人"的权威，亚氏的译者在这方面与其他方面都延续了亚氏的这种思路，并把所有行为的能力都归属于"欲求能力"（facultas appetendi）④这一类型。后来，当沃尔夫区分认识能力与欲求

---

① 布伦塔诺意思是说在第五卷中会这样做。不过可以参见《伦理学的奠基与建构》。——编者 O. 克劳斯注

② 康德：《判断力批判》，导论，三，注释。

③ 亚里士多德大概是想找到一个更能普遍地联结激情（θυμός）与推算（λογισμός）的词，这与柏拉图区分欲望（ἐπιθυμία）是一致的。这也印证了我们原来的一个说法，即亚里士多德最为基本的分类一般而言是从柏拉图那里获得的。这种关联在其他方面当然也成立。

④ 只是在孤立的事例中才有挣脱的迹象，例如，当托马斯·阿奎那使用"爱"（amare）这个表述作为《神学大全》中这个种类的最普遍名称时。参见 P. I，Q. 37，A. 1 以及其他频繁地出现的各处。

能力时，他承续了经院哲学的表述。那么，由于事实上在一种过于狭窄的意义上使用"欲求"一词，以至于它无法包含思维之外的所有心理现象，这就引发了下述观念，即有些现象没有包含在到目前为止的类型中，因而必须有一个新现象的种类与这些现象平行。我们前面所引述的汉密尔顿的一个段落①表明，这种情况对人们确实具有影响。

12. 我们还说过，心理现象这种类型划分方面的错误还有第三种原因：在先前研究中的错误具有一种有害的影响。

我们要牢记，最基本的错误是人们把表象与判断现象归属于同一种基本类型。人们发现了真、善、美这三种理念（它们经常被如此称呼）；这三者似乎是相互平行的。人们相信他们不得不把这三种理念与我们心灵生活的基本不同方面关联起来。真的理念归因于认识能力，善的理念归因于欲望能力；那么第三种情感能力正好发明出来成为美的理念的原因。早在门德尔松论及灵魂的三种能力时，他就谈及真、善、美。后来一个相似的三分者责备康德把快乐与不快的情感限制于"片面的美学趣味判断"，并且"没把欲求能力当作一种纯粹的心理能力，而是当作与善理念相关且服务于它的东西"。②

对有关真、善、美是否分配到认识、欲求与情感三种基本能力的更为详细的辩护性研究，确实会引起人们更多质疑。

我们前面引述过洛采的段落，这位把意愿与情感区分为两种基本能力的思想家把"每一时代基本的道德原则"当作"有鉴赏力的情感指示"。事实上，赫尔巴特把所有伦理学都归于美学，伦理学是美学的一个特殊分支，而美学是更为普遍的理论科学。③因此，按照赫尔巴特的观点，善的理念面临着被美的理念完全吞没的威胁，或者至少善作为一个更具统合性的观念的特殊形式而隶属于这一观念。

其他人则做出相反的尝试，他们把美的概念隶属于善的概念。这对于托马斯·阿奎那所言"善就是喜欢的东西，而美是所喜欢东西的显现"而言就是成立的。④在这里，美的显现开始被认为是某种善

---

① 汉密尔顿：《形而上学讲演集》，第二部分，420；亦可参见上面第一章，第4节。

② 迈耶尔：《康德心理学》，第120页。

③ 甚至亚当·斯密最后也是这样（如果康德正确的话），他说美就是引起无私快乐的东西。事实上，奥古斯丁早就讲过，"真诚意味着理智与美，这也就是我们如何使自己的精神恰切"（83Q．Q．quaest．30，开头附近）。

④ "通过理智行为产生的内在与非多样系列包含在第一因的观念中。因为当我们称建造者为房子的原因时，那么在这个原因中也就包含了建造者的艺术；因而如果建造者为房子的第一因，那么这第一因的观念中也应包含艺术"（阿奎那：《神学大全》，P．Ⅱ，Ⅰ，Q．27．A．1 ad 3）。

的东西，然后，产生美的显现的东西自然也是善的。事实上，这种意义上的美无疑可被称为一种善，这种说法对于"真"也成立；因而欲求性的特征看来可以成为这三类现象的共有部分。如果只是由于我们这里处理的是三个理念，那么我们确实不能以任何其他方式来考虑它。

因此，必须以某种不同的方式来解释美、真和善的三分。这样做的时候，就会出现它们与我们心灵生活三个方面的关联；然而，这种关联并不是与认识、情感与意愿的关联，而是与我们所划分的三种基本心理现象的关联。

三种基本心理现象的每一种都有其自身特殊的完善种类。正如我们看到的，这种完善是在伴随着每种行为的内情感中使其自身被知晓的。在每种基本类型的最完善行为之内可以说存在着一种高贵的愉悦。表象行为的最完善状态存在于对美的沉思中，不论这是被对象的影响所加强，还是独立于这种影响。在表象领域我们能够发现的最高级愉悦与此关联。判断行为的最完善状态存在于关于真的认识中；我们自然会发现，关于真的认识中最完善的状态更能向我们揭示出存在的充盈。例如，当我们掌握了一个规律（比如引力定律）的时候就可以一劳永逸地解释大量现象便是如此。因此，认识就是一种自在自为的愉悦与善，如果暂且不论其所有实践运用的话。大哲学家（亚里士多德）曾说"人生而欲求知识"，看来他比其他人更多地体会了知识的愉悦。亚氏又说："理性沉思是最甜美最好的。"[①]最后，爱之行为的最高完善状态存在于能够自由地上升到更高的善好中，其间也不会被一个人对自己的快乐与利益的考虑所阻碍；并且在一种自我牺牲的精神中，把自己让渡给一位（由于其完善性）最值得爱的存在者；这种完善还存在于对美德的实施或对善的爱中，这种善是根据其完善程度而出于其自身的。快乐内在于高贵的行为中，首先是内在于与这种完善相应的高贵之爱中，正如认识中的愉悦与美中的沉思相应于意识中其他两方面的完善那样。诸理念的理念存在于所有真、善与美的统一体中，即存在于这样一个存在者，其表象是无限之美的一种展现，这种美在它之中和它的无限中显示出来，并且超越了每种可设想的有限之美的原型；一个其认识是无限真理的展现的存在者，在其自身以及在其终极的和普遍的解释原则中展现所有有限的真理；一个其爱是爱无限的、无所不包的善的

---

① 亚里士多德：《形而上学》，Ⅰ，1；Ⅻ，7。

存在者，在其中，所有其他东西都以有限方式分有了其完善。我认为这就是所有理念的理念。最大的福就是这三重统一体中的三重愉悦，其中无限的美被看到，而这种看又通过其自身被认知为必然的与无限的真理，其作为无限的仁慈之爱又开始展现自身，并且作为对整体的爱、作为无限的善而必然地奉献自身。这就是基督教对福的应许，它是历史上出现的最为完美的宗教。最伟大的异教徒思想家，特别是受神圣激发的柏拉图，在希望这种福佑时与基督教是一致的。

我们看到，如果你同意我们否认情感是一个基本类型，并且如果你正好继续采纳我们的基本类型，那么真、善、美这种三分就正好能被心灵能力的系统所界定。事实上，这是"美"能被完全理解的唯一方式，甚至在康德那里，也不缺乏对这一事实确证的陈述，即只有当把美与表象行为以我们所做的那种方式联结起来，才能把美放到正确的位置上。在可以对上述说法提供支持的众多文本之中，我这里暂且提及一两处。在《判断力批判》中，康德说：

> 当对象的形式……在关于这个形式的单纯反思里（不考虑从对象获得的任何概念）被评价是对这个对象的表象中的一种快乐的根据时，那么这种快乐也被判断为与这个对象的表象必然结合着，不仅与把握这个形式的主体结合，而且一般地与做出这种判断的主体结合。这个对象于是就被称为美的；而这种快乐（因而也具有普遍有效性）的一种判断能力就被称为趣味。①

在《正义的形而上要素》（1797年）中，他再次重复，有一种快乐根本不与对对象的欲求关联，而只与一个人形成一个对象的单纯表象相关联，他说：

> 快乐并不必然与对一个对象的欲求关联，因而基本的快乐并非存在于表象对象的实存中，而仅仅与表象自身相关联的快乐则被称为纯粹沉思的快乐或非活动的快乐。这后一种快乐我们称之为趣味。②

---

① 康德：《判断力批判》，导论七，第31页，trans. James Creed Meredith（Oxford，1952）。
② 《正义的形而上要素》，第一部分"道德的形而上学"，trans. by John Ladd（New York，1965）。托马斯·阿奎那就像一般的逍遥学派那样，共享了康德把表象与判断结合为一种基本类型的错误，不过他在上面列举的段落中（见本章第12节注释）也支持美与表象的联结。在其他地方，他说："善一般与欲望相关……而美与认识能力相关，那些赏心悦目的东西，我们说它们是美的。"（阿奎那：《神学大全》，P. I，Q. 5，A. 4 ad 1）

我们的断定对于下述情况也是有效的，即没能认识到表象与判断基本差异的论断为接受另外一种实际不存在的基本差异铺平了道路。以这种方式，我们在进行心理现象划分中遇到的第一个错误在第二个错误的产生中起了重要的作用。不过看来这种情况还不是最棘手的。

另外，新的错误自然由于对分类的真正原则缺乏清晰的了解而加剧了。我们已经谈到过这点，因而现在就不再进一步深究。

不论还有什么会促使我们把情感与意愿当作心理现象的两种基本类型，我还是相信在我们前面的探究中已经收集了产生这种错误的主要因素。这些因素是重要而广泛的，因此许多杰出的思想家被这些错误所误导就不足为奇了。那么我希望——作为我们概览的一个结果——对我们所捍卫的情感与意愿合二为一这个主张的怀疑已经被消除。因此，我们的整个基本分类看来就是完全确实的。有鉴于此，下述观点就是成立的，即心理现象在其指涉内容方式的基本差异方面，或者说在其意识的方式上就不多不少正好展示出三种基本类型，因而全部心理现象也就落入这三种类型中；这三种类型分别是：表象类型、判断类型以及爱恨现象类型。

第九章　三种基本类型与内意识的
三重现象之比较及其自然位序的确定

1. 我们所确立的表象、判断与爱这三种基本现象使我们想起前面发现的三重现象。我们看到伴随每种心理现象的内意识都包含着一种表象、一种认识与一种情感，而它们又都指向那种心理现象。显然这些要素的每一种都对应着现在浮现出的心理现象基本类型中的一种。

这向我们表明，属于三种基本类型的现象是非常紧密地结合在一起的。因为没有可能再设想比内意识的三种要素更为紧密的结合了。

此外，我们知道这三种类型最具普遍性；并不存在不体现为这三种类型的心理行为。我们所有的意识生活中的内容总会属于其中某一种类型。

然而，正如我们前面指出的，并不能从这里得出，这三种类型之间可以相互派生。每种意识状态的统一体表明，三种行为能力的每一种都能够在其中呈现。不过可以毫无矛盾地设想，诸如下述心理生活的形式能够存在：这种形式缺少这些心理行为类型的一种甚或两种，并且也缺乏与它们相应的全部能力。出于同样的原因，在一种相对意义上被称为单纯表象行为的那些心理行为与不属于这种类型的心理行为之间在下述意义上仍存在一种差别，即一个行为的一阶对象有时只是被表象，有时也被肯定或否定，有时又以某种方式被爱或恨。可以说，在第一种情况下只是共鸣的现象链条在后两种情形下却直接震动了。

这个事实只是证明了这三种现象类型中每一种的普遍性意义，因而，当我们关注与诸类型的基本特征相关的问题时，这种证明确实是受欢迎的。通常所说的认识、情感与意愿的三分不能以同样方式诉诸这种三分。汉密尔顿也声称意愿的完全普遍性，大概是因为他确实认识到这种普遍性的重要性。汉密尔顿说："在我们的哲学体系中，这三类现象会在不同卷、章中分别论述；而在本质上这些现象却是相互交织的。在每种（甚至是最简单的）心理形态中，认识、情感与意愿都构成心理状态。"①不过，对于分析意欲概念的人而言，汉密尔顿无疑正在声称某种对于其第三个种类而言不可能的东西。正如我们前面所言，一种意欲只有通过某人自己的因果观念才开始成为可能。这表明意欲这类概念完全少有普遍性特征，这也特别证明了，这个概念还远不能被用到原初的行为上去。

因此，我们看到，我们的分类在这方面也优于通常的分类，虽然我不愿断言，这与我们前面讨论得出的一些结果具有同样的决定性意义。

2. 仍然存在着一个有待回答的问题，不过我们在前面的研究中已经为回答这个问题铺平了道路，事实上我们在某种程度上已经预料到了这个问题。这就是三个种类的自然位序问题。

这里正如其他地方一样，各种现象类型的相对独立性、简单性以及普遍性必定会决定其位序。

以上述原则为基础，显然表象堪称首位，因为它是三种现象中最为简单的，而判断与爱通常都包含着表象。

表象也是三种现象中最为独立的，因为它是其他现象类型的基础，也正因为如此，表象是最普遍的。我并不是说，这是因为我想否认判断与爱在每种心理状态中也都是以某种方式被表象的。相反，我已明确地强调了这点。不过在考虑到其普遍性的时候，我们同时注意到某种差异，就一阶对象以唯一方式必然普遍地呈现在意识中而言，它是表象所特有的一种意向的内在性。我们可以毫无矛盾地

---

① 汉密尔顿：《形而上学讲演集》，第一部分，第188页。后来（第二部分，第433页）他再次重复了同样的观念，只是不再这么有信心了。

设想，一个存在者只具有表象能力而不具有判断与爱的能力，而对于后两类现象我们则不能如此设想。再者，支配这种心理意象之表象的持续的规律与在我们现在的心理生活中展现其影响的一些规律是相同的。

出于相似的原因，判断被排在第二位。因为，在表象之后，判断是最简单的类型。判断只是基于表象，而非基于爱恨现象。一种结合表象与判断行为的存在者的观念即使不包含爱恨也不会有什么矛盾。而且我们能够给那些支配表象序列的规律加上一些特殊规律而支配判断，而同时又可以完全不顾及爱恨现象。可当我们考虑爱恨现象与判断的关系时，就会是一种不同的情况。显然下述情况并非必然，即某人相信，一个东西存在甚或能够存在是为了他爱它；不过每种爱的行为是爱某物的存在却是必然的。除非拥有一个现象与另一个现象具有相互作用关系的信念，否则一种爱永不会引起另一种爱、一个东西也永不会为了另一个东西而被爱。一种爱的行为在某些情况下是一种愉快，而在另一些情况下则是悲伤，抑或是希望、恐惧或其他任何形式，这有赖于对被爱对象的实存与非实存及可能与不可能所做出的判断。那么，事实上，下述情形看来也是不可设想的，即一个存在者被赋予爱与恨的能力而不具有相应的判断。而且，完全不顾判断现象而去建立支配爱恨现象的规律同样也是不可能的。考虑到独立性、简单性，以及出于同样理由考虑到普遍性，那么爱恨类型就应排在判断类型之后。当然，这种普遍性上的差异也可以用来讨论表象与判断之间的差异。

我们从刚才所讲的可以看到，那些认为意愿是最基本心理现象的人（这甚至在我们的时代还经常出现）是如何完全搞错了事实关系。显然，意欲的先决条件并不仅仅是表象。刚才进行的讨论表明，判断优先于一般意义上的爱恨，更优先于稍后的意欲现象。那些哲学家因而恰恰是把这些现象的自然位序搞颠倒了。

我们应当基于我们所发现的自然分类及其诸类型的自然位序而进行进一步的特殊研究。我们应当首先讨论支配表象的规律，然后讨论判断的规律，最后讨论爱与恨的规律。当然，在讨论前面的现象时完全忽略后面的现象是不可能的，因为我们已经声称也只能声称，这些现象在一种限定及相对的意义上是非独立的。意愿不仅在外在世界领域会施加主导影响，而且在内在的表象领域也是如此；同时，情感也影响了我们随后的表象过程。同样众所周知的是，人们经常相信有些东西是真的，这是因为这种东西或者是满足了其虚荣心，或者是迎合了其希望。甚至最为自然的分类在某种意义上也是人为的，对于这些成员的自然秩序而言也是如此。当孔德在其著名的科学体系中建立起所有理论科学的一组秩序时，赫尔巴特·斯宾塞却用所有科学的"一致同意"理论来反对他，这就迫使我们承认他们的学说一个优于另一个。也许这种诉求离题太远，不过孔德自己也承认，他的分级不是绝对的，甚至较早的科学在许多方面也会得到后发科学的支持与推进。

布伦塔诺价值哲学的浓缩形式

道德认识的来源

序言

　　现在大家眼前的这篇报告，是我 1889 年 1 月 23 日在维也纳法学协会所作的演讲。当时采用的标题是"论对法与道德的自然核准"（von der natürlichen sanktion für recht und sittlich）。现在我更换题目是为了更加清楚地表明演讲的实际内容，要不然我几乎不会做任何改动。我增加了大量注释并附上一篇以前发表过的文章，即《米克罗西赫（Miklosich）论无主词命题》。增加这篇看来在主题上非常不同的文章的原因，将会在后面的论述中表明。

　　这次演讲是应维也纳法学会主席巴伦·冯·海伊（Baron von Hye）先生之邀而作的。他要求我就几年前耶凌（Ihering）先生在本学会所作的演讲"论正义感之源起"（über die Entstehung des Rechtsgefühls）发表我的见解。然而，人们不应由此以为我这次演讲只是专为这一特殊的因缘而作的一项偶然工作。我力图在其中表达我多年来思考的结果，因而，它所包含的讨论形成了迄今为止我所发表东西的丰富结晶。

呈现于读者面前的是"描述心理学"（Descriptive Psychology）的一部分，我希望在不久的将来它能全部面世。这部著作将发展我在《从经验立场出发的心理学》中已经提出的一些观点，其基本点与以往对于该主题的谈论大有不同。我希望读者看到，我在辞去教职后，并非长时间无所事事。

专业哲学家们会立即发现，在目前这个演讲中有不少全新的东西。我快速地从一个话题转换到另一个话题，这可能会使非专业人士看不到其中不得不面对的一些棘手问题。我力图做到简洁，且会始终谨记莱布尼茨的忠告：少去辩驳，多作阐明。我所添加的注释可能会给已经踏上这条繁复迂回之路而又在这个迷宫中难以找到出口的读者以一些灵感。不过如果这些注释要为主题辩护的话，它们就需要成百地增加。或许读者将会发现我所说的东西是如此显而易见，甚至无需再多费口舌。诚如是，我求之不得。的确，这篇东西是我竭尽全力之作。

我尝试着在新的分析基础上，用一种完全不同于以往的方法来确定我们道德认识的原则。其他作者也曾认为情感在这种认识中发挥着根本作用。但与他们不同的是，我已经彻底打破了伦理学中的主观主义观点。我只会在赫尔巴特那里留有余地。然而，赫尔巴特在美感中迷失，而且，当他认为"矛盾"在理论哲学中是不可和解的敌人时，却容忍这些矛盾存在于实践哲学之中，并且断定我们最高的、最普遍有效的观念是可以彼此冲突的。虽然如此，他的观点在某些方面还是与我的观点非常接近。在为伦理学奠基的有益尝试中，赫尔巴特也与我很相近。

在注释中，我对演讲中的一些要点给出了更为确切的阐述，因为它们放在演讲中展开会显得太过冗长。这些注释也包括我对预料中及实际中反驳的回应。我希望人们会对历史上有贡献者的讨论感兴趣，特别是对笛卡尔的相关讨论。我追溯他的明证性理论直至其源头。我指出了笛卡尔两个非常重要的思想，其中一个长期被人误解，而另一个则几乎没被注意；它们尚未获得其应有的赞赏。我首先指的是笛卡尔对心理现象的基本分类；其次是笛卡尔关于爱与愉快、恨与悲伤之间关系的观点。

在本书中，我陷入与不少当代研究者的激烈交锋，他们都拥有很高的声誉；对于这些研究者，我会像别人一样尊重。文中尖锐的言词是针对先前攻击我的观点的那些人的，他们迫使我不得不为自己辩护。我希望当我试图尽我所能地为了我们所共同服务的真理而发声的时候，不会使他们感到自己的权利被冒犯了。我通常都会开诚布公，我也诚挚地相信我的对手们也会如此。

1. 维也纳法学协会对我发出的这一讲座邀约，令我难以拒绝，因为它给了我充分表达一种信念的机会，而这种信念正不幸地处在消失的边缘。最近时常听说关于改革法学研究的建议（甚至据说是来自大学的圈子），这种建议来源于这样一种信念，即完全有可能整个地斩断法学的根基，但却不伤及其机体本身。在今天的演讲中，我将指出这样一个事实：法学是深深地植根于实践哲学和我们国家的历史之中的。

就历史方面而言，我必须坦言，这些建议完全是不可理喻的。而就哲学方面而言，我只能找到如下理由：那些在我们法学界占有一席之地的人们所获得的是有关哲学的完全错误的印象，这也是哲学在过去几十年来含混不清、支离破碎的后果。这并非出于个人恩怨。但如果医学界的人士建议在必修课程中把动物学、物理学和化学全部砍掉，情况又会怎么样呢？

在《生活本身的路线》(*Vita a se ipso lineata*)一书中，莱布尼茨告诉我们："我发现我从前对历史和哲学的研究使得学习法学变得容易多了。"在《法律举证的困难》(*Specimen difficultatis in jure*)中，莱布尼茨哀叹同时代律师们的偏见，大声疾呼："要是那些献身于法律研究的人们能够克服他们对哲学的轻视，并且明白，如果没有哲学，那么他们所面临的多数问题将构成一个没有出路的迷宫，这就好了！"如果今天莱布尼茨能复生，面对这种倒行逆施的改革运动，他又会说什么呢？

2. 贵协会尊敬的主席精力充沛，对其职业所需的真正科学性感受深刻，这使我清楚什么是他想要我讲的。他说，关于自然法之存在的问题，是协会成员们特别感兴趣的。而他本人也很热切地想听取我对于早些年耶凌先生在这儿所发表见解的看法。[1]

我欣然应允，并确定了主题：论对法与道德的自然核准。并希

---

[1] 参见鲁道夫·冯·耶凌："论正义感之源起"，1884年3月12日在维也纳法律协会的演讲，见《法学协会报》，年刊第七卷，第11期及以下几期，维也纳，1884年3月16日—4月13日。另参见耶凌：《法律的目的》，第二卷(Leipzig, 1877—1883)。

望由此表明，我是在什么意义上才相信有一种自然法。

3. "自然的(natural)"一词可以在两个完全不同的意义上使用：

A. 它可以意指自然赋予的或天生的，以区别于或是通过经验获得的或是在历史过程中获得的。

B. 它也可以意指那样一些法则，它们是自在自为地以及凭借其自身的本性而被我们获知为正当的和具有约束力的。这种在"自然"意义上的法则，区别于那些依靠权力而偶然颁布的任意性法律。

耶凌在上述两个意义方面拒绝接受自然法。① 就第一种意义而言，我完全同意他的观点，但在第二种意义上则与他完全不同。

4. 耶凌认为——正如洛克所认为的那样——并不存在天赋的道德原则，在这一点上，我完全同意他的看法。

与耶凌相同，我既不相信《自然法》(Jus naturae)所主张的出于自然本身展现多样的灵魂(quod natura ipsa omnia animalia docuit)；也不相信《万民法》(Jus gentium)所说：法律——像罗马法理学家们所教导的那样——是由所有民族的普遍同意而形成的理性自然法。

人们无需深入动物学和生理学，就可以知道动物世界并没有为我们提供建立伦理标准的任何准则。然而，这样讲的时候，无论如何我们无需像罗克坦斯基（Rokitansky）那样极端，他提出，原生质（protoplasma）——由于其本身的侵略性特征——就是不正义和罪恶的原点。

那种认为存在着一种适合于所有民族的共同法典的学说，或许在古代世界可信，但如今却不再可信了。如今我们知道了一些人类学的东西以及更多原始人群的习俗，我们认识到法律只是不少先进民族所共有的文化之产物，而绝非自然的产物。

所以，在这一点上，我完全赞同耶凌。我原则上同意他的下述断言：历史上曾有过既没有伦理认识也没有伦理情感的时代，或者起码那一时期不存在人们普遍认可的伦理标准。

事实上，这种情况甚至一直延续到较大的诸部落形成国家之后。为了论证这种观点，耶凌指出，古希腊神话中的神祇缺乏道德思想与道德情感，并论证道，人们可以从这些神的生活推知创造这些神

---

① 第一种意义，参见《法学协会报》，年刊第七卷，第122页以下，以及耶凌：《法律的目的》，第二卷，第109页以下。对于第二种意义，参见《法学协会报》，年刊第七卷，第171页，以及《法律的目的》，第二卷，第118—123页。在后一著作中，耶凌否认了存在任何绝对有效的伦理规则（第118页、122页以下），并且他质疑任何把伦理学作为"逻辑学的孪生姐妹"的"心理学式"处理。

话的人们的生活。① 顺便提一下，我们或许能够注意到，亚里士多德在《政治学》一书中，运用的正是这种思维方法。② 在坚持最早的法律和惩罚系统是在没有受到任何类似道德情感或正义感之类的影响而建立的这一点上，耶凌当然是对的。因此，在它们是天生的（即被自然给出的）意义上，并不存在自然道德律和法律准则。在这一点上我完全赞同耶凌的观点。

5. 不过现在我们必须正视第二个问题，它比第一个问题重要得多：是否存在诸如道德真理这样的东西？这种真理由自然自身教导，且独立于教会、政治以及其他任何类型的社会权威。是否存在这样一种道德律，它在具有普遍而无可置疑的有效性——无论何时何地对任何能思能感的存在者都是有效的——的意义上是自然的？且我们能够知道有这样一种道德律吗？这正是我要与耶凌商榷的地方。他也许会对这个问题给出否定的回答，而我的回答却是断然肯定的。我希望眼下有关法和道德的自然核准的探究会表明我俩谁是对的。

仅靠回顾我们对前一个问题的讨论，还不足以回答眼下这一个问题——尽管耶凌本人会得出相反的结论。③ 存在着诸如天生的偏见这样的事情：这些偏见在前种意义上是自然的，但并不具有自然的核准；不论它们是真的还是假的，其自身都不具有效性。另外，我们自然而然地认识到存在着许多命题，这些命题对于所有理智存在者都具有无可置疑的确定性与普遍有效性，不过这些命题绝不是天生的。毕达哥拉斯定理，如果这个定理是天生就能获得的，那么那个狂喜的发现者就不会杀生来祭神了。

6. 人们可以通过我谈到自然核准（natural sanction）时对核准（sanction）一词的使用来弄清它的含义。不过我们最好还是更细致地考察一下这个术语，以避开其他不完备的理解。

核准（Sanktion）意为"巩固"（Festigung）。一种法律可以在两个意义上被巩固。

A. 当它被最高立法权威所批准，便是在成为一部法律的意义上被巩固。

B. 当它与一个奖罚系统相结合时，它便是在一种更加有效的意义上得到了巩固。

---

① 耶凌：《法学协会报》，年刊第七卷，第147页；另参见《法律的目的》，第二卷，第124页以下。

② 亚里士多德：《政治学》，第一卷，第2章，1252b 24。

③ 参见耶凌：《法学协会报》，年刊第七卷，第146页。

当古代作家提到核准的时候，是在后一种意义上使用这个词的。正如西塞罗（Cicero）所讲的法律格言："除了执行惩处，其他一概不论。"（Neque quicquam praeter sanctionem attulerunt novi. ）①与此相似，乌尔比（Ulpian）说："或因累积，众罪并罚，必以极刑治之。"（Interdum in sanctionibus adjicitur，ut，qui ibi aliquid commisit，capite puniatr. ）②然而，在现代，核准一词似乎更多的是在上述第一种意义上使用。当某一法律被最高权威颁布生效时，我们才称它为被核准了。

显然，核准的第二种含义已经预设了其第一种含义。因为如果一种法律不是在第一种意义上被核准，那么它就根本不能成为法律。如果存在着一种法与道德的自然核准，其情形也会如此。*

7. 现在我们不难看出哲学家们是如何容易忽略道德的自然核准所需要的本质性要素了。

8. 有人认为，如果我们能够表明个体在如此行为时的强迫性感受是如何发生的，那么我们就已经发现了这类行为的自然约束。例如，它可能是，当我们开始帮助别人时我们所希望的是得到别人相似帮助的回报。如此我们便形成了提供这种帮助的习惯，并进而发现，甚至当我们不计报酬时，我们仍被驱动着去这样做。③ 有人说如此我们就拥有了"爱你的邻居"这种义务的自然约束。

然而这种观点是完全错误的。强迫感可以是驱动我们去行动的力量，但它却不是一种提供有效性的核准。毕竟，趋于罪恶的倾向也会以类似的方式发展，并且它也可以成为施展出无穷力量的强迫。再者，一个守财奴会发展出一种激情，这种激情使得他仅仅为了积累其财富而不顾一切，并且做出极端残忍的事情。然而，他的这种激情却难以构成其行为的核准。

9. 有些人认为，出于希望或恐惧的动机构成了某类行为的自然约束（核准）。因此，我们我们之所以会对一般的善感兴趣，仅仅是

---

① 西塞罗：《国家篇》，2，31。

② 乌尔比安：《文摘》，I，8，9。

* ［编者按：由于布伦塔诺演讲的对象是法学家和律师，他用了听众熟悉的法学词语"核准"来展现他的论点。他意在比较的仅仅是这一点：国家的法律是有效的，不是出于惩罚的效力，而是因为它们是被最高法律权威所批准的。类似，伦理学规则是有效的和有约束力的，不是因为任何盲目的情感冲动（第八节），或者由于来自希望和恐惧的动机（第九节），或者由于任何与更高权力或权威的意志相关的考虑，而仅仅是由于某种类似于内在正当性的东西。］——本篇的编者指德文版的编者 Oskar Kraus

③ 此观点的一个最著名的追随者是约翰·斯图亚特·穆勒，参见其《效益主义》第三章。

因为我们知道位高权重的人中意某类行为而不中意另一些行为。①如果这类事情都叫自然核准，那么最低劣的奉承与怯懦也可算作自然核准了。然而，美德最真实地证明其自身，无论是威胁还是期许，都不能改变它已踏上的正确道路。

10. 有些人谈到人们作为被他人抚养与教化的社会存在者的成长道路。一个人会一再地听到这样的命令："你应当！"这种命令存在于他不断被要求如此这般行动的事情本性中。他因而会趋于将这类行动与"这是我应当做的事情"这种想法联系起来。于是，他可能会逐渐认识到命令有下述来源，即这种来源要么是在他所生活的社会之中，要么是在某些被拔高到超出任何具体人格的虚幻存在者那里。据说将"应当"与这种存在者相关联就会构成对良知的核准。②

如此看来，法和道德的自然核准将是这样一种确信，即认为道德命令在某种更强有力的意志中有其来源。这种信念出现得足够自然，然而它却没有包含任何足以被称为核准的东西。一个发现自己正在任由一个暴君或一伙强盗摆布的人，知道他是在屈从于一个比自己更为强大的意志的命令。然而，不论他遵从与否，这种命令都不像良知那样能够给予行为以核准。假定他遵从了命令，那也只不过是出于恐惧，而不是因为相信这个命令是正当的。

一种仅仅是想到别人命令的行动不具有一种自然核准。对于任何一种外在意志提出的命令，人们总是会问：他有没有资格？这个问题不能通过寻求更高一级的权力——它又发出一道命令责令遵守前一道命令——得以回答。我们遵守第一道命令，只因这是由第二道命令所要求的；而我们之所以应当遵守第二道命令，仅因这是由第三道命令所要求的，如此这般以至无穷（ad infinitum）。

正如我们不能在强迫性情感或对回报的期待与恐惧中得到法及道德的自然核准一样，我们也不能在对外在意志命令的考虑中找到这种核准。

11. 不过，还存在着另一种本质上具有不同意义的命令。因为我们可以讲逻辑学规则，即包含在判断和推理中的规则。在这里不存

---

① 除了其他人，在此也可以援引约翰·斯图亚特·穆勒。他将希望和恐惧的动机看作外在的核准，并将早前描述的冲动的感情看作内在的核准。参见《效益主义》的第三章。

② 参见詹姆斯·穆勒：《论麦金托什的片段》，见约翰·斯图亚特·穆勒编辑，詹姆斯·穆勒：《人类心灵现象分析》（第二十三章，309—321页），也参见克里特见解独到的论文《论伦理情感的起源和本质》，由贝恩（A. Bain）作为《英国王家学会院士乔治·格兰特后期的伦理主题片段 遗作选集》的第一篇文章出版，伦敦，1876。

在任何"意志"的问题。这些规则与逻辑自身的"意志"无关，因为逻辑显然没有意志，它也与任何我们曾经崇信的那些逻辑学家们的意志无关。逻辑学规则是自然有效的判断规则。我们必须遵守这些规则，因为这种遵守确保了我们判断的确定性；如果我们不遵守这些规则，我们的判断就会出错。换句话说，遵守规则的思维过程自然优越于不遵守规则的思维过程。伦理学也是如此。我们在伦理学中所具有的规则并非一种出于外在意志的命令，而是出于道德规则得以奠基的自然优越性。这就是康德及他之前的多数伟大思想家所坚持的。不过遗憾的是，仍有不少哲学家——甚至我本人归属其中的经验学派哲学家——尚不能正确地理解或赞同这一事实。

12. 这种赋予道德以自然核准的特定优越性是什么呢？有些人把它看作所谓的外在存在，因为他们将其当作一种美的显现的优越性。古希腊人说高贵与美德行为是美的(τὸ καλόν)，他们形容一个荣耀完善的人为美好(καλοκάγαθός)的。然而这并不意味着这些古代的思想家们要给德与非德建立一个美学的标准。但遗憾的是，某些现代的思想家却不这么认为。英国的休谟就提出一种道德的美感，这使我们能够断定什么是道德的，什么是不道德的。① 最近在德国，赫尔巴特提出伦理学是美学的一个分支。②

我当然不否认美德的显现要比道德沦丧更令人愉悦。但是道德的唯一及本质的优越性并不在于这个事实。一种道德的意志内在地优越于一种不道德的意志，正如明证性判断与正确推理内在地优越于偏见与错误推理。不可否认，在偏见与错误推理中存在着粗陋和褊狭。这尤其会给善于沉思之人带来不快。但这并不意味着逻辑学规则就是美学规则，或是逻辑学本身就是美学的一个分支。③ 这种与我们相关的本质优越性并不存在于任何美学现象中；而是存在于某种内在正当性中，当然，它在现象上也会具有某种优越性。与此相似，正是某种内在正当性使得一个意愿行为优越于另一个，并因

① 大卫·休谟：《道德原则研究》，伦敦，1751。
② J. F. 赫尔巴特：《全集·哲学导论教科书》，第一卷，第 81 节以下，第 127 页以下，哈滕施泰因编辑，莱比锡，1850—1852。
③ 对于我误解了赫尔巴特的观点的指责，最好的回应是参考我已经做出的伦理和逻辑之间的比较。我已经说过了，逻辑标准包含那些遵守规则的思维过程的内在明证性；它不包含当我们思考这些过程并且将它们与不遵守规则的过程相比较时所做的那些品味判断。如果逻辑标准是由这些判断构成的，那么它能够被描述为外在的。正是在这个意义上，我们可以说赫尔巴特在伦理学中所提出的标准是外在的——即使赫尔巴特主义者也会坚持说，我们在思考特定意愿行动时自动形成的品味判断揭示了那些行动的内在优越性。

而区分出道德与不道德。

有关这种内在优越性的信念就是一种伦理动机。有关这种优越性的认识就是正当的伦理动机与核准，这种核准给予道德法则以恒久性及有效性。

13. 然而，我们如何才能获得这种认识呢？

在这里我们遇到了一个困难，它曾使众多哲学家的探求徒劳无获。康德甚至认为，在他之前没有谁找到了解开这个症结的真正方法。他认为他本人在"绝对律令"中找到了这种方法。然而，事实上"绝对律令"就像亚历山大抽出的剑，它只是斩断了"戈安迪之结"。* 这是一种显而易见的幻象，而非正确解决这一问题所需要的东西。

14. 要了解道德认识的真正来源，我们必须考虑描述心理学领域中的最新研究成果。由于时间有限，我只能非常简要地提出自己的观点。这也使我担心我的陈述不会那样完美。正因如此，为了我们不至于漏掉对恰切理解我们的难题所需的根本性的东西，我恳请诸位要特别留意。

15. 正是"意欲"被称为道德的或不道德的。在许多情况下，我们所意欲的不过是达到更进一步目的的手段。在这种情况下，我们也意欲目的，且在某种意义上我们意欲目的甚于意欲手段。随后这个目的自身又会成为更进一步目的的手段。在任何长远的筹划中，存在着一种完整的目的序列，每一目的都从属于那个它自身是其手段的目的。然而，必定有某种目的超出所有其他目的且出于其自身之故而被意欲。如果没有这种终极目的，就会失去追求其余筹划的动力。这就像我们在瞄准却缺乏瞄准的目标时一样荒谬。

16. 为了达到一个目的，我们可能会采取多种手段。这些手段时而是正当的，时而是不正当的。只有真正适于达到目的的手段才是正当的。

目的甚至终极目的也是多样的。在 18 世纪曾有这样一个通行的误解（在今天已不太流行了），那就是，相信每个人都追求相同的目的——对他自己而言最大可能的快乐。① 不过，让我们想一下那些殉道者，他们通常都没有祈望在日后的生活中得到补偿，仅仅是为了他们的信念而

---

* 古代弗利基亚国王戈安迪打下的难解之结，按照神谕只能由将统治亚洲的人解开，后来此结被马其顿国王亚历山大大帝一剑劈开。——中译者注

① 参见约翰·斯图亚特·穆勒：《逻辑学演绎与归纳体系》，第四卷，第四章，第六节（直到最后），以及第六卷，第二章，第四节，以及其他地方如《效益主义》《论宗教》，以及《孔德与实证主义》第二部分。

甘受最残酷的折磨。熟悉这类事迹的人没谁会认为，这些人真的是试图最大化其快乐。（至少那些具有苦乐感受强度的人不会这样看）。

因此，下述结论是确凿无疑的：存在着各种各样的终极目的。我们必须在其中做出选择。而且，既然我们所采纳的终极目的是其他一切事情的决定性原则，那么对终极目的的选择，就成为所有选择中最为重要的。我应当追求什么？哪个目的是正当的，哪个目的是不正当的？正如亚里士多德所言，这是伦理学的基本问题。①

17. 什么目的是正当的？什么目的是我们应当选择的？

一旦终极目的被确定，而且我们的选择只是在可能的诸手段中进行时，那么对上述问题的恰切回答就是：选择那些确实能够达到目的的手段。但当选择是在诸目的自身中进行的时候，我们就会说：选择理性所认为能够真正达到的那个目的。但是这样回答还远远不够，因为许多力所能及的东西正是要避免的而非应追求的；在力所能及的目的中选择最好的，这才是唯一充分的回答。②

然而这个答案却是模糊不清的。我们所谓的"最好"是什么意思呢？什么能被称之为"善好"呢？我们如何才能知道一个东西是"善好的"，而且能知道它比另一个东西"更好"呢？

18. 要回答这些问题，我们必须探究"善好"概念的来源。这个概念，就像我们所有其他概念一样，在某种直观表象中有其源头。③

---

① 如果与《尼各马可伦理学》的第一章相比较，就会显示出耶凌的"基本观点"——"每一个法律准则都在某种目的上有其源头"（《法律的目的》，第一卷，第 vi 页）——和伦理学本身一样古老。

② 当成功的前景令人疑虑，我们就必须在两种道路上做出选择：一个提供了更多的善好，但更难成功；另一个提供了更少的善好，但是更可能成功。在这种情况下，我们必须将其各自的可能性纳入考量。如果 A 比 B 好三倍，但是和 A 比起来，B 有十倍的可能性实现，那么一个具有实践智慧的人将更偏向追求 B。因为如果在这些情况下总是追求这一路向，并且如果有足够多的实例的话，那么鉴于总量法则，总体上更多的善好将会被实现。并且因而这种程序将符合我表达过的原则：在力所能及的目的中选择最好的。这一观察的要点将在下文中变得更为清晰。

③ 这一真理被亚里士多德所熟知（例如，参见《论灵魂》，第三卷，第八章）。这也被中世纪思想家所确认，虽然他们对其的表达有点不恰当，如下述格言所说："理智中没有什么东西不是首先在感觉中的（nihil est in intellects, quod non prius fuerit in sensu）。"意欲和推断的概念不是由感觉感知得来的。如果我们要将它们称为感觉概念，我们就必须将"感觉"一词看作如此普遍，以至于我们不能将可感觉的和不可感觉的区分开来。但是这些概念在某种具体的具有心理内容的直观之中有其源头。这就是我们如何得到目的或目标的概念。原因概念有类似的源头（例如，我们注意到，在我们对于一组前提的信念和我们对结论的信念之间的因果关系）。可能性与必然性的概念亦然。［我们从被称为绝的的（apodictic）判断中获得了这些概念——那些肯定或否定判断不仅是断然的（assertorical），而且是绝然的］。而且许多其他概念也类似，一些无法发现它们真正源头的现代哲学家试图将它们解释为一种先天范畴。

我们的某些直观表象具有物理内容。这些物理内容以具有空间定位的感性的质的方式呈现给我们。它们构成了我们关于颜色、声音、空间，诸如此类概念的来源。然而，善好概念的来源并不在这里。"善好"概念与"真"概念是完全联系在一起的。显而易见，这两个概念在某种具有心理内容的直观表象中有其源头。*

19. 所有心理之物的共同特征都包含在被称作"意识"——这不幸的是个模棱两可的术语——的东西中，即包含在一种主体行为中；这也被称作关于某物的"意向"（intentional）关系，虽然这种"某物"不一定实际存在，但它也可作为一种内在的对象被给出。① 没有听到的东西就不会有听，没有相信的东西就不会有相信，没有希望的东西就不会有希望，没有追求的东西就没有追求，没有令人快乐的东西就没有快乐等；其他心理现象无不如此。**

20. 在我们的直观中以物理表象内容的形式给出的感觉性质表现出多种差别，在直观中以心理内容的形式给出的意向关系亦然。在这些感觉性质中，依据其基本的差别——赫尔姆霍兹（Helmholtz）称其为"样态的差别"——我们可以确定不同类感觉的数目。而对那些具有心理内容的直观表象，也可以用不同方式做出区分。依据意向关系中的基本差别，我们可以确定基本的心理现象的种类。②

于是我们可以将心理现象区分为三个基本类别。笛卡尔最先做出了这种划分；在《沉思录》中，我们可以看到他对此彻底而确切的论述。然而，他讲的东西并没引起人们足够的注意，而且很快就被遗忘了。最近，笛卡尔的分类方法被独立地重新发现，现在我们可以将此看作已经被确立的东西。

第一个基本类别是就其最宽泛意义而言的表象（笛卡尔的 ideae）。它包括通过感官给予我们的具体的直观表象，也包含非直观的概念。

第二个基本类别是判断（笛卡尔的 judicia）。在笛卡尔之前，判断和表象被合起来作为一个基本类别；同样的错误也发生在晚近时

---

* 编者按：布伦塔诺后来不再使用"内容（Inhalt）"，而是使用"对象（Objekte）"。

① 对于这一观点的提示可以在亚里士多德那里发现；特别见《形而上学》，第五卷，第十五章，1021a29。"意向的"这种表达，和其他更重要概念的术语一样，来自经院哲学。

** 编者按：但是不应该认为布伦塔诺是在说心理态度及其对象都必须存在的相关实体；因为心理态度的对象并不需要存在。参见布伦塔诺：《从经验立场出发的心理学》，第二卷，附录Ⅰ。

② 更充分的讨论，见我的《从经验立场出发的心理学》，第二卷，第六章；也可比较第二卷，第一章，第五节。除了某些细节，我认为我在那里所做出的心理现象的分类是基本正确的。

期。人们认为判断从根本上看就是表象之间的结合或关联。然而，这是对判断本性的严重误解。一方面，我们可以随意结合各种表象，当我们说一棵绿树、一座金山、一位一百个孩子的父亲、一位科学的朋友的时候，如果此时我们所做的仅仅是结合或关联，那么我们就没有做出判断。说表象为每种判断及欲求奠基也是正确的。另一方面，我们不需要把表象作为主词与谓词结合或关联就可以做出一个判断。"神是公正的"（Gott ist grecht）时，与"有（存在）一个神"（es gibt einen Gott）就是两种不同的判断。

因此，当我们具有的不仅是表象而且还是一个判断时，这靠什么得以区分呢？这里除了表象之外，还有对表象对象的第二种意向关系，即肯定或拒绝。当我们说"神"时，我们是给出了神的表象；当我们说："有（存在）一个神"时，这表达的是一种信念。

我无须纠缠于此，不过我能向你们保证这在如今已是毋庸置疑的结论。米克罗西赫（Miklosich）已从语言学方面确证了这种心理学分析的结果。

第三个基本类别是最广义的情感行为。这不仅包括当人们只是想到一个对象时所表现的乐意或不乐意这种简单的形式，也包括基于我们信念上的快乐或悲伤，还包括涉及目的与手段选择的高度复杂的现象。亚里士多德已将这些囊括在其欲求（ὄρεξις）这一术语中。笛卡尔认为这个类别包括意欲或感触（Voluntates sive affectus）。正如第二个基本类别的意向关系是一种肯定或拒绝，第三个基本类别的意向关系是爱或恨，或者说（就像人们很好地表述的那样）喜欢或不喜欢。爱、喜欢、恨、不喜欢存在于乐意与不乐意这种最简单的形式之中，存在于胜利的喜悦与绝望的悲伤之中，存在于希望与害怕之中，也存在于每种意愿活动中。这也存在于当法国人问"他高兴吗？"德国人在发布讣告时说"神会喜欢的！"当一个人签下"同意"时，这便是其意愿决定的语言表达。①

———————————————

① 在笛卡尔很有价值的小书《灵魂的激情》（见 E. S. Haldane 和 G. R. T. Ross 翻译的《笛卡尔哲学著作集》第一卷）中，他几乎说出，爱总是一件"令人高兴"的事，而恨总是一件"令人不悦"的事。因此他在文章第二部分写道："当它们（爱或恨）引导我们去爱的东西是真正的善好，并且它引导我们去恨的东西是真正的恶坏时，爱是彻底地优于恨的：它永远不会好过头，并且它永远不会不产生快乐。"而且这符合他稍后所说的："恰恰相反，恨永远不会小到不带来任何伤害，并且它永远不会不伴随着悲伤。"

通常，人们不会使用"快乐"和"悲伤"，或"高兴"和"不高兴"的表达，除非这种感情已达到某种强烈程度。我会使用这一前科学的区分，尽管它无法提供给我们严格的界限，只要我们不在这种"高兴"和"不高兴"之间进行这种严格划界即可。

21. 对比三类心理现象可以发现，后两类表现出一种相似性，而第一类却缺少这种相似性。这种相似性就是都存在着一种对立的意向关系。在判断中有肯定与拒绝的对立；在情感行为中有爱或恨、喜欢或不喜欢。表现自身则没有表现出这种对立。当然，我也可以表现一些相对立的事物，如黑与白，但是这里并不存在表现它们的方式上的对立。对一个黑色之物的判断就存在着两种对立的方式，关于它的情感也存在着两种对立的方式，而对它的表现则不存在两种对立的方式。

22. 由上述事实可得到一个重要的结论。第一个类别的行为无所谓正确与不正确。但是在第二个类别的行为中，正如逻辑学从古至今所教导我们的那样，肯定与拒绝这两种对立的关系样式中有一个是正确的，另一个是不正确的。这之于第三个类别自然也是成立的。对于爱与恨、喜欢与不喜欢这两种对立的关系样式而言，都只有一方是正当的，而另一方是不正当的。*

23. 现在，我们找到了我们一直在寻找的东西，我们到达了善好与恶坏以及真与假概念的源头。当与之相关的肯定是正确的时，我们就称这个东西是真的。当与之相关的爱是正当的时，我们就称这个东西是善好的。能被正当的爱来爱，即值得爱的东西，就是最广义而言的"善好"这个概念。

24. 在那些令人喜欢的东西中，可以区分因其自身之故而令人喜欢与因他物之故而令人喜欢。在后一种情况下，一种东西是因其带来的或维持的或可能产生的东西而令人喜欢。因此我们就必须区分首要的善好和次要的善好，即什么是因其自身的善好，什么是因他物的善好。有用之物显然是后一种善好的例子。

自身善好是狭义的"善好"。只有自身善好才能与真相提并论。所有的真——即使是间接地认识的——都是自身真。当我后面说到善好的时候，我指的就是自身善好（除非我明确指出是其他含义）。

关于善好的概念就说这么多。

25. 现在遇到一个更为重要的问题：我们怎么知道某物是善好的？我们是否应当说被爱的或能被爱的就是值得爱的和善好的呢？显然这是不对的，可令人费解的是，有人就陷入这种错误之中。一

---

* 编者按：布伦塔诺后来修改了这个观点。根据他后来的观点，情感与判断的不同之处在于，情感领域的"不是正当的"并不意味着"不正当"，"不是不正当"并不意味着"正当"。参见他去世后出版的《关于正确判断的学说》，第 175 页以下，Bern：Francke Verlag，1956。

个人会爱另一个人所恨的东西。因此，根据我们已经在本次演讲中所提到的一个著名的心理学法则，经常会发生下述情况：最初只是作为达到他物的手段而欲求的东西，后来却逐渐因其自身之故被欲求。故而守财奴会毫无理性地敛聚钱财，甚至会为了获得钱财而牺牲自己。因此，一个东西是被爱的这个事实并不必然意味着这个东西是值得爱的，正如一个东西被肯定并不必然意味着它就是真的。

人们会说，前一个命题比后一个命题更加显而易见。一个人几乎不可能在肯定一个东西的同时又认为它是错误的。然而下述情况却经常发生，即当一个人爱某个东西时，后来连他自己也承认这个东西是不值得他爱的，所谓"金质其外，败絮其中"。

那么我们又如何知道某个东西是善好的呢？

26. 这个问题虽然看起来麻烦，但解决起来却简单。

作为回答这个问题的准备，让我们将目光从善好转向真。

并非我们肯定的东西就因而是真的。我们的判断时常是十分盲目的。我们自小获得的许多偏见可能会以不容置疑的原则的面貌出现。所有人天生都具有一种冲动，即相信某些盲目的判断，例如，盲目地相信那些基于外感知和新近回忆的判断。我们据此所肯定的东西或许通常都是真的；但它们同样也会是假的，因为这些肯定判断并没有包含给予其正确特性的东西。

然而，与这些盲目判断相反的，是可被称为"清楚明白的"或曰"明证的"（evidente）判断。矛盾律就是一个例子；每种所谓的内知觉（inneren Wahrnehmung）也是其例证，内知觉告诉我，我正在拥有声音感觉（听）与色彩感觉（看），以及正在有所思与有所欲。

那么，这些较低级与较高级的判断形式的本质性差别何在呢？在于相信程度还是在于其他呢？这种差别不在于相信的程度。出于习惯的本能而盲目的假定通常丝毫不会被怀疑削弱，即使当我们已看到其中一些存在逻辑错误时，我们仍不能摆脱它们。但是这些判断却是在模糊不清的冲动下形成的，它们不具有作为较高级判断形式之特征的清晰性。如果一个人被问到"你为什么真的相信它呢？"时，他就不再会找到合理的根据。诚然，假如同样的追问是针对直接明证判断的，这里也不会给出任何根据；但是，在这种情况下，判断的清晰性能够使我们看出这个提问是毫无意义的；事实上，这个提问是完全荒谬的。任何人都经验了这两种判断的差别；且对其他所有概念的最终阐明都需诉诸这种经验。

27. 就其实质而言，上述观点是被普遍认可的；即使有少数人提出反对，他们的思路也不是没有巨大的不融贯性。而人们甚少关注的是，在情感领域中，即在喜欢与不喜欢的领域内，较高级与较低级的行为类型之间所具有的相似差别。

喜欢与不喜欢在只是一种本能的或习惯性的冲动方面，通常类似于盲目判断。守财奴从敛聚钱财中获得的快乐属于此类，人和动物由某些感官性质的呈现所引起的快乐与不快的强烈情感也属于此类。* 此外，不同的物种，甚至不同的个人也常常会受到相反的触发，这在口味方面尤其显而易见。

许多哲学家——其中甚至有非常重要的思想家——只是考虑了"喜欢"这种样式，而这种样式仅仅是情感活动的较低级类型。他们整个忽略了还存在着更高级类型的快乐与不快这一事实。例如，休谟的每一个字都暴露出他对高层情感一无所知这一事实。从语言中缺乏其通名这一事实可以判别出对这种高层情感的忽略是多么普遍。① 然而，存在着高层情感这一事实是不容否认的；我们现在就略举几例加以说明。

正如前面所讲，我们天生就喜好一些味道而厌恶另一些味道，这都是纯粹的本能。我们也会自然地在清晰明察中感到愉悦而在错误及无知中感到不快。亚里士多德在其《形而上学》优美的导论中说："人皆生而欲求知识。"② 这种欲求便是服务于我们目的的一个例证。它是高级形式的快乐，类似判断领域中的明证性。它对于人类的所

---

* 编者按：布伦塔诺关于情感与其感觉伴随（Redundanzen）之间关系的看法的详细陈述，可以在他的《感觉心理学研究》，第119—125页（莱比锡，Duncker&Humblot，1907）中找到。还可以参照布伦塔诺的《论感性意识和智性意识》（Leipzig：Felix Meiner，1928），第16—17、第80—81、第138—139页；后一部作品有时被称为"《心理学》第三卷"。

① 在说我们的日常语言不包含任何适用于那些具有正当特征的情感行为的表达时，我的意思并不是要否认存在着可以很好地达到目的的某些表达，这些表达确实看起来就像专门为此做出的。因此，存在着"好的喜欢"（"gut gefallen"）这一表述以及"坏的喜欢"（"schlecht gefallen"）这一表述，与更为简洁的"喜欢"（"gefallen"）和"不喜欢"（"mis-fallen"）这两种表述相区别。我们可能希望限制前一对表达式的使用，并为其创造技术性术语，但我们几乎不会在普通语言中找到这种限制的痕迹。一个人不会说，"善好被他喜欢坏了（das Gute gefällt ihm schlecht）"，或者"恶坏被他喜欢好了（das Schlechte gefällt ihm gut）"。但我们确实会说，某物可能会对某个人而言"尝起来很好"，而对另一个人来说"尝起来不好"。在最低等的本能快乐的事例上，我们会毫不犹豫地说出"感觉好"。"知觉"（"Wahrnehmung"）这个术语也以相同的方式退化了。虽然它仅限于在认识的严格意义上使用，但它也逐渐与所谓的"外感知"相联系，也适用于盲目且本质上错误的信念。我们只有能够对日常术语进行根本改革，并且严格限制其适用范围，它们才能够成为有用的专业术语。

② 亚里士多德：《形而上学》，第一卷，第一章，930a 22。

有成员来说都是共同的。现在让我们假设有这么一个与我们完全不同的"物种",他们不仅有关感官性质的喜好与我们大相径庭,而且下述情况也与我们相反:他们因其本性而喜欢错误、厌恶明察。对于与感官性质相关的情感而言,我们会说这是口味的事情,而"于口味,不争论"(de gustibus non est disputandum)。然而,如果该"物种"憎恨那不容置疑的自身善好,而喜爱不容置疑的自身恶坏,我们就会断然回答说,这种爱和恨在根本上是荒谬的。我们为什么会对这两种同样强烈的强迫性情感做出如此不同的回答呢?答案很简单。在前一种情形中,强迫性情感仅仅是一种本能的驱动;而在后一种情形中,这是一种本然的高层的喜欢,它是具有正当特征的爱。因此当我们具有这种情感时,我们会注意到,其对象不仅是被爱的与可爱的,这一对象的缺乏及相反者是被恨的与可恨的,而且其对象是值得爱的,其对立面是值得恨的,因而一个是善好的,另一个是恶坏的。

让我们再来看另一种情形。正如偏爱(vorzug)明察而非错误一样,一般而言,人们偏爱快乐(除非是针对坏东西的快乐)而非悲伤。倘若有人偏爱相反的东西,我们就可以正当地说这种行为是刚愎自用的。因为,在这儿我们的爱与恨是具有正当特征的。

第三种情形是对于正当及具有正当特征的情感活动自身而言的。正如在判断的正当性与明证性的情形中一样,情感行为的正当性与高级特性本身就被认为是善好的;而对于恶坏的爱本身就是恶坏的。①

为了不遗漏未被提及的表象领域中相应的体验,我们应当说:

---

① 为了避免误解,对于文中概述的部分,我做出下列增述。如果一种情感行为自身是纯粹的善好,它必须是这样的:(1)它是正当的;(2)它是一个令人愉悦的行为,而不是一个令人不悦的行为。如果缺乏其中任何一个条件,那么这种行为就其本身而言在某些方面是内在恶坏的。对他人的不幸感到高兴(Schadenfreude)是恶坏的,因为这种行为不符合第一个条件;我们在不正义的条件下得到痛苦是恶坏的,因为它不能满足第二个条件。如果两种条件都缺乏,那么这种情感行为就会更糟。这种情况符合在随后讲座中将讨论的总量原则。这个原则告诉我们,如果一种情感(feeling)是善好的,那么如果这种情感增加,这种行为的好也会随之增加。同样,如果一个行为纯粹是恶坏的,或者它在某些方面恶坏,那么该行为的恶坏也会随着情感强度的增加而增加。如果这种行为是混合的,那么善好与恶坏的增加或减少的比例直接与相应的情感正相关。一方或另一方的增加随着行为强度的增加而变大,而随着行为强度的减小而变小。因此,在某些情况下,善好在行为中的主导可以被描述为巨大的善好,即使这种行为不是纯粹的善好。相反,主要是恶坏的东西可以被描述为就其本身而言十分恶坏的某物,即使其中也混合了(善)好。

每种表象都是自身善好的东西。我们之中的善好会随着表象的每次扩展而增加，不论这些表象所带来的结果是有益的还是有害的。①

我们关于什么是真正的与无可置疑的善好的认识，就是从所讨论的具有正当特征的爱的经验类型中产生的，在所有这些情形中，我们都能得到这种认识。②

然而，我们应该指出，并不能保证每一善好物在我们身上都会引发这种具有正当特征的爱。当具有正当特征的爱不在我们身上发生的时候，我们的标准就失效了，这时与我们的认识与实践目的相关的善好也就缺席了。③

28. 然而，我们如此认识为善好的东西不是一而是多。于是便出现了下述问题：在这些善好之中，尤其是在那些可以获得的善好之中，哪个是更好的？进一步讲，哪个是应当作为我们追求目的的实践至善？

29. 于是我们首先询问：在什么时候一个东西比另一个东西更好，并且被我们认识到是更好的？"更好的"到底意味着什么？

---

① 可能会发生以下情况，特定的事情可能会同时使我们感到快乐或者不快。因此，某种本身使我们不快的某事可能作为实现其他东西的手段而使我们快乐，反之亦然。并且也可能发生以下情况，尽管我们本能上厌恶某种特定的事情，但是我们同时也以一种更高类型的爱而爱它。因此，我们可能会对某种感觉本能地感到厌恶，但是这种感觉同时也是对我们表象世界的一种丰富——每种表象行为就其本身而言都是这种善好。亚里士多德评论道："有时欲求间会彼此发生冲突。这种情况发生在逻各斯和低级欲望相对抗的时候。"(《论灵魂》，第三卷，第十章，433b 5—12)并且："有时候低级的欲望会战胜更高级的欲求，有时候高级的欲求战胜低级的欲望。正如一个天球(根据古代天文学)吸引着另一个天球，所以当个体失去了坚定的自制时，一个欲望便会裹挟着另一个欲望。"(《论灵魂》，第三卷，第二章，434a 12—14)

② 正如亚里士多德所指出的那样，爱与恨可以针对整个类别，也可以针对单个个体。他说，我们只对个别地抢劫了我们的小偷，或个别地欺骗了我们的谄媚者感到愤怒，但我们讨厌普遍意义上的盗贼和谄媚者(《修辞学》，第二卷，第4章，1382a)。那么，基于一些一般概念的爱恨行为也常常是具有正当特征的。于是，伴随着给定的爱恨行为的经验，可以说相应整个种类的善好和恶坏同时变得显而易见，也就是说，这不用从特殊案例中归纳出来。我们可以通过这样的方式获得普遍的认识，例如，如此这般的明察是一种善好。既然我们在这里理解了一个普遍真理，而无需其他经验命题的建立所需的对于特殊案例的归纳，所以一些哲学家曾企图将普遍性判断视为一种直接认识的先天综合形式。这种企图很容易理解。但它忽视了这样一个事实，即某种具有正当特征的情感要先于对这种普遍真理的理解。赫尔巴特有一个出色的学说，大意是，人们是突然被提升到对普遍伦理原则的认识的；我怀疑，他注意到了这一独特过程的一些东西但没有完全澄清它。[编者按：参见布伦塔诺：《从经验立场出发的心理学》，第二卷，附录七。]

③ 很容易看出这个事实对于神正论而言有多么重要。不过，有人可能会担心，这就算不会推翻整个伦理学，也有可能破坏它。但是这样的担心是没有根据的。

虽然答案就在手边，但是仍有一个可能产生的错误，必须首先予以排除。既然善好意味着因其自身之故而值得爱的，那么"更好"看来就意味着值得以更大的爱来爱的东西。然而，果真如此吗？所谓"更大的爱"意指什么呢？它是一个空间性的量吗？人们不会这样看。没有谁会认为喜欢与不喜欢是用尺寸来度量的。有人可能会说，喜欢的强度是当他说"更大的爱"时所意指的东西。如此说来，更好的东西就意味着应以更强烈的喜欢来喜欢的东西。然而，如果深入考察这种界定，就会发现它包含着巨大的荒谬。根据这种看法，每种快乐的情形只有达到一定的快乐之量才是合适的。可是对好的东西感到巨大的快乐，就像我们说的全心全意来享用它，这并不会成为坏的事情。笛卡尔已经指出，当爱的行为指向真正好的东西时，它永远也不会显得强烈到过度。显然，他是正确的。否则，考虑到这种顾忌，我们就会不得不训练我们精神力量的界限！当我们每次想对某种好东西感到高兴的时候，我们就不得不急切地对照其他好东西，为的是确保我们的快乐没有超过恰当的比例。那么，如果一个人信仰神，因而理解无限的善好及作为所有理想的理想，即使他全心全力来爱神，他对神的爱也只能达到一种有限的强度，那么他就会被迫以无限弱的强度来爱任何其他的善好，因而这是不可能的，这必然会导致一点儿也不爱它。

这些显然都是荒谬的。

30. 然而，"更好的"东西就是以更多的爱来正当地爱的东西，是正当地给予更多喜欢的东西，这种说法无疑是正确的；虽然这种"更多"完全是另一种意思。这种"更多"并非指两种行为之间的强度关系，而是指属于喜欢与不喜欢这个一般种类中的一个特殊的现象种类，但是这个"更多"却与比较的强度无关，它指的是人的情感领域中一种特殊的现象类型，即"偏爱（优先）"这种现象。这里所意指的相关或比较行为在其本性上是可被每个人在经验中知晓的。在表象领域中没有类似之物。判断领域确实包含着相关与比较行为，不过它们并不存在于简单的无主词判断中，而是存在于谓述判断中，同时这种相似性也是非常不完全的。这里最为相近的是对下述一个辩证地提出的问题之回答："这是真的还是假的？"这里便会给出一个高于另一个的偏爱。不过在这里通常是真的东西优先于假的东西，而非更多真的东西优先于更少真的东西。所有真的东西都是同等程度的真，而所有善好的东西则并非同等程度的善好。当我们说一个好东西比另一个"更好"的时候，这就意味着它比另一个东西是更可偏

布伦塔诺价值哲学的浓缩形式

爱的，换言之，它就是因其自身之故而以一种正当的偏爱被偏爱的东西。语言的广义用法也允许我们说，一个好东西比另一个坏东西"好"或是比一个纯然冷漠之物"好"，我们甚至说某种坏东西比另一种更坏的东西"好"。这里我们说一个东西"更好"并不意味着它是个好的东西。

这就是我们对"更好"这个概念的简要说明。

31. 现在的问题是："我们如何知道某物真的是更好的呢？"

倘若存在着有关善好与恶坏的单纯知识，那么就可以类似地得出，我们从某种具有正当特征的偏爱行为中获得有关"更好"的明察。偏爱就像简单的喜欢行为一样，有时是低层次或强迫性的，而有时则是较高级的类型；在后一情形中，偏爱就像明证判断那样，是具有正当性的。有人或许会正确地说，当偏爱看来正当的时候，某种有关偏爱的分析判断是其中所包含的认识的来源。倘若果真如此，偏爱行为本身就不是我们关于"偏爱能力"之认识的经验来源。相反，我们会诉诸我们已经获知的偏爱能力的本性，以便能够看出某种偏爱行为是正当的。①

明显地属于这种情形的是：

A. 我们偏爱善好的与被认知为善好的东西，而非恶坏的与被认知为恶坏的东西。

B. 我们偏爱被认知为善好的东西的存在而非其不存在，或是偏爱被认知为恶坏的东西的不存在而非其存在。

第二种情况中包括一系列不同情形。一种情形是，我们偏爱一种纯粹善好的东西而非这种东西与恶坏的东西的混合；另一种情形

---

① 以下观点对于我而言是明证的，即使这些观点只是奠基在对偏爱概念的分析之上：(1)如果一件事情是好的事情，那么就将其看作天平中的肯定性因素；(2)如果一件事情是不好的事情，那么就应该将其看作天平中的否定性因素；因此，(3)当结果为一种更大优势的函数时，正如我们在讲座中讨论的那些情况，我们部分是通过直接明察什么是好什么是坏，部分是通过赋予好坏以相反的计算符求和，以此决定哪件事情是我们偏爱的事情。因此，在这种情况中，我们可以找出哪件事情是更好的，而无需任何具有正当特征的偏爱行为；我们只需经历正当的爱与恨的相关行为，正当的喜欢和不喜欢的行为。这就是为什么我之前说，我们无需从下述事实中获得偏爱性认识，即我们偏爱的行为是具有正当特征的行为。我们可以利用我们对偏爱之本性的了解，由此看到特定的偏爱行为是正当的。但是，指出这些，我并不是否认偏爱行为——就像简单的爱与恨的行为那样——可以被我们经验为是正当的。[编者按：布伦塔诺后来改变了这个注释中提出的观点。他看到，为了发现一个事物比另一个事物更为令人偏爱，不仅经验某种爱恨行为是必要的，而且诉诸有关偏爱本性的分析判断也是必要的；一个人也必须经验某种偏爱行为。参见马尔蒂在其《著作集》（第一卷，第一节，第97—103页，哈勒，1916)中对布伦塔诺生平与著述梗概的叙述。]

是，我们偏爱混合有善好之物的恶坏的东西而非单纯出于其自身的恶坏的东西；还有一些情形，我们偏爱一个善好东西的整体而非其部分，偏爱恶坏东西的部分而非其整体。亚里士多德提请人们注意下述事实，善好的东西的总和通常优于组成它的特定部分。这种总和的情形也体现在具有某种持续性的状态中。同样的快乐持续一个小时，要比它转瞬即逝更好。当伊壁鸠鲁以灵魂有朽来安慰我们的时候，他否认这一点，不过这会导致更为明显的荒谬。如果他说的是对的，那么一小时的拷打就不会比一小会儿的拷打更糟。而且，如果把这两方面结合起来，我们就会得出：充满快乐却只有一会儿痛苦的人生，绝不比充满痛苦却只有一会儿快乐的人生更为可取。然而，没有哪个有理性的人会接受这一点，就连伊壁鸠鲁本人也坦率地承认了这一矛盾。

第三种情形与第二种情形很接近。

C. 如果一个善好的东西虽然不构成另一个善好的任何部分，可它无论在哪个方面都相似于后者的某部分，那么我们就会偏爱后者。如果将一个善好的东西加到另一个善好的东西上，我们就获得了一个优于其各部分的总量，那么我们给第一个善好加上一个在各方面都与第二个善好相似的善好，情况也会一样。对于恶坏的东西，情形与此相同。倘若某一次我们看见一幅优美图画的全貌，而另一次我们以一种相同的方式仅看到其一部分，那么我们必定会说第一次的看就其自身而言是更好的。或是一个人有一次只是表现某个善好东西，而另一次则不仅像前一次那样表现它，而且还爱它，那么在后一种情况下，心理行为的总量就是更好的。

在程度上有差异的情况也属于此类，它们尤其值得提及。如果一个善好（比如，一种快乐）在每个方面都与另一个相同，只是前者更为强烈，那么偏爱更为强烈的这个就是正当的，更强烈的就是更好的。反之，更为强烈的恶坏（比如，更强烈的痛苦）就是更坏的。也就是说，强烈程度对应于到零点的距离，强度高的到零点的距离是它与强度低的之间的距离加上后者与零点间的距离。因此，我们这里真的关涉一种总量，虽然这种观点仍存有争议。

32. 人们可能会认为我以上列出的这三种情形是如此显而易见和微不足道，以至于惊讶我为何会在它们上面停留这么久。它们当然是显而易见的，并且必定如此，因为我们在此正在处理一种对我们的主题进行奠基的东西。更为糟糕的是，我不得不说它们是琐碎的，因为它们只是相关于我能提的那几种情形。对于正当偏爱的多数情形而言，简直没什么标准。

让我们来看一个例子。前面已经讲过，所有明察都是自身善好的东西，同样，所有高层的爱也是自身善好的东西。这两种情形都是毫无疑问的。然而，谁会说这种明察行为自身与那种爱的行为自身哪个更好呢？当然，有些人对此早有定论。有人甚至断言，每种因其自身之故的高层的爱都是这样一种善好，它自身就比所有科学明察的总和更好。就我的判断而言，这种观点不仅可疑，而且完全荒谬。因为一种高层的爱的行为如果有价值的话，也不过是一种特定的有限善好。而每种明察行为也是一种有限的善好，如果持续不断地累积，那么它的总量在某个时刻总会超过任何一个有限的善好。* 另外，柏拉图和亚里士多德倾向于认为，认识行为自身高于伦理上的美德行为。然而，这种观点也很难得到辩护。在此我提到它也只是因为，在这个问题上相反观点的存在证实了在这里我们没有标准可循。正如在心理学领域发生的情形一样，严格意义上的"测量"是不可能的。① 就我们的认识与实践所关涉的东西而言，既然内在优越性（vorzüglichkeit）并未被发现，这里所认为的更善好就像在单纯善好的情形中一样是缺席的。

33. 有些人——与带有明证认识的经验相反——认为只有快乐是一种自身善好，快乐就是善好。倘若这个观点是正确的，它岂不就具有一些人所相信的优势？特别是正如边沁（Bentham）提出的：我们岂不可以立即决定诸善好的相对价值？② 我们具有的岂不是同质的善好，且允许被一起度量？如此，一种更强的快乐与一种更弱的快乐相比就是一种更大的善好，一种具有双倍强度的善好就等于两个只有其一半强度的善之和。如此一来，所有问题都变得简单明了了。

只需稍加反思就会打碎这种虚幻的想望。真能得出一个快乐是

---

* 编者按：我们是否会偏爱明察而不是一种盲目本能的快乐，这是一个不同的问题。布伦塔诺在写给我的一封信中指出（1913 年 11 月 1 日），如果我们拥有快乐和认识的一般概念，那么具有正当特征的偏爱将会给出，放弃快乐将会比放弃认识更好。亚里士多德和穆勒也以类似的方式指出，没有人会以人类的生活交换比人类低等的动物的生活，即使后者能确保一生的动物性快乐。

① 参见布伦塔诺：《从经验立场出发的心理学》，第二卷，第 4 章。

② 参见边沁：《论道德与立法的原则》，第 3 章，第 1 节（到结尾处）；第 6 章，第 2 节（到结尾处）；以及第 8 章和第 9 章；及其《立法理论》，由 R. Hildreth 翻译（转译自 E. Dumont 翻译的法文版），伦敦，Trübner&Co.，1864。

另一个快乐的两倍大吗？连精通计量的高斯也否认了这一点。① 一种更强的快乐并不能像一英尺可以分为十二英寸那样实际上均等地划分为十二份更小强度的快乐。这种情形甚至也体现在简单的事例中。试想如果一个人说，抽一支上等雪茄所具有的快乐如果在强度上增加 127 或者 1077 倍，就恰好等于听一曲贝多芬的交响乐或者凝视一尊拉斐尔的圣母像时所体验到的快乐的量，这该有多荒唐呀！② 我想我说的已经足够了，也无需再在快乐与痛苦强度的比较中所包含的更多困难方面多费口舌了。

34. 因此，能从经验中得出的有关自身更好之物的认识仅限于非常有限的范围。

我很能理解，首次对这个问题进行反思的人，如何会趋于担心其中所遗留的裂隙必定会在实践的重大窘境中暴露出来。不过，只要我们对所具有的认识进行严格而按部就班地使用，那么我们就会幸运地发现，最为明显的局限在实践中结果也会是无害的。

35. 从我们列举的具有正当特征的偏爱情形中，可得出下述重要命题：最高的实践之善的领域包括我们理性机能所及的所有东西，以至于善好在这一领域可被实现。这里不仅是自己，而且还有家庭、城镇、国家以及全世界的生命，甚至遥远的未来都会被纳入考虑范围。所有这些都从善好的总量原则中得出。尽可能促进遍布这个大全体的善好，这显然就是生活的正当目的，朝向这一目的，每种行为都会被整合；这就是所有其他东西都依傍的一个最高律令。自我

---

① 参见魏希纳(S. Rudolph Wagner)在《为灵魂而战，出自科学的立场》(给奥登堡的公爵御医 Beneke 博士先生的书信，第 9411 页，哥廷根，1857)中的观点："高斯说道，(心理学某些著作的)作者指出有关心理现象的案例中缺乏精准的测量。高斯本人表示，即使是不精准的测量，它也将有相当大的帮助；因为在我们至少可以开始的地方我们并没有开始。他认为，就心理现象而言，数学处理的必要条件是缺席的；我们不知道是否或在多大程度上一个强度量(an intensive quantity)可以被转化为一个广延量(an extensive one)。拥有这种知识是首要条件，并且仍然存在着其他的条件。在这种情况下，高斯表示将量(quantity)看作可以被增加以及减少的存在(ens)这一通常定义是不正确的；我们反倒应该这样说，它是一种可以被分为相等的部分的存在(ens)……"

② 即使费西纳的心理—物理定律被稳固地建立起来了——实际上它引起了越来越多的怀疑和反对——它也只能被用来测量某些感性表象内容的强度；它不能被用来测量喜悦和悲伤等情感的强度。有些人试图参照那些不情愿的活动和伴随着情感的其他外部可见的变化来测量情感的程度。这就像试图通过研究天气来确定本月的确切日期。我们可以从我们的直接内意识中获得更多，不管其测算是多么不完善。这样至少我们会从源头本身取水；但是在其他情况下，我们要处理由于各种外界影响已经不再纯净的水。

奉献乃至于某些场合下的自我牺牲便成为义务。一种相等的善好不论在哪里，因而不论是在这个人中还是在那个人中，都要按照其价值给予其相同的爱，嫉妒、猜忌以及恶意也都被排除。①

36. 所有狭隘的善好都从属于这种最广范围的善好。因此，在效益主义考虑的基础上，我们就可以使原来模糊不清的领域变得清晰一些；因为现在我们对于应当应用于任何特定选择的标准更有把握。*例如，对于明察行为与高层爱的行为，即使它们不能按照其各自的内在价值彼此衡量，显然无论如何这两者也不会为了彼此而被完全忽视。如果一个人具有完备的认识却缺乏高层的爱；而另一个人具有这种完备的爱却缺乏认识，这两者都不能成为更大的总体善好。因此，从这一点看，和谐地发展与实施我们所有的高贵能力无论如何都是我们必定要追求的东西。②

37. 现在我们已经看清，这么多朝向实践至善的义务是如何出现的，下面让我们转向对法定义务之来源的探讨。使劳动分工得以可能的那种联合，是我们已经开始领会的最高善好得以提升的必不可少的条件。因此，人生活于社会之中具有道德上的必然性。由此得出，每个人的活动都应当在某种程度上受到限定；否则他将给周围

---

① 然而，"爱邻如己"这一律令并不意味着我们要向所有其他人表达我们对自己的同样关切。遵循这一律令——而不是促进普遍的善好——将有损于普遍的善好。我们促进自身的善好的可能性与我们促进他人的善好的可能性之间存在着巨大差异。同样，相对于其他人，我们可以帮助或伤害某些人。如果火星上有人，我们应该祝福他们，但我们并没有像为我们自己和地球上的人类的善好而工作那样，为他们的善好而工作。

正是在这一联系中，我们应该理解每一种道德体系中都能找到的准则："认识你自己(γνωθι σαυτόν)"；"自扫门前雪(Kehre vor der eigenen Türe!)"。首先关注妻子、孩子以及祖国的福利这一义务被广泛认可。格言"先解燃眉之急!"在它真正提供了明智的忠告这一意义上，遵循了相同的准则。但这并不意味着，对我来说，未来的幸福比现在的幸福价值更小。这些考虑也表明共产主义学说难以得到辩护，有些人试图从普遍的兄弟友爱这一高尚的原则中过于仓促地得出该学说。

* 编者按：自康德时代以来，"效益主义"一词在德国有着不怎么好的意味。根据布伦塔诺的观点，我们应该尽可能地使自己有效益的这一价值领域，当然并不局限于快乐或我们自己。

② 但是，我们可能会更加不安，因为我们通常不可能计算我们行为的长远后果。但是这种不确定性并不会使我们灰心，只要我们真心热爱总体上的最好的话。在那些同样未知的可能后果中，任何一种后果都会像其他后果一样有同样多的概率出现。根据总量原则，这些后果将在长期内达成平衡。因此，如果我们选择了我们所确信的善好，那么一种增量将保留在(善)好这一边，于是我们的选择将得到辩护，就像这种善好是独立的那样。

我们在讲座中提到了另一类不确定性(在第 27 节结尾处)——出于某种善好之物没能被我们经验为善好之可能性而产生的不确定性。类似的考虑表明，这种类型的不确定性也不会困扰我们。

的人们带来害处而非好处。这些限定只能以实定法确切地做出（尽管在这方面不少东西仅凭自然常识的考虑就可确定），同时它们也需要公共权威进一步保障和支持。

正如我们的自然明察以这种方式需要及核准一般的实定法一样，在特定情况下，它会产生出依靠神恩的尺度来充实的需要，在这种情况下法律状态正是伴随着神恩而来的。

因此，赋有王冠之称的真理会核准或拒绝核准实定法的成果。正是在这种核准中，它们才获得了其真正的约束力。[①] 正如赫拉克利特在一个箴言中所说："所有人类法律都从一种神圣律法中得到滋养。"[②]

38. 在那些设置我们权利的法律之外，每个社会都有其他实存的习规，这些习规关乎个体在其自己的权利范围内行为的方式，关乎个体该如何运用其自由和财产。公共舆论赞许适度的勤奋、慷慨和节俭以及各得其所，贬斥懒惰、贪婪和挥霍以及许多其他类似的东西。这些习规不会出现在任何法典上，然而，正如我们提出的，它们镌刻在人们的心中。而且它们具有自己的奖惩特点，即对好的和不好的行为分别给予好与不好的名声。因此可以说，我们具有通行的道德实存法典作为通行的法律实定法典的补充。这部道德法典就像法律法典一样，会包含着有关正当与错误的规范。正如我们所看到的，它们要想真正具有约束力，就需要依据能被理性认识到的规则，即把朝向实践至善的爱作为一种义务。

于是，我们找到了我们一直在寻找的东西——法与道德的自然核准。

39. 我不准备停下来讨论这种核准使自身得到感受的方式。人们都喜欢说"我做得对"而非"我做得不对"。没有谁能够认识到什么是

[①] 理性可能暂时核准一条本质上是坏的并且违背自然的法律，无论从道德的角度来看这项法律应该遭受多大的谴责，无论有多迫切需要修改它。这一点早已得到公认，并经常被指出；参见边沁的《立法理论》。认为自己值得在城市公共会堂享用盛宴的苏格拉底为了寻求这一信念而赴死。尽管实定法有其缺陷，但它确保了比无政府状态更好的状态。由于每一次违反法律都有可能削弱整个法律的力量，所以为了维护法律秩序的存在，理性的人必须偶尔采取一种本不值得我们赞同的行动方式。这是一个二阶伦理规则之相对性的逻辑结果——这个问题将在稍后得到讨论。

　　占据主流的道德法典中的错误也必须以这种相似的方式来看待（这一点会在讲座中触及）。

　　而下述箴言也有局限，也是需要留意的："我们更遵从神而非人！"

[②] 以弗所的赫拉克利特（公元前 500 年）是我们拥有其大量作品残篇的最早的一位古希腊哲学家。

"更好"的人，当他要做一个决定时，能对这种事实完全漠视。对某些人——虽然不是对所有人——而言，这是一种至关重要的考虑。尽管各人之间自然天赋不同，不过不少东西可以通过教育及一个人自己的伦理行为来得到完善。真理道说，归属真理的人倾听其声音。

40. 只要关注一下自然自身刻在律法表上的从属规则的多样性，我们就会看到正是出于效益主义的考虑给出了标准。正如我们在不同情形下诉诸不同手段一样，在不同情形下，我们也应该遵循不同的准则。可能其中有些准则看上去会与另一些准则有所冲突，但它们事实上并不冲突，因为它们正是为了应用于不同类型的实情。在这个意义上，说伦理学有一种相对性是正确的。

耶凌强调了这种相对性，但是并非如其所称，他是最早提出这种观点的人之一。[1] 这种学说在古代已为人所知，柏拉图在其《理想国》中就曾提到过。[2] 亚里士多德在《尼各马可伦理学》一书中也强调过，在其《政治学》中就谈得更多。[3] 伦理学的相对性已为学院哲学家所认可，在现代，即使像边沁这样有着强烈的伦理学与政治学确信的学者，也不否认这一点。[4] 那些法国大革命的狂热者们可能误解了这种相对性，可他们头脑清醒的同胞却没有误解。例如，拉普拉斯（Laplace）就在他的《关于或然性的哲学论文》（*Essai philosophique sur les probabilities*）一书中指出过这一点并做出过警告。[5]

这位揭示了罗马法精神的杰出研究者（译者按：指耶凌），对我们颇有教益。对此，我们应该感谢他的《法律的目的》（*Der Zweck im Recht*）。但是他被一种错误的伦理学相对主义的学说所迷惑，遮蔽了伦理之相对性的真正学说。按照其相对主义学说，伦理学没有一个命题具有无懈可击的有效性——就连人们应在其力所能及的范围内促进"最好"这个命题也是如此。耶凌明确断言，在原始时期以及此后相当长的时期内，某种行为过程或许曾是不道德的，正如其如今是道德的。这么说来，如果我们回溯到食人时代，耶凌会使我们同情那些吃人的蛮族，而不同情那些走在其时代前列，宣扬泛爱邻

---

① 耶凌：《法律的目的》，第二卷，第119页以及其他地方。

② 柏拉图：《理想国》，第一卷，331c。

③ 亚里士多德：《尼各马可伦理学》，第五卷，第十章，1137b13；《政治学》，第三卷以及第四卷。

④ 参见边沁《立法理论》的基本论述，以及"论时间和地点对立法问题的影响"，见《杰里米·边沁作品集》，鲍瑞宁（Bowring）编，第一卷，伦敦，1873，第169—197页。

⑤ 皮埃尔·西蒙·拉普拉斯，《关于概率的哲学短论》，第二部分，第10章（"概率微积分在道德科学中的应用"）。

人的人们。① 这些错误观点已经被决定性地拒斥：不仅被对伦理学认识之原则所进行的哲学反思所拒斥，而且也被基督教传教士的成功所拒斥。

41. 现在我们已经到达了道路的终点，这条道路通向我们已设定的目标。这条路引导我们穿过新奇而陌生的领地。但是我们最终得到的结果却像是老相识。当我们说爱你的邻人以及为了国家、为了人类而自我牺牲是一个人的义务的时候，我们仅仅是在重复一些习以为常的道理。进一步的研究会表明，欺骗、背叛、谋杀、猥亵以及其他无数诸如此类被认为是道德上极为恶劣的事情——以前面我们所建立的道德认识原则为基础——也会被当作或是不正义或是不道德而受到谴责。*

于是，我们发觉，我们又返回我们熟悉的地方，就像经过长途跋涉，终于看到了我们故乡的轮廓，看到了从我们自家烟囱升起的炊烟。

42. 我们有理由为我们已找到的这种熟悉而感到高兴。我们每一步所遵循的这种无可置疑的清晰性很好地显示了我们研究的成功。因为这种环环相扣的方式是我们前面所讨论内容的最为本质的方面。否则，目前的研究与其他人的研究相比又会有什么特殊之处呢？即使在伦理认识原则的学说方面与我们迥异的康德，最终所得出的也不过是庸常的观点。然而，我们已迷失在其著作严格的逻辑一贯性中。贝奈克（Beneke）已经表明，"绝对律令"——正如康德所认为的那样——可被用来证明有关同一个东西的矛盾命题，因而它既可以证明一切又什么都证明不了。② 同样，如果我们发现康德总是得出正确的结论，我们就可将其归于这样一个事实，即他从一开始就停留在这种观点中。同样，如果黑格尔不是已经事先认识到"天是蓝的"，他也绝不会通过其辩证法先天地演绎出这个事实。他也曾设法演绎出正好有七颗行星，这个数目为他所处的那个时代所接受，但却被后来的科学发现所证伪。

导致这种现象的原因因而就是容易理解的。

43. 但是还有另外一点是令人迷惑不解的。对于法律和道德而

① 参见他的文章，载《法学协会报》，年刊第七卷，第71页；以及《法律的目的》，第二卷，第118页和122页以下。

* 编者按：我们可以注意到，布伦塔诺非常重视性伦理学的重要性，并为 A. 赫尔森的《科学与道德：给男性青年的话》这一手册作了序言，这本手册已在德国广泛传播。

② 参见康德：《道德形而上学奠基》。

言，流行的大众意见在如此多的方面都显而易见是正确的，这又是怎么回事呢？如果像康德这样的哲学家尚未能成功地找到道德认识的来源，那么我们还能指望普罗大众成功地从这个来源中有所收获吗？如果不能，那么在这种对前提无知的情况下，他们却常常得出了恰当的结论，这又是怎么回事呢？人们不可能仅凭宣称这个正确观点在很久以前就建立了，就能够解释这一事实。

然而，这个难题也容易解决，我们原来只是反思我们知识储备中所呈现的东西有多少有助于新认识的获得，而没有留意认识清楚地呈现于意识的这个过程。

人们千万不要由此推断说，我是在鼓吹"无意识哲学"。在此，我只援引某些人们熟悉且无可辩驳的事实。众所周知，几千年来，人们能够在没有对有效推理的原则进行反思，甚至对其一无所知的情况下正确地推理。的确，柏拉图首次对这些原则的反思导致他接受了下述错误观点，即认为推理通常包含一种回忆过程。[①] 他认为我们今生所感知与经验到的东西，能够使我们回忆起我们在前世所学过的东西。当然现在没人相信这种观点了。但是在关于三段论认识的来源问题上，我们仍然会遇到错误的理论。例如，朗格认为这种认识来源于空间直观与先天综合（the synthetic a priori）。贝恩则认为，这种认识源于下述事实，即我们迄今为止的经验表明，无论何时当我们以 Barbara 式、Celarent 式（中译者按：Barbara、Celarent 指逻辑学中三段论第一格 AAA 式和 EAE 式）还是其他别的什么论式进行推理时，只要有真实的前提，就会有真实的结论。[②] 这些都是这种认识真正包含的明察类型方面最为粗陋的可能错误；但是，这并没有妨碍柏拉图、朗格、贝恩等人用别人也使用的方法来进行推理。尽管在真正的认识原则上他们失败了，不过他们的推理过程却仍然是有理可循的。

但是为什么要兜这么个大圈子来寻找我们的例证呢？因为我们所需做的只是对任何一个能够正确推理的普通人进行提问。如果我们请他告诉我们，他的推理所依据的前提是什么，我们很可能会发现他对此并不能回答，同时对于他已运用的实际推理的方式，他也会做出完全错误的描述；又或者，如果我们让他对一些他非常熟悉的概念下定义，他很可能会犯下非常醒目的错误，这再次表明，他

---

① 参见柏拉图：《美诺篇》。

② 朗格：《逻辑研究：论形式逻辑和认识论的重新奠基》（Iserlohn，1887）；以及亚历山大·贝恩：《逻辑》，第一部分，"演绎"，第 159 页，伦敦，1870。

不能正确地描述自己的思想过程。

44. 通往道德认识的道路，无论对于外行还是哲学家而言，似乎都是晦暗不明的。其过程是复杂的，而且许多不同的原则一起参与其中。人们或许期望其中每一个原则的若干结果会在整个历史进程中清楚一些。这一事实甚至比普遍地赞同最后的结果更能证实这个正确理论。

倘若时间允许，不知还可以引用多少例子！谁会否认快乐（只要不是针对坏事物的快乐）是明证性的善好呢？许多伦理学的学者甚至说快乐与善好是同一个概念。[①] 与此相反，另外一些人见证了明察的内在价值，任何没有被各种理论所迷惑的头脑都会赞同他们。有人甚至希望把知识提高到至善、提到高于一切善好的位置。[②] 不过他们也同时看到每种美德行为中的某种内在价值。还有一些人则说，美德行为就是至善。[③]

以上各点，足以证明我们的观点了。

下面让我们也来考察一下偏爱的诸原则。难道我们没看到总量原则在下述格言中的例示吗？——幸福的尺度在于将生活作为整体，而非转眼即逝的瞬间。[④] 当跳出自我局限，我们看到同样的原则在亚里士多德的看法中也得到了展示，即整个共同体的幸福与个人幸福相比是一种更高的目的。[⑤] 他说，在一件技艺中，或是在一个有机体中，或是在一个家族中，我们都会发现同样的东西：部分的存在是为了整体，并且所有东西都从属于"整体善"(εἰς τὸ κοινόν)。亚里士多德甚至把这一原则应用于整个造世活动，他问道："我们要到哪儿去寻找善好和至善（最好）？哪一个才是所有被造物的终极目的？这一目的是内在的，还是超越的？"他回答说："既是内在的，又是超越的。"说它是超越的目的，意思是说它是所有事物竭力追慕的神圣第一因；说它是内在目的，意思是说它是全部世界秩序。[⑥] 斯多亚派对于总量原则也作了类似的证明。[⑦] 的确，这个原则一再地出现

---

① 例如，边沁和古代的伊壁鸠鲁。

② 例如，柏拉图和亚里士多德以及他们之后的托马斯·阿奎那。

③ 例如，斯多亚学派以及中世纪时期斯科特斯(Scotus)的追随者。

④ 甚至伊壁鸠鲁也不否认这一点——尽管这一点与第 31 节提到的他的主张冲突。

⑤ 亚里士多德：《尼各马可伦理学》，第一卷，第二章。

⑥ 亚里士多德：《形而上学》，第七卷，第十章。编者按：可参照布伦塔诺在《亚里士多德及其世界观》中的讨论(Leipzig: Quelle&Meyer)，1911。

⑦ 当他们争辩说，致力于实践事务的人的生活优于理论生活时，他们就诉诸此处。

在从柏拉图到莱布尼茨甚至更晚的每种神正论建构的尝试中。①

总量原则也同样出现在我们流行宗教的律令中。"爱人如己"，这条律令告诉我们，对所有善好都应给予同样公平的权衡，不论它是在我们自身中，还是在别人那里被发现。这也意味着个人应当将他自己的利益从属于总体的利益，正像主（耶稣基督）为了世界的救赎而牺牲自己一样——这恰是基督教的伦理理想。*

"爱上帝胜于一切"这一律令，同样也是总量原则的具体运用（正如亚里士多德所说，那被称为至善的是神而不是作为一个总体的世界）。③ 难道我们不是把上帝当作所有善物的缩影而将其提升到无限的吗？

因此，这两条律令——"爱人如己"与"爱上帝胜于一切"——之间的关系如此密切，以至于当我们听说"这条与那条一样"时不再感到惊讶。指出下述一点非常重要："爱邻人"这条律令既非从属于，也非以任何方式派生于"爱上帝"这条律令。按照基督教的教义，"爱邻人"是对的，并不是出于"上帝要求这样做"这一事实；而是上帝要求它，乃是出于这么做自然就是对的这一事实。④ 这两条律令在下述方面是同样的，即它们的正当性被以同样的方式和同样的明晰性揭示，也就是说，它们同样都是凭借自然认识之光而被揭示出来的。

---

① 当上帝的概念被运用于构建以利己主义和幸福主义为基础的伦理理论时，也会被诉诸总量原则；如洛克和费西纳关于最高善的著作，以及莱布尼茨的著作［参见特棱德棱堡（Adolph Trendelenburg）：《历史论稿》，第二卷，第 245 页］。上帝爱他的每一个子民（creatures），因此——论证是——他爱整体的他们甚于爱他们中的个人；因此他赞成并奖励了为了这个整体而做出的个人的牺牲，不赞成和惩罚为自私目的犯下的罪行。

　　总量原则的影响也表现在对不朽的渴望中。因此，赫尔姆霍尔兹在试图为那些有这种渴望的人提供希望时写道："如果我们的成就能够丰富我们后代的生命……那么个人可能毫无畏惧地面对这个想法，即源于他自己意识的威胁将在某一天被打破。但是即使像莱辛和大卫·斯特劳斯这样的伟大而独立的灵魂也无法使自己认同这一想法，即一切生物以及因而所有以往时代的著作成果，可能在某一天会消灭。"（见他的"论行星系统的产生"，1871 年在海德堡和科隆举办的一次讲座）他认为，如果科学证明地球有一天会无法支撑生命，那么对不朽的需求将再次确立自身，然后人们将被迫寻求某种对它的相信来说可接受的事物。

* 编者按：参见布伦塔诺的遗稿：《耶稣的教导及其持久的意义》，阿尔弗雷德·卡斯蒂尔编辑（莱比锡：费利克斯麦纳，1921）。

③ 亚里士多德：《形而上学》，第十二卷，第十章，1075a。

④ 这是伟大的神学家们（如《神学大全》中的托马斯·阿奎纳）所持有的正统观点。只有某些唯名论者（如罗伯特·霍尔科特）才认为神圣的命令完全是任意的。参见我的"教会科学的历史"，在约翰·亚当·默勒的《教会史》第二卷，P. B. Gams 编辑（Regensburg：G. J. Manz，1867），第 526—584 页；我还要请读者注意该作品第三卷中的一串印刷错误（第 103—104 页）。

对于我们所强调的诸原则的影响情况，或许我们现在已经拥有了充分的证据。因此，一方面我们拥有了对自己理论的一种支持，另一方面我们能够解释在日常生活中发现的对哲学成果的令人困惑的预期。

45. 然而我们并没有假定所有问题都已解决。即使有所遮蔽，我们已经讨论过的那些纯粹而高贵的认识之源，依然极大丰富地产生出其产品。然而，仍然有观点认为，那些已被社会接受并且具有伦理学核准的法律与道德事实上并不是从这些来源产生的。它们其中不少产生于从逻辑的观点来看完全不能得到辩护的方式。研究表明，它们其中不少在某些低层冲动中、在以自我为中心的欲望之变体中有其源头。正如许多效益主义者所强调的，下述情形是真实的，即利己主义给予人们一种动力去使自己迎合别人，而这种行为如果不断践习，最终就会发展成为一种习惯，它就不再会回指其源初目的。这主要是我们心智狭隘的结果，即由于所谓意识的限制，当我们关注眼前的问题时便难以看到更为长远的目的。于是这种盲目的习惯性驱动，也会导致一些人对别人的福利有某种无私的关心。正如有人指出的，下述情形同样是真实的，即在历史进程中有一些强权人物，他们能征服一些软弱的个人，并且通过习惯把他们转变为自愿的奴隶。最后在这些可怜的奴隶心中，通过一种盲目而强大的力量逐渐形成了一种自身的话语（αυτὸς ἔφα）；他们把听到的"你应该"的命令，当作一种善好与恶坏的自然揭示。当他违反命令时，内心便会备受折磨，就像一条训练有素的狗那样。出于其利益关系，僭主被很好地建议发号施令以维持其属下的数量。他的属下将学会奴性地遵从这些命令，就像他们习惯性地做任何其他事情那样。那么，对于整个社会而言就会形成一个目标，朝向这一目标，每个属下都感到自己好像是被自然所驱动。而僭主本人由于关心其自身的财产，也会形成爱护整体福利的习惯。的确，正如守财奴为了保护其财产而不惜牺牲自己生命一样，僭主也会准备为其臣民而死。在上述整个过程中，伦理原则几乎没有发生过任何影响。以这种方式产生的诸种强迫及态度与道德的自然核准并无丝毫关系，它也不具有内在的伦理价值。不过要考虑在下述情形下会发生什么事情：当这样的共同体进入与其他共同体的关系中，并在那里发现基于友爱的考虑被证明是更为有益的。已经屈从于被驯化的那群人迟早会接受下述原则，即根据这些原则可以产生出有关善好之认识的真正来源。

46. 现在，让我们再来考虑另一种类似的情形。人与动物都有着盲目的习惯，即在相似的环境中期待相似的事件重复发生。如果一个人按照一种完全符合概率微积分原则的归纳而行动的话，那么他在无数情形下践习而成的习惯，就会极为经常地与他的行为一致。的确，这些结果的相似性有时甚至使得具有心理学知识的人们认为：习惯性的本能过程与被数学明察所证明的过程并无二致，尽管事实上这两个过程之间存在着天壤之别。因此，我们需小心谨慎，不要认为真正的伦理学核准对我们所讲的伪伦理学的发展产生了任何影响。

47. 当然，这些较低层次的过程也有其用处。正如人们常常指出的，还好自然把这么多福利留给了本能驱动（如饥渴）而不是全都留给我们的理性。①

我一开始就承认耶凌的下述观点（或许这种让步的理由现在更加清楚了）：历史上有些阶段实际上并没有道德思想和道德情感的踪迹。但即使是在那样的时候，许多事情也是在为真正的美德做准备。公共的法律和秩序——不论其最初建立时的动机是什么——也是我们最高贵的能力得以展现的前提。

在这些训诫的影响下，一些激情被调校，而一些性情被植入，这就使人们更容易遵守真正的道德律。亚里士多德说，真正的勇士是出于美好（τοῦκαλοῦἔνεκαι）而直面危险与死亡的，也即他们是"为了道德上的美好"②。如果他是对的，那么，卡蒂莱恩（Catiline）的勇敢就不是真正的勇敢美德。当奥古斯丁说"伦理美德是壮丽的'恶'"（Virtuetes ethnicorum splendida vitia）的时候，他诉诸的可能就是卡蒂莱恩的例子。然而人们不能否定，如果卡蒂莱恩已经皈依，那么他所获得的性情会使他更易于为了善好而甘冒最大的危险。正是以这种方式才奠定了接受真正伦理明察的基础。这些预备性的步骤极大地激励着那样一些人，他们最早获得了道德认识并在自身之中倾听自然核准的声音，于是他们随后不由自主地把真理传达给了别人。这就是亚里士多德所谓不是每个人都能够学习伦理学的意思：任何要学习法律和道德的人，必须首先养成行善的习惯。否则，想学这门学问的人就是白费力气。③

的确，那些前伦理学的（虽然不是前历史的）时代，对于自然法

---

① 比较休谟：《人类理解研究》，第五节，第 2 部分。
② 亚里士多德：《尼各马可伦理学》，第三卷，第七章；可对照第 8 章中对五种错误勇敢的精妙讨论。
③ 亚里士多德：《尼各马可伦理学》，第一卷，第三章。

和伦理学的知识，仍然有其他一些贡献。出于已经讨论过的原因，法规及习俗的建立就与伦理学所需要的东西非常接近，以至于这种相似性导致许多人产生错误的信念：认为在法规及习惯与伦理学之间存在着一种深入而全面的关系。由盲目冲动而被纳入法律的准则，常常在内容上与建立在有关善好的认识基础之上的准则一致。可以说，在这些成文法及习俗中具有律法的雏形，而这些律法是伦理学自身可以核准的。成文法与习俗更有价值，因为正如效益主义的考虑所指出的，它们能够适应人们特殊的环境。比较不同的法律及习俗，会使后一种观点更加清楚。就像很久以前它就帮助导向一种正确意义上的重要认识，即在这种意义下我们可以谈论自然法与道德的相对性。如果亚里士多德没有做过这种比较，他能够如他所做的那样成功地从模式化的和教条主义的理论中解脱出来吗？

为了给予前伦理学时代以其应有的地位，我们就谈这么多。

48. 虽然如此，那时毕竟是黑夜。但它是预兆白昼即将来临的黑夜，这个白昼即将见证世界历史上具有最重大意义的黎明。这一天尚未到来；光明的力量与黑暗的力量仍然正在搏斗。无论在私人生活还是在公共生活中，真正的伦理动机绝不意味着被普遍接受的标准。这些力量——用诗人的语言来说——尚未强大到足以把世界统一起来。或许我们应当感谢自然，它通过饥饿和爱以及所有其他晦暗的、能够从自保欲求发展而来的驱动力使我们保持前进。

49. 因此，如果一个法学家想要理解他的时代并且为善好的东西效力的话，他必须考虑这些驱动力以及支配它们的心理法则。而且他还必须考虑那些自然法及自然道德的信条，正如我们所指出的，就同类主题而言它们并不是最早出现在历史中的。然而，如果我们可以希望理想完全实现的话，那么，它们就将是最终的。

综上，我们从各个方面讨论了——正如莱布尼茨已经看到的那样——法学及政治学与哲学的密切关系。

柏拉图说，除非真正的哲学家当上王，或者，除非王能够被恰当地哲学化，否则国家不会兴盛。在我们的时代，可以像下面这样更好地表述这一观点：除非我们学法律的学生受到的哲学训练对于他们的高尚使命而言是充分的，而不是像现在那样连他们想要去受点儿哲学熏陶的微乎其微的激励都要被剥夺，否则我们政治体制中的诸多缺陷就不会得到纠正。

布伦塔诺价值哲学的基本内容

伦理学的奠基与建构

引论

1. 理论学科与实践学科

没有哪个读过索福克勒斯《安提戈涅》的人会忘记底比斯的长者们组成的庄严合唱队对人类力量的赞颂："有那么多强大之物，可没哪个比人更强大。"其诗句描绘了人类克服大海的阻隔、抵御飓风的干扰；以耕犁征服土地取之不竭的能量并迫使其上缴年贡；以其织网在海里捞鱼，在空中捕鸟；在密林之间与山峦之巅猎获野兽；给骏马与公牛戴上套轭。随后诗篇将其目光转向更为高级的事物。作者描绘道，人们发明了语言，并以语词的形式将自己的想法与希求传递到他人的心中；他们创立城邦、制定律法；他们蔑视庞然大物的力量，并使自己与冰雪雨水隔离，而且战胜了瘟疫疾病。他们的工作对于其影响所及的万事万物而言是福是祸，取决于其选择目标的善恶。

就我们的经验所及而言，没有发现哪一种生物能与人的力量相匹敌。那么人类力量的基础是什么呢？人的力量皆依赖于知识。有些生物活动迅捷且身体强壮，它们天生拥有更好的进攻与防御武器，也具有更敏锐的感官和更多的本能财富，可人的知识却使他超越了其他生物的所有天赋而成为它们的主人。人并非一开始就这么强大，因为科学有其历史。人由虚弱的生物缓慢地发展而来；人的力量随着其成长而相应扩展。维鲁拉姆的培根（Bacon of Verulam）指出，罗盘与印刷术的发明如何革新了文化生活。他就是广为流传的"知识就是力量"这句格言的提出者。在早些时候，火药的发明使足以完全革新战争技艺的武器成为可能，随后，对汽能、热能、电能以及化学能的发明应用使人类成为自然的主人，这些都大大超出了培根的最高预期。

"知识就是力量"，这对于所有知识都成立吗？答案是肯定的。没有哪种知识不会产生实践上的影响，不论这种影响是直接的还是间接的。一个典型的例子被孔多塞使用在其《人类精神进步史纲要》中。古代阿基米德和阿波罗尼修斯（Apollonius）对二次曲线的研究开始纯粹是出于理论与数学的兴趣。数世纪后开普勒把这项研究运用在天文学上，只是这依然只是出于理论的兴趣。不过结果是这项研究逐渐被运用于实践，以至于其在天文学上的进展大大推动了航海事业。通过精确遵守地理学上的经纬度来避免海难的海员，将其存活的事实归功于二十个世纪之前对知识的渴望所产生的理论。

于是，我们可以说所有知识都是力量。不过，只有某些科学学科被称为实践的，而另一些则被称为理论的，这又是怎么回事呢？其中理论学科包括物理学、化学、生物学、心理学等；而实践学科则包括建筑学、战争学、政治学以及医药学等。

为了搞清差别，让我们来看这两组学科有什么共同之处。其中每种学科都是针对相互归属的事实联结而成的集合。它们并非随意堆砌起来的真，而是由各种真构成的不同门类。

每一门学科都是由于某种目的而构建起来的，但并非所有学科都是为了同一个目的。各种理论科学只是为了心灵中的认识兴趣而构建的。当内在关联的真——也就是亚里士多德所讲的科学——被结合到一门科学中时，上述目的就得到了最好的满足。越紧密关联的真越被切近地放在一起，为的是我们可以得到一幅有关其自然关系的图画。以此种方式，研究大都可以茁壮成长。这就需要一种劳动分工，而分工又是根据天资上的差异进行的。因为人们在其天赋方面差别很大。有人善于观察而有人长于抽象和推演。有人敏于心理方面的探究而有人擅长对外在世界的研究。有人由于缺乏空间直觉而不能解答哪怕最简单的几何学问题，可他却擅长进行心理学的观察和分析；有人在意识现象领域甚至不能做出最基本的区分，可在生物学或天文学方面却证明了自己的优秀。在能力和劳动分工的需要之间的这些差异决定了当问题属于纯理论问题时——当知识就是其自身目的时——其自身的边界。

亚里士多德的所谓实践学科或技艺（τεχνη）是完全不同的。有关这些学科的主导原则也是真的序列与集合，只不过这种真的目标却跃出了认识领域。在这里人们努力追求其他目标，而这些目标的达成通常需要各门各类的知识，这种知识之间又少有内在关联。一个例子就是已经提到的建筑学，它从各种研究领域挑选服务于其目的的知识：机械学、声学、光学、化学、美学、社会学等。另一个例子是医药学，对它而言，解剖学、生理学、植物学、化学、气候学等知识显然都是不可或缺的。

正如对目的的考虑决定它所要联合的知识一样，这也将一门实践学科从其他的学科那里区分开来。每门实践学科都有其独特的目的：药物学关注健康；造船学关注船舶；战争学关注胜利；家政学关注舒适。有些情况下一种技艺的目的从属于另一种技艺；也即前者是后者的手段。例如，制作马鞍的技艺之于骑术，制作武器的技艺之于战争的技艺。在这些情形下后者都是更为重要的技艺，而前者是次要的。前者都需要留意后者的需求，并告诉我们哪种手段能够满足后者，然而它们不会告诉我们需求自身是否适宜。于是前种技艺便附属于后种，正如其目的附属于后者的目的。

不过，一门支配其他技艺的技艺或实践学科或许附属于第三门实践学科。例如，手势学—修辞学—政治学序列，或制鞍术—骑术—战争术—政治学序列。

不过这种序列不会走向无穷。每类追求最终都有一个并非出于他物的原因而被欲求的目的；否则，欲求就会成为空洞且缺乏对象的。形而上学处理下述问题，即原因系列是无限地继续呢，还是它必定终止于第一因。亚氏认为后者显然是正确的，虽然并非所有人都认识到这个事实。不过他认为不存在一个无限目的序列这一点对于所有人来说都是明证的。

2. 伦理学的概念与价值

正如必定存在一个最终目的，也必定存在一门不附属于任何其他学科的实践学科，亦即教导我们最高的目的以及对于达到此目的之手段的选择这样的学科。这门学科通常被称为伦理学或道德哲学。

在所有实践学科中，这门学科显然是最高级的，它与其他学科的关系正如建筑术之于未经训练者的手艺之间的关系。它的教导对于生活而言是最为重要的。认识到自己应当追求的目标的人就像看清了其靶心的射手；后者远比只是盲目射击的人有更大机会命中目标。

那些对人类知识的进步与增长是否是一种福音提出质疑的人忽视了对这门科学的深思。没人会质疑更多的知识意味着更大的力量；可这种力量能够成为拯救人的力量吗？卢梭以否定的方式回答了这个问题，并谴责所谓的文明进步。在这种谴责中包含着一种真理的核心：只有当人类拥有了足够多的伦理学知识时，科学才能是真正有益的。到目前为止，我们所拥有的伦理学知识还太少，而且尚未得到足够充分的传播。如果不被最高的实践学科即伦理学所规训和掌控，那么技术的恣意发展就会以灾难告终。

伦理学知识诚然对于所有人都是重要的，可法学家对于这种知识尤感兴趣——倘若他们不是仅仅拘泥于法律的遣词造句的话。法理学亦属于实践学科。同样，政治家们的决定也应被伦理学知识所引导。国家法律是用来规导行动的，而根据所有最伟大的思想家的看法，决定法律的目的应当与个体作为其最终追求的目的一致。这就是为何亚里士多德认为对最高善的研究与政治学密切相关，以至于他实际上把前者视为后者的一个分支。他指出，像战争学、修辞学与经济学等基础性的实践学科都从属于政治学。边沁——仅举现代最杰出的思想家之一——也认为伦理学与立法学具有共同的目的；当他把它们看作两门不同的学科时，他认为这两门学科只是由于其管辖范围的不同才被区分开来的。

> 所有行动——不论是公共的还是私人的——都落入道德的管辖范围。道德是一个向导，它以其在生活中无微不至的援助之手而引领个体及其与同伴的关系。法律不能做这些；如果它能做的话，它就不应当对人的行为施加一种接连不断的干扰与命令……总之，法律与道德具有同样的圆心，但拥有不同的圆周。①

---

① 《立法理论》(*Theory of Legislation*，English translation by R. Hildreth，London：Trübner，1864，p. 60)。

3."实践哲学"其名

根据自赫尔巴特以来就非常熟悉的一种用法，全部实践学科中最为庄严的学科也被称为实践哲学。这个称谓有什么含义呢？伦理学——就像农学与医药学属于自然科学那样——是一门属于哲学的实践学科吗？伦理学确实如此，可这种情况又不仅仅限于伦理学。确实，伦理学与理论哲学的分支，特别是与心理学也同样具有某种内在关联，这正如农学和医药学与有机化学和生理学的关联。不过哲学中还有具有同样地位的其他实践学科——如美学与逻辑学。它们中的每一门都以服务于特定的理想即以一种独特的心灵完善为己任。这样的理想有三种，它们相对应于三种基本的心理活动类型：表象、判断与兴趣。表象的完善所针对的是美；判断的完善针对的是真；兴趣（爱与恨）的完善针对的是道德之善。因此，这种关系并不能构成为何特别是伦理学被称为实践哲学的显而易见且充分的理由。

哲学之名是在下述时代逐渐形成的一种谦称，在那个时代，古希腊的智者们通过把自己作为智慧之师而对"智慧"的滥用使智慧（Sophia，哲学即"爱智慧"）这个古老的名字声名狼藉（相似地，在我们时代对哲学之名的滥用几乎到了有必要废除这个名字的地步）。与肤浅的观察者不同，有智之士会深入那最后的原则，其影响范围也扩展到广阔的领域，事实上，这种原则贯穿整个世界。因此，亚氏选择"智慧"来命名形而上学，而不以此来命名其他任何理论学科，因为"智慧"专注于事物的最终基础，也专注于以下问题：事物的存在是否依赖于一个创造性的理智，这个理智给出了涵盖整个世界的有序规划。形而上学在理论领域的位置相似于伦理学在实践领域的位置。正如前者是有关存在与真的最终原则的知识，后者则是有关行动原则的知识。于是伦理学也被称为智慧，只不过是实践智慧：这正是实践哲学。

4. 伦理学的任务

我们现在要对伦理学这个术语进行更为充分的解释——如果说我们前面已经对这个概念进行了一种实事性的界定的话。因为仅仅对于一个词语的界定不会给出一个学科之本质与特点的清晰认识。为了获得这种认识，我们必须考察一门学科所包含任务的多样性。当我们被告知数学是教授我们如何度量的科学时，我们也只是得到了有关数学特性的模糊观念。

为了进一步唤起对伦理学的兴趣——既不识何来爱（ignoti nulla

cupido)——我会从其最重要的任务中列举一些内容。这将为下述的区分性展示提供额外的便利，在这种展示中我试图对伦理学的主题进行划分。

A. 首先，伦理学显然是针对就其自身而言就值得追求的那些目的的。可如果发现有多个这样的目的，那么就会发生冲突。在这种情形下，伦理学就不得不确定诸目的的相对价值，或是至少提供某些进行相互比较的方法。

B. 伦理学还有进一步的任务，即确定达到这些目的的最重要的途经——行动准则。

C. 可如果有关准则的认识并不足以影响我们的行动，那这些准则岂不是完全无用了吗？这种可能性就使对自由问题的研究成为必要；不过本研究会得出：最后的准则将会确定地排除所有这样的质疑。

D. 不过即使准则不是无用的，有关准则的认识在不同事例中的影响程度也有所不同。有人知道什么是对的，不过却以一种与他们的认识相矛盾的方式行动。仅有知识是不够的。知识就是力量，可这不能仅凭知识自身。其他的性情与前提也是需要的。如果建筑术没有建筑材料、战术没有士兵，那这两种知识又会有什么用呢？如果手是残缺的，那么写字或绘画的艺术又会有什么用呢？在这些一般性情况下真实的东西对于伦理学知识也是真实的。甚至在我们拥有伦理学知识的情况下，通常也难以依照其行动。根深蒂固的禀好与强而有力的情感可以驱使我们以相反的方式行动。伦理明察的有用性因而就会有很大程度的波动，这有赖于其他伦理性情。在《尼各马可伦理学》中，亚氏深刻地指出，有大批人不适合学伦理学，因为他们有缺陷的伦理性情会阻碍他们从这种学习中获益。确实，如果人们对此信以为真的话，这种评论会直接挫伤不少人的积极性。亚氏没给年少者留下什么余地，因为他认为他们会随情感剧烈摇摆，也为激情所控制。他又补充道，如果一个人还具有年少者不成熟的特征，那么即使他足够年长也无济于事。因为其缺陷不在于年少，而在于一个人在生活与追求（Leben und Streben）中对激情的依赖。我现在认为——所幸这也是可被经验证实的——有时相反的情形才是实情。高度发展的道德力量可以在少年时就出现；甚至一个年少者可以比一个成年人更能够自制。

伦理学必须充分考虑这些伦理性情上的差异。伦理学是一门实践学科，其学说旨在赢得力量。而那些具有美德性情的人比那些具有恶劣和不完善伦理性情的人更容易获得这种力量。因此，伦理学具有了双重任务。

第一，要研究是什么构成有益的与不利的性情——它们是如何发展、保持和加强的，以及它们是如何被削弱和消失的。

第二，要确定，假如一个人的伦理性情是不完善的，那么他的正确行动又如何可能。我们看到具有真正责任感的父母如何给予其小孩以道德引导，以及他们如何在其小孩或许还不足以抵制诱惑时使其避开这些诱惑。我们注意到国家会禁止某些事情，这并非由于这些事情会被如此这般地谴责，而是因为它们易于带来无序，于是国家会建立起防御性的法律。没有哪个良序国家会离开这种法律而建立，只要这些法律不走向极端以至于以一种令人不快和非必要的方式限制活动的自由。个体以相同的方式对自己进行引导。人无完人。伦理学的引导最为重要，不知道准则或没能考虑到已有准则的人与认识到何为正确的人相比就略逊一筹。

另一个重要的伦理学对象是建基于美德之上的社会关系。这些社会关系所带来的联合增强了个体的力量，并使其能够完成孤立的个人无法完成的事情。友爱就构建了这样一种社会纽带——或者说，至少友爱堪当此任。古代的伦理学对友爱具有一种偏好。所有的苏格拉底学派都在研究友爱；亚里士多德在《尼各马可伦理学》中用了整整两卷致力于此。伊壁鸠鲁也对友爱进行了通盘研究。婚姻与家庭构成一种不同的社会纽带，当然它们在根本上与友爱相关。国家也是另外一种纽带。我们已经指出了政治学与伦理学之间的紧密关联。一旦伦理学在每个方面都得以充分发展，那么它就会吸收整个法哲学与国家哲学。宗教共同体或教会也被包含在这种处理社会关系的伦理学分支中。在这一点上，进一步的问题就出现了。例如，就其自身或是在特定情况下看，宗教共同体的形成是一种好事吗？对于这种共同体与国家的关系而言：它们应当彼此独立吗？精神性的与世俗性的力量结合在一起还是分离开来才能最好地服务于人类的最高目的呢？等等。

如此就展现出丰富多样的难题。我希望通过这种粗泛的列举来传达这样一种初步印象：伦理学是关乎什么的。

E. 有一项重要的研究我尚未提及；不过这项研究将被置于最前面。我们首先必须形成一些有关道德研究之起点——道德明察之基础——的判断。在这个事情上存在着不少混乱；在伦理学领域，没有什么别的分歧能比在伦理认识原则上的意见分歧更大。

在简短的历史考察中呈现最重要思想家的伦理学观点肯定也是

必要的。在他们的观点之间存在着重大分歧，这不仅有趣，而且对于我们熟悉各种解决问题的尝试也十分必要。不过，就此而言，我们只探讨最为重要的向度，而且在这种对每个向度探讨的尝试中，会以其中一个体系代表其他相似的体系。

对"规范性科学"的不少显著特征恰好存在不少讨论，而伦理学一般就被认为属于这种学科。如果我们比较物理学课本与建筑学、卫生学甚或逻辑学的小册子，我们马上会注意到后者不仅会教人们实际上如何建筑、为了保持健康或是为了得出正确结论需要遵守什么规律；它们也会教导我们应当如何建筑、应当如何安排我们的起居和着衣以及应当如何进行我们的证明和得出结论。诚然，在这些情形下"规律"（Gesetz）也是在当我们说"物理学的规律"意义上使用的，即作为特殊性事实的概括，不过即使是这种规律也从属于一种应当。因为在通常的用语中，"规律"一词有时在这种意义上使用，而有时又在另一意义上使用，"规范"（Normen）这个表述已经被当作规律的第二种含义来使用，而"规范性科学"这一表述则被用于由那些规范构成的科学。以这种方式，术语的模棱两可便得以避免。

可是，一种科学如何来构建规范呢？某种学科从何处获得以"它应当如此"取代"它是如此"这种表述的权利呢？确实，没有人会真的发布逻辑命令；"逻辑命令……"这样的说法显然是一种比喻。其原因在于这些科学所包含的规范会呈现出一种条件，在这种条件下，我们能够实现我们为自己所选择的目标。以逻辑学为例：如果你想形成正确的判断并避免错误，你就必须以如此这般的方式得出结论。

试图避免定言形式并以假言形式来取代规范也是可能的，因为这也不过意味着：如果你想要得到某种东西，你就必须如此这般地行动。像逻辑学中的定言形式则被认为是理所当然的，因为其目的即达到真——在这一例子中是得出恰切的结论——也被看作理所当然的。

因此，一种规范性科学最终被下述事实所标示，即构成它的所有认识都服务于一个目的。这个目的就是把诸事物勾连在一起的主线，而这些事物在其他方面则完全是各不相同的。

第一部分：伦理认识的原则

有关此部分难题的预先说明

我们现在面临的关乎自身的问题是困难的，可我们无法逃避，也不能延宕。如果我们这样做了，我们就不得不把最为重要的命题建立在信念之上，而这种信念不会导向认识或帮助我们获得认识。我们的任务是把伦理学确立为一门科学。

足以慰藉我们的是，难题常常都有其吸引力。如果我们成功了，我们前后对照得来的喜悦就是一种很好的回报；我们把原来的无知状态与所获得的清晰性相比较，就觉得自己得偿所愿了。

不过为了达到这种状态，我们必须方法得当、按部就班地谨慎前行。最为错误的做法莫过于迅速地掩饰一个难点，从而尽可能快速地略过它。如果以这种方式工作，我们就不会比一个不求甚解的读者随意地翻弄一本行文严谨的书籍取得更大的进步。

第一章　作为研究与争论对象的认识原则

5. 存在着直接明察（unmittelbare Einsichten）

在一门科学中，我们不可能证明我们所提出的全部观点。因为每种证明都依据某种前提；如果要证明这些前提，又有赖于作为基础的更进一步的前提。但这不能永无止境地进行下去。我们不能通过循环论证来避免这种无穷后退，因为这样只是在用同样的术语来解释被问及的术语——以一种伪装的形式。然而，一些诸如此类的证明却又毫无遮掩。莫里哀在《无病呻吟》中戏谑道："我被一位博学的医生问及麻醉剂导致睡眠的原因和理由。我回答说：因为麻醉剂中有一种催眠的东西，这种东西的本性就是使感官进入沉睡状态。"

因此，我们必须从未经证明的原则——直接的假定——开始。这正是古代怀疑论进行攻击的依据：第一原则是任意的，因而所有证明都是靠不住的。甚至连帕斯卡尔也受此困扰。他说如果我们能够界定每个词语、证明每个命题，那是最好不过的，遗憾的是我们做不到。可是他的惋惜相当不合理。拿界定过程与提供证明的过程进行简单比较就会纠正他的看法。当有人向我们询问一个他不熟悉的词语的意思时，我们并不总是能够提供给他一个意思相同然而更好理解的词语，即一个界定，我们有时也不需要这样的界定，因为我们可以给他展示这个被问及的名称所指示的东西，从而使他理解这个词的意思。相似地，我们把证明奠基在不能被证实的命题之上也毫无损失。当然，这些不能被证明的命题不会仅仅是一些任意的假定；如果是的话，那么建基于其上的任何东西都将是无根据的。这些命题必须是直接得到保证的，亦即，它们必须是排除了任何错误之可能性的明察。

只有这种命题才是认识的真正原则。它们有两种：一种是对个体性事实的知觉（Wahrnehmungen），另一种是这样一类普遍法则，即它们并不是基于对所应用的每种个体情形的认识得到理解，而是基于它们所包含的概念而被理解。

第一种的例子是我认识到我正在看或想。我或许误信了我的所见：我或许在做梦。我想的东西也可能出错。可是我能够直接确定我正在看或正在想。

第二种的例子是我的如下断定：二不是一，或者某物是红的就不是绿的，或者没有哪个三角形有四条边，或者没有部分整体就不能存在。

那么，这种直接确定的判断必定作为所有证明的原则而为它们奠基。

6. 对认识原则的争论

A. 或许人们认为对于认识原则不会有什么争议；因为它们是直接确定的，看来可以毫无困难地适用于一切。认识原则是研究的起点；可它们既是研究的对象，同时又是观点分歧的所在，难道这不相悖吗？除了以这些原则自身为基础，我们又如何能进入这样的争论呢？有关这些原则的争论有下述两类。

(1)为了得到有关一些特定难题的结论，我们应该从哪种命题开始？

(2)作为起点的命题是否真的是直接确定的？

B. 补充(1)，第一类争议会出现并不难理解。考虑一下任何简单的数学定理的证明，如三角形的内角和定理。存在着无数的数学原则；问题在于，哪些原则对我们的证明有用？

有人在这种情况下或许会存有疑惑，在知觉与公理——源于概念的直接明证命题——之间他甚至不知道应当寻求哪一类原则。在涉及因果律与惯性定律时就会出现这个问题。

C. 补充(2)，为何会出现第二类的争议则更难以理解。乍一看，对直接明证的真理抱有任何怀疑似乎简直是不可想象的，就算有，也很难说这对明证的判断有什么价值。

我们会分别讨论上述每个问题。依据笛卡尔的原则，把一个复杂的问题分解为其基本部分，是为了单独解决该问题所包含的各个难题。"各个击破"也适用于研究工作。

于是我们首先要问：关于"什么是直接明证的"这个问题为何会出现不同的观点？如此，又必须区分两种情况。

a. 经常发生的情况是，某人认为某物是直接确定的，但事实并非如此。心理学已经通过向我们展示判断经常会依循习惯性的禀好从而解释了这是如何可能的。甚至连自然本能都在判断中起作用，例如，那种接受我们通过感官感觉到的所有东西的冲动。我们盲目地相信我们看到的、听到的、触摸到的一切东西；也即我们把颜色、声音、软硬等都作为真实的。诚然，这种信念正是知觉行为的一个组成部分。另外一些冲动型判断是习惯的结果。我们在相似的情境下期待相似的事情，并惊讶于预期和经验的矛盾。确实，在此类情况下，我们必须矫正自己的判断，可如果有人预先告诉我们，我们所深信不疑的信念是错误的，或者不是直接确定的，我们就会坚决否认。当哥伦布的计划与"不存在对拓地"的公理相冲突时，他就经历了这种对立；他就像遇到了一堵不可翻越的墙。因为这类本能判断或习惯判断可以是主观上完全确信的，所以我们可能会把它们与明证性判断相混淆，因为二者具有这种相同的特征。

b. 也可能存在相反的情况。某人可能会否定一个命题，而另一个人却断言它是正确的且对此十分确定，也即他对此的判断是直接明证的。这里还是要再次区分两种情形，其中一种易于解释，而另一种更难解释。

更为简单的情形与对个体性事实的知觉相关。我知觉到他人没有知觉到的某物。确实，如果取"知觉"一词的严格意义就会如此。知觉在这种意义上只包括内知觉，它是明证的。没人能够共享我的内知觉，于是这很容易使得他人会在涉及内知觉的情况下与我相矛盾。

更加困难的情形涉及对一种普遍法则的接受，它的明证性来自概念——一个直接被认识到的先天真理。这里如何会出现争执呢？这种真理的明证性源于概念，而概念是争执双方都具有的；于是双方似乎都具备使得明证性判断得以呈现的必要条件。那么争议由何而来呢？有人认为这种情形实际上不可能发生。他们说，一个人不会缺失另一个人所具有的明察，或者他会相信完全对立的信念。他可能只是用言语表达对立的信念，却不能思考它们。甚至连亚里士多德也持有这种观点。不过对这种原则存有争执并非不可想象。因为这种命题的真能从概念上被直接把握这一事实，并不意味着每个人都具有相应的概念（即能思考它们），也不意味着这种命题对于每个思考相应概念的人来说都必须是明证的。我们时常想到一些概念而未对其做出相应的判断，正如我们想到一些前提而未能从中得出结论一样；例如，当我们心不在焉的时候便是如此。我可以设想两组事物，其中一组由六个事物组成，而另一组由分别具有三个事物的两个部分组成，但在此并没有形成任何关于这两组数目之间是相等的这种判断。

在这种情况下，我们没做出判断是因为我们的注意力转向了别处；在其他一些情况下，是因为筋疲力尽而未能做出判断。还有其他因素会阻碍明证性判断的形成，如虚假的论证。判断常常也被悬置；实际上，有时自相矛盾的判断取代了它。不过，还存在一种命题，它可以从概念中直接洞察到。以明证性进行判断的人是不会出错的。当然，摆脱了盲目信念而接受判断的人也不会出错。

关于判断被似是而非的论证所压制的情形，我们可以举出一个例子：有人甚至在矛盾律上也犯了错误。如果存在着任何直接明证的法则，那矛盾律就是其中之一；然而甚至连矛盾律自古至今也是时常被质疑的。我们会认为它只能在口头上被否认，而不能在思想中被严肃地反对。不过这种否认确实会经常发生。可如果经常出现这种否认又会如何呢？当对这条公理的否认上升为一种哲学的整个流派之基本原则时又会发生什么？这已经发生过了：看看黑格尔吧！以下差不多就是人们被（否认矛盾律所导致的）似是而非的判断所欺骗和蒙蔽的一个实例。

一个圆的圆周所包含的点的数量与这个圆的半径数量一样多，因为每个半径都结束在一个点上，而圆周上的点没有一个不是半径的终点。那么一个圆的直径如果正好是另一个圆的直径的一半，那么它的圆周大小也就是后者的一半。可一个其直径是大圆直径一半的同心圆所包含的半径数量和大圆一样多。因此，小圆的圆周所包含的点也就不会少于大圆圆周所包含的点。

埃利亚的芝诺提出了另一个类似的难题（aporia），他希望借此来否认运动的存在。飞矢从哪里来？从箭手的弓上来。它最终到哪里？到箭靶上去。箭在确定的时间内穿越了两点之间未定的空间距离。在一半时间内穿越了一半距离，以此类推。可这是如何发生的呢？它实际上到底是在什么时候移动的？并非在过去，因为那时它已经移动过了；也不是在未来，因为那个时候还未到来。那么必定是在当下。可当下只是一个点，而箭在一个点上是不能移动任何距离的。然而，人们却会说："直径两倍的圆周长也是两倍；运动确实会发生。"如果人们被这些悖论牵着走，那他们就会承认像矛盾这样的东西是存在的。只有当他们忘掉这些似是而非的论证，才能再次洞察到矛盾律的真理。他们只有再次不怀偏见地领会了这些词的意义之后，才能认识到某物不会同时既真又假。

就像心不在焉、筋疲力尽的状态以及自相矛盾和似是而非的论证一样，习惯也会阻碍明证判断的形成。我们经常具有这样的经验，即把我们未经辩护却非常执着的成见——结果被证明是错误的——声称是直接明证的；随后我们就会感觉到它——即便是在并不需要它的时候——是可疑的。

7. 可怀疑性有损明证性的价值吗？

我们现在理解了为何会存在对直接明证之物的质疑与争议，但我们对这个事实的留意仍然会导向更进一步的怀疑。难道我们对这种可能性的允许不是在事实上承认下述怀疑吗？即就连直接明证的判断也不是科学的可靠基础。换言之，有关判断的明证性难道没有由于这种可能性而丧失其全部价值吗？

回答：为何会如此呢？或许是因为一个以明证性形成判断的人，不得不承认另外一个人存在着以明证性形成对立判断的可能性？果真如此的话，事情确实会处于一种遗憾的状况；真理和谬误的所有差异都会被抹杀。不过并不会出现这种情况。如果我明察到某物，我也会明察到没人会明察到对立的情况。在这种情况下做出对立判断的人只能是在盲目地判断。

或是说，明证性会因为盲目判断有时会与它相混淆就毫无价值了吗？这种情况确实会发生，可这也不能取消二者的区分：恰恰相反，因为如果没有这种区分也就不会有这种混淆。为了理解"一个明证性判断"是什么意思，我们就必须已经经验过明证性判断，并使之与盲目判断区分开来。因此，抱有上述看法的人只是表明他对于明证判断的含义不甚清楚。事实上，人们经常会在这一主题上做出错误的判断。有人似乎认为一个判断的明证性是一个标志，通过它可以认识到这个判断为真。诚如是，我们就总是不得不首先确定一个被问及的判断是否具有这种标志，而这样做本身就需要一次判断。为了确认这个判断为真，我们就必须知道它已经具有明证性这个标志，而为了知道这点我们又需要形成另一个明证性判断，如此以至无穷。这种即使连久远的亚里士多德也会认为是错误的观点，常常在对于明证性判断的解释中自相矛盾，这种解释声称，认识某物和知觉到某人认识该物是两种不同的行为。

不，事情并非如此。明证判断自身就是对它自己之真的认识，而非其标尺。它不需要这样的标尺。相反，明证判断是其他判断的标尺，这些判断只有和明证之物相矛盾的时候才能被否认。

8. 本章回顾

让我们回顾一下上面讲的内容。证明所有判断不仅是不可能的，而且也是不必要的。存在着直接清楚明白的判断，它们是明证性的知觉或一种先天的普遍法则，这种法则在概念上是直接明白的。这两种判断不会错，但盲目的、主观上确信而事实上错误的判断有时却被当作明证的。

没有明证性判断就不会有科学，而只能有一堆被习惯核准的规则。我们可能就"给定的判断是否是明证的"提出质疑，但这并不会妨碍我们用明证性去判断，或妨碍我们把科学建立在绝对可信的明证性判断之基础上。

第七章　为伦理学奠基的一种新尝试

40. "善"①概念的来源，以及"善"概念与"真"概念之间的类比

A. 我们的历史性考察以及对它的评价得出了否定性的结论。我们还需要继续进行我们的考察。不过，这项考察并非一无所获。它把我们带入了实践，而且更为重要的是，它将我们引向了某个方向。所有迹象表明，"真相"（Wahrheit）应该在第三类中去寻找，也就是说，要在从正当追求出发的伦理学系统这一类中去寻找。起初我们也感到失望，即便在这里我们也未能找到一些靠得住的东西。但绝没有什么东西能够误导我们放弃自己的确信；我们就处在正确的道路上。这个种类不同于其他种类，我们认识到，在其他种类中任何进一步的尝试都不会成功。而且这一确信也会在其他层面得到证实。

在我们的考察中，我们发现一些东西可以不假思索地被认为是有效的。从其他方面用不同的方法研究伦理学基础的哲学家们一致同意，正当目的就是"所能达到的至善"。

如果存在对此定义的合理指控，那就是认为这个定义是晦暗不明的。由于诸概念肯定是一致的。如果我们所追求的东西是无法达到的，那么，即便它再好，它也绝不会是那个正当的最终目的。反之，如果我们所追求的东西并不好，或者它还不如那些为了实现它而被遗漏或搁置的东西，那么即便它是可以达到的，它也仍不是那个正当的最终目的。诸价值间的差异越大，它就越不是正当目的。只有在价值上远超他物的目的才是正当的最终目的，也就是说在能够达到的范围内，它必须是最好的。

这个概念到底哪里晦暗不明，并使得其不能被用于进行界定（即

---

① 在布伦塔诺价值哲学的语境中，善（gut）这个概念更多时候是在广义的"好"这个意义上使用的，因而在中文译文里，根据语境，有时"gut"也译为"好"或"善好"；其比较级"更善"和最高级"至善"有时也翻译为"更好"和"最好"。——中译者注

解释一个名称)的任务呢？很明显，这种晦暗仅仅是由于"善"和"更善"这两个词。也正是在这里，哲学家们对这两个概念给出的判定千差万别，这也使得对正当的最终目的的构想多种多样。

我们如何确立"善"的概念？这是首要的和最紧迫的问题，而且一切都依赖于对它的解答。确定一个概念的任务，与"从什么来源获得该概念"这个问题紧密相关。对术语的解释分析到最后就是对某些特定现象的援引。因此，休谟在他著名的对因果概念的研究上是非常正确的，即他引入了因果概念的来源问题。有鉴于此，我们已经将各种观点根据其来源进行了特定的区分。这种区分正如我们讨论过的，并非更简单地确定"善"这一概念，而是要确定最终目的。

B. "善"概念从何而来？

一些思想家教导说，除了从经验中获得的概念之外，还存在某种先天观念(apriorschei ideen)。它们被说成是天生的、先于任何经验而被印在心灵上的。但是这一假设完全没必要。对于每个普遍概念，我们都能指出特定的具体表象(konkrete Vorstellungen)，而每个普遍概念或其组成的部分都是从它们之中抽象出来的。

在"善"概念方面，这些表象是什么呢？这个"善"概念来源于内在的还是外在的直观？外直观或外感知通常向我们展示的是在时间持续中的定位性性质，这些性质被把握为明显的或持续的，因而它们处于静态或动态中。这就是颜色、声音、冷暖、大小、位移等概念的来源。然而，没有一种感觉向我们传达"善"的概念。所谓"道德感"的概念是错误的。

因此，"善"概念必须从内直观或内知觉中抽象而来。它向我们展示的不是定位性的广延对象，而是心理事件，是对某物的意识，即我们知觉到自己拥有一个对象。我们能够以三种方式拥有一个对象：仅仅具有一个关于它的表象，或者对它进行判断，或者对它感兴趣(也即情感与意欲)。

C. "善"概念来源于内知觉，"善"概念与"真"概念的相似性也支持这一点。这些概念不仅在内容上而且在来源上都呈现出相似性。真概念无疑从内知觉中产生。……①

41. "真"与明证

在我们称为真的东西中确实包含着对一个判断的明证吗？这可能会被反驳，因为许多判断缺乏明证但并不是假的。例如，虽然某

---

① 由于这部分内容与前面所选《从经验立场出发的心理学》第七章"表象与判断：两种不同的基本类型"中对"判断"的讨论大同小异，为了避免重复，故略去。——中译者注

人已忘记了证明过程，但此人可能完全理解一个数学命题的意义，进而对它深信不疑。他的判断是真的，但不再是明证的。

我想谈谈这个反驳，因为它让有些对该问题已经非常清楚的人误入歧途了。我会用一个类比来削弱它的力量。假设我们正在定义"健康"一词，并且列出一定的血液温度作为构成该概念的诸特征之一。即便一种药物或一种食物不包含血液，那它们被称作"健康"这一事实是否说明上述定义是错误的呢？当然不会！因为药物和食物是在另一个意义上被称为健康的：不是因为它们自身是健康的，而是因为它们促进了身体的健康。

相似地，一个盲目判断并不是与明证判断在相同的意义上被称为"真"，也就是说，盲目判断并不是由于其自身清楚明白而享有"真"这个名称，而是因为它可以从明证判断中推导出来；或者因为，尽管它并不享有直接明证判断的明证性特征，但它在其他任何方面尤其是在它的对象和它作为一个判断的性质方面都与明证判断保持一致。

尽管哲学家在分析"真"这一概念时遇到了困难，并经常性地偏离正确道路，但伟大的哲学家都注意到了明证现象。甚至在日常语言中都可以察觉到这一点。这些明证现象是图像性的，而且是具有正确特性的，它们绝大部分来自视觉或光线：清楚明白的（einleuchtend）、明证的（evident）（来自看）、明察的（einsichtig）。一个判断如果不像非明证的盲目判断那样，那么这个判断的图像（Bild）就和上述情形有关。在思考这种现象的基本特征时，哲学家们也经常使用这样的图像性隐喻。笛卡尔谈到了一种自然之光，这种光亮天然流明，毫无自然逼促（lumen naturale, non impetus naturalis），而莱布尼茨则说，某些真"以一种流明的方式（dans une manière lumineuse）"将自身确立为有效的。然而，科学术语可以毫不带有这样的图像。我们为明证的或从明证判断推导出的判断保留"认识（Erkenntnis）"的名称是更为重要的。遗憾的是，这个建议却往往不被采纳。不过，让我们先把这个术语问题放在一旁。我们现在已经清楚了要点。只有明证判断是确定的。如果一个判断缺乏这种特征，我们就必须通过论证尝试将它提升到明证判断之列；也就是将它从判断中推导出来。如果在我们的判断中没有直接明证的判断，那么证明和诸科学都将不复存在。

判断的普遍有效性由明证性给出，相信与明证性相反的东西是可以设想的，但却是不能认识的。

42."善"概念源于具有正当特征（richtig charakterisierter）的情感行为之经验；它们与判断的明证性之间的类比

前面对"真"概念的考察仅仅是为了照亮"善"概念——它之前被我们的意见遮蔽了。我所说的光亮即是类比之光，这就已经把我们放置在一个可以继续考察的位置上了。和"真"类似，"善（好）"也有多种含义。我们谈论一个好的意愿、一份好的早餐、一个好的指引等，也谈论一种作为我们欲求对象的"善好"和该欲求本身的"善好"。

在诸种善中，并非所有的"善"都是相同意义上的。我们把存货叫作好的储存，我们也把对一种科学之真的认识（Erkenntnis）称为一种高贵的"善好"。

各种对象的善所包含的多种意义很容易得到解释。有些东西是在有用的意义上被称为善好的，也就是说，那些东西是朝向善好的目的的手段（如药物之于健康）。这样的目的其自身也可以是有用的，也就是说，它还可以服务于一个更高的目的；但我们最终会达到一个不因其服务于其他东西，而只因其自身就被称为善的东西。我们知道，真的各种意义都指向了某个在真正意义上承载该名称的东西：真的判断。"善"的歧义也是类似的。

在把一个对象称为善好的时候，我们并没有给它一个质料性的谓述，而当我们把某物称为红的、圆的、暖的、有思维的时候，我们便给出了一个质料性的谓述。在这个方面，"善好的"或"恶坏的"这些表达就类似于"存在"或"不存在"的表达。在使用"存在"的时候，我们不会有意在关涉之物的主要特征中去增加一些别的东西；我们更愿意说，不管是谁承认了某个特定事物并否认另外某个特定事物，他都做出了一个真的判断。而当我们把特定事物称为善好的并把其他的称为恶坏的时候，我们只是在说，不管是谁，只要他喜爱前者而厌恶后者，他就采取了一个正确的立场。这些概念的来源是内知觉，因为只有在内知觉中，我们才可以把自己把握为正在喜欢或者正在讨厌某物。

但是一种爱或恨的行为是否可以正确地向我们显示其自身呢？这是否能构成一个在此类行为中可知觉的真实差别呢？

我们不需要为此问题而感到手足无措。因为如果我们以类似于讨论一个真判断是否与一个假判断是明显不同的这个问题的方式来对它进行讨论的话，我们将得出一个类似的答案。

在判断中，我们可以发现一些判断因为具有明证性而和其他缺乏这一特征的判断区别开来。一个盲目的判断也许会与一个明证的判断在所有其他方面都一致，但只要我们不能用直接的或间接的明证来判断时，我们就无法确定其真假。然而，在一个明证的判断中，我们并不需要这样确定。其正确性是被经验到的。只有当我们识别出确定的判断时，"真"这个词才具有意义。如果没有对于判断的这种仅由明证的判断所提供的标准或者引导，逻辑和科学都将是不可设想的。如若没有判断的明证性，那么先天的或习得的信念冲动与我们理智本质的更崇高方面将没有差别（这个方面决定我们形成正确的和明察的判断），源于本性或习惯的愚蠢的动物性期待和人类智慧之间也将没有差别，这是由于明证性的优越性已经被比拟为与黑暗相反的光明以及与盲目相反的视力。如果不存在上述差别，怀疑论者所相信的情形将真的成为现实。

然而，内经验也会呈现出我们在喜欢与欲望上的低级和高级自我之间的一种类似区分。我们的喜欢与不喜欢时常会如盲目判断那样仅仅是本能的冲动，这种本能冲动产生于特定的情形或者习惯。例如，我们对于特定味道及气味的喜欢或不喜欢，以及守财奴在囤积金钱时得到的快乐就是如此。各个物种的天然本能往往会相互冲突，即便是同一物种的不同个体也是如此。然而，这些令人喜欢或不喜欢的冲动性情感是唯一的一种情感吗？许多心理学家都未提到其他的种类，他们忽视了一种更高层级的情感活动的存在。但是一些心理学家已经意识到了这些更为高级的情感；他们曾说过，比如，我们天生就喜欢清晰的明察而不喜欢不清晰和错误。在《形而上学》的开头，亚里士多德说，所有人都天生欲求知识。这种欲求可以作为一种情形服务于我们：它是一种源于一个形式更为高级的意识活动的喜欢，并且是和判断领域中的明证性相类似的。只要我们的心灵的活动正常地运作——也就是不被疾病干扰也不被周围世界的影响所损坏——这种更为高级的情感对所有人而言都是十分平常的。如果有人或者有其他种类的存在者，拥有运用这种更为高级的判断和评价的一般性能力，但却采取了和我们相反的立场，我们就不会说那是趣味问题——就如我们对关于感性特质的偏好所做的那样（趣味不争论）。相反，我们会澄清说，在该问题中的物种恨一些毫无疑问是好的东西并爱一些坏的东西，这样一种爱或恨从根本上是不正当的。为什么在这种情形中所有的东西都如此不同？这不可能是因为冲动的强度，因为在特定情况下我们对感性快乐的喜欢可能一样强烈。它有完全不同的理由。在日常情感中，强度产生于本能冲动；而在这里（即求知中），我们具有的天然喜欢是一种具有正当特性的更高级的爱。在我们自身发现这种爱的过程中，我们不仅把对象识别为被爱的和可爱的，并且识别为值得爱的。

这样的情形不胜枚举。不过我们到后面才会制订一份关于善好的列表；在这里，我们要做的不是对善概念的范围给出一个彻底解释，而只是明白它的内容。我们已经达到了这一目的。我们把某些东西称为善好的是考虑到这样的事实，即指向它的爱是具有正当特征的，这就如同我们说一个物体存在，是因为指向它的认识是直接或间接明证的。

43. "更好"的概念

对于伦理学认识之原则的问题，我们还未做彻底的回答。我们知道事物不仅有好坏，而且有些事物比其他事物更好。在此，与判断的正确性之间的相似性远离了我们，因为所有真实的东西都是同等真实的。我们如何识别某物是更好的呢？首要的是，"更好"意味着什么？

一些人已经尝试着给出了以下答案。如果 A 是一种善好，并且 B 也是一种善好，那么 A 和 B 的总和就是更大的善好；这是先天就可辨识的，就像一种存在之物加上另一种存在之物就会成为一个更大数量的存在之物一样。所有更好的东西都被更大数量的善所构成，并且是通过其增加而被识别的。

但这种解释似乎并不令人满意。在我们发现更善好之物的所有情形中的差异真的只是量上的吗？质不是也带来价值的不同吗？此外，更大数量的善好就真的与更好是一样的吗？如果是这样的话，拥有更大数量的存在也将与更真实相等同。它们之间的区别从何而来？

这个问题使我们意识到了没有理智参与的情感生活的特质。与对善好 B 的喜欢相比，我更喜欢善好 A，但这并不意味着我更强烈地喜欢 A，只是意味着我偏爱(vorziehe)它。这种偏爱是一种特殊种类的兴趣现象。这是一种指向一个对象的爱，其特质对所有人而言都是可以通过他的内经验而知晓，并且可以和简单的爱相区分的。并非所有的善物都是同等的善好，即使所有真的事物都是同等的真实，这一事实与这种兴趣之多样性的特质相关。说某物是更好的，只是在说它比起其他一些东西是更可偏爱的，也就是说，与另一事物相比的话，它可以被正当地偏爱。

然而，我们如何识别出这种偏爱呢？它不是作为对象中的一个真正的决定性因素而被识别的。正如"存在"并不被指派和其他谓词一同从属于某物的谓词，"善"也是这样，即它并非一种谓词。并且"好""更好"也不是真正的决定性因素（谓词）。当某人明证地认识某些事物时，我们说他认识到其存在；当一个以经验为正当的爱而爱的人将自己看作是在正当地爱时，我们说他认识到某些东西是善好的。因此，要辨别某些东西是更好的，仅仅意味着识别出自己是正在以一种被经验为正当的偏爱而偏爱它的那个人。

因为就像爱的行为一样，那些关涉偏爱的行为包含了一些更高级的及更低级的序列。一些偏爱是出于纯粹本能而盲目的，而其他一些偏爱则是具有正当特征的。爱知识、爱认识不仅是正当的，而且它们也会由于是一种具有正当特性的偏爱而比单纯的信念或者错误更被偏爱。在此，我们并没有让位给趣味，而是在具有正当特征的偏爱中找到其标准；任何与这种偏爱相左的立场都是错误的、不正当的。譬如，某人偏爱伴随着乐趣的认识而不是偏爱没有乐趣的认识，那他就是在正当地偏爱，当他将自己识别成是在以正当的方式偏爱时，他就认识到上述两种善好之物的整体要比其各个部分更好。

第二部分：实践至善

第二章　我们自身心理行为之内的善好

53. 判断领域内的善好

在考虑我们心理行为的基本分类时，我们发现最恰当的分类基础存在于心理现象与其对象之关系的本性中。相应地，我们区分出了三种基本的心理行为：表象、判断和情感。

正如我们已经顺带讲过的，经验揭示了这三类心理行为的每一种都具有某种有内在价值的东西，即具有"善好"这个词在其本真意义上所是的东西。让我们在判断这个类别中开始构建诸善好之列表。

A. 在古代，亚里士多德将知识放在善好的列表中，并且，古代和现代的思想家也都已经同意了他的观点。当然，询问为什么我们偏爱知识而不是错误这个问题，就像询问为什么（我们）选择经历快乐而不是忍受痛苦这一问题一样荒谬。但是，更高贵的善好是知识还是快乐，这一问题仍然悬而未决。因为爱知识也具有正当特征。

这并未排除这样的可能性，即在某种情况下，知识可能对于我们而言是痛苦的，拥有某种事物的知识将会使我们悲伤。但是拥有知识本身仍然是一种善好。

并且知识越重要、越普遍、越具有洞察性，阐释事物的范围越广，阐明的问题越难，开启发现新真理的源泉越丰厚，相应地，它就越是一种更大的善好。比如牛顿的万有引力这种基本原理就比一种有关个别植物或矿物的种类特性的知识更具价值。但是，后者相应地比完全具体的知识碎片更有价值。

知识的价值也根据知识的性质发生改变——不论它是肯定性的知识还是否定性的知识。例如，由于数学是一套分析性的系统，因此是纯粹否定性的原则，所以它的地位就次于自然科学——后者包括了应用于我们识别到的存在物的命题。所谓的应用数学属于自然科学，因为它指向物理世界。但是一个特殊的知识片段的价值也依赖于它的对象的价值。因此，关注心理状态和心理行为的心理学相应地拥有比自然科学更高的地位。并且，从对象的总体性和对象的相对完美性这一点来看，处理一切存在共通法则和神圣第一因的形而上学拥有第一把交椅。

B. 正如知识是一种善好那样，错误是一种恶坏，并且恶坏的程度对应于知识的善好以及它和真理之间的远近。一个离它（真理）不远的错误作为一种真理的近似物，也具有特定的价值。

不过没有什么错误可以被称为纯粹的恶坏，因为作为一个判断，它包含了一种表象，而每种表象都是一种善好——就像我们随后希望去论证的那样。一个做出错误判断的人比一个不做判断并因此不会犯错的人更有价值，不过这种情形中的善好被加入了不和谐的恶坏，因为错误的判断肯定了明证为假的东西，或者否定了明证为真的东西。

C. 因为知识是一种善好，并且是一种崇高的善好，对它的探寻也就具有了价值。甚至第一沉思，即对方法的首次清晰化——不仅是智慧，同时也是爱智——也是一种善好。莱辛（Lessing）甚至说，如果必须在整全的和完美的真理以及探究中做出选择，他将会偏爱后者。这种对真理的探索的要义在于：当知识紧随模糊性和错误之后——正如健康紧随疾病之后——出现的时候，就是一种双重的赐福。并且，即使我们在被整全揭示的真理中获得的愉悦是最为崇高的，但我们在探索中获得的快乐也是更为持久的。为了持之以恒地保持幸福，进步和改变也是必需的。一场游戏的愉悦在于希望和失望、努力和征服。尽管如此，探究也只是因其导向知识而具有价值。没有什么发现的探索者是不幸的，找到比寻找更好。目的不仅仅是道路（过程）。

54. 情感领域内的善好

A. 这个领域包括了比判断领域种类更多的行为。判断领域包括了依据对象的区分，特别是感性判断与理智判断之间的区分；判断质性的区分（肯定与否定）；断定判断和谓述判断的区分；盲目判断和明证判断的区分；有动机驱使的判断和无动机驱使的判断的区分；模态判断之间的区分——不管它是断然判断还是绝然判断；以及最后的时态区分——某物被判断是现在的、过去的或者是将来的。在情感领域，存在着对应于每一种判断的区分。这里也存在着因对象的不同而造成的区分，特别是感性和理智对象之间的区分；性质的区分——不管是爱还是恨；以及盲目的和被认为是正当的之间的区分；有动机和无动机之间的区分。不过在这些之外，还有其他的区分，即根据一个人爱着并且相信他自己面对面地站在他所爱事物的立场上的区分。还存在着愉快、悲伤、渴望、希望以及意愿之间的区分。最有利的情境是，在我们感到愉悦，即在我们相信爱的对象被实现时，我们的爱也得以展现，这时的愉悦是独一无二的。

B. 我们的标准现在使我们识别出情感活动的两种领域内的善好，即在感性活动中的善好以及在理智活动中的善好。

感性快乐是一种指向特定感官的定位性质的感性行为，并且，在我们的二阶意识中，其不仅拥有表象和接受特征，同时也具有强烈的爱的特征。当然，这种爱就其自身而言是纯粹本能和盲目的，可当其在普遍的方面被思考时，亦即这种爱就其自身是善好的东西时，它便属于可以唤起具有正当特征之爱的对象那一类。它的反面，那种强烈的感性的恨，我们称之为痛苦，它就是一种具有正当特征的恨的对象，亦即，感性上的恨是一种恶坏。但是，这种盲目的、本能的爱的行为并没有在所有情感的善好中占据最高点。除非有进一步的善好被加入这种善好中，这种盲目的感性愉悦才能在价值上仅次于精神性的愉悦。谁会将抽一支好雪茄所得到的愉悦与崇高的愉悦——譬如当我们聆听一首贝多芬的交响曲或者凝视拉斐尔的一幅圣母画像时的愉悦——相提并论呢？并且，习惯于感性快乐会削弱我们朝向更高愉悦的能力。一种日日夜夜敲打出琐碎舞曲的乐器无法再现贝多芬作品中纯粹而又高贵的旋律。

C. 在所有理智性的情感中，我们可以再次区分盲目的情感以及那些具有正当特征的情感。内在善好可以在这两个领域中被发现。与在感性活动中一样，盲目的、纯粹习惯性的快乐可以被视为一种善，一种完全不依赖于其对象的盲目悲伤可以被视为一种恶坏。相反，所有具有正当特征的情感都是内在的善好。在所有爱和恨的形式中，事实都是如此。我们可以在高贵的痛苦中发现内在价值，比如，由不正义的胜利或者无法认识到真理而带来的痛苦。恨某种值得恨的东西本身是一种善好；然而，所有形式的恨都次于爱。当叔本华认为同情处于所有情感的顶端时，他是错误的；在尼采的作品中，我们一次又一次看到了洞察之光，尽管他的基调和推演存在瑕疵，但在这一点上，他展现了更高的见识。

D. 尽管盲目的感性之爱是一种次级善好，但它至少不是一种来自于恶坏之物中的快乐。即使后种快乐由于其是一种快乐而包含了一些善好，但由于它是一种不合常理的情感，所以它是一种恶坏。谁会愿意成为尼禄呢？他通过长期吸食"血酒"而享受残酷之乐！在此，我们真的可以说：以残暴为乐。

亚里士多德说："没有谁愿意以这样的方式生活，即他将终其一生保留孩童的理解力，并在幼稚的事情中获得最大的快乐。并且，相似地，没有谁愿意在一项卑贱之事中获得快乐，即使这种事情并没有造成什么伤害。"[①]

E. 由被爱者是存在的这一信念激起的爱具有一种快乐的本性，并且因此拥有一种更高的价值；然而，如果我们采取不同的观点，那么就存在着关于价值的另一个先决条件。如果这个信念是错误的，那么这种快乐的价值就消减了。我不仅不希望从我父亲的不幸中获得快乐，我也不会以错误地幻想我已经实现了重要的智识成就或者美德行为而感到快乐。在这些情形中的快乐拥有了错误的形式，尽管其中的爱是正确的。在这些情形中，我也为这种将引起我快乐的信息的消失而感到高兴。这里的真正错误存在于我们的判断中，因为我们值得爱的对象并未被识别为真正存在的。

F. 因此正当的情感在它所有的形式中都是一种善好，尽管它并不总是一种纯粹的情感。同样，不正当的情感就是一种恶坏，然而当它混合了一些爱的性质（特别是快乐的性质）时，它就包含了一些善好。并且，错误的恨都不能算作彻底的恶坏。因为它（错误的恨）也是一种心理行为，也包含了一种表象；并且属于同类范畴的表象也包含了不同程度的善好。我们下面把注意力转向这一组。

55. 表象领域内的善好

在意识行为的三种分类中，我们目前已经从善好的列表出发考察了判断和情感。最基本的一类即表象，仍然有待研究。毫无疑问，我们爱某些表象，并且在很大程度上爱大部分表象；即使是孩童也

---

① 参见《尼各马可伦理学》，1174a5。

以看和听为乐。我们阅读诗人的作品、沉湎于画作、聆听音乐，这全是因为我们从展现给我们的表象中感到愉悦。至于它们的对象是否存在，这并不会困扰我们。仅仅拥有这些东西的表象就已经足以使我们在它们中获得愉悦。那么，这种表象中的愉悦是否可以得到辩护呢？当然可以，因为表象属于内在价值的范围；的确，我冒险地宣称，每一个表象以及所有的表象就其自身都是有价值的。这并不否认存在着我们希望摆脱的某些表象；毋宁说，我们希望它们离开是因为它们占据了更有趣、更令人愉悦的表象的位置，而不是说它们自身并无价值。因为，我们的意识有特定的限度。在任何一个时间，我们都无法拥有超过一定数量和一定种类的表象；我们能够关注的表象是很少的，大约等同于我们兴趣的范围。并且，还有其他一些境况，在其中我们并不希望拥有一个表象，例如，当我们发现它是令人厌恶的时——不管是出于本能的厌恶还是出于对其联想的厌恶。然而，除了这些结果和偶然的情况外，拥有表象是善好的，对表象的辨识也是善好的。当然，任何一个必须在一种没有意识的存在者与至少在拥有一些表象的存在者中做选择的人，将宁愿选择哪怕只具有最微不足道表象的一方，而且他也不会羡慕无生命的对象。因此，每一种表象看来都构成了我们生命中价值的丰富性。如果我们凭借幻想得到理想存在(即上帝)的观念，我们虽不会把每一种判断和爱的行为都归于他，可我们肯定会把每一种可设想的表象都赋予他。

56. 对所有表象都具有价值这个论点的反对意见

A. 就这个论点而言，一些人可能会觉得听起来有些奇怪，这只是由于它与我们在其他两个类别中所发现的情况相对立。

不过这种差异是可以理解的。

(1)表象这个类别不存在另外两个类别意义上的对立面。判断被区分为承认和拒绝，情感(兴趣的行为)被区分为爱和恨。在特定时刻，两者中只有一个能够是正确或正当的，实际上，可以把对与错——真与假或善与恶——之间的任何区分归于它们，对与错的划分正是与这种区分相关联的。然而表象没有对错之分。当我们仍然要说到"不正确的表象"的时候，我们所指的不是表象自身，而是一种判断，即把所呈现的特征归于一个并不具有这种特征的对象。我们还可能认为把这种表象与一个特定词语联系起来是不正确的，这就等于说，使用这个词的人在其通常用法上做了一个错误的判断。

在这种派生性的意义上，我们也可以谈及道德上坏的表象，它可能与下述事实相联系：这些表象容易把人们引入不道德的欲望和行为的迷途之中。

（2）表象是基本的类别。判断基于表象，特定的情感行为（如希望、害怕、悲伤、喜悦）与判断和表象相联系。结果就可能会出现一种有缺陷的爱或恨的行为，因为作为其基础的判断是错误的，就像愚蠢的希望以及类似的情况一样。仅仅由于表象的基本特征，其中就不会出现与上述情形相似的情况。

B. 对所有表象都是善好的这一断言的第二个可能的反对意见是说我们憎恨某些表象；这些表象使我们满怀厌恶，唤起我们的不悦。

回答：然而，正如前面所提到的，在这里我们并没感到怨恨是具有正当特征的，它只是一种本能的或习惯性的厌恶，这部分基于特定情况，部分基于联想。而对于一个东西是毫无价值的这种决定只能通过一种具有正当特征的憎恨而做出。

C. 喜欢及美的表象从所有其他表象中凸显出来。美的表象看来通过一种被具有正当特征的爱而爱的事物——善事物——区分出来。可如果这是它们的显著特征，那么所有表象就都是具有内在价值的。而且，美与丑或可恨相对立。但后者除了是一个被具有正当特征的憎恨而憎恨的表象之外，它还可能是什么呢？因此，某些表象是恶坏的。

回答：这无疑是最重要的反对。这个反对的基础是什么？这是基于一个美和丑的定义，这个定义看来有很多可以说道的地方。美被定义为能够被具有正当之爱而爱的表象，丑则与之相反，是能够被具有正当之恨而恨的表象（更准确地说，它不是引起我们爱或恨的事物的表象，而是由对我们的感觉和我们的想象所施加的影响而在我们之中引起的表象，即对它的看，对它的听）。另外，在那里对一个表象的爱并不具有或对或错的特征，我们谈及的仅仅是快乐或不快而不是美。

有没有其他方法可以解释这些区分呢？

康德和赫尔巴特可能赞成这种美的定义。因为在其中指出了美所给予的喜欢的"必然性"，而不仅仅是其普遍性，这就是把美和纯粹的喜欢区分开来的特征，他们看来旨在区分出具有正当特征之物。我说"旨在"，是因为他们构建它的想法是错误的。正是在美与丑上面，口味和判断就分道扬镳了。这些哲学家像许多其他人那样混淆了正当性和必然性。不过，在竭力构建一种在美和在快乐中实际发生的东西的差异时，他们试图把前者与对一种普遍必然之理由的意识感受相联系，这表明他们心中已经有了一种具有正当特征的喜欢。

现在如果我们接受这个定义，我们的研究将得到令人为难的结论：由于所有表象在一定程度上都是美的，所以并不存在与美的事物相反的丑的事物这种类别。不过这并不意味着在美和喜欢之间的所有差异都将被抹去。相反，这些概念在它们的内容和领域中仍然有所不同。

（1）它们在内容上不同，因为通常事实上令人喜欢和具有正当特征的喜欢是十分不同的事情（前者没有应用"具有正当特征"这一概念；后者没有应用"实际上引起"这一概念）。

（2）它们在领域上不同，因为实际引起的喜欢范围更小一些。一些事物实际上对我们来说无足轻重；另一些则明确地令人讨厌（"可以被一个正确判断所认可"这一概念并没有假定任何人实际上已经做出这样一个认可，或者，事实上它甚至没有假定任何人有一种倾向去这么做）。

（3）此外，即使当我们只谈论实际喜欢的表象，我们也可以证明，美和喜欢并不完全一致。因为关于事实上喜欢的事物在程度上的变化并不与那些关于美的事物相对应。后者是普遍的，而我们在不同人身上却遇到了口味偏好的冲突。因此，对于其中的一个反对者来说，必然的情况是，那些更令人喜欢的东西和那些更美的东西是不一致的。

（4）还有一点：同一个人也许——由于他的构造或他养成的习惯——会因两种现象中的一种获得更大的喜欢，同时不得不承认另一个在美上更为优先。例如，他可能会承认一个视觉现象更美，并把它理解为一种具有正当特征的喜欢，虽然如此，他却从触觉现象中获得了更大的乐趣。

D. 因此，如果我们把美的表象等同于一种能够具有正当特征的喜欢的对象，我们就只剩下一个困难，即要说明美与丑的不同。

我们可以尝试通过与"大"概念（即"大"的概念同时具有广义和狭义）的类比来说明"美"的概念。在一种意义上，每个人都是大的，因为每个人都有一定的尺寸；在另一种意义上，只有某些人是大的，也即他们的尺寸大于平均值。这也是当我们在谈及"大块头"时通常所说的意思。

对于"美"这个词我们也可以这样讲，"美"有时是在广义上而言的有时是在狭义上而言的。在后种意义上它标示着与其他事物的区分；这是它的通常用法。如此理解的话，并非每种表象都是有关某种美的东西的表象。

"丑"也可能是一个相对的概念。就其本身而言，它与美的对立只会像大与小之间的对立一样。丑不会实际地与美相对立，而只会是一种相对的不足。一个被认定为丑的表象不会是实际的恶坏，而只是由于意识的局限性而干扰了美的表象并因此使我们不悦。

57. 美和丑的界定；艺术中的美

如果我们试图把握美和丑通常意味着什么，那么这些界定看上去也不是非常合适。根据事物的通常概念，丑陋的东西是一种彻底的恶坏。这或许会被反驳说是一种混淆的结果；毕竟，人们通常不能清楚地区分喜欢与具有正当特征的喜欢，同时也会混淆不喜欢和正当的不喜欢。这种反驳会说，美和丑的概念总的来说是摇摆不定的和模糊不清的；有时一种与喜欢相联系的表象本身就被称为美（美美的温暖、美的气味等）。

A. 这些无疑都是真的。但是对于美和丑，可以给出一种比上文提到的更加符合日常用法的定义。当我们说"美美的温暖""美的气味"这样的话时，我们感觉这种表述是反常的。另外，考虑到事实上使人喜欢或不喜欢的东西普遍地具有如此巨大的影响，以至于没有人会称一个表象为美的，如果该表象普遍带来不喜欢——即使这种不喜欢是纯粹本能性的且不具有正当特征——或者如果没有一种喜欢与之相关，或无论如何它都无法发展为任何更显著类别的喜欢的话。在日常生活中，我们用"美"来指任何与一般现象相比能够被正当地因其自身而得到偏爱的某种现象，以及自身显示为可以在具有合适倾向的人——被赋予好品位的人——身上实际唤起格外显著的爱和高兴的某种现象，并且该现象以在合适性情的人即被赋予好品位的人身上实际唤起爱和高兴的方式呈现自身。但为了让"美"发生，表象只具有价值是不够的，其他许多条件必须被满足。因此，美的概念在日常生活中也指实际喜欢的东西，相应地，丑则特别地指令人不喜欢的东西。

B. 那么与高雅艺术相关联的东西又是怎样的？我们注意到日常生活中被称为美的东西属于下述的对象：比起普通表象，它们的表象能够正当地因其本身而被偏爱。在这种事例中，观察的愉悦不能被对于此表象的实际反感，也不能被不具正当特征的反感所摧毁或打扰。艺术家努力追求的美完全与实际喜欢或讨厌的东西——无论其是否具有正当特征——无关吗？绝对不是；艺术家致力于唤起的不仅仅是特殊价值的表象，而且也是一种蕴藏在它们中的很高程度的喜欢，即具有正当特征的喜欢。

因此，为了尽可能不破坏我们的享受，艺术家试图尽可能避免任何令人讨厌的东西。但当他运用任何与厌恶相联系的表象时，他是为了从中产生更强烈的喜欢，就像作曲家解决不和谐那样。我们的兴趣被加强了；和谐自身在任何情况下都是令人愉快的，而在作为某种问题的消除时和谐变得更加令人愉快，这种被消除的东西只是作为和谐的预备而在艺术中成为合理的。或者，再举一例，和谐变得更令人愉快，因为多种音符系列首尾衔接，相得益彰。在不和谐中，这一现象变得更加清晰，因为在这里，曲调的多样性更加显著并且因此在和谐之处也更容易理解。在旋律中，本身不和谐的东西在相关情形下也不是不和谐的。

事实是，令人愉快的东西在被达到的时刻提供了特殊的愉悦，尤其是当其紧随着某种令人不快的东西时。经过一段时间之后，这种感觉似乎被耗尽了。因此，令人愉快和令人不快之间的变换在艺术上是合适的。如休谟指出的，当达到满足的愉快达到顶点时，恐惧和希望的起伏扮演了重要的角色。无法达到令人满意结尾的无休止持续就变成一种折磨。

我们在科学研究领域发现了相似的东西。如前所述，莱辛和随后的一些思想家宣称，他们偏爱为了真理的奋斗胜过对真理的完全获得。这是一种奇特的告白；我们倾向于说任何持有这一观点的人并不能真正地追求真理。知识无疑是更好的善，但一步步接近它的快乐，在希望、失望、劳累、部分成功等之间转换的兴奋，这些都是可持续再生的，所以在研究中的愉悦比完成后的愉悦更加持久鲜活，尽管后一种情况的最初时刻无疑是最美妙的。

经过这些以及相关的考虑可知，当艺术家们有意地混入一些令人不喜欢的东西，或混入不像其他东西那样令人喜欢的东西的时候，他们仍然在总体上避免了令人不悦的东西。

C. 而且，艺术家不仅避免在事实上不令人喜欢的东西，而且也偏爱和选择那些在事实上提供愉悦的东西，即使这种愉悦是盲目及本能性的或是仅仅基于习惯的。例如，一种颜色比另一种颜色更能给人带来愉悦，这就可能成为一个偏爱前者的理由。毫无疑问，艺术家允许这种考虑占据主导地位，但是他们这样做时的程度是不同的。一些艺术作品展示了更多的原初美，而其他一些则唤起更大程度的愉悦。因此，我们一方面拥有内容丰富、朴实无华的艺术，另一方面拥有内容简洁、致力于安慰和吸引我们的艺术。

艺术家在展示对愉悦的关心方面是可辩护的。确实，他应当致力于联结美和令人愉快。可这是为什么呢？高雅艺术也致力于在表象中刺激盲目快乐吗？几乎不是。相反，它们的唯一目的是展示最完美的可能形象，并用这一形象催生出对最高程度的具有正当特征的喜欢之尊崇。那么，引入在特定表象中被感觉到的本能的和其他盲目的喜欢又有什么意义呢？答案是：为了强化具有正当特征的喜欢。而且它可以通过一种与本能性的厌恶以导致困扰相同的方式来实现这一影响。

这种情绪间的相互助长与限制是一种值得关注的现象，它对艺术具有相当大的重要性。一旦某物令我们进入一种欢乐情绪，我们就会在很多原本不会吸引或很少吸引我们的事情上发现愉悦。另外，一个处于悲伤中的人无论看什么，看到的都是悲伤的那一面。快乐在我们心中所唤起的是一种去感受更多喜欢的倾向。

当然，这不是无条件正确的。相反，有时愉悦让我们从其他事物上分心。想象一个男孩，当他在学习时，被他刚刚得到的狗或者房间中的鸟分心，或者因听到外面街头手风琴开始演奏的好听的小曲的愉悦而分心。但在其他事例中，一份喜欢并不会以这种方式减损另一份喜欢。相反，许多喜欢的对象会在这种关系中彼此共处，它们能够很容易通过统一的注意行为而联合起来，这一行为加强了各自带来的喜欢。想想亚里士多德所说的关于餐厅里令人喜欢的气味，它们同时也被认为刺激了食欲，虽然玫瑰的气味会分散对食欲的注意力，但烤肉的气味会刺激它。他说，不过在特定情况中，即使前一种气味（玫瑰的气味）也有助于我们的食欲，这种特定情况就是上述两种气味在习惯上关联在一起时出现的。因此，当我们发现美德和魅力在一个人身上共存的时候，我们针对二者出现的喜欢就增加了，与此类似的是，当美的诗意图景在美丽的诗句以及与之相合的格律中展现时，我们对其的喜欢就会增加。歌德评论说，我们应当将诗歌翻译为散文来进行评价，这是正确的，只要这一过程会帮助我们给出对我们在其中所感到的喜欢的动机的解释性分析。假设存在着两种愉悦，每一种都能够在多种表象中得到，即使只有其中之一是那种由作为美而被识别的东西所引导的愉悦——具有正当特征的愉悦，而另一种则是盲目的快乐，但是唤起这一本能喜欢的也是出于对艺术的兴趣。

D. 这些评论有助于说明一些关于美学任务的内容。如果美学想要成为一种艺术理论，即去指导艺术家，或者即使仅仅打算分析艺术作品，并使之能够根据他的动机而被理解，那么它就有太多其他的事情要做，而非仅仅呈现决定真正美的高级别的规律。它也将必须处理那些决定我们事实上从美丽的东西中得到的更大程度的喜欢的规律，以及从各种表象中得到的所有实际喜欢的规律。就是说，它将必须处理本能性喜欢的规律，还有习惯性的规律，它们在具有正当特征的和本能性的喜欢两种情况中都施加了巨大影响。这影响被证明是如此重要，以至于一些哲学家走得如此之远，认为所有美都是由习惯所决定；例如，他们说，常规性特征被认为是美的，是因为它们代表了适中，对于身体的特定比例等也是类似的。根据我们早先确立的观点，这不可能是正确的；但是无法否认的是，类似于审美规律之外的其他心理规律。为了理解美的现象唤起的更高级的喜欢，习惯的规律必须被纳入我们的考虑。

E. 但是问题依然留给了我们，它是我们目前讨论的真正对象。我相信正在进行的评论已使之可以理解，这个问题是：为什么艺术家在他的作品中先是排除令人不快的东西，可为了让美更加令人印象深刻，其中又会包含其表象能唤起盲目喜欢的元素。

同样的目的很容易让他走得更远。艺术家们喜欢在表象中达到对愉悦范围的超越，并出于类似的目的使用其他种类的喜欢。他们甚至试图去用谄媚的混合物来引发美学愉悦，无论这谄媚是对个人的还是对全人类的。下述短语显示了这一点，如"给一个人讲美丽的故事"或者"用一千个美丽的语词"。他们宁愿不触及引发不快的东西，即使是一个引发不快的表象。我们很少会发现讽刺文的目标是令人舒适的，而当它冒犯了整个公众的时候，就没有人喜欢它（想想蓝袜社女学者多么讨厌莫里哀以及泼妇多么讨厌莎士比亚。而且一个执着于生命的老人家不会喜欢提醒他死亡的艺术作品）。

然而，如果将艺术家的受众纳入考虑，他的行动就能够与真正的艺术目的以及美学标准相符合。

F. 当为了事实上碰巧取悦人的东西而牺牲美，或者对具有重要价值的表象的喜欢屈从于更低级的表象或其他兴趣时则是另一回事。遗憾的是，这种情况会经常发生，例如，当艺术将自己置于为放纵而服务的境地时。那样它就不再是高雅的艺术，而是堕落到烹饪的层次，即致力于为我们的味觉提供快乐。类似地，当一首颂诗中的首要愉悦集中于它所包含的谄媚语句时，这种愉悦就不是美学上的。柏拉图称烹饪艺术为一种谄媚艺术。并且当高贵的艺术转向如此这般的低级目标时，这一责备只会更有道理。确实，通过将那些指向更高召唤的东西降格，这种艺术给那些真正热爱美的人一种实实在在的排斥感。甚至说教的文学也不同于艺术的真正目标，尽管它比前面提到的情况更具伦理价值。

G. 当艺术沉浸在所谓的特技上时，即一般而言，当我们的注意力集中于艺术家的技巧而非集中于被表现之物的美的时候，艺术就偏离了它的真正任务。喜欢也许能够在这种事例中被唤起，而且这也许是正当的，但这却不是直接朝向美的喜欢。

这种错误在艺术的每个分支都存在。我们发现诗人们将最艺术性的韵律和韵脚编织在一起，展示出令人震惊的对于语言的运用；然而这些没有一样以任何方式使他的主题的形象或与之相联系的情感变得完美。我们发现作曲家们将沮丧的悲伤之爆发或者对复仇的疯狂激情指派给一位花腔女高音，她以她灵巧的断音和颤音将我们能感受到的庄严打消殆尽。我们发现像曼特尼亚（Mantegna）这样的画家们运用过多的线性透视来展示他们的熟练精通。我们发现建筑师们不去将塔直立地安放在教堂上，而是依照平衡法则以最大可能、最大胆的角度歪着放置。我们发现专业舞者们没有一点点关于运动之美的观念，而正是这种美使得歌舞女神特尔西科瑞（Terpsichore）值得位列众缪斯之中；他们认为最激烈的四肢的扭曲是他们艺术的最大成就。而且公众足够野蛮，能从这种人类苦痛中得到快乐。这种对可变性和身体的精湛控制是否为缺失的美学吸引力提供了替代品，这是存疑的。但即便确实是这样，每种情况也都还像前面提到的一样：它们都构成一种对艺术的真正目的的偏离，尽管它们是由诸如曼特尼亚或莫扎特这样的大师所完成的。

同样经常发生的是，肖像画主要因艺术家的技巧而令人喜欢，比如在只有相似性才被认为是有价值的情况中。亚里士多德试图通过下述类比解释我们在相似性中产生的喜欢，即画作与原件相比较的相似性与思考活动和所得结论相比较的相似性的类比。但这同样不是对美的喜欢，而且这种解释在任何情况中都是不充分的。在两样自然物之间的比较，如两个眼睛、两只手或两条腿，都不能为我们提供那种从成功的肖像画中产生的喜欢。不如说，我们的喜欢从精湛技艺中得到。"他让它看起来多么自然！"我们惊呼。我们的喜欢和艳羡是合理的，尽管它们并不由美所产生，而是由熟练技艺所产生。

一位意识到在许多方面所有艺术美都比自然美更低级的艺术家朋友对我说，他对于我们如何去理解人类在艺术作品中所得到的巨大愉悦而感到困惑。他认为最终的解释将在他们的虚荣中——在他们对于人类作品的美的骄傲中——被发现。这可能类似于在技巧中的愉悦。但是这不是艺术家们应该追求的东西，因为真正的艺术家会将下述情形视为最伟大的成功，即欣赏他的作品的人因美而忘记了作者乃至自己。

H. 让我们回到我们对最后一个反对的回复：所有表象都具有内在价值的论点也和存在着丑陋的表象这一事实相矛盾。我一点也不想把一个表象的美和它的价值等同起来。不是只有美的表象才是无可非议地令人喜欢的；美是两个概念中范围更窄的那个。我们将"美的"这一称呼指派给那些具有特别重要之价值的表象，我们在其中无可非议地获得特别高级的喜欢。仅去发现对它们的高级喜欢是不够的；为了成为美的，它们必须以一种实际唤起这种喜欢的方式向我们呈现自身。为了让这种情况发生，低级的和分散注意力的表象必须被避免；最重要的是，不快——甚至盲目的不快——绝不能出现，除非它所表现出来的对比能使人对有价值的东西感到喜欢。我们仅在其会满足这一目的的时候利用不快，而当我们利用盲目快乐时，并非为了快乐本身，而仅仅是为了支持审美的喜欢，这是艺术创作的一个美妙之处。这如何在个别情形中实现则是美学的主题。我们的关注点不过是确立表象在那些自身为善的东西中的大体位置，并且面对非议捍卫善好的列表中的这一部分，其中最后的部分我们已经通过对美的概念的阐述而处理过了。随后，当我们讨论正当偏爱的普遍法则时，更详细地检视特殊表象的价值关系将会是恰当的。

这样我们已经支持了这一主张，即每一表象都是自身为善的，而且我们表象生活的每一次扩展都增加着我们自身的善好。由于表象是所有其他心理行为的基础，故而所有心理行为都是一种善好。

第三章　我们自身心理行为之外的善好

58. 并非只有我们自己的心理行为是能够爱并值得爱的

A. 许多人认为我们自己的心理行为是值得爱的对象，而其他所有东西只是作为其手段才被爱的。事实上，他们更进一步声称，不仅我们自己的心理行为是唯一值得爱的对象，而且其他任何东西都不可能因其自身而被爱。不用说，所有那些认为我们自己的愉悦是唯一善好并且是唯一能够被爱之物的人，都属于这类人。但是还有其他一些人可以被视作其同类，他们为了我们自己的完善而提出了一个类似的主张。

我们应该如何回复这些主张？可以确定的是：如果只有我们自

己的心理行为是能够被爱的，那么整个世界就是在欺骗自身，因为相反的情况一直在被确认。

而且如果两个论点都是正确的——我们只能爱属于我们的东西，以及只有我们自身的才是值得爱的——那么人们承认去爱或欲求那些不值爱和欲求的东西就是在说谎。在说这种谎话的时候，他们是在控诉自己错误的爱和欲望。

甚至第一个观点看起来也是粗糙的。尽管还有下述哲学家不惜做出这一论断：曼德维尔（Mandeville）、拉·罗什富科（La Roche-foucauld）、尼采（以其"优美的德国食肉兽"的断言），以及达尔文主义者们。但是第二个主张看起来完全不可能。它与所有人类禀好完全背道而驰，以至于即使上述思想家也会对得出这样的结论心存疑虑。不过，谁知道呢？一些大胆的研究者可能会做出让步而非放弃其中心论点。他可能以如下方式向自己解释：我们并不总是回避自我归错，尤其是当我们在逢迎某人并在将此作为义务的情况下出现自责时；想想沃尔西（Wolsey）和其他政客在君主面前，或者美狄亚（Medea）在詹森（Jason）面前的情况吧。另一个希望捍卫这一不可信的观点的思想家也许会给出一个不同的解释，说我们只是犯了错误，将恶坏的东西认为是善好的。

B. 所有这些解释似乎都有些牵强附会，而且在我们接受会导致如此悖谬的结果的学说之前，我们最好去寻找根据。思想家们提出的理由因人而异。

一些人从一切存在者在本质上不过是追求自保这一命题出发进行演绎。由于所有的活动都源于存在，那么行动也就源于自私的追求。

另一些人——这个观点的大多数支持者们——诉诸经验来辩护。但经验恰恰带来了明确反对这一理论的证据，正如我们此前看到的快乐主义的情况那样。让我们详细地阐明这一点。

（1）首先，认为只有我们的心理行为才能被爱肯定是错误的。人们为了他人和他物牺牲自己：朋友为了朋友，母亲为了孩子，爱国者为了祖国，狂热者为了钟爱的想法。这些事实是如此不可否认，以至于系统地持有相反观点的真诚的人也会慢慢被迫承认它们（参见哈奇森对此的机敏评论）。穆勒最初认为只有我们自己的快乐是值得爱的，并且一直认为它本身就能够在生命之初成为我们爱的对象，后来也承认随着我们心灵的发展，我们具有了一种对邻人的爱，这种爱就如同他说的守财奴变得爱他的钱财那样。但是，他继续声称我们爱邻人和希望他得到快乐其实只是为了我们自己的缘故。在此，我们不考虑他在这一点上是否正确；我们知道即使在这一阵营中，也可以找到证据来反对"我们只能爱属于我们自身的东西"的学说就够了。

（2）然而，随之而来的观察或许能更多地表明事情的真实情况。我们如何解释只属于我们自身的东西（如我们自己的心理行为）是能够被爱的这一主张？这里只包含当下的行为，还是也包含未来的行为？几乎没有任何人希望将未来行为排除出去。即使是快乐主义者（如伊壁鸠鲁）也教导说我们的未来快乐也能够被爱；他们指出人们希望牺牲小部分当下的快乐来获得未来的快乐。不过，同伊壁鸠鲁一样，许多快乐主义者是唯物主义者。从这一观点出发，我们大脑的组成物质的持续变化意味着心理功能的对象在持续变化。曾在很长一段时间里一般地被"我"所指称的东西，在当下不再是我自己的物质的一部分，而且以与从前一样的方式被重构的"我"能够处在外在于及相应于当下自我的位置。但对所有这些的相信并没有驱散快乐主义者对于未来快乐的喜爱。这也许只是因为快乐主义的唯物主义者没有仔细思考这一信念的结果，所以它并没有带来应有的影响。可情况并不是如此；即使我们让他们意识到这些结果，他们也丝毫不会减少对于他们未来的关心，尽管与此同时，我很怀疑他们将会放弃他们的唯物主义。

那么，一个人事实上有能力像爱自己的心理行为一样去爱他人的心理行为，这一点是清楚的。

有人或许会做出如下反驳。尽管我未来的自我和我当下的自我严格来讲不是完全相同的，但这一特殊事例肯定涉及一种特别形式的相似性，因而我们能够出于实践目的而将它们看作同样的东西；所以依然有可能坚持认为我们的爱事实上仅限于我们自己的当下和未来快乐。

答复：a. 上述所声称的广泛的相似性并不存在。成年人和小男孩的差别要比小男孩们之间的差别大得多。

b. 不管相同之处多么显著，每一自我的界限必须在某处设立。但是事物之间的相似性可以逐渐减少，这使得指出绝对无法被超越的特定界限成为不可能。

因此，我们自己的心理行为不是仅有的被爱的对象。也不是唯一值得爱之物。

A. 没有人会严肃地认为当一个人承认拥有对他人幸福的兴趣时

他是自我归错的。我们经常向第三方夸耀我们为了他人而牺牲。确实，我们的虚荣让我们在这一点上偏离真相——如果我们之外的东西都被排除在善好之外，这一切都将是不可思议的。没人会对这种夸耀感到惊讶；相反，所有人都敬佩这种牺牲。事实上，当我们通过了更大范围的他人的重大利益而牺牲一小部分个人善好的方式来做出偏爱和选择时，我们就实施了具有正当特征的情感行为。如果有什么行动是正当的，这一行动便是。

B. 另一个澄清问题的方式是问：只有我们现在的福利值得爱，还是未来福利也值得爱？在实践上不可能发现不把后者也算进去的人，否则在我们所有的活动中，最大可能的短视将是最理想的。或者更确切地说，所有的行为和追求都将是愚蠢的，因为它们总是指向未来之物，而这些未来之物不可能成为实现任何当下之物的手段。因此，前面证明非自利的爱的可能性的论证，同样可以被用来证明这种爱的正当性。

那么，属于他人的东西就不仅是能够被爱的，而且也是值得爱的。

即使边沁也承认因他人幸福而快乐的情况确实会出现，并且这样的情况也是一种善好。不过，他确实相信并不存在自我牺牲这种东西。但是，一旦允许我们能够像爱自己的幸福一样爱别人的幸福，那么否认我们偏爱对他人有利的东西而非更小的个人利益（后者是被牺牲的）就是不可能的。正如我们已经表明的那样，确证此事的事实是如此显著，以至于穆勒也在这一点上偏离了边沁。

当然，所有这些都适用于所有心理行为领域中的善好，对于所有恶坏也是如此。（自己的）快乐不是唯一能够被爱和值得爱的善好，属于他人的善好——如同属于我们自己的善好一样——也是能够引发爱和值得爱的。

59. 除了心理行为还有（其他的）善好吗？

到目前为止，我们对善好的了解只扩展到我们自己和他人的心理行为上。现在的问题是，是否存在其他的内在善？或者我们称为善好的东西是否只是为了达到这些心理的善好才是善好的呢？让我们把这个一般性的问题变得更具体一些。

A. 一种有美德的性情比它的反面更可偏爱吗？实际上，我们喜爱和仰慕他人，更多是因为他们的品格，而不是因为单独的道德行为。我们尊敬这些行为是因为它们揭示了道德品格。Ethik（伦理）这个词来源于 $\tilde{\eta}\theta o \varsigma$（意思是习惯或风俗），而 tugendhaft（有美德的）来自 Tüchtigkeit（能力）和 taugen（对······好，对······有用）。这会得出这些有德性的性情自身也是有价值的吗？还是仅仅由于这些性情所产生的行为而有价值呢？

B. 植物是自在地因其自身而值得爱的吗？它们被认为是一种内在善好吗？它们体内组织的完善本身是有价值的吗？

C. 完全抛开其是否总是有用之外，每个现存的事物都是善好的吗？

在此，也存在着意见的分歧。许多人否认任何非心理的东西具有内在价值；他们说，就我们所考察的任何对象而言，我们甚至不能因其自身之故而爱它，不过其他人不同意这种看法。我们应该如何决定呢？

有一点很容易解决：否认人们爱心理行为之外的任何东西，这是夸大其词的。毕竟，守财奴爱黄金不需要动机。

然而，要判定上述的其他事物是否包含一种内在值得爱的元素，则更为困难。

我们的第一个倾向是说"不包含"。

（1）那些因其自身之故而值得被爱的其他人的心理行为总是这样，它们也应该得到拥有者的爱。如果植物是因其自身之故而值得被爱的话，那么这种爱同样也应该适用于它们。但是，植物自身并没有伴随着一种具有正当特征的爱去发现它们自己具有可爱的本性，因为它们完全没有爱的能力。因此，这似乎意味着，它们被爱并不是在于它们自身的爱好，而是在于我们的爱好。也就是说，它们作为一种手段而被爱，其价值并不在于其自身的本质中。

（2）然而，如果有些人仍然倾向于把植物归为有内在价值的一类，那么我们可以通过这样的事实来解释这种诱惑，即作为一种手段的值得爱的东西容易与正当的爱和本质上值得爱的东西联系在一起。因此，我们倾向于把仅仅作为手段的善好的东西看作一种内在的善好。

然而，重要的是，大多数重要的哲学家都认为具有内在价值的领域应当更加广泛。柏拉图认为，每一个肯定性的存在都是对善理念的模仿，亚里士多德和中世纪最重要的哲学家们都同意这一观点。莱布尼茨也是如此，他在与沃尔夫的通信中也表示，完美是一种来自同一个事物的肯定性现实的程度，或者是断定性理智（intelligibilitas affirmative）的程度，因而，更完美的东西包含着更多值得尊敬的东西（notatus dignae）。皮埃尔·让内（Pierre Janet）持有这种观点。

他说，善好存在于一切活动中，特别是那些强烈的活动中，并且存在于各种元素之间的和谐中，存在于宇宙之间的统一性之中。他以下述断言表述这些目的：一个存在者的善好存在于其能力的和谐发展中(Le bien d'un être consists dans le developpement harmonieux de ses facultés)。这个问题对于神正论来说是重要的，因为如果心理行为是唯一的内在善好，我们就会面临这样一个问题：为什么上帝没有从一开始就抛弃一切间接的手段，而将所有的心理性存在都置于最完美的可能状态中：无所不知，只爱正当，并且体验最崇高的愉悦。正是这些形而上学的考虑表明，把善好限制在心理上是站不住脚的。这个世界无法发展；它就像一部糟糕的由一些孤立和不相关的片段组成的戏剧。看起来，因果关联及关系必须被列入善好之中。

经过更仔细的检查，我们看到反驳意见是无力的。它建立在这样一个命题之上：一切值得爱的事物都是出于我们自己或其他人的兴趣(Interesse)。"出于我们自己或其他人的兴趣"这句话是什么意思？如果它相当于"作为某种心理行为的手段，要么与我们自己要么与他人有关"，那么这个论点就成了乞题。另外，如果这意思是说善好是正当兴趣的对象，因而与有这种兴趣能力的存在物相联系，那么我们就会面临一种误解。一个对象是善好的是所有指向正当的爱所需的客观条件。但这并不能说明任何拥有这种兴趣的人是否真的存在。这一点可以通过诉诸与存在意义上的真理相类比的方式立即得到澄清。如果某物能够在一个正确的认知判断中得到承认，我们就说这个东西是真的，不过我们并不是说这样的判断必定要被某人做出。即使没有人去承认它，存在的事物仍然会继续存在下去。

我们可以用同样充分的理由来给出以下论点。如果另一个人的某一特性对我来说是真实的，那这个特性对于它的拥有者来说也必须是真实的，这必定同样适用于植物。但是一个植物的特性对于植物而言不可能是真实的，因为植物不能认识到这些特性。因此，植物的特性对我们来说是不成立的。这显然属于诡辩。

(3)我已经说过，这个问题对形而上学家来说是至关重要的，如果我们想从形而上学家的角度来看待这个问题，我们就必须要进行更为彻底的研究。然而，这个问题对于道德哲学家来说并不是同等重要的，因为从所有实践目的来看，相反的观点会导致相同的后果。

例如，我们是否认为有美德的性情内在地就比它们的对立面更值得偏爱，或者只是与它们产生的行为相比才值得偏爱。也就是说，这些行为在任何情况下都具有重要的价值。因此，从源于善好的性情——这种性情又是从善好中产生的——出发的价值实际上更为重要。

同样，动物和植物有机体是否同样具有价值，或者只有当它们是有用的以及在审美愉悦之必要条件的范围内才具有价值，这对伦理学来说没什么不同。

就无生命的自然力而言，我们既不能增加也不能减少它们在物理世界中的数量。因此，它们是作为一种目的还是作为一种手段，对伦理学来说都不重要。

我们研究这个问题的时间越长，我们就越发现心理善好在我们的影响范围内具有如此高的等级和重要性，以至于任何物理善好可能拥有的内在价值与之相比都可以忽略不计。

至此，我们完成了对各种善好的研究。总结如下：

我们在自己和他人的心理行为中发现了内在善好：每一种表象都是内在善好的；在判断的范围内，认识是内在善好的；在情感范围之中，正当之爱和由好东西引发的愉悦是内在善好的。

60. 同一种善好对于所有人都是善好的吗？

在我们对诸善好的价值关系进行研究之前，先处理一个附带的问题：同一种善好对于所有人都是善好的吗？

在回答之前，我们必须澄清这个问题。它可能有两种意义：

A. 是否期望所有生物都拥有同样的内在善？

B. 一个存在者既定的内在善好是否对其他所有存在者来说都是可欲的？

从第一种意义上来说，这个问题的答案应该是否定的；从第二种意义上来说，这个问题的答案是肯定的。一匹马有四条腿是善好的，但是对一个人而言，有两条腿是善好的；对于一个男人来说，有一种真正的男子气概是善好的，而对于一个女人来说，有一种真正的女性气质是善好的。另外，男性具有男子气概，女性具有女性气质，这既对于男人是好的也对于女人是好的（在这里，我是在内在善好的意义上讲善好，而不是在有用的意义上使用它）。

这个结果直接来自我们先前的讨论。我们开始认识到，不仅我们自己的完善是被爱的，别人的完善也是被爱的。至于在植物的完善和其他物理性的完善方面，我们更容易认识到感受爱的人的多样性并不会导致有关爱的正当性或错误性方面的任何差异。

同样的事物对所有人都是善好的，就像同样的事物对所有人都

布伦塔诺价值哲学的基本内容

是真实的一样。只有这样，才能使所有意欲善好的人都得到和平。在圣诞节，天使们的歌声是恰切的，"愿善良的人们在地上得到和平"——当然，前提是人们不仅要有理智，而且也要有善良意愿。

第四章　诸善好的价值关系（Wertverhältnissen）

61. 对更好之物的直接认识

我们之前关于"更好"概念的评论，展现了关于价值关系的直接认知——通过它我们辨识出一个善比另一个更善更好——总是具有正当特征的偏爱的情形。让我们给出尽可能全面的对于这些情形的检视。

A. 首先，存在着这样的情形，其中我们偏爱善好的和被认知为善好的东西，而非偏爱恶坏的和被认知为恶坏的东西，正如我们偏爱喜悦而非悲伤或偏爱知识而非错误——二者都是清楚地具有正当特征的偏爱行为的情形。

B. 存在着这样的情形，在比较善好的持存和它的缺乏时，我们偏爱前者。而且当比较恶坏的存在和其不存在时，我们偏爱其不存在同样正确。

此处包括的情形是：

（1）如果比较一个纯粹的善好之物和它包含了恶坏之后的话，我们偏爱前者；如果比较一个混合了善好的恶坏和这个纯粹的恶坏的话，我们也是偏爱前者。

（2）根据总量原则，我们偏爱整体的善好而非其部分，或是偏爱部分的恶坏而非其总体的恶坏。

亚里士多德自己评论说，善好的总和总是好于其单独的构成部分。这一原则也适用于持续问题；持续一个小时的愉悦比一会儿就消失的同样愉悦要更好。

伊壁鸠鲁为了在死亡问题上安慰我们，对此表示异议。然而他是多么目光短浅！因为如果他是对的，那么一小时的痛苦将不会比瞬间的痛苦更糟糕，而且只有瞬间痛苦的一生幸福，将不会比只有瞬间乐趣的一生痛苦更加可取。而且伊壁鸠鲁自己也教导着相反的学说。

在那些价值通过与其他有价值之物的结合而变得更大的情形中，存在程度区别的情形也要被包含进来。如果两份愉悦完全相像，但其中一个更加强烈，那么更强烈的那个便是更好的；反之，更强烈的恶便是更大的恶（这只在下述事实上成立，即真正的强度只在感觉和感官感触的范围内才能被发现，其中它被我们感觉领域所填充的密度所衡量）。

C. 一个和刚刚提到的情形紧密相关的情形是，其中一个善好相对于另一个善好更受偏爱，后者尽管不属于前者，但却和前者的一部分相同。类似，当一个恶坏的东西加上另一个恶坏的东西时就产生了更大的恶坏。例如，不仅拥有一个善好的事物的表象，而且也爱它，这是更好的；心理关系的总和将产生更大的善好。

D. 另一个具有正当特征的偏爱的情形是：我们偏爱两个同样有价值的善好之中更有可能的那个。边沁对此有过评论，但却错误地认为，善好的价值会因时间上的接近度而增加——这独立于其成为现实的可能性，正如它能够被更大的强烈程度或更长的持久度所增加一样。可能有这样的情况，其中更大的善好实现的可能性更小，而与之竞争的更小的善好更可能实现；那么在做正确决定时，我们必须将可能性纳入考量。如果 A 优于 B 三倍，但是实现 B 的可能性胜于 A 十倍，那么偏爱 B 就是正当的。

在这里总量原则同样适用，因为在更多情形中，更可能的善好通常会被实现。

E. 同样存在这种具有正当特征的偏爱的情形，其中更好的不是更多善好的总和。相反，偏爱建基于质的差别。例如，在同等条件下，肯定性的知识优于否定性的知识。尽管几何学揭示给我们的普遍法则是有益的，但如果它最终得出结论说，物理上具有广延的物体不存在，就会出现几何学命题毫无用处的情况。那么其价值将会大大降低。

F. 一种类似的情形是，我们偏爱爱的情感胜过恨的情感，正如当建立善好的列表时我们所讨论的那样。很明显，我们此处关心的是具有正当特征的偏爱的特殊情形。

G. 一种相关的但不完全相同的情形是，善好事物之中的快乐甚于恶坏事物之中的快乐，关于恶坏事物的不快甚于善好事物中的不快。作为快乐而言，在恶坏事物中的快乐因其是快乐的所以也是好的，但同时作为一种错误的情感它又是恶坏的。不过它是一种压倒性的恶坏但不是完全的恶坏。在将其作为恶坏而拒绝时，我们不是在实施一种单纯的恨的行为，而是在实施偏爱行为，其中避免恶坏先于拥有善好而被选择。这一具有正当特征的偏爱，证成了我们对从恶坏中得来的快乐的强烈反感：完全没有快乐要比在恶坏事物中得到快乐更好。

现在转向第二种情形，即关于在恶坏事物中出现的具有正当特

布伦塔诺价值哲学的基本内容

征的不快，我们应当说些什么呢？我们还是拥有具有正当特征的偏爱，比方说，被压迫的无辜者的目光使我们感到痛苦，或者审视我们以往生活时意识到曾做过恶事，我们感到后悔。在此，我们发现我们身处在与在恶坏中得到的快乐相反的情境中。关于恶坏的痛苦一般而言令人喜欢，但也不完全是；它不是纯粹的善好，就像我们在沉思目前的恶坏的对立面时所感到的高尚的喜欢那样。当笛卡尔建议我们要尽可能将注意力转向善好而非恶坏时，他是对的。

H. 考虑另一种具有正当特征之偏爱的情形，它不能被归于总量原则。想象一种过程，它从善好中带来恶坏或者从更大的善好中带来更小的善好，如果将这两个过程相比较，那么后者显然是更可取的，即使善好的总量在两者中是一样的。这种偏爱是具有正当特征的。这就是我们所说的"善好的增进"以及"恶坏的消退"的意思。

62. "我们无从知晓哪个是更可偏爱的"情形以及"中立性（Indifferenz）"的情形

当我们比较从属于不同类别的善好时会发生什么？这是一个存在显著分歧的问题。最显而易见的争执是广为人知的关于快乐和认识哪一个是更可偏爱的，以及有关是正当之爱还是认识更可偏爱的争执。问题是，我们如何比较不同的类别。很明显，如果我们想要确立一个类别对另一个类别的优先性，我们就不能独断地从每种类别中挑选一种情形，因为每一种类别都包含一定范围的善好，其中一些比另一些更好。相反，我们必须比较每一类别中最差的情形。

A. 明察（Einsicht）和正当之爱都是善好，可我们如何知道这一特定的明察行为或那一特定的爱的行为哪个是更善好的呢？一些人毫不犹豫就给出了他们的裁定；在他们看来，每一高贵的爱的行为都内在地具有崇高价值，这一价值优于所有科学认识的总和。但这一主张不仅可疑，它实际上也是荒谬的。因为不管高贵之爱多么有价值，其中任何关于高贵之爱的单个情形都是一个有限的善好。而每一明察同样构成一个确定的有限善，如果我们一直添加越来越多的这种有限善好，其总和的价值必然迟早超过任何给定的单个有限善好。

另外，柏拉图和亚里士多德将认识行为置于比美德更高的地，可他们的主张同样未被证成。观点间的冲突表明此处的标准失效了（不过，这并没有反对之前阐明的情形，在这些情形中，我们能够把握具有正当特征的偏爱）。由于伴随着许多心理现象，量的真正确定性在此就是不可能的。并且这里的内在优越性也不能被确立，这种优越性也就不能被纳入考量。对于所有的实践目的而言，这种优越性都是缺席的（当我们讨论实践至善时我们将看到，这一裂缝并没有实践上的重要性）。

在个别事例中辨别一个给定的认知是否比一个给定的快乐更有价值，这同样也是不可能的。不是所有的认识都具有同样的价值。另外，具有正当特征的偏爱现象确实给我们提供了更具普遍本质的标准。例如，面对盲目快乐的概念和一般认知的概念，具有正当特征的偏爱将告诉我们，放弃所有盲目快乐比放弃所有认识要更好。

B. 我们不具有一种正当特征的偏爱，并因此不能指出是否有价值上的差异的情形，显然有别于那些在两事物间的比较中显示出不存在这样的差异的情形。后一种情形出现在当我们发现某价值属于我们自己还是属于他人并不重要的地方。我们已经承认，认为只有属于自己的才是值得被爱或者甚至能够被爱的，这是错误的。但是如果我们认为一个善好由于属于我们自己而具有更大价值，我们也是在犯错误，亦即这是一种不正当的偏爱。这是伦理学的基础性原则之一，我们通过它意识到，关键的选择不是在利己主义和利他主义之间的选择。就其自身而言，二者都是错误的。唯一要做的正当的事就是根据真正价值的标准给予爱和偏爱；就是说将偏爱给予更大的而非更小的善好，当留给我们的是更少的善好的时候是如此，当我们最终收获到的是更大的善好时亦是如此。直到下一章，即我们将注意力转向实践至善时，这一命题的全部意义才会变得清楚。

63. 诸表象的价值关系

最后，让我们将具有正当特征的偏爱之法则应用于表象领域。正如我早先评论过的，这些法则对于美学是基础性的。

A. 一个更富足、更丰饶的表象要比一个贫瘠的表象更有价值。除此之外，从我们的想象中产生的表象比从这种想象中产生的概念表象在美学上是更可偏爱的。前者总是包含着更多的表象资源。

B. 关于心理的表象比关于物理的表象更有价值。因此诗歌在所有艺术中是最高的，因为没有别的东西能这样好地展现心灵生活。音乐看起来或许具有对我们更直接的效果；但是它不仅诉诸我们更高的能力，也诉诸我们的植根于感官能力的情感。

C. 更好、更崇高以及一般而言更有价值的东西之表象具有更大的价值。

D. 关于某物的真正的表象要比纯粹替代性的表象更有价值。

E. 一个清楚的表象自身比含混的表象具有更大的价值。

F. 被直观结合起来的复合表象，要比被谓述结合起来的复合表象具有更大的价值。

第五章　实践至善

64. 做出正确的选择

A. 到现在为止，我们一直在讨论正当的爱和正当的偏爱。爱和偏爱指向的或许是我们能力之外的某物，在这种情况下就不是实现或维持某物的问题。这时我们仍然偏爱一个对象甚于另一个对象；这可以说是一种理论上的偏爱。然而，伦理学是实践学科中最高等的。它要求我们实施或避免某些行动；它的律令和戒令不仅指向我们的爱、恨和偏爱，而且特别地指向我们的意欲（Wollen）和选择（Wählen）。

现在让我们来澄清偏爱和选择之间的区别。偏爱是一个更一般的概念；做出选择即给出偏爱，但不是所有的偏爱都是选择。为了使一个偏爱成为选择，有两个因素必须出现：

（1）它必须是一个决定（Entscheiden）。

（2）它必须指向一个对其实现是我们事务的，并且这一事务凭借我们的欲求是能够被实现的某物。

增补（1），每种情感原则上都可以被辨识为爱或恨的一种，但是情感还有许多细微差别，正是这些细微差别构成了两个一般类别之中具体的区别。例如，它们包括简单的爱和偏爱之间的区别以及排他的爱和非排他的爱之间的区别，通过这些区别，我想要表达如下的意思；对我来说，喜爱两个不相容的东西是可能的，例如，做算术和写作。对一个的爱并不排斥对另一个的爱。但是在一些特殊的情况下，我只能选择两者中的一个。赞同某一个的决定与赞同另一个的决定是无法相容的。

一些希求（Wünschen）也包含决定。例如，我当然可以决定希求明天的天气将会很好。不过决定并不总是意欲，但是每一个意欲却都是一个决定。

增补（2），意欲的独特之处是什么？如前所述，意欲行为总是关涉某种我们自己要带来的事情。因此我们只能意欲我们能力范围之内的事情或至少是我们认真相信确实会在我们能力之内的事情。这就将意欲从希求和包含决定的希求中区分开了。

如此一来，意欲就可以被界定为包含一个决定的希求，该希求作为意欲的对象拥有一些要被我们自己实现的，并且我们充满信心地期待作为我们欲求结果发生的事情。换言之，这种意欲是经过我们选择的希求，而且它是我们相信能够经由我们的介入实现的。

在爱、认知、红色或位置是基本要素的意义上，意欲不是一种基本现象。前者不能被分析，因为它们是由自身构成的。相反，意欲的概念是复合的，它包括了一种从其他现象中也能提取出的要素之多样性：爱的概念、信念判断的概念、包含偏爱的爱的概念，以及实现目的的概念。但是在指出这个事实时，我不希望造成任何误解；没有经验过所研究的特定现象就想通过下定义的方式获得其直观性表象，这是不可能的。

在此，意欲明显不同于判断。一旦我们十分清楚地认识到了断言、认知、拒斥等概念，我们就完全能够形成有关判断的表象，不管判断的对象可能是什么。只有当为了形成一个断然（assertorisch）明证判断或绝然（apodiktisches）判断的表象时，我们才需要一种更具体的经验。在其他情况下，一旦我们拥有了组成它的所有要素，就很容易形成一个有关判断的直观性表象。但是在意欲中，情况有所不同；一个人可能十分频繁地锻炼他爱和恨的能力；可如果他从未体验过一种意欲行为，即使知道意欲现象的所有特点，他将依然不能从这里所给出的分析中识别出意欲现象。然而，这并不是说意欲是基础性的、不可还原的。它与混合的颜色以及复合和弦相似。此外，把上述特征看作意欲的一种特殊性，从而与其他情感活动对立起来的看法是错误的。爱和恨虽然在所有情感中都是相同的，可它们在每种情况下都会拥有一种不同的情调。一个人如果除了快乐和悲伤之外没有经历过其他情感，那他就不能通过分析性定义的方法获得对期望和恐惧之独有特征的直观性把握。甚至在不同类别的快乐中也是如此。

在善好良心的愉悦和变得舒服温暖的快乐之间、在观赏美丽绘画的愉悦和品尝美味食物的快乐之间，不仅有量上的差异，还有质上的区分，而且除非我们对这些都有过专门的经验，否则对一个特殊对象的描述并不能帮助我们形成一个完全对应于它的表象。

在兴趣现象中发现的这些细节性差异可能会诱使我们将统一性的类别划分成两个：情感和意欲。但是很遗憾，这些分类都是不充分的。做出这样的区分就类似于基于各种具体色彩的存在而否定统一类别、统一色彩这类事物的存在。

我们应该在意欲和选择之间做出更进一步的区分吗？正如我们对它们的界定所表明的那样，二者是一致的。但如果我们要进一步区分它们，那么当偏爱应用到彼此对立的对象上时我们可能用选择言说，而当只关系到所针对对象的存在或不存在时用意欲言说。

B. 一个决定在什么时候是指向正当目的的？答案是：当它所指向的是可达成目的中最好的目的时。为了清楚地说明这类决定的发生，让我们建构一种理想情形。

（1）首先，当我们做出这样的决定时，我们必定要考察我们的影响范围；也就是我们可以对一个对象施加影响的程度。这项考察不仅要考虑该决定的即时后果，还要考虑其长远后果。当然，过去的经验在这里也扮演着重要角色。最终判断只能断言一定的概率，这种概率可能更大也可能更小，不过永远不能达到完全确定的程度。

（2）其次，我们必须确定哪些后果是好的，哪些后果是坏的。

一旦我们对此有了一个大致把握，我们就必须开展比较评估，探寻哪些互相排斥的价值（或非价值）是更好的（或更坏的）。正如前面已提到的，在做出这些偏爱时，这些价值归属于我们还是归属于他人并没有被纳入考量。例如，我们承认愉快和认识就是这样的善好，而且我们应该偏爱更多而非更少的善好，然而，这些善好是属于我们自己的还是属于他人的并不是什么问题。这些比较评估必定暗示了在我们能力范围之内什么是最好的，也就是说在一种给定的情况下，什么是实践至善。如此，这就是要选择的目的，而且只有这个选择是正确的。

在这种理想情况下，我们的选择决定是以一种本身不是选择的偏爱行为为先导的。于是，从可达到的目的之中选择最好这种正当偏爱就成为做决定时的始因。只有当这个决定由一个具有正当特征的偏爱这个始因所确定时，它才能被认为是道德上正当的。

当然，许多决定的情况和我们建构的理想情况并不一致。我们经常对一个对象产生具有正当偏爱的情感，然而却不能给予它实践上的偏爱。换句话说，我们正当的偏爱缺乏确定我们意愿决定的能力，即在正当偏爱与盲目和激情的偏爱——它源于本能或习惯——之冲突中，后者最终胜出了。在这种情况下，我们说正当的偏爱输给了盲目的偏爱。这一过程在判断领域也有所体现，即其中盲目偏见战胜了明察理性。

65. 实践至善

A. 从我们对具有正当偏爱的情况之评论中，可以得出这样一个重要的命题：实践至善的领域囊括了一切受我们理性影响的事物；不仅包括我们自己、我们的家庭、国家，而且包括目前所及的整个生活世界，甚至遥远的未来在这里也要被纳入考虑。这都是下述命题的结果：偏爱更多的善好胜过更少的善好。显然，我们生活的正当目的——所有行动都应以此为目标——是尽可能地推进此范围内的善好。这是通过理智所能够知道的唯一的至高律令，其他所有律令都派生于此。

根据我们的分析，我们应该实现的这个善好是：尽可能促进我们力所能及范围内所有生命存在物中的最大可能的心灵善好。这既要从数量上理解，也要从质量上理解。既然在高层次上拥有这些善好的人被称为幸福的，我们也可以将实践至善界定为：给予我们力所能及范围内最大多数生命存在者以最大可能的幸福。

在此，我们确立了一个最高的道德准则，它既不基于对属于我们自身之物的偏爱，也不基于对属于他人之物的偏爱；同时它也既不基于只对快乐的估价，也不基于无视快乐——因此，这一准则既不能被视为利他的或利己的，也不能被视为享乐的或禁欲的。如果有人将之称为效益主义（utilitarisches）原则，也未尝不可。为了使自己尽可能对最大多数的存在者有用，我们就必须追求力所能及范围内的最好目的。

这一基本的伦理原则，即我们应该永远追求最好的东西——去爱它、促进它并为之服务——与客观地考虑你我价值的基督教伦理的基本原则相一致：爱至善的上帝胜过一切，并像爱你自己一样爱你的邻居。

B. 然而对这一学说仍会产生反对意见。

（1）有人可能会说这个原则提出了超人的要求，因此最终是不能得到辩护的。

（2）另一些人可能会说，这个最终目的未免太遥远了：经验表明，永远在谈论人类幸福的人忽略了对他亲友的责任，而那些总是凝视着朦胧未来的人，忽视了眼前的和他们身边的事物。

（3）有些人甚至认为有关最多数人最大幸福的律令是自相矛盾的。例如，卡塞尔（Cassel）在1899年写道："这个命题和其他任何以这种方式调和两个最高级命题的尝试一样没有意义。在处理最大限度的问题时，我们的任务是建立一种条件，使给定的变量具有最大可能的价值，可这个律令就像说在一群人中分配一千马克，并试图使每个人得到尽可能多的钱，这岂不荒唐！"

不过，我不认为任何这些反对意见是有道理的。最后一点显然是站不住脚的，如果不是有那么多人承认这一点给他们留下了深刻的印象，我甚至不会劳神去提它。

针对（3）而言，难道这会构成什么荒谬吗？确实，如果我把一千马克分给一定规模的一群人——比方说包括十个成员——那么要分配多少钱的问题就是多余的，因为这个问题已经得到了答案。另外，仍然存在着给每一个成员更多或更少钱的可能性，在这些情况下，我给每一个人一百马克就是极限了。不过，我很愿意为自己再设定一个任务：不是去挣一千或十万马克，而是去挣我能挣到的尽可能多的钱，然后以某种方式分配给不只是十个或一千个人，而是分配给我能发现的尽可能多的人。这正是我们的原则所要求的：我们应该在我们所能接触到的尽可能多的人中间，尽可能多地传播我们掌握的善好。

针对（1）有人说，我们不可以要求人类意愿超过它所能实现的能力。因此，有些人拒绝我们应该将自己完全致力于追求伦理目的这一律令，因为它过于严苛；他们说，即使是正义之人，一天也会有七次（即多次）达不到标准。但是，这种疑虑也是没有根据的，这可以用类比来证明。没有人能够避免所有的错误。然而，不管是可以避免的还是不可避免的，每一种错误认识都是一种不恰当的判断——与逻辑规则相对立。正如逻辑的目的不会由于我们心理力量的缺乏而改变，伦理也不允许由于我们意愿的软弱而阻止它要求人们偏爱被承认为更好的东西，同时它也不允许任何东西凌驾于实践至善之上。

针对（2），即认为该学说导致我们忽略自己以及我们的家人和朋友的幸福，这一反对意见其实是基于一种误解。我们必须小心不要从爱护我们邻居的原则——我们每个人要像关心自己一样来关心每一个他者——出发来进行推断。这样的行为非但不能促进总体善，反而会从根本上损害它。由此导致的后果是，每个人都立足于他自己的关系，这不同于其他任何人所立足的关系，基于这一立足点就会更多地去帮助某些人，而较少地帮助其他人。如果有人住在火星，我们在地球上的人能够也应该希望他们像我们希望我们自己和我们地球居民同胞一样足够地善好，而不是试图为他们获得足够多的善好。因此，每一种理性的道德都告诫我们从一开始就要照顾好我们自己：如俗话所说，自扫门前雪。这种道德也从各个方面要求我们关心我们自己的家庭和我们自己的人民。当我们将注意力转向正义义务和爱的义务之间的区别时，这样做的理由将变得更加清楚明白。在实践至善的利益方面，这就是什么样的分工更加合适的问题。

显然，关心自己是完全合乎情理的——只是它必须被看作服务于实践至善的。只有如此才不是利己主义——一种主观主义形式，其中我们的决定由我们的私有财产而非善好的价值所确立。的确不是！优先关心我们自己的原则并不是对利己主义的任何让步，利己主义就是不顾他人的需要和痛苦，不顾一切地攫取自己的利益。不过，我们将在下面与义务学说的关联中看到更多有关这方面的讨论。

由于动物有心理生活，它们也应包括在道德考虑的范围之内。效益主义者也承认这一点，尽管他们十分正确地添加了下述限制，即我们对它们的义务不如对我们的同胞的义务那么大。他们将这种区别建立在下述理论基础之上，即动物并不与人类在相同程度上感受快乐和痛苦。不过，从我们的观点来看，除了程度上的差别，对于人能够分享而动物不能分享的特定多样善好之关心才是最为重要的事情。

66."有益的"和"有害的"

我们还必须讨论"什么是有益的"和"什么是有害的"，因为我们对最显著的善好所产生的大部分影响仅仅是间接的。因此，义务论首先要处理的是"有益的"和"有害的"。如果我们随后检查，例如，摩西十诫，我们会发现它主要关注的是善和恶的手段（不可谋杀，不可作伪证，不可偷盗，等等）。这同样适用于其他伦理规范。因此，"什么是有益的"和"什么是有害的"学说对义务论至关重要。不过，目前我们将简要地集中于这一点，因为我们可以假定我们对这里将要讨论的大多数问题都有所了解。

部分"有益的"和"有害的"处于我们力所能及的范围之内，而部分则超出了我们力所能及的范围——如季节和天气。我们应该只讨论我们力所能及范围内的，因为我们关注的是实践至善。

一些我们能够实现的有益的和有害的对象能产生或好或坏的结果；在其他情形下，只是可能会产生这样的结果。在后一种情形下，对象在特定情况中可能不是有益的或有害的，但通常可能是如此。我们必须根据我们预测的可能性程度来判断个别情况。如果某种看起来服务于我们目的的东西可能在四分之三的时间中是有效的，（那么）一般来说，我们是在做正确的事——就像我们的每次行动都一定会产生四分之三的善好那样。

此外，对于某一特定的人或者某一特定的人群来说，一件事可能是有用的也可能是有害的，例如，对于一个特定的民族或一个未指明的群体而言。同样，有益或有害自身的界定要么清晰要么模糊。

以下被视为对个体尤其有益的善好。

A. 个人性的：

(1)身体上的：营养性生命、健康、体力、性别和年龄的优势、体能、美。

(2)心理上的：良好的智力和情感性情、记忆力、善于观察的天赋、进行抽象的能力、积极的认知、审美品位、伦常美德。

B. 物质上的拥有：绝对必要的东西(生存必需品)、能带来愉快的东西以及服务于值得进一步追求之物的东西。

C. 社会关系：一个如下的良序社会

(1)这种社会关系属于非物质占有的一类。我们对它的拥有在很大程度上取决于我们偶然的出生或是已经身处其中的社会。在这种关系中，从童年开始经历鼓励和接受很多善意的帮助是非常重要的。

a. 首先，我们必须考虑一个社会的文化氛围：占主导地位的伦理以及理智教化、在其中起作用的艺术力量，尤其还有正义之美德。我们必须问——我们必须生活于其中的——社会是否以正义的方式对待人与人之间的差异。例如，它的道德观是否确保了女性处于一个被尊重的地位？这是判断一个社会文化水平最可靠的标准之一；一夫一妻制就是其达到较高水平的实践形式。

b. 好的法典所提供的有序和安全的善好，这使诚实劳动的成果免受剥削，并可以维持内外和平：国家的和平、宗教的和平以及各阶级之间的和平与合作。

所有这些构成了这种社会的良好建制。正是这种良好的建制使柏拉图感谢神：让他生来是希腊人，而不是蛮族人。

(2)一个相对于我们自己而言的良序社会。

a. 我们体验的爱和友谊。

b. 我们分享的荣誉和尊敬。

c. 他人因其伦理义务而对我们所持的特定立场；以及令我们欢欣鼓舞的自由。每个个体都可能是一位公民、一位丈夫或妻子，并且还可能是父母、子女以及同事。我们必须询问：我们所生活的社会是否具有一种明确的价值需求，而我们又能够出于自身能力满足这一需求。如果没有人渴望其作品，什么又能够成就艺术家呢？人们常常缺乏即使对他们最需要的东西的明察，因而也就不去欲求它。于是，恰恰正是那些真正的施惠者经常被宣判为殉道者。在特定的年代，没有什么比消除由不同民族之间的世仇造成的恶坏更被提倡的东西了。然而，这并未能阻止社会将一个仇恨的煽动者尊崇为爱国者，而将理性和正义的宣扬者斥为卖国贼。

67. 对上帝存在问题的伦理学态度

我已将营养性生活、身体上的健康与其他事物一道囊括在第二层级的善好或曰"有用"之物中。当然，我仍然认为它们对意识之善的存在来说是必要条件。我默认的预设是，由于个人与人类整体的延续，我们能期待更多的善好而非恶坏。否则，我们将必须明确地解释生活实际上是"有害的"。那么，我们该如何判断这一预设的对错与否呢？或者，难道我们称之为历史的基础在于当下和过去的一小段时间中吗？许多人尝试这样思考，但他们却由于其个人经历和脾性而得出了截然相反的结论。其中相当一部分人是悲观主义者；实际上，正是在理智教育出众的时代悲观主义才盛行。在古代，自杀是哲学家中的流行话题，就像在启蒙时代，我们确实能设想这些人比其他人更偏好沉思生命的意义。如今，我们之中同样有许多悲观主义的诗人与哲学家，其中一些仍痴迷于叔本华——他奠基于情感与力之上的世界观产生的影响配得上他施加给世界的断言：这个世界是可能世界中最差的一个。如果我们将目光从无神论者转向基督徒，同样会发现悲观主义者。他们之中的大多数认为世界是一个泪水之谷。如果该观点直接与经验相冲突，那么我们将无法比实际所是的那样有力地反驳他们的观点吗？如果我们把自杀者远远少于悲观主义者的预期这一事实当作反对悲观主义的论据，那么悲观主义者就会做出这样的回应，即自然小心翼翼地用一种强大的本能来抑制任何对生命如此有害的倾向，并继续指出，服从维持生命的本能的行为并不能由此得以合理化。

但是假设我们暂且采纳支持乐观主义预设的经验：世界历史揭示了快乐多于痛苦、知识多于迷信、满足多于渴望、美德多于邪恶以及爱多于恨。即便如此，我们应该如何规划生活的问题主要还是取决于我们对未来的期望。无论个人还是集体都是如此。一个知道自己患有绝症并认为自己必将不久于人世的人会发现，他的义务发生了改变。曾经看似重要的事情对他而言不再有吸引力，同时那些似乎栖居于未来的事情具有了当下的重要性。同样的事情还发生在这样的人群中：他们生活在世界随时会终结的预期中，比如早期基督徒。他们无法做出长远规划；他们甚至坚持认为进入婚姻是不合适的。的确，在这种情况下，将价值赋予后果的伦理体系是不合适的，任何进步的观念都会失去全部意义。

但目的对整个人类族群来说是隐而不显的，因为地球并不总是会容纳生物。正如我们提到赫姆霍兹曾谈过，一种对未来人种的欢快的关切也许可以在一种结合之中发现：既拒绝个人的不朽，但又绝不与整个人类终将不可避免地走向终结的观念为伍。希望将其生命奉献于为进步服务的人需要回答一个严肃的问题："接下来怎么办？"但该回答预设他在有关世界目的和终结的问题上采取了一个确定的立场，这反过来又包含了世界的第一因的问题。

这是伦理学必须转向形而上学的关键。根据我们对于上帝是否存在的问题的回答，两条进路分道扬镳了。如果给出肯定回答，则我们能以自己的方式持续地在生活中兴高采烈地庆祝，否则就将堕入辞决与涅槃。

在进一步追寻这些思想之前，让我提醒一下之前提及的内容以防止误解。在根据我们对上帝存在问题设定的立场进行伦理学研究时，我既不想回到也不想脱离我早些时候的看法，即道德认识的原则不应被无神论和有神论的争议所影响。要么存在有神论的道德要么根本就不存在道德这种说法是错误的。我们能够完全独立于任何形而上学沉思而识认出什么是善好的，同样也能识认出与他物相比什么是更好的。但在判定何者有用何者有害——也就是从力所能及的最好中增加或减少——的时候，而不是处理对生活目的的有用性这个问题的时候，我们却无法将这种形而上沉思丢在一旁。

对于正当伦理的建构而言，自然哲学的知识是充足的。如果有个不信教的人揭示了真理，甚至碰巧一个不信神的人是坏人，那他就要为他自己的性格负责。在异教徒与无神论者中可以发现许多高贵之人。一个采取错误行动的人不能用理性为其行动负责；他们应受到谴责，不是因为遵循了这些理性，而是因为没有遵循。尽管无神论者和有神论者承认同样的原则，但从其中得出的结论会根据谁的行动是正当的而变动。

一贯的无神论者就是悲观主义者。他认为世界源于盲目的必然性；其显现出的目的性是幻象，更准确地说，这是一种幸运的巧合而非目的，因为没人能够赋予世界以意义或目的。我正在谈论一贯的无神论者；当然，还有许多不一贯的无神论者希望成为乐观主义者。但这些无神论的乐观主义者是奠基于盲目的生活追求而非明察的世界观，他们应受到叔本华式的嘲讽——叔本华因其无神论与进步理想的一贯性而被视为他们出色的先驱。这些人处于盲目本能的力量之下，正如那些傲慢地驳斥所有认识论上超验的东西并只因某物能被把握才信任它的人一样。

另外，一贯的有神论者如何看待世界呢？他们相信世界有一个创造因，相信有一个无限完美的理智与意志。在此，他们在从理性原因中产生也致力于理性目标的所有事物中发现了保证。尤其是——这可以阐明——从有神论的观点来看，我们的心灵生活极有可能不会随着我们身体的死亡而结束。

与有神论相关的是，个体确信在死后他还将持续存在。

于是，赫姆霍兹的疑虑消失了。人类历史的终结可能与地球的毁灭同时发生，或者甚至更早，但真正的历史是心灵的历史。在这个被神圣智慧引领的宇宙中，他们逃离了星球。有神论者将其生命臣服于建基于永恒之上的义务律。他知道在行动中他处于为永无止境的发展而服务的状态中。我曾在以下的对话中表达过这些思想：

> 一个人说，这个世界一定是所有可能世界中最好的那个，
> 因为，在创世时，最好的造物者一定会选择最好的世界。
> 另一个人说，不；
> 如果那样的话，
> 将暴露上帝能力的限度。
> 噢，请听我说吧，你们两个争论者！
> 我们能说出世界之所是吗？
> 不能；
> 世界正在成其所是，它超越了所有善好的限度，
> 只是永无止境地追求从相似到更相似，
> 朝向最高且永远无法企及的主的形象。

布伦塔诺价值哲学的
扩展与推进

爱与恨

1. 内知觉现象显示，我们自身是伴有诸心理（psychischen）偶性的实体（Substanz）。[①]心理偶性的例示有看、听以及各种概念性的思、判断，还

---

① 布伦塔诺关于实体与其诸偶性之关系的理论详尽出现于其《范畴理论》（*Kategorienle-bre*）中。摘自这部著作的下述内容有助于表明在此文中"偶性"一词应如何理解。"假定一个原子能够思想。那么这思着的原子就是包含着各部分的总体：一旦停止了思想，它就缩减为思的原子的一部分。原子消亡了，那么思着的原子也就不能继续存在。这种思想之物作为思想之物会包含着原子，这种包含是在红物的概念包含着红色的概念这种意义上的包含。如果另一个原子也思想，那么第二个原子也就是第二个思想之物，因为思想之物作为思想之物是通过原子的个体性才得以个体化的。我们可以称这个总体的一个部分为实体或底基。而总体可以称为这个实体的一种偶性。（然而说存在着一个部分，它是实体的一种偶性，这种说法是错误的。我们这里不是在探讨可与实体分开的部分，或是独立于实体而可思的东西。我们这里所具有的首先是一种实体，其次是作为一种偶性的总体，它扩展且丰富了实体。）"（第 152 页）为回答下述问题"严格讲来，什么能算作一个实事（thing）或一种本体？"布伦塔诺写道："（实事）不仅包括每种实体，而且包括多个实体以及各种实体的各部分，而且还包括各种偶性。偶性包含其实体作为部分，却不增添任何新的部分……底基或实体并不完全等同于成为底基的实事。不过我们必定不能说包含底基的实事在严格意义上是第二性的实事；因为如果它是第二性的实事，那么它就不能包含第一性的实事作为其部分。"（转下页注）

有情感行为、欲求、快乐、恼怒等。笛卡尔将这些现象统称为"思维"(Denken)——在这个词最宽泛的意义上。它们被"拥有一个对象"这种特征标示为同类现象，以至于我们可以说，它们都有所指涉。无论谁思想，他都思想某物；无论谁恼怒，他都对某事物而恼怒，如此等等。心理偶性的特征将每种内知觉(innerer Wahrnehmung)对象与各种所谓的外知觉对象区分开来。

2. 内知觉对象显然不具空间性，这也可作为与外感知对象相区分的一个标准。

3. 或许还可加上如下区分，即如果离开偶性，内知觉的对象就不会呈现给我们，而所谓的外感知只呈现实体性的差异。与通常意见不同，这种实体性的差异既包含质的规定，也包含空间规定，因而也包含大小、形状、单元、数量(只要它们是我们所讨论的外感知的标记)。

4. 结果会是，我们这种实体永不会知觉自身；然而，我们这种实体的自身知觉包含在每种内知觉中。我们是在个体性中知觉自身的吗？粗泛讲来如此，但又不完全正确。

a. 我们这种实体的某些规定性变动不居(否则无差异的延续就是可能的)，然而我们不能知觉到这些变动的规定性。[1]

b. 我们曾以明证的内知觉将自己把握为二阶对象，可在回忆中，我们又只能将之前的自己表象为一阶对象。[2]因此我们可以清楚地看到，能够与我们表象对象对应的是多样的实事。这也与以下事实相符，即我们可以表象他人的灵魂和心理行为，这不仅是在与表象我们自己相似的意义上，而且也恰恰是以表象我们自己的方式来进行的。不过对于他人而言，并不能像对自己那样个体化。我们仅

(接上页注)(第11—12页)"不能说实体与偶性合在一起是多个实事，毋宁说实体是一种实事，实体通过偶性的扩展和丰富仍然是这种实事，虽然后种实事与实体并不是完全不同的；因而我们这里一种实事加上另一种实事并不构成多个实事。"(第54页)布伦塔诺示例如下：虽然一只苹果是一个实事，其中一半苹果也是一个实事，但它们合起来并非第三个实事。——英译者(R. M. Chisholm)注

[1] 编者(指德文本编者 Oskar Kraus，下同)注：时间变化属实体的变化，可是我们不能知觉到这种绝对的时间流变。参见布伦塔诺：《感性意识与理智意识》，第82—85页，第99—123页。

[2] 根据布伦塔诺，在每种心理行为中，一个人都会以二阶对象的方式意识到他自己——至少是作为"伴随"(nebenbei)。因此，如果我听到一个响声，那么这个响声就是我意识的"一阶对象"，而听着的我就是其二阶对象。可如果我事后回忆听响声的我，那么"听响声的我"就成为回忆这种意识的一阶对象。参见布伦塔诺：《感性意识与理智意识》，第77页及其以后。——英译者注

以共相来表象他人，正如我们通常显然也仅以此来表象我们自己一样。

5. 然而，在知觉我们自己时，我们意识到正在知觉一个必定与其他所有东西不同的实事。以下事实可以作为这一断定的证据：a. 每种肯定判断都是特殊的，以及 b. 如果进行把握的实体与被把握的实体不是合一的，那么明证的把握就是不可能的。① 但是多个实体并不能彼此相同。把握是明证的这一事实，因而要求其对象是同一种实体而非多种实体。即使有与此相似的其他对象（如果考虑到呈现之物的话），我们的把握所呈现给我们的也仅是其中之一。

6. 作为我们内知觉对象的这个实体与知觉着的我们这种偶性构成一种真实的统一体。

7. 然而，在这些偶性中，当其中一部分保持的同时另一部分会消失，或是新的偶性会附加到那些已有的偶性上。对我们直接经验到的与实体一同出现的诸偶性而言，每种偶性的变化都不会影响实体的所是。甚至所有偶性可以同时消失而不会对实体自身带来丝毫改变。这种情形大都发生在无梦的睡眠中或是当我们完全处于昏迷状态时。

8. 只有当灵魂在思维对象时，它才具有偶性，而灵魂自身就是其诸多对象之一。不过作为灵魂之偶性的行为不能仅仅等同于对象性的指涉，或者说不能等同于对一个对象的指向。对于一个对象可以有多重的指涉或指向，这种指涉不能还原为各种纯粹的指涉行为，后者只能作为一个整体出现和消失；而这种多重指涉通常会被误以为统一的真实偶性。因此，区分偶性的不同种类的问题就不同于区分一个对象可被指涉的不同方式。

9. 我们可以区分指向一个对象的三种基本类型：表象、判断、爱或恨。表象是第一层，它也是最普遍的一类。只有我们先表象一个东西，我们才能形成对它的肯定或否定的判断，才能形成对它的爱恨。那么判断与爱恨中何者为第二层次呢？其答案并不那么一目了然。一方面，离开对一个东西是否实存的判断，我们仍可以喜爱或希求它；另一方面，离开对一个东西的爱恨、欲求或讨厌我们仍可以对它判断，即仍可以接受或拒绝它。有人将判断作为第二层次，即放在表象之后情感之前，其理由是判断比情感更相似于表象。可事实上二者并不具有更多相似性。有人将情感放在判断之前，并且

---

　　① 参见布伦塔诺：《感性意识与理智意识》，第 1—11 页。——编者注

辩护说意欲决定我们是否相信一种东西。可一般来讲，这并非实情。意欲需要判断，并且明证的内知觉可以得出独立于意欲的确定认识。下述诸点对决定这两种现象的排序是有益的：

a. 判断伴随着每种内知觉行为，可是想象一种不伴随任何情感的内知觉行为还是可能的；

b. 情感行为比判断更为复杂和多样；

c. 判断只是增加了表象的完善，而情感——特别是幸福感——却增加了更大程度的完善。

以上三点表明，在指涉对象的三个层次中，判断是第二层，而爱恨是第三层。

10. 让我们转向这三类指涉行为的亚种。显而易见的是，首先，为情感奠基的表象的差异会延续至情感自身。这类似于实体使其偶性差异化的方式。一个人看到彼特必定异于他看到波尔，即使这两种看的行为是同样的。与此相似，实体也会以它在时间中的变化这种方式影响其偶性。

表象自身可以从不同的视角加以区分。a. 它们可被其对象所区分。b. 它们也可被其对象是以其个体性还是以其普遍性而被表象、是被绝对地还是被相对地表象所区分（这种区分与前一种区分有某种关联）。c. 它们也可被对象被表象的时态所区分。d. 它们也可被对象是被肯定地还是被否定地表象所区分。即使我们否定性地表象一个对象时也会伴随着对它肯定性的表象，其中仍然存在着指涉一个对象的两种不同方式所呈现的两种不同的关系。我们已经指出，行为的统一体不完全等同于指涉对象方式的统一体。e. 我们可以区分简单的和复合的表象。因此，复合表象就多少具有复杂性，因为我们可以在表象中联结诸属性。谓述可属于判断，例如，当我们说"一棵树是绿的"时，可它也能仅成为一种表象的主题，例如，当我们说"一棵绿树"时，又如当我们在形成 2、3、5 这些数字的表象时，我们也是在组合诸表象。当我们将一个复合的对象区分为部分，并能够说我们对其整体具有一种清晰的表象时，我们就是在以一种复合的方式进行表象。①

上述在表象领域具有重要意义的区分，在爱恨领域也必定都对应着相关的区分。

---

① 根据布伦塔诺后来的观点，第 2、第 4 点是不成立的，因为我们只能普遍性地表象，且我们不具有否定的表象。他已在这个口授之前（1907 年）主张我们不具有否定的表象。——编者注

a. 首先，爱恨可根据其对象进行区分。

b. 爱恨也可根据究竟是指涉普遍之物还是指涉具体之物而得以区分。

c. 爱恨也可根据其对象之时态得以区分。以此种方式，我们区分了对过去之事的悔恨，指向当下经验的痛苦或悲哀，以及对未来之罪恶的惧怕。

d. 情感也可分为积极的和消极的，这种区分就体现在"爱"与"恨"这些用词中。

e. 简单与复合表象的区分以及结合表象之方式的区分，在情感指向其对象方面也都成立。

11. 判断方面的区分——正如表象方面的区分一样——也会延续到情感领域。因此，根据我做出的有关自己未来幸福状况的不同判断，即它确定与否、可能与否以及可获得与否等，我的相应情感也会显著不同。再者，也有些东西就其自身而言与我的情感毫无牵连，但它可以或是作为另一种东西的标示，或是作为其工具使我快乐；这种快乐的情感显然也受判断影响。简单的感性快乐的确也被以下事实所标示，即它们是伴有明证认识的爱的体验。这种情形也展现在意欲和允诺现象中。没谁会意欲他确信已超出其能力的东西，无论他多么喜爱和希求这种东西。如果一个人相信他永远没机会获得一种东西，那他就不会形成对这种东西的意图。在这些情形下，我们情感指涉的本性被奠基于其下的判断的特性所影响。这种情感的本性可以与明证之特性相比照，而根据明证性我们可以将判断区分为明证的与盲目的。

12. 还有情感领域内部的独特区分。

简单讲来，其中一种就是爱与偏爱的区分。后一种属比较行为。两物相较，如果我优先选择其一，那么我就爱此物甚于彼物。恨亦然；如果我恨此物甚于彼物，那么此物就可被称作偏恶的对象，彼物可被称作较少偏恶的对象。在判断领域有真与假，但对于为真的东西而言，并不能说此物比彼物更真，也不能说此真比彼真更真。

12'. 假定某人爱某个东西，而此东西又与他所恨的东西不可分离。在这种情形下，他可以选择这两种东西都不要，不过这也就牺牲了他所爱的东西。或者他可以选择两者都要，如此也就保留了他所恨的东西。在第一种情形下，我们可以说，他所恨的东西胜过了他所爱的东西；在第二种情形下，我们可以说他所爱的东西胜过了他所恨的东西。在爱被牺牲的第一种情形下，我们可以说出于其自身而被恨的东西作为整体暗含着不可分离的被爱的部分。在恨被包含的第二种情形中，我们可以说出于其自身而被爱的东西作为整体暗含着不可分离的被恨的部分。

13. 非但如此，在情感领域还存在着正当的爱恨与不正当的爱恨。这看起来像正确的接受或肯定，以及正确的拒绝或否定，其实这两类情形之间存在着根本差异。

14. 有些东西是出于其自身或为了其自身之故而被爱或恨的，而有些东西是为了他物之故而被爱或恨的。在后一种情形中，这些东西被称为有用的或有害的。有人或许会拿"出于自身之故"—"出于他物之故"这种区分与直接的肯定否定判断—间接（即推论所得）的肯定否定判断的区分相对照。然而，这种对照在根本方面是失效的：我们也把作为推论工具的东西当作自身为真，可"出于他物之故"的东西则无以保障其自身为善。

14′. 有用之物是为他物之故而被爱，因而它就指示着善物。有人或许会说这种指示也是有用之物的用处之一，因为一种指示是我们认识何者为善的手段，而这种认识自身就是值得爱的，从而对我们也呈现为一种善好。可是我们这里关注的并非"认识"这种善，而是认识到的善。同样，对恶的指示就是被恨的，尽管作为一种认识的手段它也属于某种善。不过如果这种指示被当作有用的，其前提只能是它是获得认识之手段。

正如我们爱有用之物一样，我们也会爱所爱之物的不可分割部分，即使这些组成部分中有些东西出于其自身我们会恨它。也可以考虑一个相反情形的例子：某人既希望去剧院也希望去影院，可二者只能选择其一，他决定去影院而非剧院。在这种情况下，剧院出于其自身是被爱的，可它只要作为阻碍另一种可获得快乐的东西就暗含着被恨。对于一位只有经受相关痛苦才能保持其信念的殉道者而言，他恨痛苦本身，可是作为保持其信念的手段，他又会暗暗地爱这种痛苦。整体离开其部分便不复存在。一个整体可以作为被爱的整体而存在，虽然它可以包含着就其自身而言是被恨而非被爱的部分。被暗含地爱着的部分正如被暗含地爱着的通向善的手段。但是这些部分并不能使整体的善增多，相反，如果其部分是出于其自身而被爱的，那么其总体的善就会增多。

15. 情感与判断之间有另一种相似——也只是一种相似。有时我们对爱恨（或是简单的爱恨，或是简单的偏爱或偏恶）的正当性有明察（Einleuchten），有时则无明察。如果我对这种正当性有种间接明察，那么这就预设了某种直接明察。这种逻辑关联也可根据判断中的通常规则来理解。当我们对情感的正当性有一种直接明察时，那么这种情感不仅自身是正当的，而且它还是具有正当特性的存在。当我们出于其自身而爱或恨某个东西时，偶尔——并非通常——也会拥有这种明察。

16. 就这点而言，存在着与之相对立的观点。有人会说，某人就其自身而爱的所有东西对他而言都是善的和值得爱的，某人就其自身而恨的所有东西对他而言都是恶的和值得恨的。他们也会以此来看待偏爱。根据这种观点，这些爱也被当作直接的正当之爱和具有正当特性的爱。有人也会说，根本不存在人们以正当性来称呼的直接之爱恨。对第二种观点而言，某人也可以有正当或不正当的追求——当他以牺牲较少利益为代价而追求较多利益时是正确的，当他以牺牲较多利益为代价而追求较少利益时是错误的。其中一种追求被称作可赞扬的，另一种追求被称作可批评的。可是根据这种观点，赞扬与批评就与作为直接利益内容的实事无关。

如果再切近考察的话，我们可以看到上述第一种观点最终趋同于第二种观点。那些只从主体方面来确定正当性的人都误用了正当性概念，他们因而就可以言说一种纯粹主体性方面的真实。对普罗泰戈拉而言，根本不可能有错的东西。我们不会惊讶于上述观点中的第一种实质上与普罗泰戈拉的思想是一致的：只要我们的爱恨不包含在出于其自身之故而被爱或被恨的东西之中，那么就不可能有错误的爱恨。一切皆口味。

16'. 这种谬误流毒深远且广泛；其结果会腐蚀任何高贵的世界观。如果善是主观的，那么构成最高善的上帝观念将不复存在，对一个人而言的最高善对另一个人也就不会是最高的。

17. 经验表明，当我们出于某物自身而爱或恨它时，这种爱或恨在某些情形下具有正当特性，而在其他情形中则不具正当特性。这与我们在判断领域中碰到的情形相似，在那里一些直接判断是自身明证的而另一些则不是。诸如饥渴这种本能驱动以及习以为常的贪欲都不具正当特性。当我们爱知识、爱愉悦、爱正当之爱自身、爱正义、爱表象等的时候，我们就能够发现我们的爱具有正当特性。同样，当我们在进行下述偏爱时，也会发现这些偏爱是正当的，即偏爱知胜于无知，偏爱多知胜于少知，偏爱更多人的幸福胜于更少人的幸福，偏爱幸福胜于不幸。如果有人说在这些情况下相反的偏爱也没什么不可以，这里所讨论的只是口味而已，我们即刻就会明白他的说法是荒谬的。

18. 对以上正当情感的进一步研究表明，它们不仅一般地相似于直接明证判断，而且还与直接明证判断拥有下述方面的具体相似性，即某些判断的真显然源于判断所包含的概念。当表象某个对象而导致一种明证的拒绝或否认时，如果这种拒绝或否认又是正确的，那么就做出了上述类型的判断。例如，当我们表象一个圆的方时，我们就被迫拒绝或否认它，因为我们看到这是不可能的。与此相似，对认识的表象会产生一种具有正当特性的对认识的爱，而对痛的表象——它具有一种内在的对自身的恨——则产生一种具有正当特性的对痛的恨。因此，对这种爱恨正当性的认识也是决然的；我们认识到，在这种情形中只存在具有正当特性的爱与恨。这种爱与恨相似于决然（apodiktische）判断。因为这些情感就像决然判断一样源于对其对象的表象。

19. 显而易见，在有关我们获知下述情形的途径方面——以此途径某些出于其自身且为了其自身而被爱的实事被知晓——人们何以众说纷纭。我们可以尝试来思考对叠合的知觉，比如两个三角形之间的叠合，不过这种叠合一方面可以在对象的表象概念之间进行，另一方面也可以在正当的爱之间进行。因此可以认为，当我们表象知识时，从中就可呈现出对知识的正当之爱；于是就可以说这种正当之爱与知识在我们的直观中就是联为一体的；它们以下述方式彼此相合：值得爱的概念也包含于知识的概念中。然而，实际上尽管可以从表象中生发出对知识的爱，可在知识自身之中却绝对找不到"值得爱"（liebenswert）的概念。两个三角形叠合的情形在这里并不存在。我们只能在完全不同的意义上讲叠合，即在对认识的表象与对爱着的心灵的领会方面的叠合。为了在这种观点与我所建议的那种观点之间进行抉择，我们不得不回答以下问题。如果与知识纠缠在一起的爱并不是源于知识的，而是与知识混在一起的，如知识自身与痛苦、错误及怀疑等纠缠在一起，我们是否能觉察到值得爱的知识？"不值得爱的知识"包含着某种矛盾吗？在我看来这个问题易如反掌。让我们假定正当之爱的概念是在我们经验中抽取出来的，它区别于简单的爱的概念。这只能以我所描述的方式去做：具有正当特性的爱源于概念。诚如是，那么我们就不需要去其他地方寻求正当之爱的概念。如果不是这样，且去其他地方寻求正当性的概念，那么我们就没有可以用以衡量这个概念的标准，且我们也就不能说，例如，对知识的爱的概念是必然正当的。确实没人能说"被正当地爱"或"正当地去爱"的概念是完全包含在知识自身中的。

20. 好(善)与坏的概念以及快乐与不快的概念需进一步澄清。在《尼各马可伦理学》中，亚里士多德不仅区分了善的与快乐的，而且区分了"自身(an sich)善"与"为他(für jemanden)善"以及"自身快乐"与"为他快乐"。快乐之物就是我们可以从中得到快乐的东西。快乐与某些活动之间的关系已被自然有意地安排好了，比如身体各器官所可能拥有的快乐。正如身体的器官可以发展为非健康的畸形一样，快乐有时也会成为反常的。要想快乐在成年人的生活中是正常的，一个人就必须在成长与教育阶段拥有一种正常生活(无论这种教育是自然经验的教育还是呵护引导的教育)。如果早期的生活是反常的，那么与快乐的正常关联在其习性中就会遭到扭曲。因此，自身快乐或自身更快乐就区别于偶然的快乐或更快乐。反常的快乐永不会比正常的快乐更丰富、更完善。可以参照下述比喻：如果一个钢琴师形成了以不恰切的方式来弹奏某一乐章的习惯，他会发现以这种方式来弹奏是轻而易举的；可如果开始用正确的方法弹奏，那么他就不会如此轻松。

虽然自身快乐和偶然快乐是有区别的，不过两者都包含着盲目的、本能的爱与快乐。

那么我们如何解释亚里士多德对"自身善"与"为他善"的区分？这种区分并非用于"外在善"，而是用于那些"内在善"。可以想象亚里士多德心中有以下几种对善的区分。我们可以区分总体善——在整个世界秩序中实现的善——与在特殊个体中实现的善。比如在末世审判中，如果更大的赐福给了与它不相称的人，那么他所得到的善就比他所应得的善更多，那么世界之善——如果将其作为一个整体的话——就会更少。可我并不相信这是亚里士多德心中所具有的区分。相反，我想他所考虑的毋宁是下述情形。想象一个其偏爱属反常类型的人。对两个事物 A 和 B 而言，A 是应被偏爱的，可他错误地偏爱 B。那么对他而言 B 的实现比 A 的实现更能让他满足。如果 B 实现了，那么他所具有的满足感就是一种善。可正当偏爱的 A 的内容如果实现了，那么他就不会获得这种善。而在正当情形中拥有更大的满足而非在错误情形中的满足，才是出于其自身且为了其自身的更大的善。因为对于反常习性的人而言，诸种善之间的正当关系被扭曲了。

亚里士多德并不仅仅把"善的"这个词用于被爱的或能够被爱的；他还将这个词用于正当地被爱的或能够被正当地爱的。在这里我们得到了他所说的"自身善"。

因此，我们也就无从在基于错误认识的正当行为与对我而言的正当行为之间做出区分。因此，如果我们想象一个就其美德而言尚未充分完善的人，我们就难以区分下述行为，即究竟这些行为对他而言是更好或更可取的呢，还是这些行为就其自身而言是更值得推荐的。

21. 有些东西与其他东西是不相容的。一个自然物不会同时既圆又方，也不会同时既动又静、既停又流、既红又绿。如果某人希求（wünscht）这类东西中的一种样式，那他就不能同时合理地意欲（wollen）及希求另一种样式。可是一个人在喜爱（gefallen）一种东西的同时也可以喜爱它成为另一种东西：一个人可以喜爱一个东西是圆的同时也可以喜爱它是方的，等等。包含在意欲中的爱完全不同于包含在喜爱中的爱。我们该如何描述这种差异？

我们能够说第二种情形包含的爱是指向事物的表象而非指向事物吗？看起来并非如此。想象下述情形：表象对象恰好是某种高贵心灵所喜爱的，即我们在艺术、科学和政治中所碰到的东西，不过这种喜爱自身彼此并不相容。诚然，我们可以说这种意欲之物就是自身所喜爱的。那么我们是否可以说：我们喜爱的东西确实是各种不相容的意欲之物，而喜爱的对象却不是这种意欲之物的存在呢？我们以此就可以将这种喜爱与意欲进行比照。意欲指向事物的存在：我们意欲那个东西存在。

或许我们可以说这种喜爱的对象是这种东西的存在吗？——因此就可以附加说，由于所爱的东西与其他的善是不相容的，那么爱与恨就是连在一起的吗？因为恨针对的是其他善物的存在——或者说是爱其他善物的不存在。因此，意欲可以说是偏爱一个对象的存在胜于其非存在。我可以喜爱两个不相容的意欲中的一个，也可以喜爱另一个；不过我只能偏爱其中的一个。对一个东西的爱与对另一个东西的爱存在于一个天平的两端；多数时候一端会翘起。两边的砝码或许会平衡：如果行为者意欲一个东西而非另一个东西，或者说，在他可以获得此东西的情形下，如果他意欲此东西而非彼东西，那么更多的砝码就必定会加到天平这一端。在这种情形下，一个人可以说："我希望这两个东西可以相容。"可他如果说，"我要这两个东西相容"，则是荒谬的。

那么我们如何区分单纯之爱与希求呢？这个问题已经包含在对单纯之爱与偏爱所做的区分中。然而，偏爱还不是希求。假定有三个互不相容的善物 A、B 和 C；我可以偏爱 B 胜于 A，也可以偏爱 C 胜于 B，其结果可以是，虽然偏爱 B 胜于 A，但是对 B 的希求却可以不比对 A 的希求多。因此，我们必须说，为了成为希求的对象，被爱的东西必定要成为被偏爱的，这不仅针对与偏爱对象不相容的东西而言，而且针对与表象中每个可能的不相容对象而言。而这种如此这般不包含希求的纯粹之爱所说的就是从其发生的具体情境中抽取出来的东西。纯粹之偏爱形式与此相似。然而意欲却不能从情境中如此这般抽象而来；它们都包含了偏爱，而偏爱是将特定时刻觉察到的东西都纳入其考虑之中的。因此，当我相信我根本不能得到一个东西时我仍然可以喜爱它。我可以希望明天天气好些，但在这件事上我毫无选择权。

22. 选择的特性是什么？选择只是包含在下述希求中吗？即一件事情的发生正好伴随着我对这件事情的实现依赖于我这种事实的意识。难道我不也必定相信我希求或偏爱的对象会在我希求或偏爱的结果中出现吗？诚然，这种东西不必是我希求或偏爱的一个直接结果——就像我想动我的手，我的手就动了那样。当我考虑一个命令，或是当我决定以后做什么事情，即命令我自己在将来完成某种行为，那么在这种情况下就是一种间接结果。在后一种情形下，我可被适当地看作令自己以后做某件事情；我为自己设定了随后的意愿行为，而这种意愿在适当情形中的实施会直接带来相应的行为。

通过诉诸这些区分，我们就可以看清各种情感之间的区别的一些更为重要的方面。

23. 有一些意欲和选择行为（严格讲来，对于希求亦然）会呈现出显著的复杂性。我可以希求（wünschen）这个或那个事情发生，为的只是第三件事情因而可以被阻止。我也可以希求，如果有 A 和 B 两种情形：A 发生，则情形 C 也会发生；而 B 发生，则情形 C 不会发生。这些不同的可能和设定为我的希求设置了界限。意欲与选择在本质上与此相似。设想在高级棋类游戏中棋子的移动。当我移动一颗棋子的时候，我在某种程度上已经预计了下一步棋子的移动；我已经考虑了对手可能移动棋子的多种可能性，并且我也预计了在每种可能情形下，我自己该如何应对。只有在如此行为时一个人才可以说——正如棋手有时所做的那样——对手有如此多的行动可能性。我不能掌控所有步骤，因为对手所做的决定并不在我的能力范围之内。不过我复杂的意愿行为，即我复杂的决定，已经预先考虑了各种可能发生的情形。

24. 那么我们对如下一系列情感又有什么好说的呢？即担心、希望、害怕、焦虑、激动、嫉妒、羡慕、愤怒、恐惧、惊骇、紧张、渴求和厌恶等。在几乎每种情形下，我们都面对着异常复杂的现象。其中不少术语都难以界定；我们不能以任何确切性来固定其应用范围。我们并非通过定义来熟悉它们，而是通过在各种实际情形中的应用来把握它们。正如高山的概念，没谁可以很准确地界定说，这座山并没那么高，只是比那座山高出一步而已。一个人的愤怒与此情形相似。

一个人能对一个无生命的东西，比如椅子发怒吗？一个人能对已经逝去几个世纪的人发怒吗？一个人能对舞台上或小说中刻画的形象发怒吗？如果在这些情况下一个人发怒了，他发怒的那一刻一定忘记了，椅子不是一个活物，历史人物属于久远的过去，文学刻画的人物只是想象而已。

这些问题所导向的争论仅限于用词方面。不过一种科学的处理可以对此有较大帮助：a. 这有助于对特定的个别现象进行分析；b. 在语文学上有助于对特定日常用语运用的界定；c. 在心理学上的重要意义在于，什么样的特殊情感现象以及这些情感的何种类型是彼此内在相关的。因为其基本的规则并不确切，我们不得不考虑到各种关联的可能性。心理现象原初就与物理现象相关联，同时其内部各类之间也相互关联，而这些关联在某种程度上可被我们提到的复杂情形中的各种可能性展示出来。因此一个被恐吓的人常常会变得苍白发抖，而一个发怒的人会面红耳赤、怒气冲天。这些情况下各种现象究竟如何联结值得我们认真考察。

让我们更详尽地来考虑愤怒的人。看起来他想向某人发泄，这个人是他所敌视的，因为这个人以某种方式对他的利益构成了侵扰。不过仅仅如此我们并不能称其为愤怒。他必定感受到激发，并且就像发疯一样被沸腾的热血所裹挟和驱动。他对敌人紧握钢拳，虽然对方在他可触及范围之外，但他还是咬牙切齿，仿佛要将对方撕为碎片、嚼为细沫。更为关键的是，他愤怒的缘由在记忆中已完全丧失，就像猝不及防的险情那样；他的这种激愤会继续加强他对侵害者的敌视。

当然，我们知道，动物也会发怒。狗就很容易被激怒，出于其本能，它的怒气很容易上升到高强度。狗的怒气类似于羊的恐惧；当羊看到狼，它就本能地被恐惧所占据。相似地，其他动物或许因饥饿发怒，或许因干渴发怒，或许因发情期的性冲动而发怒。怒发冲冠之人的基本特点是被强烈的破坏欲所占据，这种冲动或许并没有清晰的动机，它只是与多种激情和反射弧相关联。

如果一个人想激发起狗的这种特性，那他就是想激发起狗进行伤害的冲动，虽然狗并不知道它想伤害的对象到底是什么。相似地，亚里士多德也指出，因为恐惧使一个人变冷，人们只需通过变冷就会进入恐惧中，并不需要知道他们所惧怕的是什么。因此，如果破坏欲能够引发一种兴奋和激动的状态，另外，兴奋与激动的状态会引发一种破坏欲，我们就会询问，究竟是第一种情形还是第二种情形构成了愤怒的本质。我们也可以认为愤怒的本质是综合性的，它不仅包含着这些要素，而且包含着与之前经验的一种原初关联，之前的经验在这种敌对状态中一同现身。在人这里，愤怒通常与复仇的欲求联系在一起——这种复仇不仅仅是要得到正当的回报与补偿。愤怒之人会将他的仇恨指向敌人自身；他会通过伤害其敌人而平息自己的愤怒。

25. 在两种意义上一个人可被看作喜爱一个对象或以一个东西为乐，同样，也是在两种意义上一个人可被看作不喜爱一个对象或以一个对象为不快。在第一种意义上，他只是发现对象是快适的或不快适的。在第二种意义上，他发现对象是快适或不快适的，且在此基础上，他会获得另一种愉悦和不悦。针对第一种对象引发的快乐或不快的结果，就会有一种感性上的快乐或不快。

有人有时会以"强烈的"这种表述与精神的愉悦或不悦相关联。这种联结只有在快乐或不快是由高层行为引起时才是正当的；因为有强度的东西要么其自身在空间上必定是连续和延展的，要么它是一个在空间上连续与延展的对象。①当牛顿读到他的天文学假定被新的测量证实了的时候，他的愉悦感就越来越强，以至于最终完全控制了他，使他不能继续阅读。他最终被源于高层情感的强烈的感性感触所占据。当阿基米德兴奋地喊出"找到了！"时，他的情形亦然。甚至在意识到德或恶时伴随的情感也可以引发强烈的感性感触。

因此，亚里士多德在《尼各马可伦理学》的最后一卷提出，快乐

---

① 根据布伦塔诺的说法，快乐和不快具有其感觉行为的一阶对象（此感觉行为属心理现象三种类型中的第一种，即表象的亚种）；感觉行为具有各种感性的质作为其对象，如颜色、声音、味道等；根据布伦塔诺的说法，这些感性的质是物理上的，而非心理上的；不过感性的快乐或不快（它们属心灵现象的第三类，即爱与恨的亚种）并非感性的质，而是心理上的因而也就是意向的现象。参见布伦塔诺：《感性心理学研究》，第119—125页，以及《感性的意识与智性的意识》，第16—18页，第80—81页，第138—139页。——英译者注

会自然地伴随着理智行为，虽然它们并非这些行为本身所具有的。然而他从未充分注意强度问题，更未曾涉入这些问题的细节。

26. 这种快乐或不快来源于自我，同时也受制于周遭情境。当快乐或不快由我们对某物的快适或不快适引发时，快乐的对象就不同于引发我们快适或不快适的一阶对象。穆勒指出，快乐与不快可以根据质也可以根据量做出区分。量的特征展现在引发这种快乐或不快的对象的感性的质中，而这种快乐与不快由于源于更高层的行为，于是就具有一种更高层的质。亚里士多德认为与高贵行为联结的快乐是完全好的快乐，而与坏的行为联结的快乐则是完全坏的快乐；其他快乐在他看来则既不好也不坏。但在与此相关的一些方面他有时又有一些不同的思想。最近，费西纳则认为，所有快乐就其自身而言都是好的，只有在下述情形下快乐才可被认为是坏的，即它是由可憎之物引起的快适。

26'. 亚里士多德认为这两种行为的关联如此紧密，以至于如果对一种真理的认识给予我们快乐，那么每当我们沉思这个真理时，也就会经验到这种快乐；他说，如果我们没有经验到这种快乐，那是因为我们的专注力不够强，认识没能被我们拥有。然而这个断言与我们在听音乐时的快乐或不快经验不相符，在听音乐时，对某音节原封不动地重复会使我们的快感变为痛苦。我们在这种情况下不再能经验到快乐看来不是由于对知识或认识的专注力不够，而是由于去体验伴随着这种认识的快乐的能力不足（这并非由于我们的注意程度衰退了或认识变得不完满了，因为重复地体验很容易使认识变得通达）。能够引发快乐的认识与额外重复现象的重大差别是，前者具有一种创发意识，且拥有促进这种意识的各种心理行为。

27. 这种额外现象就像在我们自然生命的强烈目的论特性中展现出的各种本能一样，它们仅是某些行为的副产品——快乐或不快。

28. 一种出于概念的正当之爱表明其自身必定正确，正当之偏爱亦然。在第一种情形下，我们得到什么是"好"的认识；在第二种情形下，我们得到什么是"更好"的认识。

29. 并不能说我们每次表象好的东西时所出现的爱都必定出于概念。然而，确定不疑的是，当一种爱确实出自概念时，那么我们就可确定地知道这种爱是正确的，也可直接知道所爱之物是好的。偏爱的情形与此相似：偏爱之物并非时常出于概念，可如果它是出于概念的，那么我们会知道被偏爱之物就是较好的一个。

30. 在多种情形中偏爱都可拥有正确的特性。我知道一个东西是好的，那么就会偏爱其存在而非其不存在。我知道一个东西是坏的，那么就会偏爱其不存在而非其存在。或许会有两种相似的好东西，它们都是应当被爱的——即使其中一种在我这里实现，另一种在他人那里实现。如果没有这种原则，我们的价值理论就会退化为主观主义的(帕斯卡虽然在其他方面表现出不少怀疑论倾向，但在这种情形中他却坦率地支持这种原则)。再者，当我们偏爱好东西胜于坏东西时，这种正确之偏爱就是出自概念的；这种好东西自然是积极的，而坏东西自然是消极的。

帕斯卡也主张善物的位序应当以下述方式排列：处于较高位序上的一部分善常常优于较低位序上的所有善的总和。因此他可以说，心灵或灵魂以及认识行为中的一小部分显然比有形之物的总和还优越；一种圣爱行为比所有认识的总和还优越。

其他人也有类似主张。赫尔巴特将道德性置于如此高的地位，以至于在所有具有价值的东西中，只有道德性给予人格以价值。令人深感诧异的是，他将认识以及人格的其他灵魂方面置于这种价值之外。看来他认为道德性仅存在于一个人的品性中，而非存在于他的实际行为中；尽管他还不敢斗胆说一个人在任何时候的价值是被他在那个时候碰巧做的事情决定的。然而这种对品性的强调几乎与亚里士多德的下述看法相左：行为在价值上常常优于纯粹的习性。亚氏问道，如果所有可能成为认识的理智永远处于一种非行为状态，就像沉睡了一样，这又会显示出什么优越性呢？

31. 休谟认为一个无生命的有形之物自身不会成为爱或恨的对象(看来这无论如何是他所讲的一些东西的预设)。如果是这样，且倘若这是正确的，那么正如帕斯卡所言，无数有形事物的总和在价值上也不会高于某种精神。或许不能否认，一种圣爱——虽然微不足道——属于更高位序的善物，正如教会所教导我们的那样，只要这种行为将我们导向对神的直观，且以此直观作为其正当的回报。这种情形只是神之完满性的结果，比起万物，神具有无限的优越性。

32. 下述情形是非常可能的，即一类善可以无限增加却超不出一种既定的有限善。几何学会处理一些比其他量无限小的量；对任何片段我们都可想象出有比它更小的量；因而也会有其他的量比这些量都无限小。一个人甚至可以说一个桌子的表面比无限延展的时间都长。

33. 神的造世决定基于对可能之物中最好者的偏爱。因此，我们可以怀疑任何与此事实相冲突的价值体系。

帕斯卡给出了价值的三种位序，但十分明显，这个数字并未穷尽存在着的各种善物。如果不误将世界看作可以独立于神而自存的话，仅次于神的更高善就是被神所造的世界。神深爱的是他自己参与创造的世界。

或许世界包含了一些就其自身而言是坏的或是无价值的东西。我也倾向于认为一个只包含有形之物的世界是无意义的。这个世界不但在位序上低于人的精神，而且也低于拥有感觉和感受的狗的灵魂。与这种无精神的世界相对照，现实的世界发展出生命、感觉、理性以及最高类型的爱。

如果缺少有形世界会怎样呢？那么就不能发生一个灵魂与另一个灵魂的接触；就没有快乐和痛苦，那么也就缺少了它们给予世界秩序的本质贡献。在这样一个世界上，神或许会独自激发个别心灵的爱。世界在其发展的各阶段于价值上能比这种世界更高吗？我看不出。当然，这都是出自推理而非对神意的实际感受。

34. 显然，对于福祉的量，我们不能确切地测算。不过，在实践中我们每个人都会遵循其自身的禀赋。即使拥有这种自由，在我们给予所知的更好之物以偏爱时，也还有许多事要做。

例如，爱邻人是一个人的义务。可倘若在社会中这种爱能够促进最大可能善的话，它就与自爱以及对亲近之人的爱是一致的。如果每个人对邻人之德及对其事务的照料就像照料自己的事务一样，那么其结果会怎样呢？在其他方面也这样行事，结果又会如何呢？

就认识与美德而言，显然，不论这些价值彼此之间有什么关系，他们都会在每个人力所能及的范围内被照料得尽可能好。对快乐而言，明智的做法并非使其自身成为目的，而是将其作为达到其他善的手段。如果我们培养科学认识，或是试图过一种道德和有美德的生活，那么我们就会享受到一种显著的快乐。如果我们的吃、喝行为超出了维持身体与延续种族的需求之外，那么在明智地进行这些活动的过程中，我们将体会到与自然本能完全不同的快乐。在其他情形中亦然。如果一系列灾难将一个人抛入病痛与忧郁状态，那么寻求感性快乐作为一种协助和补偿就具有重大意义。当圣弗朗西斯建议其兄弟们"愉悦地侍奉主"时，他希望通过此举使他们更容易遵从另一个劝告："酒为悦人心。"

然而，下述情形却是永恒真理：

如果追求快乐，它将望尘莫及；

如果追求卓越，快乐不期而至。

因此亚里士多德会说，只有高贵之人才是真正幸福的。历史一再表明，酒色之徒很快会变得麻木不仁，因为他们把生活看作里奥帕蒂(Leopardi)所描绘的样子：乏味、污浊以及无底的空虚。

下　篇

迈农的价值哲学

迈农的价值哲学
及其心理学基础

论情感呈现

第一章　自身—呈现和他物—呈现

在其他地方①我已试图揭示呈现的概念及其超越理智领域之外的应用。② 下列讨论的主要目的是为呈现概念提供一个详尽的分类并阐明其应用。不过首先我们必须进行一些总的概述。

呈现概念源于下述事实，即存在着这样的经验，通过这些经验我们才有可能把握某一对象的

---

① 参见《知识的经验基础》，见《教育·哲学论文·自然科学》第6册（柏林，1906年），第72页以下；《论假设》，第2版。（莱比锡：巴尔特，1910年；第1版，1902年）除非特别说明，所有《论假设》引用都摘自第2版；《论可能性和极大可能性》（莱比锡，1915年），第33节；参见《在一般价值论中赞成心理学与反对心理主义》，见《逻各斯》第3册（1912年），第10页以下。

② 在当下的讨论中，"理智"与"情感"相对，就像A. 霍夫勒（A. Hofler）或St. 威塔塞克（St. Witasek）在心理学讨论中将精神生活（Geistesleben）与情感生活（Gemütsleben）相对立一样。相应地，感受（feelings）尤其属于情感的范例，通过它人们很容易就能联想起情感（Gemütsbewegungen）[参见E. 贝歇尔（E. Becher）在"情感与兴趣"中的术语建议，载《心理学期刊》，第74册（1915），第150页]，因此下述讨论中我们关注的是感受和欲求，以它们描述情感领域的原初的、基本的经验。

特殊性质，即使这一把握也许是不完整的。表象（Vorstellungen/idea）最为清晰地表明了这一事实，尽管表象具有对象，但由于它缺乏这种把握所要求的主动性特征，所以表象不足以使我们把握这一对象。

于是，人们也许就会产生一种简单的感想，即把呈现某一对象等同于对该对象的表象。这样做符合"呈现"一词在拉丁语系和英语中的含义，并且这样做使得我们没有必要在拥有表象和呈现之间做出区分。但假如近来关于这些问题的研究结果是可靠的，那么就存在着这样的对象，比如客观事态（Objektive/ objectives），即使我们并不拥有关于它们的表象，它们也能够被我们所把握。然而，把握客观事态的经验——这种经验可以被更精确地称为"思维"——展示了一种特征，即这种经验直接随着被把握对象所显示之特征的变化而变化。我们可以谈论思维的内容，正如我们也可以谈论一种作为表象之部分的特征（即其内容），内容是用来把握它们对象的途径。显然，不存在和思维行为相分离的被经验到的思维内容。但是，为了解释思维内容和思维对象之间的紧密联系，声称内容把对象呈现于思维之中就是十分有意义的。因此，这表明呈现概念在这一联系中具有实际用途。

根据上述考察可知，不通过表象的呈现是存在的。在解释呈现概念的过程中引入思维概念，马上使我们对表象的分析产生了变化。假如在思维过程中主要是内容行使着呈现功能，而且内容可以被专门地称作"呈现要素"（Präsentant/ presentative），那么我们也许可以合理假设，在表象过程中（bei der Vorstellung/ having of ideas）内容单独行使了相似的功能。但是，这并不意味着思维和表象是无法区分的。其区别可以通过下列事实来加以证明，即在表象过程中，存在着不包含任何"完全的"（fertige/ completed）把握行为的呈现，而在思维过程中，呈现通过思维—内容（Denkinhalt/ thought-content）同时和完整的思维—经验（Denkerlebnis/ thought-experience）联系在一起，并因此同对客观事态的完全把握联系起来。与所有呈现行为都是通过表象提供给我们的原初范式相比，在思维过程中展现出来的呈现行为在某种程度上和主动性把握的联系更加紧密。这一点也可以用另一种说法来替代：假如我们获得了被某些不同于此前提及的范式所覆盖的情形，那么区分呈现行为的特征要素等事物就需要被指出。

这种情形中，"间接"①（mittelbare/ mediate）呈现——或者不如说，以"如此—这般的存在"（Soseinsmeinen/ being-thus-and-so）这种方式为指涉的间接呈现——取代了直接（unmittelbare/ immediate）呈现。例如，当我们所把握的对象是"黑色的某物"（Schwarzes）而不是"黑色"（Schwarz）时，黑色—内容无疑行使了作为呈现要素的功能，但行使这一功能的并非只有这一个内容，因为思维—经验的内容也参与了呈现。通过这一内容，我们获得了途径去理解"如此—这般"的存在的具体案例，即它是一种黑色的存在物（das Schwarzsein）。因此，现在的情况与我们的原初范式是如此不同，以至于某些人也许会犹豫是否要将对"黑色的某物"的指涉完全置于"呈现"的总标题之下。我们也怀疑以如此—这般的存在为途径的指涉并不像以存在为途径的指涉（Seinsmeinen/ reference by way of being）一样，能够成为完全的把握。就"黑色的某物"和"黑色"而言，显然这两者不能被等同，而两者又位于同一层次，因为在把握"黑色的某物"时，对存在的判断或至少是对其的假设就像在对"黑色"的把握中一样都是相当必要的。显然，在这里对某个如此—这般的存在之对象的指涉最后所达到的情形，与我们的范式中表象所达到的并无二致。因此，我们必须认为对如此—这般的存在之对象的指涉是呈现的一种情形，即使两者之间存在着重要的区别。

但是，这些以对如此—这般的存在之对象的指涉为途经的呈现行为——它们也被我叫作"间接呈现"——稍稍超出了当下讨论的主要范围。我们在这里关注的是能够发现呈现行为的所有领域，既包括直接呈现也包括间接呈现。我们对其的第一印象是把呈现某物与表象某物等同起来，但是当客观事态和把握它的方式进入视野，这一领域就被扩大了。对此，首要的是要意识到，由于承认客观事态而导致的扩大并没有使我们超越理智的范围，而这样的扩展又是必需的，因为这一领域必须包括我们的情感经验，即我们的感受和欲求。

内知觉清楚地表明了这一点。每种知觉都是一个实存判断（Daseinsurteil/ judgement of existence）。② 每个判断都是一种非独立经

---

① 《论可能性和极大可能性》，第194页以下。
② 参见《知识的经验基础》，第16页。

验，即依赖其他经验作为自己的"心理学预设"。① 传统上通常认为，表象在成为其他所有心理事件之必不可少预设条件的过程中具有独特的地位。不过，我已经试图证明在感知内经验时，没有证据能够证明把握行为和被把握的东西之间的联系需要以后者的表象为中介。② 无论何时，当某物外在于判断主体并通过判断被主体所把握时，那么这种中介就是必需的。但是为什么判断不能直接转向内在的心理事件而无需以表象为中介，并最终仍然内在于主体之中呢？目前为止，与内经验同时产生的表象从未在经验中表现为脱离经验本身而独立实存，因此可以假设，在知觉内在心理事件时，知觉判断直接将自身导向这一心理事件。这样我们就可以说这一心理事件为下述判断提供了材料，这一判断在不同的情境下通过表象的内容在(外在的)物理事件中产生。既然表象的内容所行使的功能被称作"呈现"，那么我们在内知觉的情形中使用同样的术语来描述同样的事件也应该是合理的。然而，需要提醒的是，行使呈现功能的某物同时也就是被呈现的事物，因此"自身—呈现"这个表述是恰当的。这种自身—呈现与他物—呈现(Fremdpräsentation/ other-presentation)相对，在他物—呈现中表象的内容行使了作为呈现要素的功能。

当我首次把这些表述当作专业术语来使用时③，H. 伯格曼评述道："布伦塔诺在他的《心理学》中已经使用了自身—呈现的概念。"④布伦塔诺的下述言论可以证实这一点："在声音得以呈现的同一个心理现象中，我们同时在其两个方面上把握到了心理现象本身：在其内容作为声音的方面，以及在它又将对其自身的呈现作为内容的方面。"⑤不过，下面的论述使得我显然无法毫无保留地接受布伦塔诺的观点，因为他说"我们心中永远不存在一个离开表象的心理现象"⑥。但是，诚如前文所述，"意识"到某种感受并不需要"关于这一感受的表象"(Gefühlsvorstellung/ idea of a feeling)，也就是说不存在什么无法被意识到的感受。事实上，伯格曼所说的是：

---

① 参见《价值论的心理—伦理学研究》(格拉茨，1894 年)，第 33 页以下；亦可参见后文，第 26 页以下、第 59 页以下(这里的页码指本篇英文本页码，下同——中文编者注)。

② 《知识的经验基础》，第 72 页以下。

③ 《论假设》，第 138 页以下。

④ 《哲学和哲学评论期刊》，第 143 期(1911 年)，第 112 页。

⑤ F. 布伦塔诺(F. Brentano)：《心理学》，第 1 卷，第 167 页。

⑥ 同上书，第 180 页。

甚至迈农也必须承认，当关于内在状态或事件的判断加入了一个自身—呈现的表象，比如声音，那么我们在判断之中不但需要添加判断的态度特征——在这种情况中，它是对声音的判断，而不是对听到声音的判断——而且需要添加对新对象的指涉，即听到这个声音。换言之，假如我有一个关于 A 的表象，并且伴随这个表象产生了一种判断，我无法理解为什么这一判断是关于我的表象的判断，而不是关于 A 的判断。假如这个判断是关于我的表象的判断，那么就产生了一种新的对象关系，假如迈农拒绝称这一关系为"表象"，那么我们之间就发生了术语上的分歧，而不是实质上的分歧。①

这是伯格曼试图达成共识的又一失败之举：正如我们将在下文看到的那样，我们之间的分歧到了截然对立的地步。我毫无疑问必定会"拒绝"称一种关系——即使是一种"对象—关系"——为"表象"，因为我一直认为"表象"是一种经验，这并不十分重要。更为重要的是我们现在所讨论的"分歧"不只是术语上的，当我们的兴趣从表象的领域——"听"便发生在这一领域——转移到其他的领域，比如情感经验的领域时，这一点就表现得尤为明显。显然，对于听来说，亦即一般而言就表象来说，呈现，甚至自身—呈现，都是通过表象来得以实现的。但同样明显的是，在感受的自身—呈现当中，感受替代了表象，在欲求的自身—呈现中，欲求替代了表象。然而，我们不能只是因为感受呈现了某种事物，就允许在术语上把感受称作"表象"。

有一种颇为流行的观点可以被表述为，内经验不能在其发生的同时被我们所把握。② 它只能在事后被回忆起来，因此不能被知觉（至少不是在最严格意义上被知觉）。这个观点显然不同意我刚才所说的自身—呈现。但就我所知，没有人指出过是什么事物在经验发生的同时阻止了对经验的把握。这是一种常识经验，即当我头疼或牙疼得厉害时，我同时也确切地知道自己头疼或牙疼。在一些有利的情形中，我也能同时知道自己正在看的、听的，或用其他感觉所感觉到的内容。但是人们在看上去如此简单的事情中试图发现更大的复杂性，这种倾向主要来源于在谈到"自身观察"（Selbstbeobacht-ung）时对"自身知觉"（Selbstwahrnehmung）复杂性的夸大。这些观

---

① 《哲学和哲学评论期刊》，第 143 期，第 113 页。
② 参见 H. 德里施（H. Driesch）：《秩序学说》（*Ordnungslehre*），耶拿，1912 年，第 14 页。

察无疑需要观察者的意图和注意力，并且在某些经验中，比如强烈的情感中，需要更多的意图和注意力。所有试图克服这些困难的努力都可能会打乱或改变总体的心理状态和被观察的经验。这些努力也许会使观察的可靠性变得可疑，即使我们能从根本上实现这种观察。但是，我们也没有理由假定这种打乱必定会在每一种自身观察的情形中发生。[①] 并且我们也几乎没有理由假定这种打乱对于不甚精确的自身知觉来说同样必定是真实的，尽管它对于自身观察来说可能是真实的。

认为我关于自身—呈现的论述威胁了传统思想赋予表象的优先于其他基本心理经验（psychische Elementarerlebnisse）的特殊地位，这种观点是错误的。但以下观点又是正确的，即假如某种感受立即将自身呈现于知觉之中，感知判断并不需要一个特殊的表象作为其基础。这一点不能改变下面这个事实，即所有思维都需要一个被思考的对象，所有感受都需要一个引起愉悦或不适的对象，并且所有欲求都需要一个对象，不论它们指涉的对象存在与否。这个对象[我们应该用"预设对象"（Voraussetzungsgegenstand/ presuppositional object）来指称它[②]]并不必定要通过表象来加以把握，自身—呈现的事实似乎已经证明了这一点。但即便如此，对象必须通过间接预设了表象的心理经验来加以把握，尽管对象本身不是表象。我们的结论是，所有的心理经验事实上都"奠基"于表象，自身—呈现也不例外。

第二章　关于罗素和莫利的悖论：不完善对象

我们在使用自身—呈现这一概念之前，应该首先考虑与某个著名传统悖论相关的困难，这个悖论近年来再次引起了许多关注。E.莫利（E. Mally）近来强调了这个悖论对于对象理论，尤其是对于把握—理论的重要意义。[③] 他所关注的对象就是思维作为自身—呈现经验的特殊情况。他所从事的工作在某种程度上近似于 B. 罗素（B. Russell）和 A. N. 怀特海（A. N. Whitehead）所从事的工作。莫利主要想证明的是，一个指涉自身的思维概念和一个不指涉自身的思维概念同样都是"无意义"（sinnleer/ meaningless）的。[④] 一个呈现自身的判断(也可以是一个假设)似乎也受制于同样的缺陷。

---

① 参见"知识的经验基础"，第 53 页。

② 参见后面，第 26 页以下、第 59 页以下。

③ "论对象从思维的独立"，《哲学和哲学评论期刊》，第 160 期，第 37 页。

④ 同上，第 1 节。

第一个问题自然关涉到莫利论证的有效性。不仅上文所描述的自身—呈现概念会招致怀疑（这个困难也许会因为这一概念的新颖性而有所减轻），而且怀疑甚至也会产生于以下这些常识性的、为人熟知的论断：比如，每个判断都有一个对象，或者每个判断在"性质"上要么是肯定的要么是否定的等，这些都与这一论点不相容。没有人会想说，通常被判断所确证的事物并没有被确证的判断所确证。在这些情形中，无论我们从何种意义上去理解"无意义"，我们所面临的"无意义"的某物都与直接经验（direct experience）不相符。一般来说，思维并不关涉思维自身，这是明见的。比如，在等腰三角形中，我认为等角对等边，或者在 1915 年所发生的战役中，我认为轴心国的力量证明了他们敌得过数量众多的对手，在这些例子中我们很难看到这些思维——被意指或指涉的事物——如何应该受这些思维本身影响。任何否认这一点的人没有在做无意义的断言，但却在做一种无关紧要的真实断言。但是怎样才能解决我们在这里所遇上的无疑是荒谬的情形呢？

在集合—理论的限度内，在近几年几乎已经得到专门讨论的 F. 布拉里·弗蒂（F. Burali Forti）和 B. 罗素悖论的范围里研究把握一理论的问题，将不符合我们对简洁性的一贯要求。不过，这也许可以帮助我们初步弄清专门关注集合的所谓罗素悖论的情况。[①] 这个悖论讨论的是那些不把自身作为元素的集合所组成的集合，问题是这一集合是否把自身作为元素。假如它不把自身作为元素，那么它就严格地具备了其元素的典型特征，结果它必定是自身的一个元素。假如它把自身作为元素，那么它就必须拥有其元素的典型特征，即它不能把自身作为元素。因此似乎没有办法解决这个冲突。

上述思考奠基于一个十分重要的预设之上。一个集合有可能把自身当作一个元素吗？据我所知，这就像一个整体把自身当作一个部分，或一个差异把自身作为自己所指涉的对象或自己的基础那样不可能。高阶对象永远不能成为自己的附属。[②] 上述这个表面上的困境可以很容易地解决。我们必须承认通过这种方法能够斩断死结，但出于理论兴趣，这个死结应该被解开。把自身当作元素的集合终究是可想象的，我们必须确定这一集合可能带来什么样的后果。

正如前文所述，没有集合可以将自身当作元素。但是存在这样

---

① 参见 A. 吕斯脱（A. Rüstow）：《说谎者》，厄兰格专题（莱比锡，1910 年），第 3 页。

② 参见我在"论高阶对象及其与内在知觉的关系"中的讨论，《心理学和生理学期刊：感官》，第 21 期（1899 年），第 189 页以下（《文集》第 2 卷，第 385 页以下）。

的情况，我们可以很自然地用集合本身和它的组成部分构建一个新的集合，我们暂时把这一集合叫作"派生性集合"（derivative collective）。

下列例子表明了可能激发派生性集合形成的情形：一个房间里所有的桌子或椅子，一个市镇上所有的房子，它们都是简单集合。而所有实存的桌子、椅子，或房子的总体都是自然集合，没有人会想到把椅子的集合当作其自身的一个元素，尽管这个集合是一个对象。但是想象一下，如果人们转而关注房子的集合、椅子的集合等，而非椅子、桌子、房子等，那么与其相关的这些集合的集合也可能被考虑到。那么形成一个包括这些集合以及这些集合的集合在内的集合便绝不会是荒谬的。这种集合概念（Mengengedanke）当然不等同于桌子椅子等的集合组成的集合概念。它显然是一个派生性集合，但同时也是一个与非自然集合相对立的自然集合，即使对于后者的形成（不形成）没有任何限制，因为所有事物最后都能被集合在一起（或被放置在一起）。罗素悖论的两难选择之一关涉到派生性集合，亦即自然的派生性集合。自然性原则体现为原始（非派生）集合和它的元素之间的相似关系。

在我们所给出的解释中，这一选择会走向何方呢？现在这一选择关涉到这个问题，即不由任何自然的派生性集合所构成的集合的集合，它自身是否能够构成一个自然的派生性集合。假如回答是否定的，即我们的集合并不指向一个自然的派生性集合，或者更简短些，并不指向一个派生物，那么毫无疑问，在这个方面那些作为其元素的集合与那些不充当自然派生性集合中的组成部分的集合是相似的。假如答案是肯定的，那么我们的集合就不会与其组成部分相似。在第一种情形中，我们的集合与作为其组成部分的集合之间的不一致性为一种新的相似性奠定了基础，在第二种情形中，其相似性为一种新的不一致性奠定了基础。于是我们在这里也注意到相似性在一种情形中允许了一种新的派生物（也就是集合）的形成，而另一种情形中的不相似性则没有允许这一点。毫无疑问，我们在这里拥有某种复杂的，也许是十分微妙的事态，但在其中存在着任何自相矛盾之处吗？最后，它所意味的全部事情是，两种对象也许在某一方面是相似的，而在另一个方面又是不相似的。黑色和白色不同，但它们中的任何一个都不能用红色或蓝色来谓述，在这方面它们又是相似的。假如相似的事物可以形成一个集合，但不相似的事物则不能，那么两个对象从一个角度考虑能够形成集合，从另一个角度考虑则不能形成集合。因此，假如我们对给定的情境进行严格说明，那么悖论就可以很容易地得到解决。

让我们回到 E. 莫利的论证。这个问题在于确定对一个无关自身（sich selbst nicht trifft）的思维（D）的思维（D′）是否有关自身。假如D′无关自身，那么它（D′）包含在"无关自身的思维"之中。因此 D′就是有关自身的。假如 D′是有关自身的，那么它（D′）就是无关自身的，因为它包含在"有关自身的思维"之中。思维的无意义性（Sinnleerheit）及其对立面就属于这种情形。在这里一种与我们就集合所说过的话的类比很容易就可以辨认出来。只要经验是我们认识对象的充分完备手段，那么经验就是有关对象的。正如我们在别处所指出的那样①，完备性并不必然是一种精确的或部分的相似性，但它对我们来说充分符合这样一种关系，它使得我们可以把上述思考运用于其中。

首先，正如上文所提到的，显然存在着许多思维，如关于三角形的思维或关于 1915 年战役的思维等，这些思维都不是有关自身的。因此，就某个特殊的思维（D′）来说，亦即对无关自身的思维（D）的思维，我们就可以问它是否是有关自身的。假如有理由否定这一点，思维（D）就是把自身作为对象的类别中的一员。这一思维本身陷入其所关涉的领域之中。在这方面思维是有关自身的。假如有理由对思维是否关涉自身这个问题给予肯定的回答，那么思维就不同于它的对象，就此而言思维并不指涉自身。一个既有关自身同时又无关自身的思维确实非常特殊。但是对于这两种完备性关系（Adäquatheitsverhältnisse/ adequacy-relationship）而言，即对于有关自身又同时无关自身的思维存在而言，只要它们与不同的基础相联系就可以共存。它们与一致性和不一致性（Gleichheit und Ungleichheit/ likeness and unlikeness）之共存类似（比如我们在颜色的例子中已获知的那样），在这里并不存在不相容性。在这种情形中出现的某种古怪感之所以被强调是因为两种相对立的关系不但能够共存，而且似乎相互塑造。类似地，我们可以认为一致性和差异性在这个意义上是相似的。红色在某种程度上不同于绿色，绿色在同样的程度上也不同于红色。假如红色和绿色在一个二元（zweigliedrig/ binary）复合体中联系在一起，那么这个复合体的成员彼此互异，但是它们又因为均不同于这个复合体中另一个成员的属性而又彼此相似，并

---

① 《论假设》，第 263 页以下。

233

迈农的价值哲学及其心理学基础

且因为相异的确定程度一致而彼此相似。

　　然而，也存在着某些阻止我们允许这种退让的情境，这些情境使得"无意义性"的指控变得确凿无疑且意义显著。人们很少怀疑这些为 E. 莫利及其前辈建构其观点提供了特定基础的具体情境。

　　那么，那个说所有的克里特岛人都在撒谎的克里特岛人的著名案例并不像这一论述（Behauptung）的简化版本（即"我现在所说的是谎言或谬误"）一样，是这些特殊情境的例示之一。人们马上就可以看出这两个互相矛盾的组成部分并不相容。考虑一下这个句子："假如我在说谎，那么我就没有说谎；假如我没有说谎，那么我就在说谎。"假如某人说，"在说 A 就是 B 的时候，我在撒谎"，这也不会在表达上造成困难。假如说话的人在说真话，那么他在关于 A 和 B 的事情上撒谎了，A 并不是 B。假如当他说"我在撒谎"时是在撒谎，那么 A 就是 B。当对于互相矛盾的组成部分在逻辑上没有可回旋的余地时，情况又会有所不同，比如，某人只是简单地说"我撒谎"，而不包含更多的意思。在这种情形中，引入语义表达和欺骗意图都没有任何帮助。假如我的思维所指的仅仅只是谬误，那么只需要说"我所想的或我所把握的是谬误"就足够了。在这种不完整表达中，正如在类似的不完整表达（即"我所把握的是正确的"）中一样，人们所遇到的是一种特殊的思维对象中的不完整性，当一种把握经验试图指向自身并将其作为直接对象时，这种不完整性就总是很明显地表现出来。这一观点显然不同于我们在上文已经拒斥了的莫利的观点，因为他反对任何关于自身的把握，不管情况如何。虽然如此，人们也许还是会问，为什么直接对象和疏远对象之间的差别在这种联系中如此重要。

　　首先，让我们来进一步审视把握直接对象时所包含的特殊事态（Sachlage/ state of affairs）。就我所知，这一事态的特殊性可以归因于下述情境，在那里把握行为（在这种把握中对象永远不会缺席）的直接对象是把握行为的逻辑先在物（logical prius）。[①]（众所周知，尽管某些同时代的人持有一些基本的认识论假设，这些假设反而使得把握行为在逻辑上先在于对象。）不过，我的主张对大多数读者来说也许是如此具有明见性，导致他们倾向于把这种主张扩展至所有对象，而不仅限于直接对象。我们现在来确定这种普遍化是否可靠。我的立场不是去限定我的观点，但是我相信对任何一个在我们之前

　① 逻辑先在物的概念会在后面再次进行研究（第 62 页）。

认真研究过主体问题的人来说，这一主张的真理性将立即不证自明。假如我们要把握的是一个直接对象，它要么实存（Existenz），要么潜存（Bestande），或者至少拥有超存（Aussersein）①，那么这一对象必须被设定为一种经验的预设条件。这一点可以这样来理解，即对象绝不依赖于把握行为，反而是把握行为要依赖对象。因此，在我们的预设下，把握—经验不可能等同于通过它所把握的对象。假如人们想要避开荒谬的结论，就不能将逻辑在先（logical prius）等同于逻辑在后（logical posterius），这种荒谬类似于古老的自因（causa sui）所包含的荒谬，顺便提一下，在那里"causa"一词的含义与"原因"（cause）所指的意思毫无关联。我们必定能得出这样的结论，即我在说我撒谎时，我不能撒谎，同样如果除了"思考"这一单一行为之外没有其他任何事物，我也就不能思考我在思考。

此外，如果这一主张（思维和它的对象相一致）被提出，那么它的无效性也能通过其他方式得以显明。考虑一下这种情形，即 A 思考 B 的思维，而 B 的思维按顺序也许关涉到 C 的思维。这个序列可以无限地持续下去，但是假如对 A 来说遵循这一序列太过复杂，那么他也许会决定停止，比如停留于 B 的思维并且只是抽象地（in abstracto）指出 B 在思考，而非具体指出 B 所思考的东西。但是，这也不能改变下列事实，即现有的这个客观序列必定有一个终点，并且这个终点必定由一个并非把握自身的对象所构成。这一点与下述这一常被奇怪地误解的事实②一样是明见的，即没有任何关系能绝对地奠基于次级关系之上。A 的思想在任何情况下必定都是关于某种东西的思想，而这种东西不能由无穷后退的思维所组成。

假如 A 即将把握的思维不是 B 或 C 的思维，而是 A 自己的把握性思维，那么情形又如何呢？首先，显然对一个作为自身直接对象（nächster Gegenstand/ immediate object）的思维来说，除了自身之外不可能拥有其他直接对象。因为假如"我正在思考"的思维等同于我的思想，那么这一思维就不能拥有有别于它的思想之对象。因此在这种情形中，对象等同于思想。现在，假如我思考我的思想，那么这个思想本身就是对我的思想的思想，以此类推以至无穷。这一序列不会停止在某个独立的对象上，也就是说一个按顺序的对象不会指涉其他事物。这些序列中无限多的环节由于其同一性保持一致，也就是说，这种同一性使得这些序列中的所有成员都融为一体，这

---

① 参见后文，第 19 页以下。
② 参见 O. 哈扎伊（O. Hazay）的精确讨论，《逻辑对象的结构》（柏林，1915 年）。

一事实是否能完全缓解其无限复杂性仍然值得怀疑。在上述情形中，最明显不过的是，这些序列中最后剩余的成员就是没有导向自身对象的一个思维。

假如把握与把握的对象相同所带来的困难在这个限定的情境中（即把握是对直接对象的把握）表现得如此明显，那么去除这些限制条件是否能够消除这些困难也似乎变得更加可疑。我们已经看到，在特定情境下把握行为可以导向自身。笛卡尔式的沉思（Cartesian Cogito）大体上可以解释这一点，笛卡尔式沉思的领域无疑包括个别的"沉思者"（cogitatio）。在经验中，人们可以轻易知晓这种沉思只在更加疏远的对象上才会发生。我们根本没有必要用笛卡尔式沉思来指称把握沉思的思考行为。不过，假如人们想要这样做，他也不能通过内知觉的经验来实现这一点。而是必须首先抽象地把握"沉思"（cogitare），在这种情况下，正在进行的思维—经验得以被囊括进它的应用范围内。因此就目前来说，上述对直接对象的限制在纯粹经验的基础上暂时是合理的。把握直接对象的模式主要是对对象之存在的直接指涉，而把握更加疏远的对象的模式主要是对对象如此—这般之存在①的指涉，考虑到这一点人们就能更好地理解以上所提到的问题。理论上，任何直接对象也可以通过指涉对象的如此—这般之存在而得以把握，但是诉诸这种方法的机会很少。另外，直接指涉对象的存在只有对于直接（nächster/ immediate）对象才是可能的，而在对对象如此—这般之存在的指涉方面则没有任何限制。因此显而易见的是，对对象之存在的直接指涉，和对对象如此—这般之存在的指涉，包含着对于对象的两种完全不同的把握模式。因此，对于一种把握模式来说同一性限定是必需的，而对另一种模式来说却不是必需的，这也就不足为奇了。人们可以进一步说：为了归属于所指对象（Zielgegenstände/ intended object）的集合，从属对象在某种程度上以如此—这般之存在的方式指涉了所指对象，并且所指对象限定了这个从属对象的范围②，而对象与这个从属对象的某种相似性是其先决条件。精确一致是这种相似性的最大限度。在许多情形中③人们可以把这种精确一致看作对象本身。

让我们再次回到关于自身的思想及类似情形，这些情形中的对

---

① 参见《论假设》，第 277 页。

② 参见《论可能性和极大可能性》，第 27 节。

③ 在一个简单的例子中可以看到情况并不总是如此：父母认为和我一致的人毫无疑问是我的兄弟，但只在我所指的不是自己时才会如此。

象并不满足为直接对象所设立的同一性限定的要求。这些例子中的显著特征是，它们不是在其他经验具有对象的意义上并不具有对象，而是在某种意义上缺乏对象。这类经验的对象也许可以被恰当地称作"不完整对象"（unvollständige Gegenstände/ incomplete object），假如这一表述没有被我们用来表达"不完全定义的对象"（unvollständig bestimmte Gegenstände/ incompletely defined object）的话。[①] 也许我们可以把每一个有缺失的不完整对象都叫作"不完善对象"（defekter Gegenstand/ defective object）。E. 莫利的"无意义"（sinnleer/ meaningless）这一表达也许可以用来恰当地描述这些不完善对象，因此正如之前所提到的，我们可以推定 E. 莫利及其前辈对这些不完善对象的关注具有十分重要的地位。

有些人也许会说，当我们显然不是在关注不完善对象时，类似的困难也会产生，这一事实就排除了不完善对象的重要意义。传统的说谎者悖论显示了这一点。因为当一个克里特岛人说所有的克里特岛人都在撒谎时，被考察的对象显然是不完整对象。但是通名（不论人们怎样解释它们）绝不是不完善对象。假如某人说，"所有我所说的都是谎言或错误"，或者假如他正在写作，"所有我所写的都是谎言或错误"，或诸如此类的事情，这些情形都会导致同样的结果。就对象而言，假如某人说，"所有我说的都是真的"，或"所有我正在把握的都是一个对象"，在这些情形中对象绝无变化，也不会产生任何困难，即使把握—经验被明确地包括进来。这种包括并不必定会产生荒谬。当把握—经验似乎依赖于那些容许不相容性去占据同一个位置的事态（Sachlagen/ state of affairs）时，荒谬就会产生。这一情形并不能归咎于对象不完善的性质。事实上，我们在说谎者悖论中所获得的绝不是谜一样的高深莫测。每一个判断都包含着这样的信念，即判断所断定的是真的。假如某人断定他的所有判断都是错误的，并且他把这一判断限定在判断自身范围内，那么他就对同一个客观事态既断定为真，又断定为假。由此产生了荒唐结论便不足为奇。人们也许会反对这个说谎者，说他的判断就如同某人发现了一根同时既直又弯的线一样是错误的。实际上，人们通常对我们所考察的这类判断置之不理，然后又对其产生的荒谬惊奇不已，我们关注的是这样一个问题，即把判断本身包含进判断所指的对象范围之内似乎是很不自然的事情。事实上，这种做法是如此不自然，甚

① 参见《论可能性和极大可能性》，第 181 页。

迈农的价值哲学及其心理学基础

至一个思想单纯的人也能避免犯下这样的错误。不过，这并没有因此证明把判断本身包含进判断所指对象范围之内在任何情形下都是不可能的。同样，也不能因为在不完善对象中所发生的事情也能在其他对象中发生，我们之前对不完善对象所进行的论述就变得无效了。

对于不完善对象，让我顺便指明一种能确保它在对象理论中占据特殊地位的情形。众所周知，"有"许多对象并不实际存在，许多对象甚至并不潜存。尽管传统的"存在"一词不能合法地应用于它们，但是因为无论如何"有"这些对象，所以我相信，并且仍然相信，用超存（Aussersein/ extra-being），赋予它们拟—存在（seinsartiges/ being-like）的性质是合理的。[1] 这种超存显然被所有对象所预设。这里包含了一个看似奇怪的结论：与实存或潜存不同，对超存的否定或对立并不存在。这一点使得这个概念更难被接受。但是现在不完善对象（至少对我自身而言）出人意料地指明了这个概念。人们会说"有"一个拥有超存的对象吗？下述情形无疑是真的：当我说，"我思考我在思考"或"我写我在写"，这些语句说的是我在思考"某物"，而且这个事物在每一种情形中都不同。对象在这里再次无法缺席。但问题仍然存在，即人们所把握的是否是不完善对象自身，而不是作为相关的一般判断之主题的不完整对象，以及人们经过进一步的考虑是否不得不说不完整对象本身不应该成为所指对象。假如人们所把握的是不完善对象自身，那么人们碰到的就是连超存都不具备的不完善对象，尽管这个表述确实很奇特。在这种情形中，人们并没有真正碰上一个对象，此种情形中的把握—经验缺乏严格意义上的对象。

显然，人们可以用"不可能对象"的被给予性（即超存）来反对这个观点，关于这一点我觉得有义务要予以强调。[2] 假如在圆的方中超存无法被否认，那么它怎么能在不完善对象中被否认呢？事实上后者带来的困难更少。在这个问题上，人们反复质疑[3]我的主张的真实性，但这并没有为我修正自己的观点提供充足的理由。但是假

---

① 参见由我编著的《对象理论与心理学研究》（莱比锡，1904 年）中"论对象理论"一文的讨论，第 12 页（《文集》第 2 卷，第 493 页以下）；参见《论假设》，第 79 页以下。

② 参见《论科学体系中对象理论的地位》（莱比锡，1907 年），第 14 页以下。［也在《哲学和哲学评论期刊》第 129 期（1906 年），第 60 页以下。］

③ 参见 H. 德里施（H. Driesch），《秩序学说》，第 48 页以下。在其他地方（第 74 页）不可能对象直接被"排除"，显然对这位作者来说，这些对象必定是"某物"——"方的圆"（第 66 页）至少不是通过可能性被用于三段论中的。

如在这个奇特的、不为人熟知的对象领域中的进一步研究产生了出人意料的结果，这也是不足为奇的；假如对我们刚刚所提出的不完善对象理论的反对意见显示了它的某种合理性——这常常被错误地用于论证反对不可能对象的超存——那么这也许标志着目前的争论有望在将来得以解决。考虑一下圆的方是圆的（或者圆的方有角）这个论断。我已经声明我不会做出这样的论断。假如"圆"是"圆的方"这个概念的组成部分，那么这一断言就无法被辩护；但是假如"圆"被看作作为一个圆的方所导致的某种后果，即使它仅存在于一种限定的情形（Grenzkonsekutivum）中①，那么这一判断就是可辩护的。就不可能对象的超存来说，一定程度的保留态度是必需的。人们经常指出②可直观地（anschaulich/ intuitively）把握的对象也能以非直观的方式来把握。客观事态在直观把握和非直观把握中扮演了不同的角色③，尽管直观把握和非直观把握所得到的事物是同一的，但是帮助我们把握对象的直接从属对象④是不同的，并且这些直接对象应当根据它们的典型差别来专门分类。对于直观把握，传统表述"实物"（concretum）自然地显示自身，而语源学的接合展示了直观把握和非直观拼凑之间的不同特性。术语"非实物"（disconcretum）也许可以恰当地运用于后者（这个术语与"非连续"及其他类似表述同义）。通过使用这些表述，人们可以简单地说，对不可能对象的把握而言，人们一直运用的是"非实物"而不是"实物"概念。说我完全不能理解圆的方是错误的，而只能说我对圆的方的直观理解由于其本质而被排斥了。我们也能说，尽管圆的方既不实存也不潜存，但是圆的方作为非实物具有超存，可是圆的方不作为也不能作为实物具有超存。这里我们拥有一种典型的缺乏超存的事物，在这方面并不只有不完善对象属于这种情况。

让我们总结一下这次重要探讨所达到的结果，E. 莫利并没有证明在任何情形下思想都不能运用于自身。他所指出的困难源于不完善对象的特殊性质和下述事实，即我们在理智上所信奉的领域在某种程度上受限于每个判断所包含的要素。不过，不完善对象所呈现出来的特殊性不只具有在对象理论上的意义，而且其价值也表现为作为一种典型事例，它指明了自身—指涉被一种理智经验所拒绝，因为这将不可避免地归于对不完善对象的把握。

---

① 参见《论可能性和极大可能性》，第 277 页以下，第 287 页以下。
② 我也曾指出过；参见《论假设》，第 247 页。
③ 参见同上书，第 281 页。
④ 《论可能性和极大可能性》，第 195 页以下。

我不能说出这些问题在何种程度上影响了 A. 弗伦（A. Phalen）的"主体客观性"（Subjektobjektivitat/ subject-objectivity）概念和他对存在这类主体—客观性的反对主张。[①] E. 莫利基于对不完善序列的论证提出对观念论的反对[②]，但是显然这并不损害它作为以前的种种批判性评价的总结之力量。

根据我们探讨的主题，人们必定会问我们目前考察的结果是否支持自身呈现。因为在本节至关重要的内知觉中，对对象之存在的直接指涉处在首要位置，而其所关联的对象就是直接对象。自身呈现似乎特别需要我们上文所说的同一性限定。但是，人们不能忽略这样一个事实，即体现在内知觉中的自身呈现并不包含我们在不完善对象中所面临的特殊情况。假如人们回忆一下某些我们最近举的例子，如那个声名狼藉的例子——对思想的思想，那么理解这一点就很容易。假如我经验到一种思想 D，并且通过一种内知觉 D′ 把握住它，D 呈现自身于 D′ 中，不管 D 的所有可能对象是什么。显然，D 应该和 D′ 一致，否则就会出现不合法的同一化。因此很明显，我们先前所说的"不完整把握"[③]只有在一种加以限定的意义上才是一类把握行为，因为它只是"完整把握"的前设条件，而且只有在其中添加了判断或假设它才能变成一种完整把握。也许是一种被人忽视的对于"自身呈现"这一表述的误解，才导致了这一表现出来的困难。呈现自身乍看之下会被当作它自身呈现它们自身（quod praesentat se ipsum sibi ipsi）。它们自身（sibi ipsi）必定会导向不完善对象，而纯粹的它自身（se ipsum）则不会。但是在我看来，自身—呈现肯定会在这些情形中发生并免于遭到批评。

第三章 情感和理智呈现

在前面的章节中，我们花费了不少时间来讨论自身—呈现及其在对象理论和认识论上的意义，而较少证明我们主题本身的合理性。因此，现在是时候再次提及前面所讲过的要点了，即在内知觉中呈现因素不仅包含理智经验，而且也包含情感经验，所以情感呈现可以和理智呈现相并列。这一点在以下事实中马上得以显明，即不但理智经验是内在被知觉的，而且情感经验——亦即感受和欲求——也是内在被知觉的。假如这一事实引导我们回溯至自身—呈现，那

---

① 参见《论可能性和极大可能性》，第 418 页以下。
② 《哲学和哲学评论期刊》，第 160 期（1914 年），第 6 节。
③ 参见前面，第 3 页。

么这些感受或欲求——也就是情感经验——必定就是呈现因素。

情感呈现和理智呈现形成对比，理智呈现是我们前述理论的出发点，并且都是他物—呈现。不过，显然必定存在着理智的自身—呈现，因为理智经验并没有被排除在内知觉的范围之外。这两类理智呈现的结果在下述方面也明显不同，即所考察的理智经验内容在每一类型中所假定扮演的角色方面。正如我们所见，内容独自参与理智的他物—呈现，我们对此已经习以为常，以至于因为这种联系而把他物—呈现称为内容—呈现，我们相应地倾向于把理智的自身—呈现也描述为行为—呈现。不过，这种描述需要进一步加以限定。即使行为在理智的自身—呈现中扮演了在他物—呈现中没有扮演的角色，不过就我们所知，在自身—呈现中行为通常并不是唯一的呈现因素。理智的自身—呈现也必须把内容考虑在内，如果以内知觉为例，内知觉不但告诉人们正在进行的表象，而且还告诉人们它是关于何物的表象。① 因此，自身—呈现和他物—呈现之间的明显对立足以标注为"不完全呈现和完全呈现"。②

当我们在情感经验中考察自身—呈现和他物—呈现的对立时，就可以逐渐明见到在理智领域中得以指明的不完全呈现和完全呈现之间的差别是否也存在于情感领域中。一开始，情感呈现似乎只向我们显示了自身—呈现的情形，但是很快对他物呈现的探索被证明是有成效的。假如人们并不需要一个感受表象（Gefühlsvorstellung/ idea of feeling）去获得一种感受呈现的意识，那么我们就能充分质疑对过去感受的回忆是否更需要关于这个感受的表象。对于过去的感受来说，情境已经发生了根本性的变化，并且变得更像是外知觉所包含的情境，就回忆所把握的对象来说，它并不属于回忆主体当前的心理生活。另外，还必定会产生这样一个问题，即记忆将从哪里获得关于（过去）感受的表象，假如在表象出现的最有利的时机——亦即当感受正在被人们所经历时——并没有这种表象的痕迹的话。

我们知道知觉表象和真实表象（Ernstvorstellungen/ serious idea）都会留下处理痕迹，这种处理痕迹使得对同一个对象的想象表象（Phantasievorstellungen/ imaginative idea）成为可能。思维的想象行为必定以一种相似的方式依赖于思维的真实行为（Ernstgedanken/ serious act of thinking），我们把假设看作想象性的思维，把判断看

---

① 参见"知识的经验基础"，第 55 页以下。

② 《论可能性和极大可能性》，第 251 页。

作真实的思维。思维—对象的极大一致性说明这种依赖似乎（从经验上说）并没有限制假设的自由，这种一致性意味着必不可少的处理痕迹的缺乏并不太明显。另外，这种痕迹在情感生活的范围内非常普遍。众所周知，为了进入某种特殊的感情，人们必须至少已经经历过类似的感情。从现在开始，我应该说"移情"（hineinfühlen/ feel oneself into）或"同情"（einfühlen/ empathize），而不是说"沉浸"（hineindenken/ think oneself into），并且我通过这些术语所指的应该是想象性的感受（或想象性的欲求），因为通常它们都不是真实的感受（或真实的欲求）。在这些想象性的经验中，其方式清晰地表现为在记忆中把握过去的情感经验，而不必依靠对这些情感的呈现性表象。① 这也是一种情感呈现，不过自然不是自身—呈现，而是他物—呈现。在我们不能回忆起情感经验而是以其他方式对它进行判断或仅仅是假设的地方，我们自然也期待这类呈现的发生。

这种情感的他物—呈现证明了下述想法的错误：有人认为一方面自身—呈现和完全呈现必然相联系，而另一方面他物—呈现和不完全呈现必然相联系。我们刚刚已经碰到了一种他物—呈现也同时是完全呈现的情况。并且无论何时当我们回忆或把握并不正在经历的理智经验时，我们就在理智范围内发现了这类完全呈现，这一事实表明同时作为完全呈现的他物—呈现并不是情感经验所特有的。因此，这里我们拥有两种不同的他物—呈现，一种是不完全呈现，而另一种是完全呈现。不过，情感和理智之间的类比引导我们进一步追问，在情感经验中除了作为完全呈现的他物—呈现，是否不存在不完全呈现，我们所考察的经验的内容在这两者的哪一种情形中单独拥有呈现功能。

第四章　感受中的不完全呈现

我们现在必须回答这个基本的问题，即对于感受和欲求而言，行为和内容是否能像在表象中那样被区分开来。众所周知，感受或欲求的内容经常被提起。我自己也曾经写过"价值—感受的内容"。② 不过根据我最近使用的表述③，原来的这个表述并不十分恰切，因为如果认真考虑一下就会发觉，这里的讨论是关于对象的，而不是关于内容的。同样，无论何时当人们说起欲求的内容——那些欲求

---

① 参见"知识的经验基础"，第 75 页以下。
② 在《价值论的心理—伦理学研究》中，第 39 页以下及各处。
③ 在"论高阶对象"，《心理学和生理学期刊：感官》，第 21 期（1899 年），第 185 页以下。（《文集》第 2 卷，381 页以下）

指向其实存或非实存的事物——时都不如将其说成"欲求的对象"。不过一般而言，内容与对象相对应，因此我们刚才所提到的欲求或感受的对象似乎同时保证了这些感受和欲求之内容的存在。然而，明显的是，这些内容并非我们所考察的感受和欲求的一部分，而是它们的心理预设。当某人喜欢一种颜色或声音，他的感受就关涉着某个对象，并且是通过内容这一途径。但是这个内容是关于颜色或声音的表象的内在组成部分，因此这个内容不是在其作为表象之内容意义上作为感受的内容。实际上，它并不是感受的内容，而是构成感受的心理预设之经验的内容。它相应地被称作"感受的预设性内容"，与之对应，显然有一个欲求的预设性内容，因为人们以同样的方式来讨论感受和欲求的预设对象。这点类似于判断和假设的对象以及把握这些对象所必须具备的内容：在这种情况下，我们也涉及了思维的预设对象或预设内容。

在预设对象和经验（我们正在考察它的预设性）之间，我们也许得承认，借助这种预设关系（Voraussetzungsverhältnis/ presuppositional relationship）存在着另一种客观（或对象性）联系。当花朵的芬芳令我感到愉悦，当我为德国和奥地利在1915年所取得的胜利而感到高兴，与此同时我祝愿和平重返文明世界，这肯定并不仅仅是指我们已经把某些与特定对象相对应的表象或思维变成了我的感受或欲求的预设。它也意味着，通过这些预设，某些感受和欲求被导向特定的对象，并且这些对象可以相应地被叫作我们正在考察的感受和欲求的对象。无论何时我们都是通过情感进入对象（亦即客观事物或客观事态）①，因此对象就会与进入经验联系在一起。当我们不但把对象性（Gegenständlichkeit/ objectivity）赋予表象，而且还把它赋予所有其他经验，并且把它划归为所有心理事物的共同特征的时候，我们可能就会考虑到这些联系。②

人们也许试图把它解读为"经验拥有一个预设对象"，从而暗示经验的预设对象也就只不过是经验的对象。对于经验来说，人们可以以同样的方式来讨论它的预设内容和预设对象，这一事实就明显体现了上述这句话在用词上的武断和含混。但是，我们不可能声称预设的内容同时就是经验的全部内容，甚或是经验的一个内容。隐藏在诸如价值—感受之中的表象—经验或思维—经验的内容绝不能被看作这个感受的内容。因此我们似乎无论如何都不能合法地提及

① 《论假设》，第144页以下、第160页以下。
② 参见 F. 布伦塔诺：《心理学》，第1卷，第115页以下。

迈农的价值哲学及其心理学基础

感受或欲求的内容。

但是，我们会把某物误认为感受的内容，而它实际上只不过是这个感受的预设内容，这种危险并不意味着感受不能拥有自己的内容。在这一点上，与思想的类比将会具有相当大的作用。我们看到思维—经验——除了它们在表象上的可能基础——拥有一个组成部分，这个组成部分在与客观事态的协调中发挥了把握或直接呈现的作用，这个组成部分因而具有内容—特征。① 因此，它可以恰当地被称为思维—内容。起初，思维—内容在肯定和否定的对立中得以显明：这种思维—内容也在喜欢和不喜欢的对立、欲求和反感的对立中变得清晰并且常被类似地使用。毫无疑问，我们在这种情形中不得不与类似内容（content-like）的某物相关，或者进一步说，与感受或欲求的内容相关，这些内容就像判断的内容一样，并不只是其心理预设的内容。因此，假如存在着严格意义上的感受和欲求的内容，那么作为内容—呈现的不完全呈现所必需的前设条件也会在情感经验中出现。

某些日常性质表明这些不只是具有可能性而已，如人们谈论爽快的沐浴，新鲜的空气，令人窒息的热浪，烦心的噪音，美丽的颜色，滑稽或悲哀、枯燥或有趣的故事，艺术杰作，伟大的人物，英明的决议等。人们不会怀疑这些性质与我们的感受之间的紧密联系。并且不会怀疑这些性质与由表象所熟练呈现的其他属性完全对等。当我说"天空是蓝色的"，接着说"天空真美"，在两种情形中我们都赋予了天空一种性质。第二种情形中，感受参与了对性质的把握，就像第一种情形中表象参与了对性质的把握一样。在第二种情形中让感受成为呈现因素是很自然的，就像在第一种情形中表象一直被当作呈现因素一样。

但是，无论是传统思想，还是流行成见都不支持这个理论，我们之前随便搜集的性质使这一点变得更加明显。也许人们会直接反对"美丽""愉悦""烦心""讨厌"表达了感受，并且反对感受不能被划归为事物或事件的属性。然而，正如这种表述形式所阐明的，这些反对徒劳无功。假如"愉悦"指的是一种感受，那么"蓝色"指的是一个表象（也或许，直接一些说，只是一种感觉）。但是关于蓝天的论断并不打算使表象成为天空的一种属性。看到下面这一点自然也很重要，即感受比表象更加主观，因而我们根本不能欣然期望感受能

---

① 《论假设》，第 341 页。

描述事物或事件的客观属性，除非人们普遍认为这些属性只能依靠理智来把握，感受不能超出内在心理生活的界限之外，人们实际上也正是这样想的。不过，我们也许得承认我们所考察的感受对于描述对象具有某种重要意义。为相应的形容词找到正确的解释是唯一基本要务，我们长期使用的是一种表面可行的解释模式。任何一种激起了愉悦感的事物都可恰当地被称作"愉悦的"，任何一种激起了喜爱之情的事物都可以恰当地被叫作"美丽的"，等等。

面对所有这些，有一个问题不可避免：在"天空真美"和"天空是蓝色的"之间的明显类比实际上能告诉我们什么呢？偶尔我们会听到这样的意见，当某人看着天空说它是蓝色的时，他"实际上"想要说的是，天空导致他正拥有一种蓝色的感觉。但是，基于知觉或者纯粹的知觉判断通常不能被看作与判断主体的经验或一种因果关系有关，而是与天空及其蓝色的属性有关。假如这一点毫无疑问是正确的，那么"天空真美"这一论断就不能被理解为它以其他方式与我们的经验相关。在这里也并不暗示着对感受的反思或对因果关系的把握。然而，任何一个试图专心解释其经验的人必定会注意到后者。假如对于感受来说，关于因果联系和内经验的思维中没有被插入一个与直接经验相反的思维，假如在"喜欢"这一感受和"天空"这一对象之间的联系被人们普遍比作存在于蓝色的表象与天空之间的联系，那么我们就能很容易地建立起一种等同。在这种等同的意义上，我们可以期望在有利的条件下感受能够充当对象的内容呈现要素。

先前提到的怀疑在这里并不十分重要。当我们进一步反对感受不能充当把握手段时，这一点表现得最明显。我们先前关于思维—经验充当呈现要素的论述将会驳倒任何 个坚持不懈地论证只有表象才能充当呈现要素的人。并且任何一个坚信情感经验出于本性不允许自身成为呈现因素的人，在面对我们上文所提到的关于情感自身—呈现和他物—呈现的事实时，都将不得不放弃自己的偏见。

但是假如人们只指出感受经验的极端主观性，并且把这一主观性当作呈现的障碍，那么问题又发生了变化。我们实际上也许会猜测——我们将会回到这一点[①]——感受常常与认识背道而驰甚至敌视认识，但无论何时我们出于无奈假设感受具有理智把握的功能时，它都不充分地完成了这个任务。另外，人们不应该对此太过苛求，因为任何主观性，甚至表象的主观性（如感觉），都将阻碍它们在认

---

① 参见以下，第 105、第 132 页。

识方面的用途。① 但是，即使我们认为感受比最主观的表象还要低级，就算在这种不利的条件下，感受也仍然能呈现对象，这一点是可信的。假如我们把呈现绝对地限制在理智范围内，那么这些对象也仍然会是不可把握的。②

假如我们指出某些伟大的思想家事实上已经试图把整个感性(sinnlich/ sensuous)的感受纳入感觉的范畴之中③，这也许足以消除误解。但是，我认为这些思想家试图解释感受和所有理智经验之间巨大差别的努力是不成功的。当我们已经偶尔把"生活温度"(Lebenswärme)划归为感受时④，实际上是把它看作一种隐喻。直接经验更加精准：假如感受在直接经验之外，直接经验就不会为任何这样的事物赋予感觉。对于非感性的感受——或者它们通常被叫作高级感受——这一点也适用，即使它们并没有复杂到可以被叫作"情感骚乱"的程度，并且这不只是外在地适用，所以我们认为"感受—感觉"(Gefühlsempfindungen/ feeling-sensations)这种两者共存的说法是正当的。当我们考虑到了这个如此直接的方面，C. 斯通普夫(C. Stumpf)凭借自己的才智进行的第二、第三项论证就无足轻重了。因此，大体上，我只能赞同 E. 贝歇尔(E. Becher)的观点⑤，尽管斯通普夫最近做了"辩解"⑥。但是我们仍然可以从这一点得出这样的结论，即不管感受有多特殊，它们与理智经验之间都具有一种紧密的联系。人们没有必要基于它们在整体上的不同而否认感受发挥了最低限度的准理智功能。⑦

显然，像在表象的感受呈现中一样，这种呈现将具有内容呈现以及不完全呈现的特征。人们想要猜测这种感受—呈现出现的频率，就应该清楚地考虑到另外一点。为了使人们更加接受感受的内容—呈现这一事实，"美丽"一词比"适意"更适合，因为"适意"一词的意义明确地指向"愉悦"这种感受经验，这再次暗示了先前被我们所反

---

① 参见"知识的经验基础"，第 2 部分和第 4 部分。

② 下列定义走得更远："我们用以知觉价值的能动性灵魂……叫作感情。"[格拉森纳普，"价值真理"，《哲学和哲学评论期刊》第 123 期(1901 年)，第 189 页。]不过，作者是否希望采用字面意思是可疑的。

③ 参见 C. 斯通普夫：《情绪化感觉》，《心理学期刊》第 44 期(1907 年)。

④ 由 E. 贝歇尔引证，《心理学期刊》第 74 期(1915 年)，第 151 页。

⑤ 同上，第 153 页。

⑥ "情绪化感觉的申辩"，《心理学期刊》第 76 期(1916 年)，第 1 页以下。

⑦ H. 德里希把愉悦和不悦解释为"一组适度的纯粹如此这般"(eine Gruppe bedeutungsmässiger reiner solchheit)，这可被理解为承认了这一点；参见他的《秩序学说》(Ordnungslehre)(耶拿，1912 年)，第 86 页。

驳的因果概念，而"美丽"一词并不暗示着这种因果概念。假如在异常清晰的情形中，我们相信这种呈现概念，那么即使因果联系只是词源意义上的暗示，在这种情况下呈现显然也至少是可能的。这一点在以下场合表现得特别明显，即词语的词源只是轻微地暗示了因果联系，但并没有在我们的语感上强化它。"丑陋"（hässlich）是"美丽"的对立面，在词源学上（在德语中）"丑陋"的意义等同于"值得憎恨"，指的是能激起我们的憎恨或至少是不悦的事物。不过，所有人都从自身经验知道，在使用或听到"丑陋"一词时，他通常并没有想到自己的情感（他的憎恨或喜欢），而只想到对象的某种性质，就如同他使用"美丽"一词所产生的情形一样。

总体来说，正如我在别处所解释的[①]，假如人们在词语或论断所表达的事物及其意义之间做出区分，那么我们就不难理解这一情况。在这个意义上，被表达的是某个经验，而其意义所指的是某个对象。当人们被问及，是什么使得词语和它所意指的对象联系起来，答案很简单——就在词语表达的表象那里：因为表象的功能就在于通过其内容来帮助把握对象，所以表达了表象的词语将通过表象与被把握的对象联系在一起，这也就是词语的意义。我们也许会解释说，"愉悦"和"痛苦"等词语所表达的经验不能简单地被当作理智功能的辅助手段，即便如此，"愉悦"和"痛苦"等词语也具有自己的意义：其原因在于这一事实，即它们在自身—呈现和他物—呈现中是完全呈现要素，不过在那里，自身—呈现词语所表达的东西和其意义很好地协调在一起。假如在某种条件下，如此被表达的经验可以发挥不完全呈现的功能，那么我们就可以理解在这种情形中这个词语将不会获得新的意义。因此，缺少固定意义并不是指这个经验不能充当不完全呈现的要素。上述所有的及其他许多的感受表达[②]，都相应地可被解释为包括了感受—呈现，而任何其他现象都或是借用了因果性或是对不可信的内经验进行了反思。

第五章　欲求中的不完全呈现

我们目前所做的努力是证明情感领域存在着不完全呈现，这自然得从研究感受开始。通过重复我们刚才对语言结构所做的论述，我们很容易在同样的意义上来解释欲求。这使得我们可以把下列表述解释为不完全呈现："可欲的"、"值得努力的"（erstrebenswürdig/

---

① 《论假设》，第 4 节。
② 参见前面，第 27 页以下。

worthy of effort)、"可憎的"及"可怕的"，当然还有"丑陋的"（hässlich），"丑陋"所表达的憎恨可以被解释为一种否定的欲求，尽管词语的意义本身暗示了对我们所考察的欲求—经验的反思。另外，像"目的"（Zweck/ end）这样的词语并不能做这样的解释，但在使用这样的词语时，不完全呈现扮演了特别重要的角色。

经常被采用的分析目的概念的传统方式①，从来不会否认目的与欲求的紧密联系。但是，我们认为欲求在目的中所起的作用可以恰当地被理解为感受在美丽概念中所发挥的作用，这些作用对应于我们先前所批驳的与因果联系相关的观点。假如 A 是 B 的原因或条件，并且假如 B 是被欲求的事物，那么欲求 B 必须欲求 A，而 A 就会被说成是目的 B 的手段。假如某人欲求 A 是为了 B，在这种情形中，人们的言论是相似的。但是无论何时，只要我们合理地思考目的，这类欲求对象的概念就不可回避（这个对象自然是最后被叫作"借来对象"的对象之一）。② 因此人们不可避免要将那些考察中的欲求概念包括进来。这并不总是和经验不一致。假如某人说，"我想献身于心理学研究，并且为了这个目的正在学习所有必备的物理学知识和生理学知识"，足以令人信服的是，这句话明确地指出了他已经将心理学研究称作其"目的"（Zweck/ end）。

当我只是简单地说，"我撑开伞是为了不淋湿"，毫无疑问不想被淋湿的欲求得以呈现。但是我们所想到的欲求，以及使用"为了"来指涉这个欲求的目的论结构，并不能明确地从这些词语的自然意义中区分开来。这些词语与伞和雨相关，并不与欲求相关。不过，我们所阐述的撑开伞与不淋湿之间的联系不只是一种因果联系。这里轻易就能找到与我们先前关于感受的论述相似的地方。比如，前面的美丽与现在的有目的性（Zweckmässigkeit/ purposiveness）相似，它们并不是通过与经验的联系得以构成，而是本身就有权作为一个对象，对于它们的把握来说，感受和欲求在两种情形中都充当了呈现要素，或者进一步说，充当了不完全呈现的要素。在严格意义上，是欲求的内容而非其预设内容实现了呈现功能。内容是欲求的一个方面，这在情愿与不愿的对立中得以显明，就如在感受中，这个方面在愉悦与不悦的对立中得以显明，或者在思维中，这个方面在肯定与否定的对立中得以显明。

---

① 特别参见 R. 艾斯勒（R. Eisler）在《目的》中的完整研究：《自然与精神的意义》（柏林，1914 年）。

② 参见下面，第 48 页。

更明显的是，当某人说打字机上的转换按钮是为了节省字键时，这里并没有对欲求的思维。不过，这种思维也完全不同于转换按钮导致了节省这种因果关系驱动的思维。无论何时，当我们想起了这样一个目的，我们并非不得不经历一个实际的欲求，而是只有一个想象性的欲求就已经足够。但是即使当一个真实经历过的欲求充当了把握的手段，作为其对象，这个概念所预设的目的看上去也是独立于愿望或欲求的，这个事实支持我们倾向于非主观地看待目的概念。

义务(Sollen/ oughtness)具有同等重要的意义，但是更加显然显明。人们已经很少怀疑它与欲求之间的紧密联系①，并且有时人们甚至坚信它就是由一组欲求构成的。② 这一点可以由以下事实来解释，假如人们固守语言，义务通常以"你应当"(thou shalt)或者相似的形式被赋予主体，并且人们期望主体用欲求来解释义务。但这个次级的欲求并不是最基本的，下列表述也许可以作为例证："本来不应该"(Es hat nicht sollen sein)，"剑放在我的左边，你的这种友好应该预示着什么？"(Du Schwert an meiner Linken，was soll dein freundlich Blinken?)，等等。下述思考甚至更有说服力："你应当尊敬你的父母"，假如人们认为这只是对"你"而言，那么这句话绝不可能与义务有根本的联系。这与"你还可能经历了很多事情"中的"可能"相类似。这句话所表达的可能性，像所有可能性一样，是与客观事态有关的问题③，它并不把某种"毫不迟疑"(inhesivity)排除在客观事态的主体之外。④ 同样，"应当"也主要是对"尊重父母"这一客观事态的确定，并且好像只有通过这种方式，"应当"才能被赋予客观事态的主体。正如"可能"一样，义务首先也是一种关于存在的说明，即使"应当"被同时置于某个人及其欲求之上。因此，当义务(Sollen/ obligation)的性质得以确定，这个也许完全不重要的欲求就可以不予考虑，而只有另一个"首要的"欲求，它与义务的联系迫切需要得到澄清。

但是，比如"美丽"，当它可以是既定的也可以是所欲求的时，要把它描述为"它应该……"的客观事态也许就是可行的。但是当父亲通过第三方告诉他的儿子应该过来，父亲通常并没有想到他的愿

---

① 参见，比如，《价值论的心理—伦理学研究》，第184页。
② 见克里斯蒂·V. 艾伦菲尔斯(Christian V. Ehrenfels)：《价值论的体系》(莱比锡，1898年)，第2卷，第195页以下。
③ 参见《论可能性和极大可能性》，第87页以下。
④ 同上书，第143页。

望、命令或者欲求，而是不得不把这些想成"应当"，这被同他的欲求的关系所构建。也许他只想到了他的欲求是让他的儿子离他足够近，因此父亲的经验通过大喊"过来！"得到了最好的表达。在这种情形中，要考察的是表达而不是意义—功能。① 不过，"他应该过来"也可以就其本身被理解为表达了一个普通的无条件判断，假如"他应该"已经指涉了说话者的欲求，那么这种判断的形式就打破了所有的类比。因此，最好是把这个"应该"看作对"他过来"（dass er komme）这一客观事态的确定，这一客观事态经过了"应该"的特殊修正，就像"他能过来"的客观事态得到了"能"的特别说明一样。并非所有存在于客观事态和欲求之间的联系都必须被抛弃，而是人们不能在这种联系中只看到论断对象的部分。这种联系类似于感觉—经验和感觉对象之间的联系，或者类似于感受和所谓的"美丽"这个对象之间的联系。总而言之，假如我们承认对象通过欲求得以把握，欲求作为对象的呈现要素实现了我们对把握手段的全部要求，那么所有的困难便都消失了。

当义务所要求的基本欲求并不是说话者的欲求时，分析的结果就发生了轻微的变化。当人们说起十诫之一，如"你不应该杀人"，这条诫令的宣布并不需要伴随一个恰当的真实欲求。不过，假如没有真实的欲求，一种可能性就会产生，那么我们所考察的就是一种想象性欲求，这种可能性假如不是封闭的而是开放的，就容易促使不完全呈现发生，就像属于其他经验范畴的想象性经验一样。因此，对于义务我们可以遗忘所有表面的"还原"而将其认定为与自身相关的客观事态，这种客观事态可以通过欲求的呈现来通达。②

稍后我们会更多地论述我们在目的和义务的思维中所遇到的对象。③ 这里我们只试图证明，对于这些对象，把欲求当作完全呈现的要素是不够的，对于"善"和"美丽"这些对象，把感受当作完全呈现的要素也是不够的。欲求——和感受一样——必定能够做到不完全呈现。

第六章　从呈现的观点来看内容、行为和对象

我们前面已经指出，不完全呈现和完全呈现不能被描述为内

---

① 参见《论可能性和极大可能性》，第 31 页以下。

② 关于这些问题的最后阐述，要归功于我的年轻同事——弗朗茨·韦伯博士（Dr. Franz Weber）的讨论，凭借此他于 1916 年 5 月获得了格拉茨大学哲学系颁发的沃汀格尔奖。作者必须得等到战争结束才能出版著作，我想我也许现在就可以运用他趣味盎然的评述。

③ 见下面，第 98 页。

容—呈现或者行为—呈现。① 因此，从呈现经验的内容及行为的角度来专门考察它们，将有助于我们清晰描绘关于呈现的多方面事实。

让我们从对内容的考察开始。这种情形中的呈现主要是不完全呈现，我们一直认为不完全呈现是表象经验（Vorstellungserlebnis/having of ideas）的主要成就，但正如我们所说，我们在思维—经验和情感经验中也能遇到它。这种呈现可以被叫作"本真的（eigentlich/proper）呈现"，以区别于"非本真的呈现"（inauthentic presentation），后者是我们在所有的完全呈现中都会遇到的。当然，内容也参与了非本真的呈现，并且当它不能通过某种抽象过程从行为当中分离出来时，它似乎就与行为联系在一起，并被推到了最显著的位置。再者，这种呈现要么是自身—呈现，亦即同时发生的主体自身之经验的呈现，要么就是像不完全呈现一样是他物—呈现的一种，在那里呈现的仍然是主体自身的经验，但不是同时发生的经验，或者呈现的是某种并非出自主体的经验或并不实存的经验。当内容与行为相分离时，正如我们在别处所指出的②，要把注意力集中在内容而不是这个内容的对象上并非易事。对表象而言，这些困难似乎尤其棘手。显然，在思维—经验中把内容和对象（比如，客观事态）区分开来更加容易，因为与客观事态相关的对立被称为"肯定"和"否定"，而与思维—内容相关的对立可被称为"确证"和"否认"，它与前者至少具有部分语义上的差别。对感受和欲求来说，语言主要涉及"愉悦"和"不悦"、"意欲"和"不愿"等内容，但同时也涉及感受和欲求的行为。我们目前所进行的讨论的主要目的之一，就是指出与这些内容相应的对象，或者进一步补充之前就这个问题所做的论述。

当行为是呈现的要素时，它的功能被严格限制在完全呈现的范围内，而在适宜条件下可以伴随着内容的原初呈现则不再出现。在全部完全呈现的范围内强调行为当然是一个与抽象有关的问题。产生内容也许比强调内容要容易得多，因为这里不存在用一个本真呈现的对象替代正在行使呈现功能的内容的危险，这是由于这样的对象在这里并没有出现。在其他范围里，任何一种抽象——包括对行为的抽象——都绝非易事。③

不管这种对行为的抽象是否成功，我们在此——在关于像完全呈现（假如它不是自身—呈现而是他物—呈现）的行为呈现中——还

---

① 见前面，第23页。

② "知识的经验基础"，第58页以下。

③ 参见"论高阶对象"，第240页（《文集》第2卷，第436页）。

是碰到了一个特殊的困难，我们必须要提到这个困难，因为这或许揭示了我们呈现理论中的一个弱点，并且导致对这个弱点的修正。大体来说，在记忆中区分真实经验和想象性经验是相当容易的事情。比如，我非常清楚前天晚上我看见了电车前面那盏明亮的灯，而昨天下午我只想起了灯而并没有见到它。现在，真实表象与想象性表象之间的差别就是行为方面的差别。① 但是，正如以前所说的，为了把握某个过去的经验②，我并不需要表象这一事件而只需要恰当的呈现要素，这一呈现要素具有经验的形式，并且尽可能与过去经验相似。因为我们不得不去把握某些过去的而非现在的事物，所以我们通常拥有任由我们支配的合适的想象性经验。假如我想记起对那盏明灯的知觉或是对它的回忆，我不用看见那盏灯，而是要利用关于那盏灯的想象性经验。因此，关于那盏灯的知觉表象和想象性表象都通过某个想象性表象呈现于我。接下来，我如何可能在同一时刻回忆起知觉表象和想象性表象呢？且我又如何可能说出这两者之间的区别呢？

目前，我不能就这个问题给出完整的答案。但是有两个观点也许可以作为回答这个问题的起点并且无需改变我的呈现理论的主旨。具体来看，在灯的例子中，直接经验似乎表明用以把握灯的表象在两种情形中并没有平等地位于我们直接回忆的中心位置。在一种情形中，我直接想到了灯及其实存，而另一种情形中，我想到的是灯的表象以及这个表象的实存。当我在第一种情形中回忆起我看见了灯，正如我们的例子所要求的，灯的表象（通过其内容）不但在不完全呈现中发挥了作用，而且在完全呈现中发挥了作用，完全呈现和不完全呈现一样，形成了确证实存判断的基础。另外，在第二种情形中，尽管我们拥有一个完全呈现和与它相配的确证判断，但不完全呈现是基础，它不是一个确证判断的基础，而至多是某个确证假设的基础，也许甚或是一个否认性判断的基础。因为我记得的"只"是对灯的思维，也就是说尽管它在那一时刻并不实存，我也可以拥有对它的思维。甚至也许我记得的只是排除了这种实存的环境，在我们的例子中，我可能知道我在中午记了灯——这个时刻电车的灯还没有点亮。无论如何，两种记忆中的灯的表象出现在完全不同的语境当中，这些语境本身就是区分这两种表象的充足标准。而在行为本身之中去寻找差别将要预设大量的心理学知识，并且这种差

---

① 参见《论假设》，第 342 页。

② 见前面，第 24 页以下。

别在直接分析中并不具有明见性。

毫无疑问这一思想为看起来非常简单的事实增添了相当大的复杂性。另一个例子会使这一点变得更加明显。想象一下，某人从小生活在某种思维和信念当中，他逐渐相信 A 就是 B。他在批判思维中获得了某种独立性之后，出于某种原因不再相信"A 就是 B"，而这一原因后来在他看来是不充分的，因此，从那以后，他又恢复了原来的信念。但是，接着这个信念又因为另一个不同的、具有持久效力的原因而被放弃了。对这个从此以后不再信奉这个信念的人来说，他很容易就能回忆起他对"A 就是 B"这个论断的确信发生改变的不同阶段。但是所有这些理智经验的呈现要素都只不过是假设，因为他再也不相信这个论断。那么是什么手段让他回忆起他以前的信念呢？所有间接标准在这里都显得过于笨重。进一步说，一切运转得似乎如此简单，以至于我们可以对每种情形都需要一个特殊的呈现要素这一说法产生怀疑：一次是对判断的把握，一次是对纯粹假设的把握，而这对判断这个论断的非本真性而言也是必需的。

这一需求看来面对着在经验中的充实，这在思维—经验领域尤其明显。幸好我并没有过高地夸耀假设在这些经验当中所扮演的角色①，同时还必须指出的是，在各种假设（比如，一方面是"直接假设"②，另一方面是通过存在和如此—这般的存在所指涉的假设③）之间存在着巨大的差别，以至于人们难以相信我们正在考察的是同一类假设。似乎主要有两类假设，我们也许只能从表面上揭示它们，通过指出在某种情况下假设—经验能非常清晰地把自己同它的心理环境区分开来，而在另一种情况下，它作为一种特殊的经验可以很轻易地逃出我们的视线，因此必须通过或多或少的间接分析来展现它。第一种假设与判断的联系显然要比第二种假设与判断的联系密切得多。也许下列表述可以作为临时的标志：把第一类假设叫作"拟—判断的假设"（urteilsartig），把第二类假设叫作"遮蔽的假设"（schattenhaft/ shadowy assumption）。

在这里我们拥有一种 E. 莫利已经在一个完全不同的方面指出过的二元性。④ 众所周知，客观事态可以通过两种极其不同的方式得

---

① 见《论假设》，尤其是摘要，第 61 节以下。

② 同上书，第 15 节。

③ 同上书，第 45 节以下。

④ "逻辑学和数理逻辑的对象理论基础"，《哲学和哲学评论期刊》副刊，第 148 期（1912年），第 62 页脚注。

以表达：通过论断，比如，"A 实存"（A existiert/ A exists）；通过名词，通常是动名词，"A 的在此"（das Dasein des A/ A's being there）或"A 的实存"（die Existenz des A/ the existence of A）。上述表述具有广泛的等价性，与此明显不同的是，下列表述不具有等价性：人们愿意说"A 实存，这是真的（或假的）"[Es ist wahr, resp. falsch, das A existiert / it is true (or false) that A exists]，而不会说"A 的实存是真的（或假的）"[Die Existenz von A ist wahr, resp. falsch/ the existence of A is true (or false)]。E. 莫利试图解释这一点，他假设事情可能是：

> 我们不但在思维（一个客观事态）而且同时也"在想象中判断它"，这简化了这个问题。在这个假设中，我们不但通过其内容重新生成了对客观事态的拟—判断把握，而且也通过它的判断行为和其下判断的时刻来模仿或以想象的方式复制了这一客观事态，就像我们正在判断。除了这类作为想象性判断的假设，似乎还有其他假设，它们只生成（可能）判断的内容和组成这个客观事态的"纯粹思维"，即这个客观事态之论断并没有生成确认的时刻。只有这些假设的内容被人们所关注时，这些假设才贴切地进入更深层次的理智过程中。

正如我已经试图证明的①，假如真（与事实性相对）是与把握的客观事态（Erfassungsobjektive/ objectives of apprehension）相关的问题，那么实际上我们自然更愿意把通过第一类假设而不是通过第二类假设得以把握的客观事态称为"真"（或"假"）。

就我们目前所关心的问题而言，描述这两类假设更加重要，这可以利用我已在别处所刻画的判断与假设之间的关系来进行再次阐述。② 根据这一刻画，判断可被视为附加了确信之时刻（在它的一种程度上）的假设。于是，可能假设自动展示出来的并不是一种确信或确认——因此，假设始终是一种假设——而是一种十分类似于确信的东西，它使得假设成为类判断，而对另一类只是组成思考中的某物的假设来说，事实就不是这样的。在对客观事态的"纯粹思维"中，我们所考察的确信时刻是否完全消失，又或者它是如此够格，以至于它所附加于其上的假设可以说重新拥有了成为判断的可能性，目

---

① 参见《论可能性和极大可能性》，第 39 页以下。

② 《论假设》，第 340 页。

前来说这些都还不能确定。如果在类似于"想象性感受"或"想象性表象"的方式上使用"想象性判断"的话，那么在类判断的假设中，我们并不推荐使用这一表述。① 不过"拟—判断假设"这一表述更适合些。"遮蔽的假设"（schattenhafte Annahme/ shadowy assumption）这一表述在形式上独立于第一种表述，因此我们仍然要有所保留，不能确定除了这两类假设之外是否还有其他类型的假设。

但是我们选择"遮蔽"（schattenhafte/ shadowy）这一表述并非没有显现的意图，不但在假设中，而且在所有的想象性经验中，我们都可以在这个词语最广泛的意义上找到这类二元性。② 在理解词语或论断时，人们长期以来已经意识到了我们对这种理解的知觉具有变化无常的特征③，因为在把握这些词语或论断的意义时，辅助性的经验容易被我们忽视，以至于我们甚至开始怀疑它们的在场并且求助于名义上的概念。但是，这些概念被以下事实所排斥，即我们的理智构造在大多数情况下功能可靠，所以用词语—表象来完全替代事物—表象是不可能的。但是接下来，主要是概念性（begrifflich/ notional）的表象与这种情形中没有排除在外的表象之间的差异越来越大，并与在另一种情形中出现的完全明白无误的直觉性表象出现了对立。这些直觉性表象实际上属于想象的范围，但是这并不能消除它与知觉或真正表象之间的密切关系。我们很容易看到，这里的情形与在感受和欲求中的情形并无二致。比如，所有责备自己在最近的战事中对理解人们带给另一个人的不幸和悲痛感到漠然和无能为力的人，都只是表明了被错误地称为对感受的"纯粹理智的把握"与同情地进入他人的感受状态或是最严格意义上的"移情"之间存在着的巨人差异。在两种情形中，我们都要涉及想象性感受。某些想象性感受可以被便利地叫作"遮蔽性的"，就如在理智领域中称谓它们的相似物一样。但是它们的对立物在感受领域中不能被叫作"拟—判断"而要叫作"拟—真实感受"（ernstgefühlartig/ serious-feeling-like），而在表象领域中要叫作"拟—真实表象"。假如我们在遮蔽的经验中能够忽略几种主要经验类别之间的区别，那么我们对第二类想象性经验也能这样做：我们可以把它们叫作"拟—真实经验"，或者更简洁些，"拟—真实"或"准真实"。因此我们可以这样总结讨论的结果：想象性经验至少表现为两种完全不同的类型，一种是遮蔽

① 参见《论假设》，第383页。

② 参见同上书，第65节。

③ 见"论高阶对象"，第237页以下（《文集》第2卷，第434页以下）。

性的经验，另一种是准真实的经验。

我们可以很容易地把这一结论运用于作为我们研究起点的那个问题。假如想象性经验，要么就其整体而言，要么特别地就其行为方面而言，都能发挥他物—呈现的功能，那么准真实的想象性经验就被视为辅助了真实经验的呈现，而对想象性经验的呈现来说，遮蔽的想象性经验就足够了。至于其他，对于自身—呈现而言，准真实的想象性经验显然比遮蔽的经验处于更有利的地位，遮蔽的经验主要在不完全的他物—呈现中发挥作用，而不是在自身—呈现或者完全的他物呈现中发挥作用。

完全呈现及其所谓的派生形式行为—呈现通常通过想象性经验而得以完成，对此进行强调也许并不是毫无意义的。但是也有例外。自然，没有人能比另一个遭受过同样痛苦的人更好地感受这种痛苦。"感受"这一表述指的并不是一种同情的价值—感受①，而只是把自己淹没在别人的感受当中。同样地，某人确信不疑的状态能被另一个持相同信念的人最为真实地加以把握。真实经验似乎是比想象性经验更好的呈现要素，不过想象性经验的优势在于能成为比前者更易操作和更易理解的把握方式。

我们也必须在对呈现之主要事实的考察中把被呈现的对象包括进来。就经验能以不同方式呈现某物而言，显然一个经验也同时与不同的对象相关。通过同一个表象，我能把握住蓝色以及这个表象本身；通过这种方式，我也能把握一个非此刻的我自己的或他人的关于蓝色的表象，并且不能确定它是实存（Dasein/ existence）的还是非实存的，因此是免于实存（daseinsfrei/ existence-free）的。后一种情形，即免于实存，并不预设一种特殊的呈现模式，而是包含在完全的他物—呈现之下。我们以前简略考察过的②一种情形值得特别注意，亦即对呈现方式之多样性的描述并没有穷尽与经验相关的对象的多样性，假如我们说过要忽略的间接呈现包含在我们的描述之中的话。③ 我们必须要记住依赖性的心理事件与其心理预设的对象紧紧交织在一起。对于客观事态的判断也许呈现自身或者呈现其他判断，它也对通过表象加以把握的客观事态的主体（objektivmaterial/ subject matters of the objective）进行判断。无论被判断的是什么，它都有权被当作判断的对象来看待。同样，当某些装饰让我感到很

---

① 参见《价值论的心理—伦理学研究》，第 46 页。

② 参见前面，第 25 页以下。

③ 参见前面，第 4 页。

愉快，不但它的美丽成为我的感受的对象，而且这个装饰本身也成为我的感受的对象。当我们为德奥军队的胜利而感到骄傲时，不但这些胜利的价值成为我们骄傲感受的对象，而且这些胜利本身及其实存也成为我们骄傲感受的对象。这些预设对象——尽管它们不仅仅是预设对象——绝不可能通过我们所考察的依赖性经验得以呈现：它们是这些依赖性经验的对象，而不是这些依赖性经验呈现的对象。假如我们想给它们安个特别的名字，可以把它们叫作"借来的对象"（angeeignete Gegenstände）。这样我们就可以把它们和呈现的对象或者经验自身的对象区分开来。不过，我们必须得承认，在情感领域中借来的对象在传统上被误认为情感的本真对象，或被误认为情感"自身"的对象。

第七章　内容概念的精确化

在知识取得进步的同时，我们的概念也在改变和调整自身。因此，假如在我们的讨论中出现的新事物激励我们进一步思考已经被我们在这里加以应用的关于对象把握的概念，我们不应该对此感到惊奇。这一点尤其适用于内容的概念，内容的概念在我过去二十年的研究里发挥了重要的作用，并且我希望它也能成为当前讨论的有益基础。因此，使这个概念和我们最近的研究结果相互对比将是合适的。但首先我想减少某些误解，这些误会的形成很大程度上可以归咎于我在引入这个概念时曾经使用的方式。

"内容"这一表述基础的隐喻性特征以及对它各种各样方式的运用使得这个概念极其模糊，以至于它变得几乎没有用了。因此，要使它适合于严格的科学工作的要求，必须先对它进行明确的界定。要想使这些要求得到满足，界定就是不可避免的。但是总的来看，我并没有很好地听从我个人的语感，1896 年在没有充分说明我的思考程序的情况下，我首次十分明确地①把"内容"和"对象"对立起来，并且在 1899 年把它们的意义简要地描述成可接受的、毫无疑问的某种存在物。② 不过，通过制造一种更为精准的内容与对象之间的对立来解决的问题自 K. 特瓦尔多夫斯基（K. Twardowski）以来基本没有发生变化。而我也欣喜于撰于 1899 年的拙著在这类问题刚刚受到强烈关注时就得以出版。

---

① "论韦伯定律的意义"，《心理学和生理学期刊：感官》第 11 卷（1896 年）。（《文集》第 2 卷）
② "论高阶对象及其与内知觉的关系"，第 2 节。

　　E. 胡塞尔(E. Husserl)早在 1900 年对此问题就进行过关注①，并且自 1902 年以来 Th. 利普斯(Th. Lipps)出版了许多著作，在这些著作中他反复提起这个主题，这个主题从此在著作中就没有消失过。尽管利普斯在刻画与我的差别②时仍然与我的意图十分相近，但胡塞尔在试图挖掘词语的多重意义(Bedeutungen)时，区分了至少五种"内容"的意义，并将这个词语实际地运用于这些意义上。另一些作者也许在这个词的使用问题上存在极大的分歧并且不可能避免误解，这些误解隐含在对我原创的对象理论的一些有争议的反对论证当中。总之在这些情况下，就我 1899 年关于内容概念的思想进行重新的、可能更加充分的解释似乎是明智的。同时，我将会说明为什么我在这个特殊的意义上使用这个词，并且为什么仍然推荐使用这个词，尽管它现在显然需要一种术语上的限制。

　　在这里，我没有必要强调 1899 年所不得不强调的一点：人们再也不愿意将对象和内容等同。我们也没有必要花时间来证明对象不同于把握它的经验或契合于这种把握的经验。那时被我叫作"内容"的东西是这种经验的一部分，而看似最好的步骤是考察经验和"它的"对立物的协调状态，以便把强调为内容的部分从整个经验中分离出来并将之作为起点。

　　让我们首先考虑那些谁也不能否认的、在适宜条件下能够把握对象的经验。我想到了最广泛意义上的表象，这个表象并不局限于想象性的表象。名称对于随后的考察来说并不十分重要，但是对我们目前的考察来说很重要，即它可以区分两类相关的经验，其中每一种经验都把握了一个不同的对象。当我看到天空的蓝色和牧场的绿色时，蓝色和绿色这两个对象自然不是被两种完全相似的经验所把握的，尽管它们在某些方面相似，特别是它们两者都是表象，或者甚至都是知觉表象。现在，由于是对不同对象的把握，因此在这两个表象之间必定有不同之处，我将其称为这些表象的"内容"。

　　我对表象之内容这个概念有一个补充，这个补充在于限定表象之中不受由其把握对象的变化之影响的部分(不论这个变化有多广)，因而展现了表象中相应的常量要素。颜色、声音、味道、数量等表象普遍都拥有内容，在这些表象的每一种情况下我们都表象某物，而这些表象所共同的东西(即作为行为的表象)与表象的内容相对立

---

① 在其两卷本著作《逻辑研究》中。
② 假如我的理解是正确的，主要区别由以下倾向造成，即把对象想成是只与把握主体相联系的。

就是再自然不过的事情。① 两种可能的误解必定立刻被清除了。一个误解与语言有关，另一个误解与主体问题有关。"行为"这个词并不是要指示活动。对我来说，尽管遭到了各方面的反对，主动与被动的对立似乎具有根本的重要性，并且事实上只在有权被称为"行为"的事物范围内成立。我们正讨论表象的行为方面——尤其是一种被动经验，像感受那样。而判断和假设，我们很快就会讨论它们的行为方面，它们是主动经验，像欲求那样。但是，与主体问题相关的误解将会把作为行为之表象的恒常性误认为一种绝对的恒常性，而这种恒常性实际上是与表象之内容的广泛变化性相较而言的。作为行为的表象也能够变化，而由表象所把握的对象仍然不受这种变化的影响，这个事实表明这个变化并不与其内容相关。从感觉（Empfindungen/ sensation）或知觉表象向想象性表象的转变过程就是最明显的例子。我能在记忆中再现现在由音叉给予我的音调 C。这个调子将无法保持绝对的精确，但是这种偏差并不会展现在想象性表象的特征中。可以说，听到的 C 和再现的 C 在调子上的相似性，只是偶然比在时间 t 上听到的 C 和在时间 t′ 上听到的 C 之间的相似性更低，后者也并不是绝对一致的。理论上，调子——也就是被把握的或可把握的对象——并不受下列事实的影响，即它在一个时刻被知觉而在另一个时刻被想象。这里，至少在理论上，行为经历了改变，而内容保持不变。

显然，在作为经验的表象当中区分内容和行为，有两种主要想法发挥了重要作用：一方面，我们从所把握对象的区别中推断出把握行为的表象间的区别；另一方面，我们从表象发生的两类变化中——其中一种变化随着对象的变化而发生，另一种变化独立于对象的变化——推断在这些经验当中有两种成分。这两个观点使我们有理由更加深入探索这些问题，而现在我们只能顺便提到这些问题。

把对象之间的区别转换为把握对象的经验之间的区别具有合理性吗？纯粹的经验（如归纳）在这些问题当中几乎不起作用，就像它在平行公理和毕达哥拉斯定理当中所起的作用那样。无论何时，当把握变成认识（Erkennen/ knowing）（也就是说，当把握获得了某种经常被称为"完备性"的事物，但在更一般和特有的方式上，它也许要被称作把握的关系），我们无疑拥有了一种理想的联系②，并因此

① 参见 St. 威塔塞克在其《心理学的基本路线》（莱比锡，1908 年）中的阐释，第 73 页以下。
② 参见《论假设》，第 265 页以下。

有一种主要是先天知识的东西。下列论断是正确的吗？即假如在 A 和 B 之间有一种理想关系 R，它并不存在于 A′ 和 B 之间，除非 B 变成了 B′ 以便与 A′ 发生关系 R。这当然在所有情况下都是不正确的。当我们考察空间一点时，轻易就可找到一个点 A′，它与 B 之间的距离等于它与 A 之间的距离，因此它与 B 的距离关系和它与 A 的距离关系是同一种关系。我们在考察把握行为和所把握对象之间的联系时，发现这一点也是可能的，这得到了下列事实的证明，即同一个表象—经验适合于把握完全不同的对象，我们所考察的经验要么是内向的，要么是外向的；它所包含的要么是对对象之存在的指涉，要么是对对象的如此—这般之存在的指涉。当我们考虑的不是无疑很复杂且完整的把握行为的事实，而是聚焦于呈现并同时假设完成把握行为的所有其他情况都相同，并且特别假设我们拥有的是一种展现了表象之理智过程的一般状况的外转（Auswärtswendung/ extroversion）的情形时，情况便发生了变化。由于把握行为所具有的关系的自身性质（尽管目前来说我们对其所知甚少），当下确定无疑的是：不同对象——别无其他情形（ceteris paribus）——只能通过不同的表象得以呈现。于是，凭借呈现经验自身的特征，人们说一种经验把这个对象指涉为"它的对象"，而另一种经验指涉另一种对象，除此之外人们还能够说什么呢？

我们推断具有不同对象的表象互不相同，同理我们得出以下结论，即具有相同对象的表象是相似的。关于同一个音调或关于同一种颜色的知觉表象和想象性表象必定在某方面是相似的，这个论断不如下述两个论断那样能够得到很好证明，即两个相继经历的关于同一个音调的知觉表象必定都是关于同一个音调的表象，以及两个关于不同音调的想象性表象就它们都是想象性表象而言，也必定是一致的。不过，我们对这个简单的确定感到满意。由此我们发现了两个可变的方面，一个与对象有关，一个在原则上独立于对象。在别处，我已经主张这必定暗示了要素的二元性，我们当然要尽可能宽泛地来理解这个短语。[1] 人们也许会反过来问，红色和蓝色是否也不应该被视为两种要素，因为除了彼此存在上的不同以外，这两个客观事物就它们都是颜色而言是相似的。

我怀疑这个结论是否会非常惊人，因为整个主体问题，尤其在它的对象理论方面，是十分晦涩难懂的。就我们目前的目的而言，

---

① "关于彩色条纹和搭配法的评论"，《心理学和生理学期刊：感官》，第 33 期（1903 年），第 20 页。（《文集》第 1 卷，第 515 页）

我们不用劳神去解决这个疑问，因为作为经验的表象随着自身对象的变化而变化，它不但经过了经验之恒常元素的校验，而且经过了另一个元素的校验，在从知觉表象向想象性表象的转换过程中，这个元素在对象变化中保持不变但在其他方面却又会产生变化。假如我们在种和属之间提炼相似点，那么我们将徒劳无获，除非我们允许同一属分列在不同的种之下。

假如在我们进行严格考察之前，作为经验的表象具有两个要素这一论断就是持之有据的，那么我们仍然得证明"行为"和"内容"这些术语的使用是正当的。也许我们不必证明"行为"这一术语的使用是正当的，因为在传统上这个术语的使用并不具有一个固定的方式。假如人们反对"行为"指的是纯粹的抽象物，那么上述段落证明了行为与内容的联系不像颜色与蓝色的联系，而更像颜色与广延或者形状（Gestalt/ shape）的联系。① 但是至于"内容"的传统用法——正如已经被揭示的——我必须承认我曾经按自己的意思曲解别人的语言（人们很容易犯这个错误），并且我赋予这个表述的自由度也远远超出了我的想象。但是，假如我突然放弃先前所使用的这些成熟练达的词语，人们也许会意料到情况将变得晦暗不明而不是清清楚楚。事实上，这看上去越不可取，关于这些问题的其他惯例就越难得到清晰而肯定的陈述。当我们试图充分而切实地区分"内容"和"行为"时，这一点表现得尤其明显。通常，被我们叫作"内容"的东西似乎本身就是对象，其中优先的是把握行为的对象，并且是一个更直接的对象而不是更遥远的对象。但是，这些或其他规定性永远不会导向任何一类精确的划分。

另外，包含在"内容"一词中的隐喻也值得进行某种考虑。"内在对象"可以说成是"包含"在表象当中的。但是，一旦我们所考察的对象只是伪—实存的②，那么我们就绝对不能正当地继续把这个对象叫作进行把握活动的表象的"内容"。必须要补充的是，无论发生什么，被我叫作"内容"的事物都重要到足以被当作概念（Begriff/ concept）而得以保存，尽管我们必须为其找到一个新名字。遗憾的是，在逻辑上与"外延"（Umfang/ extension）相对立的"内容（涵）"，与我们通过这个词语所指的事物是非常不同的，但是我所提出的在术语

---

① 见 A. 马蒂（A. Marty）：《一般语法的原则和语言哲学研究》（哈雷，1908 年），第 1 卷，453 页，脚注。

② 参见"知识的经验基础"，第 10 节；以及《论假设》，第 85 页以下，脚注 3，还有第 229 页以下，脚注。

上区分"逻辑"内容与"心理"内容的做法，也许足以排除误解。①

在上述段落中，我试图提出表象之行为与内容的对立，因为大体上它们对于人们来说并不陌生并且易于理解，所以不至于成为富有争议的概念。但是我们很轻易就能证明这一对立并不只是对于表象而言的。因此存在着不是表象之内容的内容。当我们想到有一些对象——正如上文所反复指明的——在特征和理论上不同于我们刚刚与表象相关而考虑到的对象时，这一点变得很明显。颜色是一种完全不同于颜色之实存的事物，音调是一种完全不同于音调之柔和或洪亮的事物。下列对象完全不同于表象的对象，"白喉病可以通过注射免疫血清治愈"，或者"保加利亚的独立宣言并不暗示战争的迹象"。这些对象的特征是，它们在肯定和否定的对立中占据了某个位置，这种对立是不可能通过表象来加以把握的。我把这种对象叫作"客观事态"。和客观事态相对，我把颜色、形状等对象叫作"客观事物"（Objekte/ objecta），后面这个术语在运用方面具有合理的使用习惯的限制。就像表象把握客观事物一样，判断或假设把握客观事态，我们先前把表象之内容和作为行为的表象对立起来，判断和假设允许我们毫不费力地把这种处理方式运用于新情况。客观事态不像客观事物那样在种类上变化多端，不过它们也并不缺乏一定程度的多样性。这一点已经明证地体现在了上面提到的肯定与否定的对立上，存在（Sein/ being）——狭义上的——与如此—这般之存在（Sosein/ being thus-and-so）之间的对立，实存与潜存之间的对立，以及可能性程度之间的对立等。正如以前所说的，适合把握蓝色的表象必定是一种不同于能够把握绿色的表象的经验。我们也可以说适合把握"存在"的经验和另一个适合把握"非存在"的经验，两者之间存在着某种相似的东西。这里和前例一样，我们所考察的经验中，与其变化的对象相关的部分可以被叫作"内容"，不过在这里是判断或假设的内容。这些经验中与内容层面相对应的是行为层面，它们被以下事实所保证，即对于同一个客观事态，它们在判断或假设中对这一客观事态的把握方式是不同的。坦白地说，判断和假设的对立本身已经是行为方面的对立，它们自然地和知觉表象与想象性表象（Ein-bildungsvorstellungen/ idea of imagination）之间的对立形成对照。②在判断领域中，确定或不确定的程度，在我们的确信中都被看作行

---

① 《论可能性和极大可能性》，第 163 页，脚注 3。

② 《论假设》，第 344 页、第 376 页以下。

为方面的差别，这原则上与经验的内容或它们所把握的客观事态无关。

我们前面关于情感呈现的讨论已经证明，就如表象和判断(或假设)一样，情感经验(即感受和欲求)也能区分为两个组成部分，它们也可以被类似地叫作"行为"和"内容"。相应地，我们可以这样总结问题：内容是经验当中受经验所把握之对象调整的部分，并且即刻通过后者得以呈现，也就是说它随着对象而变化或保持不变，且是依赖于对象的。行为是经验当中独立于对象而发生变化的部分。但是，我们以前关于呈现的讨论得出了另一个结论，这个结论使得内容这一概念似乎具有某种程度的可疑性，即这个概念预设了经验当中存在着这样一个部分，其所有的变化都受到对象的特别调整。在完全呈现当中，我们知道整个经验都是与对象相对立的，而当我们抽象地考虑行为时，行为本身就与对象对立，那么我们有什么权力把经验的一部分独立出来并在呈现中使其优先关联于被呈现的对象，而且把它独自归入内容的概念之下呢？

自然，当我们第一次开始澄清内容概念且还没有充分弄清楚自身—呈现的事实时，我们会把内容当作经验唯一具有呈现能力的方面，并且也会自然地主要把排他性看作内容的本质。现在我们必须得承认这种特权并不存在。我们不恰当地把这一特权当作经验之部分的特征，但这并不妨碍经验的这个部分在呈现问题上假定了一个特别适宜的情形，因此它作为"内容"的特殊限定仍然是正当合理的。

从我们以前发现的"不完全呈现"也可以看到这一点。在那里我们能够说，只要其内容充当了呈现要素，不完全呈现无论何时都发生在整个经验之外。现在我们能够反过来说：内容是经验的一部分，在适宜的条件下它适合成为不完全呈现的要素。如果行为在对象的把握中所起的作用更大，它必须通过并经由完全的经验才能做到这一点，也就是说行为必须通过对经验其余部分(主要是内容)的抽象来实现这一点，那么内容会在一定程度上与行为相对。但是，在内容独自发挥呈现作用的地方，并没有发生用来孤立内容的抽象过程。为了呈现红色或蓝色的表象，我没有必要首先忽略属于这样的(关于红色或蓝色的)表象的要素(即行为)，反之，未从内容当中抽象出来的行为永远不能被当作呈现要素来使用。不完全呈现是理论反思的第一种呈现形式，一段时间之后其他种类的呈现才被考虑到。因此，构建一个特殊的概念来概括这种不完全呈现的基础是很重要的。实际上，不完全呈现是表象的恰切角色而且是思维—经验的主要功能之一。它对情感呈现来说并不重要，在那里把握变成了例外。

但是存在这样一种情况，它清晰地显明了为什么不完全呈现能够被用来刻画经验的某个部分。我们先前看到用于把握的经验与被把握对象之间的关系部分地取决于经验，也部分地取决于对象。考虑到这一点，一个非常奇妙而且无法解释的事实就是，对象和经验的这些特征一方面并没有一律地显示出精确或部分的相似性，另一方面也没有一律地显示出差异性。我们注意到一种古老的倾向是把所谓的完备性看作相似性或相合性，那么在这种情形中也许存在着一种原初的不相似性，这种可能性是值得思考的。不完全呈现的特征在于呈现要素永远是心理性的，而被呈现的对象或者是物理性的或者是理想的，其中后者指的是既非物理性的也非心理性的。但是自身—呈现的事实表明并不是所有的呈现都是这样的，并且他物—呈现也表明了这一点，他物—呈现要么直接是完全呈现，要么是从完全呈现当中抽象出来的。在这些情形中，我们考察的总是某种心理性的事物；也就是说，在同时发生的呈现(im genwärtigkeitspunkte/ simultaneous presentation)①中出现同一的有限案例表明，最大可能的相似或相合(Übereinstimmung/ congruence)是我们这里所考虑的所有把握的理想目标。起初，令人惊奇的是这个目标在我们先前提到的那种他物—呈现中难以实现；但是又不可否认这个目标确实存在。然而我们不能说不相似性在某种情形中和相似性在另一种情形中所起的作用相同，即使相似性不能等同于把握所具有的关系，我们也会更加自然地去假设经验是通过它与对象的相似性而非不相似性去把握对象的。但是，我们没有其他办法来解释这个事实，只好并列设立通过不相似性进行的呈现(Unähnlichkeitspräsentation/ presentation by dissimilarity)和通过相似性进行的呈现(Ähnlichkeitspräsentation/ presentation by similarity)。②对于这一点，我们得立刻补充说，通过不相似性进行的呈现总是在经验的内容作为呈现要素的场合发生。不完全呈现和通过不相似性进行的呈现是互相伴随的。其中前者所刻画的所有事物具有额外的重要性，因为它将同时被后者所刻画。

我们不能因此说内容只能通过不相似性来发挥呈现要素的功能，因为内容也通过相似性在自身—呈现和他物—呈现中发挥作用。但是在这些情形中，我们没有恰切的不完全呈现，在第一种情形中只有完全呈现，紧接着当我们把行为要素从完全呈现中抽象地孤立出

---

① 参见"知识的经验基础"，第 68 页。

② 参见《论可能性和极大可能性》，第 253 页以下。

来时，我们还以相似的方式获得了这种完全呈现的抽象产物。假如人们说真正的不完全呈现总是通过不相似性进行的呈现，他们并没有误入歧途。经验的某个部分在适宜的条件下与对象相协调，从而相应的是不完全呈现的要素，并且同时还是通过不相似性进行呈现的要素，经验的这个部分可以被恰当地叫作相应经验的"内容"——如果根据我们目前关于呈现的知识来说的话。

第八章　心理预设与被奠基的对象

这里再次回到特殊的情感之不完全呈现，我们看到通过这种方式得以呈现的对象值得进行更加详尽的研究。其中我们不但要直接地研究对象，而且要研究相应的把握经验的特征，这也许会对我们的研究有所助益。因为假如我们找到了这些经验之间的区别，我们就可以期望被呈现的对象中也存在着类似的区别。理智经验领域中的状况证明这种通过类比得出的结论是正当合理的，在理智经验领域中，表象和思维行为之间的区别对应于客观事物和客观事态之间的区别。大体上，我们有理由假定通过情感呈现的事物在特征上不同于通过理智呈现的事物，而且也可以假定在情感领域内，各具特征的经验将被证明是各具特征的对象的呈现要素。在这方面，不但感受和欲求之间的区别具有对象方面的重要性，而且感受领域中的具体区别也很重要。事实上，这些具体区别对于对象理论的研究来说尤其适宜。假如我们的关注集中于刚才所提到的感受的种类，那么我们就不应太过偏离讨论的主线。

为了这个目的，我们将利用心理预设的概念，我们在上文中已经反复而且方便地利用了这个概念。[1] 因此我们将试图重新澄清这个概念，尤其是因为我们的研究进展也需要对以前的表述形式进行修正。当我对情感生活（Gefühlsleben/ emotional life）的事实变得感兴趣时，我明确感到需要心理预设这个概念，这个概念将尤其有助于我们对情感（efühlstatsachen/ emotion）的研究。因此，把我们的概念限制在所谓的中立领域——也就是限制在理智经验的领域——将是恰当的。

我们可以以这一明见事实作为起点，即判断总是[2]依赖于表象，但是表象并不依赖于判断。这种依赖并不仅仅意味着在经验中我们不会遇到与表象相分离的判断，它还意味着我们正在考察的是一种

迈农的价值哲学及其心理学基础

---

① 参见前面，第 5 页以下。

② 严格来说，只在某时以某种复杂的方式；参见前面，第 10 页以下。

奠基于判断性质的联系，这可以最为清晰地在我们从对象的角度来看待问题时被把握到。出于这个问题的本性，我们不可能拥有一个不关涉任何事物之表象的表象，因此我们不可能经验一个不判断任何事物的判断。在注意客观事态之前，我们相信判断就像表象一样必须拥有对象。现在我们知道，对于判断而言，对应于表象之物是被判断之物（geurteilt）而非判断所造之物（beurteilt）。① 因此这种平行关系仍然维持不变，而且正如判断不可能不去判断事物一样，人们也不可能不把判断运用于事物之上（beurteilen/ judgement upon something）。人们不能在这个问题上犯错，"把判断运用于某物之上"（Beurteilung/ judgement upon something）甚至比"对某物的判断"（Urteilung/ judgement of something）对人们来说更具有明见性，后者已经被人们忽视得够久了。尽管判断需要被判断的对象，但是它们不能自己从自身的资源当中提供要被把握的对象。它们无法直接把握这样的对象，而是要依赖于一种可以做到这一点的经验。这种作为先决条件的经验呈现了被判断的对象。在最简单的情况下，是表象做到了这一点，因此表象是最好的典范。这就是被我称为"心理预设"的经验。

我们已经提到，一个对象依赖于另一个对象通常意味着如果后者不能实存的话，那么前者也不能实存。这意味着这种依赖根据它所帮助形成的那种存在假设了一种不同的形式。具体来看，假如只有另一个对象实存某个对象才能实存，那么这个对象就拥有一种实存上的依赖。假如有一种因果法则，那么在这个意义上所有的起点都依赖于某个事物。也存在着一种潜存的依赖，等腰三角形依赖于等边三角形就说明了这一点。

下列论述非常重要：有一些依赖与实存和潜存毫无关系，人们试图在对存在的依赖之外讨论对如此—这般之存在的依赖。任何高阶对象都可被当作范例。差别无疑具有这种依赖性，因为没有有差别的事物就没有差别，并且这个事物必须得是复数的。即刻显而易见的是，这个事物并不必定得是实存的。甚至一个并不相信第二性质实存的人都知道，绿色和红色之间存在着差别，从而能把绿色和红色当作上一级（superius）差别的次级事物（inferiora）。但是这些次级事物甚至并不必须要潜存：圆的方肯定不同于椭圆的三角形，尽管这里作为次级事物的对象没有一个可以潜存。人们也许因此会推

---

　① 参见《论假设》，第 44 页。

测说，存在在这方面无关紧要而只有如此—这般之存在才是重要的东西。这意味着，假如对差别的讨论有其意义，那么我们必须预设如此—这般的存在物具有能够应用于其中的"如此—这般"的差别。假如只有红色的性质——这个设想虽然很奇怪，但并不荒唐——那么就不能有差别的存在。实际上，最为本质地反对这些考察的质疑把"只存在"与如此—这般之存在的客观事态或它们所关涉的质料相联系，这也意味着所关涉的进一步内容。自然，它所意味的既非实存也非潜存，这样我们再次碰到了一个特殊情况，这种情况下只有诉诸超存才有所帮助。事实上，假如不能"有"对象的多元性在被把握之物保证了被给予之物的意义上使得对象彼此不同，那么也就不能"有"差别，甚至连超存意义上的差别也没有。因为即使在超存意义上"有"不同的对象存在，它们之间的差别也将不只是超存的，而且也真实地潜存着。因此我们看到，在这类依赖中，存在和如此—这般之存在之间的差别并不像核心而狭义的存在与超存之间的差别那么重要。因此，对于目前及所有其他的高阶对象来说[1]，人们都可以恰当地讨论一种超存的依赖特征。

似乎即刻明见的是，次级事物和它们上级之间的关系是不可对换的，正如 A. 霍夫勒很久以前所指出的，或者正如人们在现代以极不清晰的语言所说的，关系不是对称的。[2] 但是这个断言不能在心理学上被解释为人们未经对有差别之物的思考就不能思考差别，以红色和绿色为例，人们可以思考红色和绿色而不必包括对差别的思考。毫无疑问后者是正确的。但是要被评断的前者的方式则依赖于抽象理论以及人们实践这个抽象理论的可行性。[3] 但是假如我们预设了先前给定的客观事态的特征，事情就发生了变化。假如差别不能存在或者甚至不具有超存，假如存在的只有红色而没有其他任何事物，那么红色仍然能够存在并且具有超存。这样，"差别"的这种关系依赖于红色这种性质，而红色并不依赖于"差别"。在这个意义上，红色是"逻辑先在物"，没有这个概念对象，理论将会遭受损失，尤其是如果我们从含义的角度来看待这个概念的话。[4] 这一点通过以下事实会显得更清楚，即所有的含义都与客观事态有关[5]，而对

① 参见后面，第 93 页以下。
② A. 霍夫勒：《逻辑学》(《哲学入门》第 1 卷)(维也纳，1890 年)，第 53 页。
③ 参见 B 罗素：《迈农的复合体理论和假设理论》，《心灵》，第 13 卷(1904 年)，第 209 页。
④ 参见同上书，第 207 页以下。
⑤ 参见 E. 莫利：《逻辑学和数理逻辑的对象理论基础》，第 4 页，第 65 页以下。

于红色和差别而言，我们所考察的是客观事物而不是客观事态。

假如我们试图消除或还原必然性概念①，这对于对象理论和认识论来说将会造成比放弃逻辑先在物更糟的后果。我们必须在这一点上提到必然性概念，因为既然除了理想的联系和理想的复合体②之外还有现实的联系和现实的复合体，那么就不能把必然性运用于所有在上级事物与其次级事物之间的关系当中。对于高阶对象的一个主要群体而言，必然性概念是基本的，并且我把这些对象命名为"被奠基的对象"（fundierte Gegenstände/ founded objects）。关于这一表述的历史演进，引导我们回到"心理预设"当中。当我自己对于内容和对象之间的差别还无法确定时，我曾用"被奠基的内容"（fundierte Inhalte/ founded contents）来指代"被奠基的对象"。③ 这一表述被其他作者所借用，但是我赋予它的含义改变了，并且其含义不幸地变得模棱两可。④ 但是吊诡的是，其含义中最需要加以纠正的那个方面丝毫没有改变⑤：我指的是这个表述合并了"基础"（Fundierung/ foundation）和"内容"。因此，人们经常遇到以下术语表达上的对立，一方面是"拟—实质"的内容，另一方面是"被奠基的内容"（fundierter Inhalte/ founded contents），或者"被奠基的意识内容"（fundierter Bewusstseinsinhalte/ founded content of consciousness）——其中后者是与独立经验相对立的依赖性经验⑥，并且感受被算在这种"被奠基的内容"当中。自然，名称在这里并不重要，但是它也许可以通过指出下述内容来帮助澄清问题，即在我引入并运用这些术语的意义上，经验（如判断）与其心理预设的关系基本上是这样一种东西，它既非内容也非被奠基物与奠基（fundicrend/ founding）物（对象）之间的关系，甚至也不是高级对象与其次级事物之间的关系。

不过，通过接触逻辑先在物和必然性这两种要素，我们已经发

---

① 参见我在《论对象理论在科学体系中的地位》中的讨论，第 55 页以下。（《哲学和哲学评论期刊》，第 129 期，第 160 页以下）以及《论可能性和极大可能性》，第 232 页以下。

② 至于这些表述原初被推荐的变化，见 E. 莫利在由我编著的《对象理论和心理学研究》（莱比锡，1904 年）中的贡献，第 142 页，脚注 2。

③ 见"复合体和联系理论"，《心理学和生理学期刊：感官》，第 2 期（1891 年），第 253 页以下。（《文集》第 1 卷，第 288 页以下，第 302 页的附录）

④ 参见《论假设》，第 15 页，脚注 2。

⑤ 参见同上书，第 15 页，以及第 10 页以下。

⑥ 参见 E. 贝歇尔最近的文章"情感概念和喜悦—反感元素"，《心理学期刊》，第 74 期（1915 年），第 143 页以下。

现了某些富有帮助的方面，通过这个方面，经验与其心理预设之间的关系可以得到进一步的描述。在存在被我们称作"后继物"这种对象的地方，我们总是必须得认可逻辑先在物，因为先在物是一种前提条件，但反过来就不是这样，先在物并不通过依赖后继物来获得其存在或者超存。对于心理预设来说，情况确实如此。没有作为基础的表象，判断就不能实存，然而没有判断就能形成表象原则上则不会遭到反对。这是一种实存上的先在性，即正如以前某个时候所阐述的那样，它是一种与实存相关的先在性，表象并不需要在时间上更早地实存，逻辑先在物或永恒的先在物并不需要成为时间上的先在物。实际上，我曾经用"心理预设"来代替更为人熟知的"部分原因"（Teilursache/ partial cause）这一表述，从而为它们同时存在留出可能性。①

指出表象的先在性是怎样被奠基在另一种完全不同的先在性之上的，这将会特别有意思。正如我们所见，假如这种先在性依赖于这样一个事实，即判断出于自身的性质需要一个被判断的对象，并且它们还需要一个作为经验的表象从而能够把对象呈现给判断，那么第一个先在物就是对象，但是这个对象并不必然是实存的，因为它可能仅仅潜存，并且这个对象甚至并不必然是潜存的，因为它可能仅仅具有超存。判断对表象的依赖被奠基于一种特殊的依赖之上，即判断对被判断对象的依赖。让我们暂时用大写字母来指代对象，用小写字母来指代呈现对象的经验，并且让我们保留头六个小写字母来指代表象，接下来的六个小写字母指代判断或假设，再接下来六个小写字母指代感受，其余小写字母指代欲求。那么我们可以说：g 依赖于 a，这种依赖可以通过 A 与 g 之间的关系得到说明而不能直接通过 a 与 g 之间的关系来加以解释。这点需要特别考虑，因为我们将不得不考察 A 和 G 之间的关系以及这种关系在情感上的类似物。我们早先所考虑的次级事物和其上级事物之间的关系，在我们目前的计划中不得不符号化地描述成 A 和 B 对 F 的关系。我们是否可以超越表象的领域，这个问题将即刻得到讨论。

考虑到我们已经提到的必然性，那么 g 对 A（从而也是对 a）的要求就不但是在经验上自明的而且也是必然的。相反，g 被 A 所判断而不是 i 被 A 所判断，这可能是由 A 的本质所决定的，例如，假如判断是对存在的否定（Seinsnegation/ negation of being），而 A 是由不相容的性质（Bestimmungen/ qualities）所组成的复合体的话。但情况并不必定是那样的，甚至即使情况是这样的，A 与 g 之间也没有必然联系，只有 A 与 G 之间存在着必然联系，后者也就是通过 g 所呈现出来的客观事态。对于 g 的性质来说，A 与 g 之间更不具有必然性。因此我们可以说，G 必然依赖于 A 和 a，但对于它的性质或其客观事态而言则并不必然如此。① 我们甚至不能说一种经常性的伴随是在经验上有所依赖的。

　　我们的发现所关涉的是，在理智领域之内，依赖性的经验和它们的心理预设之间的关系，或者更具体一些，这关涉判断与表象之间的关系，这一发现可以轻易地运用于情感领域，因为我们可以期待在那里存在相似的情形。根据我们建议使用的符号，我们用 n 或 t 来替代 g，当我们所考察的不是表象—感受（Vorstellungsgefühl/ idea-feeling）而是判断—感受（Urteilsgefühl/ judgement-feeling）的自身—呈现时，这里的预设除了 A 和其他一些自身—呈现的对象之外可能还包括 G。但是，假如我们所考察的是欲求，我们也许还得考虑 N，因此除了 A、G、a 和 g 之外，n 可能也包括在预设之内。具体来看，假如我们考虑的是感受 n，它揭示了一种潜存的 A 或者超存的 A，并且通过 A——在严格来说未被"奠基"于 a 的情况下——揭示了一种实存的 a。假如我们把所有感受都当作感觉（Empfindungen/ sensation）并因此将其当作一种独立的经验，那么这就不符合我们的类比，事实上，我不相信存在着任何不被奠基于心理预设之上的感受。② 另外，人们不能设想 A 的特征能与 n 的特征紧密地联系在一起。这一点可以用不同的方式来证明，其中同一个体的不同感受，甚至不同个体的不同感受，在不同的时间与同一个理性预设发生作用，还有感受从一个预设对象到另一个预设对象的联想转换等。不过，在给相关的全部事实进行分类时，人们更应当吹毛求疵而不是过于宽容。我发现我们很难仅在"无价值的音调联结（Tonverbindungen）"这个方面相信"感觉上的不适"（sinnliche Unannehmlichkeit/ sensuous unpleasantness），尽管 C. 斯通普夫证实了这一点。③ 无论如何，尽管情感的依赖性容易被理解为一种先天明察，但它们对其

---

① 术语"独立"（selbständig）和"依赖"（abhängig）的使用根据 St. 威塔塞克在其论文《论审美客观性》中的用法，《哲学和哲学评论期刊》，第 157 期（1915 年），第 105 页。见以下，第 92 页。

② 参见 E. 贝歇尔："情感概念和喜悦—反感元素"，第 144 页以下。

③ "论情感概念"，《心理学期刊》，第 44 期（1907 年），第 37 页。

心理预设的依赖通常并没有明显到人们足以知道这种依赖是先天的，因此任何试图在这里发现其合法性的努力似乎首先都绝对是一个经验问题。

第九章　关于心理预设及其表述的补充说明

当我得知斯蒂芬·巴利博士（Dr. Stephan Baley）在其著作《论判断感受》①（作者友好地通知了我）中批判性地考察了"心理预设"的概念时，前面的论述和以下文字已经发表了几个月了。当我二十多年以后再次明确提起这个旧概念时，他的批判至少值得简要的关注。他的批判一方面与所考察概念的确定有关，另一方面则关涉在那些看似无须被归入它们的特殊概念中的使用。心理预设与感受之间的联系得到了特别关注。作者尤其谈到了"感受的心理预设"（psychologische Gefühlsvoraussetzung/ psychological presupposition of feeling）。

作者明确关注②了下述事实，即 A. 霍夫勒把感受的心理预设定义为"那些在其中并通过它们，我们才能获得愉悦或不适的心理现象（Erscheinungen/ psychic phenomena）"③，他还关注了以下事实，即圣威塔塞克讨论了感受之预设的"双重"功能④，因而他还就我在《心理—伦理研究》（Psychologisch-ethische Untersuchungen）中的讨论问道：

> 什么是感受之心理预设概念的本质特征？我们必须知道这一点以便公正对待前面提到的迈农所做的讨论。它既不是行为—内容关系，也不是因果关系。这个概念的本质在于感受对于理智要素的普遍依赖，后者对于前者的"优先"（primärsein/ priority）在各种提到的关系中变得明证……假如我们停留在这个概念的广义版本中，我们不得不承认它是模糊不清的，而且它也没有为其所包含的理智要素提供太多实际的信息。⑤

巴利认为"在各种各样的依赖性中感受和理智要素之间的共同关系——在感受之心理预设概念借此得以建立之前——完全没有得到充分的研究"，并且"相反，这个概念首先被建构起来，只是后来我们才把这些依赖性关系的多重连锁（Ineinandergreifen/ interlock-

---

① 伦贝格·舍甫琴柯—社会学出版社，1916年。
② 《判断感情》，第5页以下。
③ 《心理学》，第389页。
④ 《心理学的基本路线》，第322页。
⑤ 《判断感情》，第10页以下。

ings)包含在这个已经建构好的概念名下"。① 这种做法"造成很多恶劣的结果",因此作者得出结论说"感受之心理预设这个概念方式被建立在内容和感受之原因概念的基础上,这需要得到进一步的确定,以便作为一个清晰的心理学概念而有所作用"。②

具体存在

两个明显的问题:列举感受所具有的关系(Gefühlsbeziehungen/relations of feelings),恰如一个具有朴素思维的人想到它们一样,并且尝试科学地解释它们。对这个概念(感受之心理预设)的综合构建应该以这两个问题的解决为前提。第一个问题很不容易,第二个问题——对各种不同类别的感受所具有的关系进行科学解释——在许多方面都是困难的。

实际上,因果联系也是如此,他继续写道:

日常生活中众所周知的感受能否将对象的"指向性"(gerichtetsein/ directedness)还原为行为—内容关系是值得怀疑的。毕竟,有一些心理学家拒绝承认感受和表象之间存在一种行为—内容关系。③

在这些问题上,作者对我所偏爱的"先天主义(priorism)"也提出了反对:

感受的指向性……并不是某种与其本质有先天联系的基本事物,而是……通过我们在某种特殊环境下的意识插入感受和表象(或对象)之间的。④

他用"情感与理智以平行的方式发生变化的事实"来解释这一点:⑤

除了利用因果关系之外,质朴的意识还通过把感受假设为性质实体并以它们赋予对象的方式非常频繁地把感受和理智要素联系在一起。⑥

---

① 《判断感情》,第 12 页以下。
② 同上书,第 13 页。
③ 同上书,第 15 页。
④ 同上书,第 16 页以下。
⑤ 同上书,第 18 页。

⑥ 同上书,第 19 页。

这种情况与感受似乎是独立的这一点相矛盾……①

同样，"感觉（Empfindungen/ sensations）能以不同的方式和对象联结在一起"，也能以与感受非常近似的情形指涉对象。以下这种情况经常发生，如我们"具有温暖的感觉但是不能确定它的位置或者把它与某种外在于我们的事物联系起来"②。

因此，在两种情形下我们自然而然会假设导致相关性出现的原因是一致的，并且没有更优先的理由去拒绝这种假设。
于是，假如一首歌对我们来说似乎是悲伤的，那么人们可以假设它之所以如此与炉子显得温暖、冰显得寒冷是由于同样的心理法则。
当我们把感受和感觉、表象编成一组，以使它们同时出现和消失时，这时感受落入与后者相似的心理条件下并因此从属于同一个过程。就像通过表象和感觉，感受假设了性质、状态（Zustände/ states）和活动的特征。但是它们在本质上需要一种可以依附的基质或对象……只要人们正在考察的指向形式对质朴的意识来说是熟悉的，那么通过假设一种特殊的关系来解释感受的指向将是多余的。③

"我们把特定的感受和特定的对象联系在一起，这一切是怎样发生的"④，对此，作者

感到没有义务去决定。关于指向之特征的理论把表象（或对象）置于关系之中，这一理论可以或至少暂时可以用来解释感受和表象（或对象）联结在一起的关系。只要我们把感受的指向看作类似于其他指向情形的企图没有确然失败，那么就没有理由把对感受的指向假设为一种截然不同的情形。⑤
并且就像我们没有必要认为，音调的感觉对某物具有某种先天的、本质的"指向性"（Gerichtetsein/ directedness），以便我们能够把握音调对小提琴的指向一样，同样为了解释我们的福乐与好天气有关这个事实，我们也没有必要假设福乐的感受对某种与其本质不可分离的事物具有一种先天的、本质的指向性。

---

① 《判断感情》，第 20 页。
② 同上书，第 22 页。
③ 同上书，第 23、24 页及以下。
④ 同上书，第 26 页。
⑤ 同上书，第 28 页。

另外，在所有我们谈及并相信已经把感受指向了某物的情形中，也没有必要有一个完整的指向之意识行为得以呈现……假如我们对某个关系相当熟悉，并且假如在某种环境下，关系中的各项表现得如此清晰以至于毫无疑问关系的本质就建基在这些项之上，那么出于心理上的节约，我们没有明确地执行指向的行为，但是我们却像执行了这种行为一样行动，从而通常事后我们会说我们确实把关联中的各项彼此联系在一起了。①

同样，我们通常这样谈论"我们的感受，说我们使它们指向某物，而我们并没有发现感受所指向的对象很难命名"。②

假如我们想要讨论前面摘录的这些并不完备的引言，我们得特别指出应该如何看待意识使感受"指涉"（bezieht/ refer）理智要素的方式。我们使对象 B 指涉另一个对象 A，其中 B 在关系 F 中得以把握。假如作为这类把握行为的结果，B 在关系 F 中与 A 相对应，这不同于说使 B 指涉 A。我不得不把红色和绿色联系起来以发现它们的不同，而与其他许多情况相比，在这种比较中主体的活动更引人注目。但是无论我有没有把它们彼此联结起来，红色和绿色之间的差别就在那里。因此，当我说感受被导向一个客观事物（objectum）而且预设了这个客观事物的表象时，我肯定只有使感受指涉（beziehen/ referring）客观事物或它的表象才能做到这一点。但是我的主要观点不在于坚持无论如何必定会发生的这种指涉，而在于我所断言的事物不是这种指涉，无论我的论断是对还是错，它都必定会被呈现。如果与流行的偏见保持一致的话（这通常遭到了忽视），且假如人们谈论对事物的把握而不是对这件事物本身的把握的话，这被普遍认为是一种更好的科学态度的标志，仿佛把握本身并不是一个"事物"——对于这个事物而言，人们最终不是对的就是错的。对于这类广泛流行的心理主义，我当然没有指望忘记在我建构"可生成的复合物"（erzeugbare komplexionen/ generable complexions）这个概念时③，我自己对我有没有充分避免这个问题有多不确定。但是在这个错误被证实以前，仅仅基于"插入"的怀疑就建构一种与这一错误有关的心理学显然还为时过早。

---

① 《判断感情》，第 29 页。
② 同上书，第 30 页。
③ 在"想象的等级和幻觉"一文中，《哲学和哲学评论期刊》，第 95 期（1889 年），第 174 页以下（《文集》第 1 卷，第 207 页以下；参见补充注解，第 275 页）。

类似地，在"质朴意识"这个问题上采取一种我们的作者所反对的立场也是不对的，他偶尔提到"质朴意识"是为了使它对立于更高的科学权威。[①]"质朴意识"并不是在所有场合都被人藐视，但是我就感受的指涉性和心理预设所做的论述根本不是指质朴意识在某种环境下想形成一种关于它们的看法。另外，我相信自己所阐述的事实与是质朴的人还是练达的人对它们进行思考无关。但是，在"科学方法"（Wissenschaftlichkeit/ scientific method）的庇护下，我绝看不到反对我观点的正当性，因为我的观点经常得到质朴意识态度的支持。

作者论证的核心基于情感—理智关系和纯粹理智关系之间的相似性。对于这样一种相似性，它在作者谈及假设把感受实体化为事物的性质时昭然若揭，但甚至是极端主观主义的拥趸也不会愿意在相似的意义上谈及假设把感觉实体化，更重要的是，我们应该回答下述问题，即在绝对的理智领域内，关系作为某些超出理智范围的结论之基础是否显示出了足够的一致性。假如我们正在考察的是温暖的火炉，或者是有差别的红色和绿色，或者是一对双子星，在这一层面上它们真的如此相似吗？对此参考下文第 11 节就已足够，在那里我们给出了理由来证明为何在后两个例子中某个高阶对象要被强加于低阶对象之上。而在第一个例子中情况却并非如此，在那里温暖这一性质与炉子的其他性质并不处于一种次级—高级（inferius-superius）的关系之中。假如我们进一步问，旋律中的忧伤是与温暖相似还是与差别相似，那么刚才提到的段落将会指明忧伤是一种高阶对象，因而它就不像温暖一样处在一个相同的功能层级中。假如要认识到火炉的温暖，其中重要的是数据在时间上的接近，而这与红色和绿色之间的差别毫不相关；并且我们几乎没有任何理由相信对于歌曲的忧伤而言情况又有所不同。

为了避免优柔寡断的风险，即有时支持对象，有时又支持把握对象的经验，我们说忧伤可以被看作歌曲的一类性质，它既不是感受本身也不是一种感受的"实体化"。假如我们在上述部分所说的是对的，那么忧伤就是通过感受—呈现所把握的对象。因此如果我们做出必要的限制，那么我们的作者对待忧伤和温暖的相似态度本身就可以被看作一类情感不完全呈现之实存的象征。我就感受的指向性和其心理预设所说的一切都是指涉感受而不是指涉为感受自身所特有的对象和由其所呈现的对象。

---

① 参见，如《判断感情》第18页。

　　更明确一些，正如前面部分所提到的①，存在这种指向性的论断还要求存在一种感受对一个不由它来呈现的对象之依赖，以及一种我们因此无法否认的关系，因为这种关系既不潜存于温暖和火炉之间，也不潜存于温暖的表象和火炉之间。这种关系应该与差别的表象和处于差别这一关系之中的对象之间的关系相比较，如若不是这种对象，那么无论这些对象有多么多样，我们也不能把握差别，除非是抽象地把握。不过，在这种情形中不存在任何指向性，而在感受被指向它借来的（angeeignet/ borrowed）对象的情形中，我们可以不必要求它们之间的联结十分紧密；而在差别和相似的情形中，我们却不能这样做，因为在这些情形中，高级事物并不仅仅是依赖于它的从属物——而且就其特征而言甚至是先天地依赖于它的从属物。② 通常来说，一种在感受之借来对象和恰切对象之间的先天联系都被一种经验意义上的联系取代了，以至于从这方面看，火炉和温暖的类比最终获得了应有的可靠性。因此我们揭示了关键之处，而作者已经基于它开始了相当正确的观察。

　　但是，这并没有赋予作者权利，以一种与音调对立于小提琴的相同方式将感受与它们借来的对象相对立，只要适度仔细地观察就能揭示出这种外在化的处理方式是非法的。假如我们从考虑判断或假设开始而不是从感受开始，那么我们关于指向性这一事实的明察也许就会逐渐清晰起来。倘若经验没有把握住某些其所指向的存在着的事物（ein seiendes/ has being），那么它便不能把握住某种存在着的情形（ein sein/ a case of being），除非是抽象地把握。无论这个存在着的事物特征是什么，我们只可能在特定的情形中经验性地知晓它们。但是对其对象的指向性并不在于心理事件中纯粹的同时性。对于感受来说，情况没有发生变化，我们已经直接而正确地拒绝了对指向进行联想性的解释③，并且我们也必须类似地拒绝与所谓中立于—对象之感受相关的解释，中立于—对象的感受把客观性（Gegenständlichkeit/ objectivity）当作一类无关的外在修饰。就我所见，这意味着直接经验从来不与中立于—对象（gegenstandsfrei/ object-free）的感受相遇，因此也就无法引起性情或"态度"（Verhaltungsweisen/ attitudes），对于后者作者喜欢在没有必要的情况下提及，

---

① 见前面，第 59 页以下。
② 见前面，第 64 页以下。
　③ 见 E. 胡塞尔：《逻辑研究》，第 2 版（1914 年），第 2 卷，第 389 页。

在这一点上我们与作者存在分歧。①

从前面的部分②可以总结出，从我们所处的出发点到心理预设的概念只有一个步骤被保留下来，而且这个步骤也是合法的。作者带来的麻烦导致了备选项"行为—内容关系"和因果关系已经变得无效这个难题，其无效性也出自另一个特殊原因，即我们构建心理预设的概念就是想保证它跳脱出因果概念（free of the causal notion）。③它是无效的还因为从那时起"行为"和"内容"的概念已经被修正了（前面几页已经概括了修正的结果）④，不过作者忽略了它。

尽管由于不成熟的"建构"所造成的"坏结果"，这些专题论文使我们对这位年轻作者并没有什么好印象，但我也不得不承认对我的下述批评，即我引入心理预设概念的方式——尽管它满足了临时要求——远没有它可以被欲求的那样确切。不过在我知道 St. 巴利的研究以前，我就已经在前面部分承认了这一点。但是我从他的批判性评价中得到了几点好处，我现在看到了"心理预设"这个名称从一开始就因为不够清晰而是不完善的，这个名称代表着一个概念，我一直或多或少有意识地让这个概念所表述的事物占据着头脑。

当然，被判断或被评价（wertgehalten/ valued）的对象之表象可以被自然地叫作"判断的预设"或者"感受的预设"。由于"心理的"这个形容词仅仅指涉内在的事件，那么人们只就其是"心理的"（psy-chic）来批判它就是更合适的。但是，当我引入"心理预设"这一术语时却忽略了附带的这一点，我承认有足够多的经验在这个意义上是其他经验的心理预设⑤，但这些经验并没有在人们所说的判断或感受对我们所考察的表象之对象的"指向性"这些具体情况中展示出来。比如，假如我评价（werthalten/ value）O，因为它是我所重视的（dem ich wert beimesse/ set store by）P 的原因⑥，那么我的价值感受实际上被指向 O 而不是 P，也不是 O 与 P 之间的因果联系。但是，关于这一联系的判断自然是我们所考察的感受的一种预设，因此它当然是上述意义上的心理预设。

---

① 我指的是其著作的主题，对于判断—感情的过程，我将在其他地方进行专门回顾。

② 见前面，尤其是第 63 页以下。

③ 见前面，第 64 页，靠近脚注第 15。

④ 见前面第 7 节。有一些心理学家甚至不希望"听到感情和表象之间的行为—内容联系"（还有内容—对象联系以及其他事物），这些微不足道的抗辩要被理解为唯意志论。假如我是对的，那么这些心理学家必须放弃"无知的意志"。

⑤ 参见《心理—伦理研究》，第 34 页以下，第 53 页。

⑥ 参见，仍然十分不充分的讨论，同上书，第 59 页以下。

不过，以"被指向"为特征的"心理预设"概念自身就已表明了它是如此重要（因为它是首先被想到的），以至于我们一定要满足它在术语上的固定用法的需求。但是，出于连续性，我在这本书里会再次提到它的重要性[①]，我想避免使用一个全新表述，因为我已经十分频繁地把具有被指向某物（gerichtetsein/ being directed）这一具体特征的情形简洁地称为"心理预设"。在这种环境下，一个澄清性的评述也许有助于我们解决这一困难：在接下来的部分，在我们考察被指向某物（Gerichtetsein/ being directed）这个事实的地方，我们会偶尔尝试性地使用"心理的对象—预设"这个表述（psychologische Gegenstandsvoraussetzung/ psychological object-presupposition）。我们希望，如此一来这个基本的对象的（gegenständlich/ objective）要素会变得足够清晰。但是我们禁止使用这个表述来意指判断或感受的对象就是预设。这一限制必须予以确立，这对新术语来说并不有利。但是我们希望通过前面提到过的连续性的优势来弥补这个缺陷。

第十章　根据感受与欲求的心理对象预设论述其特征

按照基本感受的分类，倘若心理的对象—预设不能作为感受的可能基础，那么感受能否被有效细分就仍不能确定。St. 威塔塞克[②]令人信服的论述清楚地表明，这些预设特别适合成为这样的基础，他指出不仅表象与判断（假设）之间的差别，而且行为和内容之间的差别对感受的特征化而言都极为重要，而这一特征化由于其对象预设又依赖于相关的理智经验。关于这一点仍然需要进一步澄清。但其要点似乎已经由于它作为以下研究之基础而被充分建立起来了。相似性在以下两方面中表现得尤为明显，一方面是在作为表象—行为—感受的感官感受与作为表象—内容—感受的审美感受之间；另一方面是我在很久之前[③]在理智感受领域中区分了的知识—感受和价值—感受。[④] 因此肯定有人会问：根据基本感受的心理对象预设，

---

① 见下面，第 134 页。

② 参见他的《美学的基本特征》（莱比锡，1904 年），第 195 页以下，尤其他在"心理学的基本路线"中的总结，第 324 页以下，第 328 页。

③ 《价值论的心理—伦理学研究》，第 36 页以下。

④ 这并不算早，我的概念形成以后过了二十多年，我才提出这样的怀疑，即当时的价值理论忽略了隐藏在我的论断背后的基本概念，由于受外在条件误导，人们经常在更宽泛的意义上使用"价值"这个词，其意义类似于我在这本书的结尾所要提到的意义（后面，第 153 页以下）。在这种宽泛的意义上使用"价值"，自然避免不了要通过其与判断的联系来描述价值领域中的一个重要部分。我自己仍然相信，当毫无理论思维的人说到"价值"并且不从其他领域引入任何意义时，他所关注的就是这些问题。因此，下面我将在狭义上使用"价值"。

这四个类型能否构成对基本感受的恰当划分。

人们必须注意到，重要的是，在"表象—行为—感受和表象—内容—感受，以及判断—行为—感受和判断—内容—感受"的对应中，我们并没有考虑假设。如果我们由于假设与想象性表象之间的相似性而把假设纳入考虑，那么假设与表象的类比就指明了它们同属于内容—感受的类别——即便在判断与假设的对立中关涉的是"行为"。因为，假设之于判断就像想象性表象之于真实表象①，而表象—行为—感受首先是感官感受，即真正的感受而不是想象性的感受。实际上，尽管假设无疑在价值—感受中起了一定作用，但它并不随时提供知识感受的对象—预设，在某种程度上价值的大小取决于两种对立的感受②，而其中至少有一种感受必定把假设当作预设。③

正如我在其他地方④力图证明的那样，我们不能否认假设可以充当审美感受的对象—预设。这显然出于以下事实，正如所谓的语词艺术（redende küenste/ verbal arts）所证实的，客观事态也被当作我们审美态度的对象，并且是其中最重要的一种。⑤ 简而言之，审美感受不能被描述为表象—感受，尤其不能被描述为表象—内容—感受，尽管肯定有好些审美感受可以用这种方式来加以描述。无论如何，这些情形也足以证明，审美感受不能简单地被描述为假设—感受，我们刚刚提到的价值感受（Wertgefuehle/ feeling of value）已经表明了这一点，在那里假设提供了心理上的对象—预设。

---

① 《论假设》，第 65 节。

② 关于对立感受，参见后面，第 110 页以下。

③ 见《论假设》，第 332 页以下。

④ 同上，318 页以下。关于这个问题，那里有所触及，涉及文章中被摘录的话语所发生的变化及其意义，我偶然发现了一篇有趣的后记。在歌德的《我的生活：真理与诗歌》第 11 章，有下面这段话：我崇拜节奏和韵律，通过节奏和韵律诗歌才成为诗歌，但是在诗歌中微妙而有力的东西，被真正格式化的东西和有益的东西，就是那些诗歌被转译为散文之后仍然保留的东西。那时，我们拥有纯粹的、完美的内容，它通常并不出现在纷繁的形式中，而当它出现时，又经常被形式所掩盖。（选自《歌德全集》第 25 卷，Cotta 版的第 36 册，1867 年，第 12 章，第 46 页）

⑤ E. Landamann-kalischer 为客观事态的"审美差异"进行辩护［《艺术美感作为审美的基本对象》，载《美学与艺术史》（柏林：W. 莫泽尔，1910 年），第 28 页以下］，但他承认"事情内在的"或"逻辑的联系"可能是"一种特殊的审美的基本对象"（同上，第 29 页）。我相信，如果逻辑联系首先是一个客观事态，那么他所说的这一点难以被接受。这种论证方式包含了偏好，下面的思考抛开了这种论证，即性质只能被当作客观事态之间的差异，如果性质在审美上不能被忽视的话，那么客观事态也就不能在审美上忽视。没有一种说话的艺术会允许在不转变审美特征的情形下发生变化，即从肯定转向否定，从事实转向可能，反之亦然。而这些方面的变化与客观事态相关。

因此，这要求我们为审美感受提供一种更完备的描述。如果与此同时价值感受也被纳入考虑的话，那么我们从对象的预设角度来看就比从其内容的预设角度来看会更好地实现这个要求。在我首次讨论这些问题时①，我简单地把价值感受叫人做"实存—感受"（Existenzgefuehle/ existence-feeling），不过这样做已经够离谱了，因为潜存的事物不能被排除在价值考虑之外。然而在价值领域中，我们必须让存在优先于如此—这般之存在。因为即使我们经常对如此—这般之存在进行评价，但是它总是关于存在的某物的如此—这般之存在，而无须考虑以下更深层次的事实，即每个事实上的（tatsächlich/ factual）如此—这般之存在总是具有事实上的潜存性（Bestand/ subsistence），而且每个可能的如此—这般之存在也同样如此。因此后者在潜存的客观事态中（Bestandobjektiv/ objective of subsistence）甚至是一类准价值—对象。对此我们可以总结如下：价值—感受本质上是关于存在的感受（seinsgefühle/ feeling of being），即使与之相关的存在是如此—这般的事物的存在（eines Soseienden/ being of something which is thus-and-so）。用这种方法阐述问题会导致下一个问题，即是否不存在这样一类本质上是如此—这般之存在的感受（Soseinsgefühle/ feelings-of-being-thus-and-so）。在审美感受中我们可能会拥有这类感受。

之前提到的审美感受必须考察客观事态的事例马上可以证实这一点。但是，在那里我们也拥有关于存在的客观事态（Seinsobjektive/ objectives of being），这可以由"有一个从来不想去教堂的孩子"或者"在极北之地有一个国王"等这类短语来表明。在相当重要的通过存在进行指涉的情形中，存在的客观事态所扮演的角色就更为明显②，更不用说下面这个明显事实，即每个如此—这般之存在都允许我们重现其自身的存在，或者最好重现其潜存。但经验表明存在要素对审美感受而言并不重要。这明显地体现在审美感受从来不依赖于所考察对象的实际（tatsächlich/ actual）存在这一事实中。甚至连如此—这般之存在的事实性（Tatsächlichkeit/ factuality）似乎也可以类似地将其忽略，因为假设本身便足以把握如此—这般之存在的客观事态。然而，对于如此—这般之存在的客观事态在重要性上有多么不同可以通过下述方法得以表明，这种方法使得我们所考察的假设无须转变为判断，并且它好像在令人惊叹的诗歌领域或者更

---

① 见《心理—伦理研究》，第16页。

② 见《论假设》，第45节；及《论可能性与极大可能性》，第26节。

普遍的艺术想象的领域中无需对象。因此以现代戏剧为例，诸如人物的年龄以及其他特征信息通常都会在剧本中准确给出。这些信息起初只能算作假设。不过，一旦做出这样的假设，剧本人物实际上就具有了指定的年龄，仿佛作者具有随意处置它们的权利。事实上，根据"金山实际上（tatsächlich/ in fact）是由金子做成的"这个论述，他也完全处于康德意义上做出分析判断的权利之内。就诗人的这些权利而言，存在与如此—这般之存在相比处于劣势。① 因此通过这一方式，我们同样可以看到如此—这般之存在相比存在具有一种显著的优势。

不过，任何就所有审美感受对象而言赋予如此—这般之存在以基础重要性的进一步尝试都会遭到反对，因为一切都在迫使我们把审美尊严给予感觉对象或基于这些对象的高阶形式。但一种颜色、一种形状（Gestalt/ form）或一个和弦都不是如此—这般之存在（ist kein Sosein/ being-thus-and-so），其最多只能是一种如此—这般（ein So/ thus-and-so）。如此—这般呈现于所有如此—这般之存在的情形中，并且任何清楚地把握了如此—这般的人也都潜在地把握到了② 如此—这般之存在，因此我们用如此—这般之存在的观点来概括这些情形就不是错误的。

请注意，表象和假设在沉思性把握中发挥作用③，而判断在洞察性把握中发挥作用，并且考虑到我们刚才所说的，人们将会发现从审美感受的对象—预设的观点来描述它们并不困难。就后者的沉思性特征而言，感受可以被规定为关于沉思的感受（或者沉思性感受）（Kontemplationsgefühle/ contemplative feeling）。但是，我们之前提到的假设甚至能充当价值感受的预设这一事实再次接踵而至，因此价值感受并不适合被归入"洞察性感受"（Penetrationsgefühle/ penetrative feeling）之中。但是所有为这一点而感到沮丧的人都忽略了一个重要观点。假设无疑能充当价值—感受的预设，不过只能针对想象性的而不是真实的价值感受。审美感受是另一种情况。以假设为预设的审美感受是在根本上真实的感受，这就表明审美感受的对象—预设是真实的还是想象性的对于它无关紧要。价值—感受对从沉思到洞察的转变显然非常敏感，因为如果它们具有想象性的预设，那么它们自身就带有想象性的特征。而且，价值感受的敏感性

---

① 参见《论可能性与极大可能性》，第 278 页以下。

② 参见同上书，第 270 页以下。

③ 参见同上书，第 34 节。

还在于恰切的价值—感受只会回应真实的预设（Ernstvoraussetzungen/ serious presuppositions），在那里"恰切"一词必须在下述意义上加以理解，即如果有人愿意把假设叫作"想象性判断"，那么他也许会把真实判断叫作"恰切的判断"。想象性的价值感受是真实价值感受的替身，这种替代使我们马上了解到，想象性的价值感受如何帮助我们对价值的沉思性进行把握。即使这种想象性价值感受是帮助确定价值大小（Wertgrösse/ magnitude of values）的因素之一①，但价值本身永远不会通过它们并在它们之中被感受到。只有当心理的对象—预设具有洞察性特征时，后一类感受才能发生。在这个意义上，价值—感受绝对是洞察性感受。如果我们把审美感受定义为预设了对某物如此—这般之存在的沉思之感受，而把价值感受定义为预设了对某物之存在的洞察之感受，那么第二种描述就可以与我们的第一种描述联系起来了。

相应地，在审美感受和价值感受之间划清界限并不困难，但是问题仍然存在，即这两类感受是否足以穷尽整个内容—感受领域内的区别。事实上，如前所述，除了对某物如此—这般之存在的沉思和对其存在的洞察，还有对某物之存在的沉思和对其如此—这般之存在的洞察。但是从经验上来说，这两类态度在作为感受的预设时几乎不值得注意。除了如此—这般之存在，存在对于沉思性思维来说似乎并不重要，而没有与存在相关联的如此—这般—存在对于洞察性思维来说也不重要。将这两类无疑可能的感受之间的区别置之不理并没有实践上的危害。即使这样做会带来某种不严密的风险，但相对来说，如果某些经验不应该轻易被包含在"审美感受"和"价值感受"的概念中，那么这至多也只是一种表面上的缺陷，就此而言，我们之前对这两类内容—感受的描述是恰当的。既然人们一提起"审美"这个表述就会想起艺术，人们也许会质疑把指向温度或味觉的感受叫作"审美"，即使它们处于纯粹的沉思情形中。对于"价值"一词人们也会感觉到类似的怀疑②，尽管这些词的意义在我个人的理解中没有经历过这类顾虑。就我所见，所有这些都不足以反对下述内容，即出于理论术语使用上的简洁性，传统上在对所考察术语的使用中这类不一致会被置之不理。

因此，接下来我把审美感受和价值感受当作"内容—感受"的次级范畴，并将感官感受和逻辑感受这两类行为—感受与之相提并论，

---

① 参见《论假设》，第331页。

② 参见莱辛的著作（见本书后面，111页，第12节，注释14）。

这种做法就是可以理解的。表象—内容—感受和思维—内容—感受之间的差异在某些方面非常明显，因此把它们区分开不会削弱其重要性。然而这一新的划分更好地满足了理论和实践的需要。

更重要的是，就洞察性经验来说，内容—感受和行为—感受之间的关系仍须澄清。在实践中，分辨并完整地区分相关的基本事实并不困难。比如，一个人对一份文献的真实性感兴趣，因为其是重要的法律要求的基础，对它的这种态度就不同于一个对它的真实性感兴趣只是因为它是一份有趣历史文献的人，没有人会怀疑这一点。在前一种情况中提到价值—感受而在后一种情况中提到知识—感受[1]，这看起来是非常自然的，尽管前者可能比后者显得更自然些。历史学家的处境可以最为容易被描述为，他实际上评价的不是文献的真实性，而只是关于文献之真实性的知识，因此在后一种情形中我们也必须考察价值—感受，而且也应该为出于区分这两种情况的目的而使用前一种表述而感到不安。但是重新命名第二种情况也是可取的，我们可以使用颇为独特的表述来称呼它——由威塔塞克发明的"知识—价值—感受"（Wissenswertgefühl/ knowledge-value-feeling）。[2]

毫无疑问，这种知识—价值—感受是存在的，但如果我们把所有的知识—感受都看作知识—价值—感受的话，那它必然与我们的经验相矛盾。即使我们能把尊敬某物（positive Werthaltung/ hold something in esteem）的经验描述为一种与客观事态相关的愉悦的基本感受[3]，我们也不能把它运用于知识—感受，就算不能否认（正如我曾经所做的）[4]，这些感受也拥有自己的客观事态。知识—感受实际上拥有自己的客观事态，但是在这些客观事态中找不到知识—感受和价值—感受之间的差别，因为知识要素绝不是这种感受的质料的必要部分。于是，在我们前面所举的关于文献的例子中，不仅仅对这个文献有直接兴趣的人，还包括历史学家，通常都只想到文献的真实性，而根本没有想到关于这一真实性的知识。但是，这两种情况又有根本区别，因此我们的理论面临一个严峻任务。如果我们指出在一种情况中预设判断的内容维度扮演了主要角色，而在另一

---

① 参见《价值论的心理—伦理学研究》，第 12 节。

② 见《美学的基本特征》，第 255 页以下。

③ "关于判断感受，它们是什么和它们不是什么"，参见《心理学全集》，第 6 卷（1905年），第 1 节（《文集》，第 1 卷）。

④ 同上书，第 3 节。

种情况中行为维度扮演了主要角色，那么完成这个任务就绝非易事，因为这种主导作用并不改变对经验的"感受"。在这一点上，感受—呈现（Gefühlspräsentation/ feeling-presentation）为我们提供了帮助：人们可以轻松地想象到，根据起主导作用的是行为还是内容，不同的感受经验——其特性表达了自身——导致了所呈现对象的特性。

如果人们还记得区分这几类感受所给出的相关理由的话，那么行为—感受和内容—感受在预设对象方面没有差异实际上并不令人惊异；这些理由并不是说，人们在任何情形下考察的预设都是无关内容的行为或无关行为的内容，而是说，在知识—感受中，预设判断在"是"与"否"之间的对立已经丧失了其大部分的相关性，而这一对立对价值—感受来说是根本性的。严格地说，事实性（Tatsächlichkeit/ factuality）与可能性之间的对立也是如此，而这一对立在其"本体层面"（Seinshöhe/ ontic level）上指向判断的内容。①因此，行为—感受并不缺乏预设性的内容，内容—感受也不缺乏预设性的行为；并且这两类感受的对立绝不应理解为：在每个单一的情形中，一个特定的感受经验属于两类情形中的哪一类是可以一目了然的。事实上，经常发生这种事情，我们以一个无偏袒的理论上的观察者的身份去指向我们周围的现实，包括呈现在这个现实中的价值事实（Werttatsachen/ facts of value）。一旦考虑到表象—感受，我们就会发现类似的情形，在那里感官对象的质在感性愉悦中发挥了一定作用，因此我们对审美对象所具有的特殊态度就变得明显了。在此我们不会考虑感受—呈现在这类间接情形中会怎样。我们首先应该在更清晰、更易处理的情形中来研究呈现。

为了正确理解知识—感受与价值—感受之间的对立，考虑一下与这两类感受有关的欲求的类型（Begehrungsklassen/ classes of desire）也许是可取的。传统上，人们只考虑过价值和价值—感受之间的关系，以及价值和欲求之间的关系。撇开诸多可能的不确定性之后，人们在这里可以清晰地看到，价值和评价（Werthalten/ valuing）是一对逻辑先在物。人们会认为欲求有价值的事物是合乎"逻辑"的，而如果某人因为他自己欲求某物而宣称该物是有价值的，那么人们会认为这是对事物之自然状态的倒置。但是，我们实际上不能把对客观事态的评价看作欲求该客观事态的心理预设。因为严格意义上的评价——亦即真实的评价而不是想象性评价——把存在的判断作

---

　① 参见《论可能性与极大可能性》，第 265 页以下。

为其预设，在特殊情况下也把实存的判断作为其预设。然而，我不能欲求我认为实存的事物。对于非存在（在最基本的情形中是非实存）问题也是相似的，这一点将会在下面得到更加详细的阐释。[①] 这样一来，我们大体上可以相当简洁但也许不那么精确地说，如果一个客观事态能被肯定地或否定地判断，那么它会引起评价并进而至少在某些适宜情况——只能对客观事态进行假设而不是判断的情况——下引起欲求。此时，这个客观事态就是这个欲求的预设性客观事态。一旦判断取代假设，欲求就消失了；这就是所谓的欲求之满足的主体方面，起码是其两种可能情形之一。对于这一切，人们会把满足的客观事态（Erfüllungsobjektive/ objectives of fulfillment）与预设性客观事态相并列，在我们的例子中这两者在特征上是一致的。

现在，我们不能否认知识—感受与欲求相关的方式和价值—感受与欲求相关的方式是一致的。正如我们所说的，如果知识—感受和价值—感受原则上拥有相同的客观事态，那么它们也能拥有相同的预设性判断。并且就像在价值—感受中一样，在知识—感受中只要预设性假设取代了预设性判断，欲求就会发生。甚至从它们共享同一个名字的情形中也可以看出这两类欲求之间的相似性，不过这个名字并不指称实际的欲求经验，而只是指欲求倾向。甚至在前科学的讨论中，人们也会说到"兴趣"，在那里日常语言随即在被某物激起兴趣和对某物有兴趣之间做出了区分，尽管是一种相当模糊的区分。用更专业化的语言来说，人们区分了理论兴趣和实践兴趣。作为"知识—感受"短语的组成部分，"知识"一词在倾向上的转向（Wendung ins Dispositionelle/ dispositional turn）也非常明显，我们相应地把"知识—欲求"与"知识—感受"并列在一起。就像普通欲求一样，知识—欲求也存在满足并因此仿佛消失了的状况。在这种情形中，"满足"的客观事态绝不等同于预设性客观事态，因为预设性客观事态的对立面——假如它确实发生的话——也是欲求的满足。显然在这里，重要的不是预设性客观事态变成了事实，而是预设性假设被预设性判断所取代，由此无知转变为知识。因此，当知识出现时，我们的欲求就得到了满足，而人们也许会尝试这样去描述它：把指向知识的欲求描述为知识—欲求。如果它被理解成下面的意思，即被欲求的是知识而非存在，就像普通欲求中的情况一样，那么这

① 见后面，第 143 页以下。

迈农的价值哲学及其心理学基础

就不准确，因为通常一个有欲求的人考虑知识的方式将不同于寻宝人考虑宝藏的方式。因此，我们可以得出结论，就像两类感受（知识—感受和价值—感受）一样，这两类欲求也拥有同样的预设对象，但在它们的实现对象上彼此不同，而这种情况在感受中根本不会发生。在这些情况下，"知识—欲求"（Wissensbegehrung/ knowledge-desire）的表述显得模棱两可，"知识—感受"（wissensgefühl/ knowledge-feeling）的情形也好不到哪儿去。既然后面这个表述已经被证明是有用的，那么也没有必要拒绝前者；普通欲求也许可以被称作"价值欲求"（wertbegehrungen/ value-desires）。不过，如果对经验之对象的考察让我们可以使用更清晰的术语，这将是极为有利的，我稍后会回到这个问题上来。①

为了支持我所说的内容，我们简要地提出两个更进一步的观点。第一，在远未涉及理论兴趣的领域中，至少存在一种众所周知的情形，在那里求知欲吸引了前科学的注意力。在这种情况下，我们不必关注纯粹的倾向而要关注实际的经验，对此我们的语言有专门而又清晰的表述——"问题"之实情。

我在别的地方②已经指出了 W. 弗兰克尔（W. Frankl）的重要观点，即一个提出问题的人会自然地思考其问题的对象而不是立即去思考他的认知状态，这一考虑也许就是激发前面这些研究的原初因素之一。

我们关于知识—欲求所做的论述可以毫无保留地运用于问题，至少就问题需要决断的层面上来说是如此。这已相当明显，不会再有更多的麻烦。遗憾的是，J. Kl. Kreibig 那些富有教益的专著③并没有讨论这些对"问题"的本质来说极具启发性的问题。对于确定性问题而言，情况又有所不同④，就这类问题而言，预设性客观事态不是通过假设而是通过判断得以把握的。因为当我们问谁是第一次世界大战的真正发动者时，这一战争不仅是被假设的而且是被确信的，而且人们也深信它必定有其肇因。但是这里所把握到的问题对象的不确定性与现实的客观事态中对象所具有的确定性形成了特征上的对立。显然在这里，从不确定性到确定性的转变取代了从假设

---

① 见后面，第 11 节。

② 《论假设》，第 124 页。

③ "关于心理学与逻辑问题的论文"，《心理学全集》，第 33 卷（1914 年）。

④ 参见马提纳克（E. Martinak），"问题的本质"，《第 5 届心理学国际会议论文》（罗马，1905 年），单行本，第 4 页以下。

到判断的转变，而后者出现在那些需要决断的问题中。知识作为欲求的明确目标在两种情形中似乎都不是必要的。

第二，除了知识—欲求之外还存在并非价值—欲求的其他欲求。一个饥饿或口渴的人会充满欲求，一个在书本中只读到一幕戏剧，或在乐谱或钢琴曲集中只看到一首歌的人也同样如此。当我们不得不去描述这种欲求的对象时，与知识—欲求的情况一样，存在着同样的危险把这些欲求错误地还原为价值—欲求。那么这可以说我们所欲求的是食物或艺术作品的实存，或者更主观地说，是其所带来的享受。这种思维方式显然比篡改知识还要做作。因此在这种情形中，人们也必须区分预设对象和满足的对象。于是如前所述，欲求的预设对象就是跟欲求相伴随的感受的对象，但我们仍然是通过想象性表象而非真实表象非常不完美地把握这个预设对象的。满足再次成为更完美的把握经验，尽管我们不能说，拥有欲求的人都清醒地正视了这个以消灭欲求为目标的经验。也许这一点为我们对欲求进行真正的一般性描述提供了线索。将价值—欲求与知识—欲求相并列，人们至少可以提出两种相对应的欲求类型，它们暂时可以被分别叫作"感觉欲求"和"审美欲求"。它们在知识—感受和价值—感受之外与感官感受和审美感受相对立。即使在相对立的"行为"与"内容"、"表象"与"判断"的帮助下所进行的原始描绘经不起考验，这种四分法也是可以保留的。

在总结我的论述之前，我得先花点时间在一些看上去相当重要的事实上，一个年轻同事所提出的问题引起我对这些事实的关注[1]，也就是说，刚才所描述的四种分类是否也是彼此相似的，因为它们中的每一种都同意真实经验与想象性经验的对立，而不是仅限于价值感受。实际上，只要我们说起想象性感受，我们通常想到的就是想象性的价值—感受。进一步的考察将证实我们的看法，就我们所讨论的对立而言，价值感受优先于其他感受。这基于以下法则，即只要适合的判断引起了价值—感受，那么相关的假设就会作为一种规则为想象性价值—感受提供对象—预设（Gegenstandsvoraussetzungen/ object-presuppositions）。这些想象性价值—感受可以随意被唤醒，就像相应的假设一样。举例来说，考虑一下我们对于戏剧角色的想象性兴趣[2]，并把这种兴趣与在适宜条件下可能会同时发生的审美感受相比较，而且甚至当这些审美感受的所有心理预设都

---

① 格拉兹大学法学博士恩斯特·西利格(Cand. jur. Ernst Seeling)。

② 参见《论假设》，第128页以下。

287

迈农的价值哲学及其心理学基础

不是真实经验而是想象性经验时，它们仍然可以保留其真实特征（Ernstcharakter/ serious character）。我们很容易理解，这一点在本质上取决于这些感受是内容—感受。因为对内容—感受来说，重要的不是其预设的行为方面，而仅仅在于其预设的内容方面，所以这些预设的行为特征的变化显然无关紧要。人们可以相当合理地怀疑是否存在想象性的审美感受。审美感受在其预设性行为（Voraussetzungsakt/ presuppositional act）方面所表现出的无关紧要在结果上与逻辑感受和感官感受相似，它们的心理预设之行为—要素是相当关键的。当感官感受的对象—预设带有想象性特征时，它们就不能被唤醒，这实际上是感官感受的一个可辨认的特征。[①] 而就逻辑感受而言，当我们必须处理假设而非判断时，"逻辑的"这个称号显然是不合适的。因此我们怀疑，就像感官感受一样，在逻辑感受中想象性经验也没有立足之地。

然而，得出这个结论的前提需要加以修正。当假设替代了判断时，逻辑的想象性感受就可以替代逻辑的真实感受，这并没有违反任何经验法则。同样，下列事实并非明见的，即当我们想象的是一个感官对象时，就不存在行为—感受而只有内容—感受。就其对象—预设而言，内容—感受或审美感受似乎对从真实经验向想象性经验的转变并不敏感。一个想象中的大调和弦能唤起真实感受，尽管这些感受通常弱于由实际听到的和弦所唤醒的感受。但一般来说，这种不敏感与那种完全不能唤起想象性感受的情况非常不同；而尽管各类感受之间有所差别，但这种能力在每一种感受类型中都得以呈现，这一点在以下事实中体现出来，即四类感受中的每一种都不仅可以被知觉而且可以被回忆。如果我们以前就知觉中的自身—呈现所做的推断是正确的[②]，即在记忆或纯粹假设性的把握中存在着由相关想象性经验所支持的他物—呈现，那么我们就有理由相信，在感官感受、审美感受和逻辑感受领域中，想象性经验也必定发生，因为我们肯定能回忆起属于这些类型的感受，或者不通过回忆就想起这些感受。自然，现在我们必然要问这样一个问题，即如果相关的想象性预设不足以完成这个工作，那么唤起这种经验的原因会是什么。毫无疑问，这个问题值得重视。但是，如果我们愿意以合适的方式扩展"重现"（Reproduktionsgesetze/ reproduction）这一心理法则的话，那么回答这个问题将不会过于困难。

---

① 参见 St. 威塔塞克：《美学的基本特征》，第 198 页以下。

② 见前面，第 24 页以下。

第十一章　情感不完全呈现中的对象

在与感受相关的层面上，我们刚刚表明的这种经过辩护的四分法用于引起从呈现经验向呈现对象的转变似乎特别合适。通过把感受区分为四种类型，我们的注意力自然就集中到了愉悦的、美的、真的、善的对象上，虽然这些表述的意义无法仅凭它们与这些类型之间的联系而得到充分阐明。"真"这一术语的使用在这里显得特别模棱两可，我们在后面将会回到这一问题。[①] 另外，像"善"和"美"这些表述明显可以被用于那些或多或少有些严苛的论断和一些仍需进一步辩护的东西中。[②]

在欲求领域中，义务（应当）（Sollen/ ought）和手段（Zweckmässigkeit/ instrumentality）显然就是我们的呈现对象。我们已经提到过这样一种可能性，即在恰当条件下，我们的四种感受形式将与被相应区分的欲求形式相联系。欲求形式的区分也可能与那些欲求所呈现的对象相关，并且在迫不得已的情形下，我们也许会说价值—义务（应当），美—义务（应当），等等。对手段也引入相似的区分，将不会有人提出有效的反对意见。但是，在考虑这些相关的具体问题之前，我们需要对情感呈现的对象进行初步的一般性描述。这是我们首先要关注的。

如果对象理论事实上并非唯一的先天科学的话，它也无疑是一种先天科学。对象的潜存（Bestand/ subsistence）和超存可以从我们所考察的对象的本质中先天地得知。然而，这种关于存在的知识可以追溯到对这些对象的直接把握，由于对象理论就像经验科学那样采用一种自下而上的归纳路径，因此它可以被看作一类准经验类型。对情感不完全呈现的对象的描述相应地也会具有某种优势，即我们已经从对象理论的角度对这些对象的有限部分——审美对象——进行了相当深入的研究。[③] 因此，继续这一研究是很自然的。

在对象与把握这些对象的经验之间存在着一种意义深远的对应[④]，这种对应使我们倾向于对这些与对象相关的事实（gegenständliche Tatsachen/ facts concerning objects）进行主观性解释。在我们的考察领域中，这种对应在以下事实中表现得最为明显，我们的呈现经验具有另外的原本是理智经验的心理对象预设，与此

---

① 见后面，第 117 页以下，第 153 页以下。

② 见后面，第 13 节以下。

③ 参见前面提到的威塔塞克的著作，"关于审美的客观性"（见前面第 8 节，脚注 16）。

④ 参见同上，第 188 页以下。

迈农的价值哲学及其心理学基础

相似，通过这些经验得以呈现的对象以及（在我们的具体情形中的）审美对象，它们的存在和如此—这般之存在都依赖于由预设性经验所把握的对象。[①] 与"红色的"属性一样，"美丽的"这一属性不但需要它作为其属性的事物，而且需要另一种属性或属性的复合体作为其基础，它们是属性得以出现的必要条件，就像红色的事物对于红色的性质一样。"美丽的"属性依赖其基础的特征，例如，这种形式（Gestalt/ form）是美丽的，那种形式是丑陋的，这种比那种更美丽，那种比这种更不美丽等。这一点明显类似于关系项（relata）、复合体与它们的次级事物之间的关系。没有相似的对象就没有相似性。两个对象是完全相似还是在某种程度上相似完全依赖于它们自身的特征。

还有一些理由不允许我们把审美对象简单地置于高阶对象这一概念之下。[②] 关系项（relatum）与复合体可以说处于它们的次级事物之间并将其联结在一起。而美并不与某个优美旋律中的音调相连，而那个早已具有统一性的对象（旋律）才是美的基础。这种基础并不必然存在于大多数对象中，而对关系的次级事物而言却似乎是必然的（除了某些特定的情形，如同一性）。我们通过拟—感知的直觉（wahrnehmungsartige Anschaulichkeit/ perceiving-like intuition）来捕捉美，而不是通过某个生产性过程，就像相似性得以把握的过程一样。关于相似性的知识具有先天知识特有的必然性，而与某个对象的美相关的判断总是某种经验性的投射。在这四种特性中，后两者并非十分紧要，因为它们更多的是与把握理论而不是对象理论相关。对缺乏先天性的第四个特性而言，这一点十分明显。[③] 对于第三个特性，即生产性活动的普遍缺乏，我们必须注意到，这种出现在对公认的高阶对象的把握过程中的活动显然具有不同的等级。举例来说，我们在比较中把握差异时就不会忽略它，但在把握旋律时肯定经常会忽略它。另外，前两个特性可以一起放在基础对象的"单一性"（Einsheit/ oneness）（与多元性相对）概念之下，这两个特性无疑关涉事实并且特别重要。如果由于对象理论的发展，高阶对象这一概念在必要的意义上得到了某种修正，我们仍然可以保留置于高阶对象概念下的类别。

高阶对象这个概念的最初形成与关系项和复合体相关。当时我

---

① 参见前面提到的威塔塞克的著作，"关于审美的客观性"（第 105 页以下，第 108 页以下）。

② 见同上，第 180 页以下。

③ 见后面，第 95 页、第 118 页以下。

们还不知道，客观事态可以像客观事物那样被看作对象，至少不是在严格的理论意义上知道这一点。因此，只有客观事物被看作高阶对象。当客观事态在对象理论中也得到关注之后，客观事态中存在不同等级便昭然若揭。与"A 是 B"的客观事态相比，"A 是 B，这是一个事实"，或者"A 是 B，这是真的"，这些客观事态毫无疑问必定被看作高阶客观事态；而这对于每一个其自身中包含一个客观事态作为其"质料"的客观事态来说都是如此。我们也可以表述如下：每一个客观事态相对于另一个客观事态都是一个高阶客观事态，如果后者在前者之中占据了客观事物这一位置的话。

因此，我们已经预设了客观事态相对于作为其质料的客观事物而言占据了高阶对象的位置。于是概言之，我们可以说所有这样的客观事态都是高阶对象。

对于我们刚刚论述的客观事态自身的性质，以及高阶对象的普遍性质而言，现在我们很容易为这些观点找到根据。我们所描述的次序的不同等级只是暗示了这样一个事实，即高阶对象奠基或建立于低阶对象之上，并且如果没有后者首先存在的话，前者也不可能存在。正如我们所见①，这里的"存在"（being there）不仅仅是在实存或潜存的意义上，而且是在超存的意义上；而"首先"则是在一种特殊而永恒的逻辑在先的意义上而言的。所有这些毫无疑问都适用于客观事态。

当然，乍看上去，我们能谈论某个存在的存在（或者甚至是超存）（eines seins/ being of a being），这可能显得有些奇怪。如果进一步考察，我们会发现这同样是不可避免的，而且这并不亚于把对知识的理论转变为一种知识的知识，这将会导致某种奇怪却并非站不住脚的处境。②

如果存在并不是某种事物的存在，那么谈论这种存在显然毫无意义，因此谈论一个没有基本质料的客观事态也毫无意义。按照次序，客观事态的质料可能包含其他客观事态（低阶的），但只能是至少要奠基于客观事物基础上的客观事态。这就表明所有客观事态本质上都是高阶对象并且没有客观事态可以充当基底（infimum）。

那么，把所有的高阶对象归入常见的关系项和复合体中，也即高阶的客观事物中就是不正确的。前述事物拥有最多的次级事物。不考虑可能出现的特定情况，关系必须至少有两个成员，而复合体

①　见前面，第 18 页、第 61 页、第 64 页以下。
②　参见《论可能性与极大可能性》，第 54 节。

迈农的价值哲学及其心理学基础

(komplexionen/ complexes)则至少有两个要素。这对于(某个对象的)如此—这般之存在的客观事态而言同样如此，它的质料必定是两分的。反之，关于(某个对象的)存在、实存和潜存的客观事态——至少是关于(某个对象的)超存的客观事态——在本质上都是一元的，无论这些客观事态是把简单的还是复杂的客观事物作为质料都没有任何区别。顺便说一下，我们同样可以发现，高级事物对次级事物的依赖性特征并不总是一种先天必然的依赖性。我们可以轻易地在现实关系项(Realrelate/ real relata)和现实复合体(Realkomplexe/ real complexes)的联系中看到这一点，我从一开始就把它们算作高阶对象。客观事态的情况也是如此，一个非常简单的事实就足以证实这一点，除了先天知识以外还有其他知识，我们不充分的理智无法解释后者在必然性上的缺乏。没有对象的实存先天地紧随在其性质之后。尽管如此，实存和潜存一样，都属于高阶对象。

我们可以轻易地将这些结论运用于审美对象。审美对象缺乏自足性并且依赖于由审美感受的心理对象预设所呈现的基础事物，威塔塞克已经认识到了这一点，并以为这是审美对象是高级事物的一种标志。反对把审美对象作为高阶对象的主要理由是基础事物的单一性、一元性特征。现在认识了客观事态后，我们可以说最有效的理由是基础事物和审美对象之间的联系不是必然的。因此，审美对象实际上可以包含在高阶对象概念之下。

同样，我们很容易看到，所有已经得到证明的关于审美对象的看法都可以被普遍应用于情感呈现的其他对象上。"愉悦""真"和"善"这些对象同样缺乏自足性并依赖于呈现它们的感受的预设对象。它们同样不要求基础事物的多元性。对于欲求的专有对象——应当性和目的(Sollen and Zweck/ oughtness and end)——也同样如此。这构成了描述情感呈现对象的适当起点，不过真正的第一步在于我们说：情感不完全呈现的对象是高阶对象。

对于我们先前达到的关于对象的基本类型及其最为独特的属性的结论，如果我们完全明白这些结论所造成的后果的话，我们就应该沿着先前的方向迈出第二步。对象的分类无疑受我们刚才所论述的内容的影响。这一点在下述考虑中变得清晰：即使感受的对象和欲求的对象都是高阶对象，并且客观事态也是高阶对象，我们也不能因此认为感受和欲求的对象就是客观事态，同样也不能猜想它们是客观事物。当我们回忆起那个反对把客观事态仅仅当作某种特殊的客观事物的理由时，我们就能理解这一点。

如果我们仅仅考虑客观事态的外在方面，显然就不会把它们当作特殊的客观事物。与客观事态相对，客观事物是成批出现的；然而，在那些最不相同的客观事物之间存在的相似性仍然比客观事物与客观事物之存在或如此—这般之存在之间的相似性更大。进一步说，客观事态的显著特点在于肯定和否定的绝对对立。客观事物同样显示对立，如温暖与寒冷之间的物理对立，或者确证与否认之间的心理对立。但这些对立中没有一种可以支配全部客观事物，因为还存在着既不温暖也不寒冷的心理事物，也存在着既非确证的也非否认的物理事物。也许更为典型的是，肯定和否定的对立不但支配客观事态，而且通过这种方式——也就是通过形成所谓的否定性概念——支配客观事物。① 因此，如果我们逐渐明白了客观事态本身就构成一种独立于客观事物的基本类别，那么在感受和欲求对象的情形中得出类似的结论就显得不是毫无道理。在这里，我们也能看到外在方面的显著差异以及由对立带来的彻底的支配性，这种对立与肯定和否定的对立十分类似，它们甚至通常就可以叫作"肯定"和"否定"而不用担心会导致曲解。这一对立有时会被归为客观事物和客观事态，如当某一客体被视作令人愉悦或不适的、美丽或丑陋的、善或恶的时便是如此。因此，感受和欲求的对象都不能被看作客观事物。

我们刚才所提到的关于肯定与否定之对立②（存在于感受和欲求的对象与客观事态之间）的相似性，也许会让我们疑惑感受和欲求的对象是否同样不是客观事态。但是我们会发现，它们呈现出了一种与客观事态完全不同的维度，即使正如下面将要提到的，我们不能否认客观事态和欲求对象之间存在某种相似。这种异质性在下面这种属性中尤其明显，我刚刚把这一属性描述为把肯定与否定的对立应用于客观事物中的可能性。在客观事态中，这种矛盾性对立在某种程度上由对立面的对立发展而来，而对于感受和欲求对象来说，同样的对立却并不导致如此根本的发展。③ 这种对立看起来甚至依赖于（某个对象的）如此—这般之存在的客观事态来作为它得以运用的手段。不过，这绝不意味着否定性价值（Unwert/ negative value）就是恰当的否定，亦即对价值的一种客观事态式否定（Objektivnega-

① 参见《论假设》，第 2 节。
② 毫无疑问，这是文德尔班—李凯尔特的讨论中值得注意的主要动机。
③ 参见 F. 李凯尔特（F. Rickert）在《认识对象》第 3 版（图宾根，1915 年）中的讨论，第 264 页以下，很遗憾我们不能在这里展开进一步的讨论。

tion/ negation by way of an objective），或者"不应该"（Nichtsollen/ ought-not）是对"应该"（Sollen/ ought）的一种客观事态式否定（Objektivnegation/ negation by way of an objective）。

我在其他地方已经指出①，认为对"客观事物或客观事态"的分类是彻底的这一观点是缺乏证据的，并且我们将发现，可能存在其他对象这一期望要比我曾经的猜想更缺少"学术性"。

感受和欲求的对象实际上是高阶对象，但它们明显既不是客观事物，也不是客观事态。我们现在不得不去探究，能否对我们这种否定性规定增加一些肯定性描述。

第一个问题是：在已知的对象类型即客观事物和客观事态之外，我们是否已经找到了一种或多种不同类型的对象？回想一下，"客观事物"（objectum）和"客观事态"的二元性对应着把握经验即表象和判断（或者假设）的二元性。因此我们倾向于希望额外的对象类型也具有二元性；在这里，我们同样不得不考虑两种把握经验，由此才能谈论感受和欲求的对象。这种倾向自然会发展出以下观点，我们经常感觉到，在被动性经验（如表象和感受）与主动性经验（如思维和欲求）间存在某种相似性。跟随这种倾向，我们也许暂时可以接受这样一条启发式的原则，即如果不考虑它们的特征，感受对象与客观事物具有某种相似性，而欲求对象则与客观事态具有某种相似性。就像传统做法一样，假如只要人们一想起"判断"就会想到"定言判断"（categorical judgment），或者只要一想起客观事态就会想到二分的客观事态，那么"应该"这个一元对象似乎不可能与客观事态的特征相类似。但是，止如我们在所有的存在情形中所见，在这个词语的一种不会过于宽泛的意义上，存在着一元的客观事态，尽管"如此—这般之存在"的客观事态的二分特征在客观事物上从未出现。不过，欲求对象中的二分似乎应该有一个精确的对应物。前面我们已经指出，目的（Zweck/ end）就是一个欲求对象。只要目的不被看作与其手段相关联的对立物，那么它就不能太过清晰地从应该之物中区分出来。手段是出于其他事物而言的应该之物，它可以成为目的，但并非必须成为目的。我们可以把"出于某物的应当（Sollen/ ought）"更简洁地称为"为—应当"（Fürsollen/ for-sake-being）。它与简单的"应当"之间的关系接近于如此—这般之存在与存在之间的关系。如果欲求的对象真的分成这样两类，那么这就清楚地表明它们与客观

---

① 《论假设》，第 61 页。

事态的联系比与客观事物的联系更紧密。

我们的观点得到事物的普遍证明，而且这不仅包括欲求对象的情形，还包括感受对象的情形，根据我们最近的讨论，后者似乎已经被表达为客观事物的某种相似物。这一点在某种程度上为下述事实所证实，感受对象自然地先于欲求对象，就像客观事物先于客观事态。前面我们提到，当我们评价某个事物时，因为它具有价值而欲求它对于我们来说是多么自然。但这并不意味着，我们这里所说的感受对象因此立刻就变成了欲求的借来对象（borrowed object），就像客观事物变成思维的借来对象一样。

但是长期来看，在这四种最终产生的主要类型中，如果前两种命名的原则完全不同于后两种，那么这起码会被认为缺乏一种表面上的一致性。"感受对象"和"欲求对象"的表述源自我们的把握经验，或者更准确地说，源自我们的呈现经验。另外，"客观事物"（objectum）源自与被把握事物的关系。但是，让这个词的含义以及"对象"一词的含义摆脱这种关系①却对对象理论极为重要，"客观事态"这一术语将自动受到这种张力的影响。因此，我建议我们应当为这两种新的对象类型找到新的表述，这种表述不关涉把握行为或任何与把握行为相关的事物。

对于感受对象，下列事实也许有助于我们实现目标：在那里，我们并不总是在考察恰切意义上的价值，而是在考察那些足以被称为拟—价值的事物，我们可以将"价值"这一术语机智地运用在它身上。② 假如对我来说，我并不希望在更宽泛的意义上使用"价值"这个词③，不过从"价值""值得"到"值得性"（Würdigkeit/ worthiness）的跨度不算太大，这一跨越当然具有一种普遍化特征，而且在推动命名尽可能少地"乞题"（unvorgreiflichen）这一意图上，它同时也许还带有更少的主观性。如果用"尊贵"（Dignität/ dignity）取代"值得性"（Würdigkeit/ worthiness），那么我们将不会获得任何东西；但是现在尚未使用的"尊贵物"一词并不像"尊贵"那样矫饰。因此，我建议用"尊贵物"来称呼感受的对象，它与代表欲求对象的"欲求物"相呼应。"尊贵物"和"欲求物"这些词的后缀在某种程度上弱化了它们与呈现经验之间的关系，尽管这一关系仍然十分显著。因此，所有对象暂时可以被划分为如下四种：客观事物、客观事态、尊贵物、

---

① 《论假设》，第 61 页。
② 参见"赞成心理学与反对心理主义"，《逻各斯》，第 3 册（1912 年），第 13 页。
③ 参见后面，第 15 节。

欲求物。"暂时"这一附加条件再次强调了我们尚不能说明这种分类是否足够彻底。

新的对象类型同样为对象理论的研究明确地布置了在客观事物与客观事态那里业已完成的任务。我们首要的任务就是在质和量上描述这些新的对象类型①，因为后者可以使我们直接断定它们在强度上的变化。强度是与情感对象本身相关的问题，这个事实值得我们联系呈现经验进行专门的关注，因为经过长期观察的呈现经验按层级递增的能力必定与其内容相关。

一直以来人们都在讨论感受强度的差别或欲求强度的差别，以及这些差别究竟是依赖于这些经验的行为还是内容。人们普遍赞成这些差别依赖于行为。其理由主要在于，通过感受或欲求的"内容"，人们可以以某种方式理解其理智的对象预设。但即使对这些问题一清二楚的人也会认为行为的强度在于愉悦或不快的多少，而且他会在其中发现它与判断中确定性的多少具有相似性。但事实上，美或价值的多少与我们感受的强弱成比例；而如果这些感受具有呈现对象的功能，那么感受上的相关层级必定与内容相关。这里的问题在于感受行为在根本上是否能够分级。

也许存在着这样一种分级，它应该直接与其内容成比例。我们不必因为我们在这些问题上的巨大不确定性而感到奇怪，因为这里的情况与表象并没有太多差别。正如我们所见，表象在许多方面类似于感受。当我们问我们的表象是如何分配性质和强度的时候，答案无疑是：在声音的强弱这种情形中，并不在于我们听力的强弱，而是首先在于感官对象，其次也许在于我们的经验，在某种程度上这些要素呈现出了那些对象，也就是说，在这个意义上表象的性质和强度只与其内容相关，而与其行为无关。显而易见，任何试图在作为行为的表象中揭示层级差别（stärkeverschiedenheiten/ difference of degree）的努力都不会轻易成功。真实地呈现表象和想象性地呈现表象之间的对立是质上的——当我们不得不研究真实经验与想象性的经验时，对立总是在质上的。② 有时我曾怀疑，作为经验的表象受制于注意力而发生的转变是作为行为的表象在量上的转变，但这只是一个非常不确定的假设。

毫无疑问，在思维经验中的情况要好些，在这些经验中，思

---

① 参见《论可能性与极大可能性》，第51页以下。

② 参见《论假设》，第344页。

维—内容的变化对应于存在等级（Seinshöhe/ level of being）的变化①；确定性程度也明显具有数量的层面，尤其对判断的确定性而言。进而言之，这也符合我们已经提到的思维经验与欲求经验（或它们的对象之间）的相似性，在欲求中行为的强度存在明显的差异，这无法很好地对应于那些与对象呈现出来的强度相关的内容强度，因此这表明行为强度自身与"应该"的强度有所差别。

起初人们也许会倾向于否认应当的多少与"应当"的强度有任何联系。富有野心之人想要让自己的行为得到公众认可的欲求通常比想要让他的行为与其责任相符的欲求强烈。不过他的责任伴随着一种明显的义务之应当，虽然在他的认知中并不存在这种应当。在这种欲求之强度与义务之应当之间的不协调中，只要人们把义务归为责任并且可能在认知中拒绝它，那么他所考虑的明显就是特殊的、伦理上的义务之应当，因此这可能是一种客观的或非个人的应当②；但是我们暂时考察的是被某种欲求所呈现的应当，无论这一应当带有多大的主观性。诚如是，那么强烈的应当通过充当强烈欲求可能的呈现要素而与后者相连就是可理解的，但下述问题仍然存在：欲求的强度所关涉的东西应该被看作与行为相关还是与内容相关呢？在欲求中是否存在另一种强度方面的变化？

如果我们还记得呈现对象的任何变化通常都与内容相关，那么我们就回答了这个问题的第一部分。但是显而易见的是，认为在欲求强度上发生的所有变化都会影响欲求的内容，这一点并不可信，不过仍然有一些理由可以证实这一看法。意愿（Wollen/ will）和希望（Wünschen/ wish）似乎分别是情感在确定和推测上的对应物。③ 以下事实证明了这一点，即意愿代表了希望的最大限度，就像确定代表了推测的最大限度一样。但是这一事实同时表明，某些困难仍然无法通过这种描述而得到解决。作为对上述论证的补充，欲求和义务的层级不能被看成是直接成比例的，上述论证并不意味着较高等级的义务对应于被意愿的东西，而较低等级的义务只对应于被希望的东西。当某物被意愿时，也就是当某物被人最高地希望时，此时它所依赖的是与义务的层级完全不同的因素。但是正如我们不能排除联系可能性和推测层级之间的法则一样，我们也不能把连接义务与欲求之间层级的法则排除在外，即使可能性并不总是与推测的层

---

① 参见《论可能性与极大可能性》，第 265 页以下。

② 参见后面，第 14 节。

③ 参见后面，第 144 页以下。

级——对应，但我们在可能性中拥有的法则①似乎就是由后者所呈现的。

对于尊贵物和欲求物的质而言，我们已经指出它们显示出了一种对立，在这种对立中它们毫无例外地对应于或肯定或否定的客观事态。但是，正如我们前面所提到的，这种对应并不允许我们把它们还原为相应的客观事态："不适"（unpleasant）不能被解释成"不愉悦"（not pleasant），即使我们现有的语言表述不足以完美地表达它，我们也必须放弃这种解释。这一点就应当（Sollen/ ought）的对立面（Gegenteil/ contrary）而言似乎非常明显。人们不得不使用"不应当"，这一表述并不是指"应当"的"矛盾对立面"，就像"不想要"也不是"想要"的"矛盾对立面"一样——只不过"不想要"有肯定的替代物，如"抗拒"，而"不应当"却没有这样的替代物。

类型之间的差异当然是与（尊贵物和欲求物的）质相关的问题，呈现要素所包含的心理对象—预设已经揭示了这一点。在这个意义上，如果将尊贵物分成愉悦、美、真、善四种，那么毫无疑问，这些类型中明显的质的差异必定对应于呈现内容中质的差异。因此明显的是，对于基本的感受，除了愉悦与不适的差异之外，其他质的差异都不能被还原为心理预设的差异。欲求物被分为应当和手段（Zweckmässigkeiten/ instrumentalities），这一划分可以被视为基于它们的预设对象只有一到两个要素这一事实。但正如我们所见②，它们的差异是直接明见的，就像存在的客观事态与如此—这般之存在的客观事态之间的差异一样。与存在非常类似的是，除了有狭义的应当，还有广义的应当。而手段也可以被说成是一种应当，就像（某个对象的）如此—这般之存在也可以被说成是一种广义的存在一样。而对尊贵物而言，则没有这类与存在的客观事态和如此—这般之存在的客观事态间类似的明显对应。因此，出于别的对象而对某个客体（objectum）的评价通常不被看作一种真正的评价，因此我们有理由怀疑，既然实际上存在这种评价或者这样的价值，那我们所知的评价的媒介（Werthaltungsvermittlung/ valuation）或评价的传递（Werthaltungsübertragung/ transmission of valuation）可能确实源自欲求或应当。如果，有所保留地看，某个事物因具有价值就应该存在，那么反之，某个事物因为应该存在就具有价值。而出于别的事

---

① 参见《论可能性与极大可能性》，尤其是第二部分。

② 见前面，第98页。

物应该存在的东西可以被叫作对于那个事物而言是"有价值的"。但这个相当临时性的论断必须接受重新考察。尽管如此，人们还总是认为尊贵物和欲求物之间的关系显然十分密切。正如我们在前面几页所看到的，这一点可以解释为什么欲求物的四分对应于我们所说的尊贵物的四种类型。

第十二章　用情感不完全呈现的手段来研究知识，正当的情感

　　假如我们在一个足够宽泛的意义上来理解"把握"这个词，那么所有被呈现的事物也同样可以被把握，因此把握也包括"不完整把握"（unfertiges Erfassen/ incomplete apprehension），它以未经思维的表象这种形式呈现出来。[1] 假设和判断所把握的是那些由其内容呈现出来的事物；并且正如我们在这本书的开头部分所提到的，它们并不是"本真地"（eigentlich/ authentically）把握，而是"完整地"把握。[2] 情感呈现适用于这两种理智范式中的哪种情形呢？我们已经指出，感受通常像表象一样行为而欲求像思维一样行为。这种类比将推出感受—呈现是不完整的把握，而欲求呈现是完整的把握。但是在这方面相似性被打破了。这类欲求呈现的作用无法突破不完整的把握，人们甚至可能会问呈现出来的情感经验就其自身而言是否从根本上把握了事物，哪怕只是不完整地把握。这个问题指出了一个非常典型的事实，即对于理智经验来说，把握在某种程度上是它们自然的宿命，因此即使在把握行为严格来说没有被完成的情况下（比如表象），我们也会很自然地至少将其称为不完整的把握。对感受和欲求来说情况却不是这样，因为它们不必，实际上也不是作为把握的手段而发生的。尽管如此，否认情感性呈现要素在某种意义上是一种"不完整把握"仍然会有些武断。不过，重要的是要注意到欲求领域内的呈现要素同样不能被完整地把握，并且它们在这方面依赖于补充进来的思维—经验，感受也是一样。感受和欲求的呈现要素在适宜条件下的作用非常类似于表象的作用。也就是说，只要通过它们呈现出来的事物被我们实际且"完整地"加以把握，它们就需要得到假设和判断的补充。因为把握终究是一种理智的功能，情感经验本身不足以进行把握。

　　能用以把握的所有事物自然也可以为知识和同类经验所用。知识是对实际或可能事物的洞察性把握，这种把握具有内在合法性（in-

---

[1]　《论可能性和极大可能性》，第248页。
[2]　参见同上书，第249页。

ternal legitimacy），即我们所知的明见性。① 似乎没有什么可以阻止我们用知识去取代被呈现出来的所有事物。因此，假如我们的知识——或可能至少是我们对知识的真诚追求——在其他事物中转变成了愉悦、美、善和工具，这也不值得大惊小怪。另外，尽管情感经验能够充当呈现要素，但正如它不能完整地把握事物一样，它也几乎不可以被认知（know）。对欲求而言尤其如此，在这一点上，它与判断之间的相似性显然再次遭到了破坏。

我们有理由在这个——在实践上不证自明的——事态上稍做停留。我们刚刚对认知所进行的描述也可以阐述如下：知识是内在正确的判断②（与只是外在正确的判断相对），它满足了真或可能性的要求。③ 因此，正当是某种判断的属性。正当或不正当——或者简言之，具备或缺乏某种正当性（justification）——在情感经验中也相当明显，这一点既引人注目也发人深省。我们在艺术中谈论品位的好和差，在伦理问题中谈论良心的敏感和麻木，并且通常服从于前者但也没有否认这种良心也许会太过敏感。在这种意义上，我们可能会认为那些在个人舒适和伟大的文化财富（如受到威胁的祖国的荣誉）的冲突之间选择前者的人是错的。我们稍后会回到这个例子以及其他例子，对于它们我们也许会怀疑，我们所拥有的只不过是表面的正当性。这种正当性确实只是表面的，但在我们把它归为欺骗以前，我们应该试图把这种表面的正当性和那些正当性不仅仅停留在表面的情形相比较，后一种正当性被公认是最重要的。继续探索的最简单方法是像对待判断一样来对待情感经验，并为它们在适宜条件下可能具有的外在正当性（也可能还有一种内在正当性）留出空间。这无疑就是布伦塔诺的"正当（richtig/ right）的爱"和"正当的偏爱"④所指的意思，但这在理论上尚不足以充分解释⑤，从而让我在类似下述涉及它的讨论中得到一个确定无疑的判断。我一开始并不直接进行反驳，而仅仅是问，诉诸明见性或一种拟明见性（evidence-ana-logue）能否解释情感经验中的正当性要素。

明见性在一种知识经验的正当性中具有重要性，这不仅仅是因

---

① 参见《论可能性和极大可能性》，第 414 页。

② 同上书，第 416 页。

③ 同上书，第 416 页、第 472 页以下。

④ 布伦塔诺：《道德认识的来源》（莱比锡，1889 年），第 20 页以下。

⑤ 对于解释，见 O. 克劳斯（O. Kraus）："价值理论的基础"，《哲学年鉴》第 2 卷，第 13 页以下，第 19 页以下。对于批评，见 Chr. V. 艾伦菲尔斯：《价值论的体系》，第 1 卷，第 43 页以下；第 2 卷，第 217 页以下。

为它自身就是这类经验的一种独特要素，而且也在于这一独特性与真之间的关系，换言之，在于其最终与通过经验把握的客观事态之现实性的关系。[①]（为简单起见，我们只考虑为确定性辩护的明见性）同样，我们也不能通过指明情感经验在质上的一些独特之处来接近情感的正当性。必要的反而是这一属性应该与进行把握（Erfassungsleistung/ carrying-out of an apprehension）联系起来，因为把握的目的在于被把握之物必须是现实的。正如我们所见，情感呈现在一定程度上遵循呈现是一类把握行为这一要求。但据我们所知，为了具有现实性，被呈现的对象必须是一种客观事态。而我们已经指出，感受的恰当对象不能是客观事态；而且即使我们把欲求的恰当对象叫作"拟客观事态"，但要确定它们的现实性或在现实性之下的可能性中的层级，这也并不比在客观事物中的情况更容易。我们必须明白并意识到义务（oughtness）或手段并不只是在任何意义上都缺乏现实性或在这方面是不确定的。在一种非常不精确的意义上，我们甚至可以把现实性赋予许多客观事物。[②] 这并不是指客观事物本身接受模态限定，而仅仅是指它们处于某些现实的客观事态当中，从而与许多带有其他质料的非现实的客观事态相对。义务可能也是一样，尽管它可能比客观事物更不具备模态上的确定性。但是，假如关涉欲求物的把握方式可以被接受为明见的或类似的东西，那么这一点就不得不成为事实。

诚如方才所述，尊贵物和欲求物不能通过其呈现要素来完整把握，而需要一种判断或假设的补充。因此我们自然会设想，情感正当性中明见性的一个可能部分不在我们的情感经验本身之中，而在附加的判断之中。不过，假如我们所考察的经验的确定性中产生的是一种拟—明见而不是真正的明见，我们现在也可以轻易地确定这些观点究竟能在多大范围内维持其有效性。但两者之间的相似性越小，我们就越无法公正对待潜藏于情感与理智正当性之间的密切关系，而这一理论的专门任务就在于使其更易理解。

既然已经一败涂地，那我们是否就必须得说在情感领域中不存在正当和不正当的对立呢？因为这种对立就像真和假的对立一样专属于判断领域及其对象。我曾经持有这种观点[③]并且力图解释下

---

① 参见《论可能性和极大可能性》，第 414 页以下。
② 参见《论假设》，第 69 页。
③ 《价值论的心理—伦理学研究》，第 26 节。

述事实，即通过关注错误在评价（Werthaltungen/ valuation）之理性预设中所发挥的作用，我们就能从容地讨论价值—错误（Wertirrtümer/ value-errors）。我们目前所关心的问题不只是与价值有关。但是，从价值领域开始或许有益于得出我们的答案，因为它是一个相对为人熟悉的领域，并且就我此刻所见，价值—错误也不能仅仅诉诸它们的理智层面来加以解释。当然，任何评价糖丸有治疗功效的人也只是在理智上犯了错误。但通过这一点，我们不能否认——它反而暗示了——在评价经验的情感性层面中存在着某种事物，它确实不能在"错误"一词的寻常意义上被称为错误，但却必须在这个词的非同寻常的意义上被称为"错误"。在这种非同寻常的意义上，我们可以意味深长地说评价自身而不仅是其预设丧失了正当性，而且这是出于评价行为本身中的某种完全取决于其错误预设的东西造成的。这似乎类似于由错误的前提得出了"正确"的结论。一开始前提是错误的，却从中有效地推出了结论；但是，尽管如此，结论也是错误的。

我们刚才给出了一个与错误相似的例子。在价值的其他情形中，也存在着与真相类比的情况，它们在清晰性上并不亚于那些我们拿来与错误相类比的情形；它们甚至比后者更清晰，因为它们的正当性不能被推向经验的理智部分。这种与理智经验的相似到了这样一个程度，我们一方面可以发现其与直接明见情形之间的一种确定的一致性，另一方面这种一致性也能在间接明见性或明见性之中介中被发现。总之，有一些评价似乎能证明自身的合理性而不必求助于外部事物。我们已经随机举出了几个例子①，还可以补充其他一些例子。对于所有考虑到这一事实而不只是从现有理论中进行演绎的人来说，他们都无法很好地否认正义、感激和仁慈在某种意义上在其自身之中就带有一种对它们价值的保证，而它们的对立面不但缺乏这种保证，而且还带有一种相反的保证。近年来，我们已经有足够多的场合去发现我们的评价是如何宣称它们自身支持的是那些在沉船上继续战斗和战死的人，而不是那些投降的人。

判断基于证据——判断的明见性是间接的——时判断的合法性会更为人所公认，同样正当性这一要素在间接评价中比在直接评价中更加明显。演绎原则（Schlussgesetz/ principle of deduction）的明见性与价值中介的法则相关，后者经常使我们意识到它的一种先天性特征。因此这似乎就是明见的：所有当其赋值（value）于结果也赋

---

① 见前面，第 106 页以下。

值于原因的人以及所有将价值真正赋予那些他相信具备价值之物的人，他们都是对的。那么所有以相反方式行事的人显然就是错的，这也是明见的。

如今，著名的三段论逻辑（Schlusslehre/ syllogistic logic）引导我们发现了一种我曾称之为对明见性中介而言的"隐式准前提"（implicit quasi-premise）[1]的对应物，我们可以简单地将其假设性地建构为："假如 B 得到了正当的评价，并且 A 是它的预设条件，那么 A 也得到了正当的评价。"乍看之下，它和其他判断相似。但是它所关涉的事物对我们来说至关重要。假如这里判断的评价行为遗漏了正当性要素，那么我们所得到的就与那些完全不考虑正确性之判断的推理规则一样毫无意义。作为一条规则——当然是对推理规则来说——人们所考虑的是客观事态，并在几个等价物中做出选择。但人们也可能只是偶尔考虑判断，尽管接下去我们不能说："假如我断定 A 就是 B 并且 B 就是 C，那么我也就能断定 A 就是 C。"因为有可能我判断的是前提而不是结论，或者甚至可以补充另一个表面上的结论。我必定宁愿说："如果我对 A 就是 B、B 就是 C 的确信是正当的，那么我对 A 就是 C 的确信也同样是正当的。"显然，在评价中情况也是类似的。我们肯定不应该说，假如我确信 A 是 B 的前提条件，而 B 对我而言是有价值的，那么我一定可靠地经验了对 A 的评价行为：这一评价可能出于各种原因而没有发生。但是我们可以说，假如事情诚如先前所述，而我对 B 的评价是正当的，那么对 A 的评价就不会缺乏正当性，而对 A 漠不关心，甚至对 A 进行负面评价就都是不正当的。利用运用于客观事态上的三段论推理规则，人们很容易就能发现运用于评价上的对应规则。但是，假如人们要说的是，"如果 A 是 B 的前提条件，B 具有（现实的）价值，那么 A 也将具有（现实的）价值"，那么人们必须要考虑所考察之价值（不仅是评价）的现实性，就像在前述例子中人们所考虑的客观事态之现实性一样。

某些在对立感受中出现的关系非常具有启发性[2]，尽管它们不受那些让评价之中介饱受折磨的复杂因素的影响。当那些基本的感受之正当性的关系和那些不属于此情形的或起码不在同一个层面上的其他关系并置时，它们尤其具有启发性。当二元联系自动地导致

---

[1]　见《论可能性和极大可能性》，第 672 页以下。
[2]　参见"赞成心理学与反对心理主义"，第 5 页。

了对同一个客体（objectum）因实存而快乐①和因实存而痛苦，以及因非实存而快乐和因非实存而痛苦，而对立感受又从中产生时，第二类关系也就变得显而易见了。假如我对一个事物的实存或非实存感到高兴，我肯定不能在同一个方面同时对其感到悲哀，这无疑具有一种先天的明见性。类似地，假如某个事物的实存令我愉悦或沮丧，那么这个事物的非实存就不能在同一个层面上令我愉悦或沮丧。这里的问题并不在于快乐是否正当。因此，如果全盘考虑不和谐的各种最终种类，我们会发现自己只剩下两对对立感受：实存产生的快乐和非实存产生的痛苦，以及非实存产生的快乐和实存产生的痛苦，其要素是相互协调的。现在我们很容易看到，在某种意义上，对立感受具有的联结能力是不够的。看似自然的是，只要某个事物的实存令我愉悦，那么其非实存就将让我感到沮丧，这对于其他三种情况来说也是相似的。如何理解这个明显的事实呢？这意味着没有非实存带来的痛苦就不能产生实存带来的快乐吗？显然不是，因为经验会让我们接受相反的情况。接受一件礼物可能会让我感到高兴，而没有拥有这件礼物却绝不会让我感到失落，因为我过去就没有拥有过这件礼物。非实存带来的痛苦经常因为某个事物的丧失而产生，而对于它的实存却由于长期以来的熟悉感而无法令人感受到快乐。不过，我们仍然有好的理由诉诸对立感受的相互归属，这一点会在运用于那些感受的正当性要素被引入时变得清晰。人们也许会说，任何一个对某事物的实存感到高兴的人都会"合理地"对其非实存感到悲哀。相对于这种设想的快乐来说，他是正当的，而假如他对这个事物的非实存无动于衷，那么他就是不正当的。假如他对实存感到快乐是正当的，那么他对非实存感到悲哀就将是正当的，而且未经特殊限定（ohne einschränkenden Beisatz）就缺乏这种悲哀将是不正当的。我们在这里正在考察评价中的某种一致性，它类似于判断中的一致性，并且它显然需要一种对其概念的正当性的补充。此外，评价中的一致性不但在对立感受的情形中是明见的，它也能够相应

---

① Th. 莱辛特别举了一个例子，富有的姑母（Erbtante）得了癌症，这个例子并没有让我更明白为什么［Th. 莱辛：《价值公理研究》第 2 版，（莱比锡，1914 年），第 18 页］。否认实存中的快乐可包容在价值—感受之中。对于这个不具有同情心、为得遗产而向人谄谀的人来说，癌症肯定在这个词最自然的意义上具有价值（尽管当然不是一种"非个人的"价值，参见第 136 页以下）。补充性的句子更清楚："每一种具有生命力的事物对于自己的实存感到快乐。这意味着他尊重其快乐的对象吗？"实际上，每一种尊重的感受都是一种价值—感受，但并非每一种价值—感受都是尊重的感受。因此，我们没有理由反对实存的快乐可以包含在价值—感受的名下。

地运用于保障我们坚守某种评价，并防止我们反复无常地改变评价。①

对于这种合规性（Gesetzmässigkeit/ lawfulness），我们有时几乎具有一种先天明见性②，这使得我们能合理地在这一点上否认一种误解，这一误解认为明见性自身提供了一种我们将其诉诸价值—感受的正当性。明见性不是合法性（Rechtmässigkeit/ legitimacy），而只是关涉于——或者更精确些说是明见判断关涉于——合法性。并且"在同一个意义上……就像逻辑的先天形式能被叫作正确思维的规则一样，先天的价值—命题也能被理解为正当评价的范畴规定（categorical determination）"③。只要当我对某事物的实存感到快乐时，我也会正当地对它的非实存感到痛苦，假如这一事实是显而易见的，那么非实存所带来的痛苦的合法性也就能得到理解了。但是，因此建构出来的感受合法性也只是像由明察建构出来的三角形内角和一样，在那里我们明察到了它等于两个直角之和。

这里关于感受所说的一切在与价值相关的欲求领域中都有其对应物和补充物。欲求有价值之物并因其有价值而欲求它；更强烈地欲求那些更具有价值的事物而非那些具有较少价值的事物；在冲突中偏爱那些具有更多价值的事物胜过具有较少价值的事物④；因为向往目标而向往手段等，对我们而言，它们显然都似乎是"合理的"。这并不是说在特定环境下，这种欲求必然发生。几乎不需要这么做，正如在前提被给定的情况下，判断一个论断的结论也不是不可避免的一样。所有在价值和价值—欲求的情形中如此清晰和多样的东西，它们在其他尊贵物和基于它们的欲求中将不会完全缺席。事实上，甚至一个在理论上保持开放心态的人都不会放纵他的容忍度，从而允许下列问题成为一种趣味问题，即这类真理是否受到他人的尊重，他是否应该不顾可能的实际危害而反对错误和虚妄。甚至在审美领

---

① 其中在《心理—伦理研究》第 80 页所考虑的困难可以被忽略。

② Th. 莱辛在他的著作《价值公理研究》中（特别是第 25 页以下）已经成功地证明了这一点；联系我们目前的探讨来看，我们必须尤其承认这一点。就我所见，作者对"价值学（reine Wertlehre）"或"价值算术（Wertarithmetik）"和"价值现象学（Wertphänomenologie）"[但是，后者应该与前者"在很大程度上一致"（同上，第 7 页）]之间所做的区分，保留了以含混不清名称的"现象学（Phänomenologie）"理论缺陷的主要部分，这些缺陷正是我的对象理论力图要消除的，但这并没有抹杀作者的功绩。

③ Th. 莱辛：《价值公理研究》，第 26 页；以及第 35 页以下。

④ 关于理智领域由于猜测的冲突所导致的相似情况，参见《论可能性和极大可能性》，第 547 页。

域我们也不应该被如此束缚——艺术史已经提醒我们——就像不能偏爱贝多芬的《第五交响曲》胜过街头小曲，或不能偏爱歌德的《浮士德》胜过现代恐怖电影。

全盘考虑一下从各个方面汹涌而来的对我们理论的确证，我们就无法简单地否认在情感领域中实际上存在正当性要素。但我们因此设定的理论立即面临着描述这些事态的任务，它不能简单地通过把明见性概念徒劳地从理智领域转移到情感领域来达成，而必须采用一种完全不同的处理方式。情感就其呈现功能而言在知识中也占有一席之地，并且因而也有一种类似于知识的可能的正当性，在那里"正当性"的表述在一种被转换但却不失清晰的意义上可以被运用于所呈现出的情感本身，当我们考虑到这一点，也就找到了如何开始的线索。

当我们思考与表象的类比时，就知道要怎么来理解这一点。长期以来，人们十分正确地否认真和假是针对表象的。即便如此，人们还是常说某人对某物有一个正确或错误的表象，而它的意思仅仅是说人们可以通过表象做出正确或错误的判断。假如在某些情况下，感受或欲求实际上替代了表象并成为呈现的手段，人们就一定不会惊诧于：当我们所做出的判断是正当的或正好相反时，正当性也能被划归为情感。某人说把铝呈现为"轻"是正确的而把电话思考为一种说话的管子是不正确的，假如这种说法不会招致异议，那么人们也不会反对，拒绝不惜一切代价苟活的人是正当的，而假如他只把真的价值看作一种实际后果的手段，那就是不正当的——换言之，假如生活或许真向我们的感受或欲求呈现了排除（或唤起）这种态度的特性的话。不过，这两个例子都太复杂了，因为在这两种情形中我们不但要考察事物的促成要素或预防要素，而且要考察对其的正当偏爱或拒绝。但假如我们回到更简单一些的情况，要回避这种误解将不是很难。

进一步来看，显而易见的是，感受或欲求本身（per se）绝不能被说成是正当或不正当的，这总是与情感所指向的对象相关，而这也是它的预设对象。假如我们拥有某种感受（如愉悦），没有人会说感受到这种愉悦是正当的或不正当的，但人们对 A 感到愉悦或对 B 感到愉悦却可能分别是正当和不正当的。这一点与下列事实相仿，即没有人会认为呈现"轻"这个对象本身是正确或不正确的，但是他会认为把铝呈现为"轻"是正确的，而把铅呈现为"轻"是不正确的。假如这个表象被视为正确的，是因为这个其谓词是由表象所把握的判断是真的，那么一种正当的感受就可以被恰当地说成是呈现了这样一种对象的感受，且这个对象的指称是某真值判断的谓词，而其预设对象的名称是主词。在某种程度上，我因轴心国在目前战争中所取得的胜利感到高兴是正当的，因为这种愉悦感受呈现的对象是可以被正当地纳入所考察的（zugeurteilt werden）胜利之中的，因为这个对象实际上就是为它所用的。因此，我们可以概括地说：假如 P是由情感 p 呈现出来的对象，只要 P 实际上是为对象 A 所用的，那么让情感 p 附属于对象 A 就是正当的，并且判断"A 就是 P"也因而是正确的。当"正确"和"不正确"在这个意义上被划归为情感时，它们的意义毫无疑问与在判断中使用的"正确"和"不正确"是不同的，尽管这个表述的新用途源于它们在判断中的用途。因此，对感受和欲求而言并不需要一种拟—明见性。

　　但是，有一样事物必须要深思熟虑，即由我们的情感呈现出来的事物必须可以在适宜条件下充当真和充足可能性的基础——换言之，充当一种知识的基础。情感的正当性通过这种知识的明见性得以合法化。我们能依靠情感所呈现之物来获得这种基础吗？就目前的研究来说，我们能再次利用下列事实，近年来许多发人深省的思想都已经探讨过这个问题，尤其是它所涵盖的某些方面。我指的这些方面是审美方面：卡利舍尔（E. Landmann-Kalischer）已经彻底而睿智地对审美判断和感觉判断（Sinnesurteile/ judgements of sensation）进行了类比，并且论证了"审美判断的知识—价值"。[1] 不过，St. 威塔塞克在他经常被引用的最新版本中[2]否认了由审美感受所呈现之物[3]是用于知识的，而且在某种程度上他也已经决定反对审美对象的"客观性"。他在孜孜不倦地彻底考察了对象理论之后才得出这个结论。他的论文《论审美判断的知识价值》（"Über den Erkenntnis-wert ästhetischer Urteile"）为我自己的主张提供了基本灵感，尽管我一开始对这一原理有所怀疑[4]——这种怀疑在本书中得到了更完备的发展——因此，威塔塞克的反对意见显然可以用于我的主张。实际上，也有可能对审美感受适用的东西不能简单被普遍化地应用于所有的感受和欲求。但在必须考察呈现行为的问题中，有一种成

---

[1]　"论审美判断的知识价值"，《心理学论文集》第 5 卷（1905 年），第 263 页。

[2]　"论审美的客观性"，《哲学和哲学评论期刊》，第 157 期（1915 年），第 102 页以下，第 190 页以下。

[3]　同上，第 193 页以下。

[4]　见"知识的经验基础"，第 305 页。

见认为普遍的同质化已经得到了充分确证，而它保证了威塔塞克的辩驳具有超出审美领域之外的重要性。

卡利舍尔的论文主要意在阐明审美判断和感觉判断之间的相似性。毫无疑问，尽管"与其他的判断一致"（Übereinstimmung/ agreement)"似乎并不足以单独作为判断之真值的"强大标准"①，我们也应该能大量发现这种重要的相似性。但是在这方面我们必须同意威塔塞克，他认为尊贵物和欲求物的特性就在于把感觉判断作为一种比较标准是无济于事的。因为即使我们在足够宽泛的意义上来理解"知觉判断"这个术语，它所包含的一切事物都是在知觉一词的恰当意义上来获取其特性的：不过，某个对象要成为知觉对象就必须满足的要求②却是情感对象不能满足的。然而，大多数审美判断明显的经验特征似乎指向了感觉判断。但无论如何，内在经验的判断也是经验的，而威塔塞克实际上指涉的是这些判断，因为对他来说，审美对象的特性决定了经由感觉经验和先天知识的进路似乎都是不可能的。

另外，倘若我们没有发现③这个特征阻止我们把审美对象归入一个足够宽泛的高阶对象的概念之中，我们也有权去问我们是否可以正当地拒绝那些高阶对象具有的理想性④，而这种理想性构成了先天知识最恰当的领域。事实上，如果考虑事物的全部方面，我们很少怀疑"美丽"和"类似"比"美丽"与"蓝色"具备更基本的相似性。但假如我们把心灵的可知觉性⑤或实存能力⑥看作"现实"和"理想"对立的标志，那我们就是在直接考察感觉判断不同于审美判断的特性。就像相似性一样，美丽也似乎既不能实存也不能被知觉；它因而属于先天知识的领域。但是，这个结论明显有悖于我们在审美问题上缺乏先天知识的情况，因此似乎只有经验提供了先天知识的替代品。如果我们也转向对其他情感对象类别的讨论，而不是只停留在审美对象上的话，我们或许可以解决这种在清晰性上徘徊不前的情况。

让我们从目前已经被研究所忽略的一组感受或欲求开始，也就是从与真相关的欲求开始。我们在考察中必须保持专注，以免把我们所考察的判断—行为—感受和一种特殊的价值—感受，即真—价

---

① "论审美判断的知识价值"，第 305 页。

② 参见"知识的经验基础"，第 4 节以下。

③ 见前面，93 页以下。

④ 参见 St. 威塔塞克："论审美的客观性"，第 181 页以下。

⑤ 参见"知识的经验基础"，第 25 页。

⑥ 参见《论可能性和极大可能性》，第 61 页以下。

值—感受相混淆。任何关注都不能改变与这些感受相关的问题是真的客观事态或判断这一事实；我们也许会忽略，真——在这里也像在其他地方一样①——是可能性的限度，而可能性也引起了相似的感受。这类感受可以被非常恰当地称为"真—感受"，在那里，可能性被看作在那些感受所指涉的对象中包含的一种更重要的东西。于是，真是它们的预设对象显然只是一个分析判断的问题。如果把所有定义问题放在一边，我们也许会问：正如我们所见，我们无须指涉它们的预设对象就能足够清晰地刻画这些感受，那我们如何知道它们会把真而不是（比如说）假作为自己的预设对象呢？我们能够认为假也能在预设对象中占据一席之地吗？以及我们必须从经验当中得知假不能充当预设对象吗？没有任何一个真正毫无偏私的人会想回答"是的"。原因显然在于感受及其预设对象的性质，即真主张的是肯定性尊贵，而假主张的是否定性尊贵。我们也不必仅仅依赖于经验。感受和预设对象之间存在着一种先天的必然联系。

这可能已经影响到了我们在知识理论和其他学科中对待真的方式。其中最流行的说法是，真是被"感受"到的。众所周知，现代知识理论展现了一种相当有力且言之凿凿的倾向，即把真作为一种价值，显然"价值"在这里并不拥有它惯常的意义，并且也不拥有当我们在本书中把"知识—感受"和"价值—感受"相对立时赋予它的狭窄含义，它是在一个更宽泛的意义上来使用的，就此而言"尊贵"（Dignität/ dignity）一词似乎最适合它。"尊贵"意味着某种与真联系紧密的事物，因为它可以成功地用来描述真的本质。在另一处地方②，我谈到了关于客观事态的真概念和关于经验的真概念，我依然认为这些概念非常接近于传统上"真"这个词的含义。但日前我们似乎不能反对它，正如从尊贵的角度来刻画真非常重要一样。尊贵—概念或（在这个词更宽泛的意义上）真的价值—概念与客观事态—概念或经验—概念之间的联系，似乎就是真实对象（Eigengenstand/ proper object）和感受的预设对象之间先天关系的一种范例。

当我们价值—感受（在我们特殊的有限含义上来理解"价值"一词）的多样性与真—感受之客观性方面的相对一致性相对立时——在前种情况下——后者将缺乏极大的清晰性。不过，正如价值之中介和欲求的法则所表明的那样，假设这些法则正如前面所指出的那样

① 《论可能性和极大可能性》，第 472 页以下。
② 同上书，第 414 页以下。

不能只被看作统摄实际价值—态度或欲求—态度（Verhalten/ desire-attitudes）的法则，那它们就尚不至于完全缺乏先天明察。所有赋值于目标的人通常也赋值于手段，这就像人们相信了根据便通常不会怀疑结果一样，它们都在经验上被证明是真的。但是，正如 AAA 模式（modus Babara）的证明原则不管判断—经验有没有发生一样，目的和手段的法则也不管评价或欲求有没有发生。它关注的是价值自然的相互归属，而不管其他人对待它们的态度。和在别处一样，这里的方法显然是先天的。但是我们所得知的一切究竟意义何在呢？我只能找到一种自然的解释。按照这种解释，我们可以说，在作为目的（Zweck/ end）的对象实际上拥有一种由价值—感受或价值—欲求呈现出来的属性的意义上，作为手段的对象也将拥有这种属性。当然，推理规则即使在那些悬置或错误的前提和结论中也是在形式上有效的。但是只有在前提为真时，推理规则才能把这些联结在一起。假如没有真的前提和结论，那么推理规则将毫无意义。对于上文提到的价值律和它们的类似物来说，情况也大抵相似。在价值律中，我们具有一种先天明察，它预设了一种在其质料中拥有由情感呈现出来的对象的真值判断。

我们必须清晰地预设这一点，因为在任何一种寻求内在合理的——亦即明见的——判断之尝试中，这种判断的谓词都指称特定的情感对象（emotionale Eigengegenstände/ objects of emotions），其在真—感受的领域中会比在价值—感受的领域中得到更好的结果。目前来看，真—尊贵物可以被划归为关于把握的实际客观事态（Er-fassungsobjektiv/ factual objective of apprehension），但价值—尊贵物不能同样先天明见地被划归到任何对象之中。不过，就高级的伦理之善来说，我们对这些善好性（Gutcharakter/ goodness）和对它们彼此关系的经验有时是如此明显，以至于我们很难相信对这些善好性的知识完全缺乏一种先天明察。因此，我们也许希望，对这些善好之物的性质的更清晰的明察将终有一天使我们清晰且先天地把握这些善好之物的相互联系成为可能。即使现在，我们也已经在某些理念上取得了进展。像爱、正义、真诚，它们就只是稍稍落后于我们在真—感受领域中所获得的东西。我不敢毫无保留地坚信在这个领域中存在先天性，却保留着推测存在一种可被发现的先天性的权利，就像人们可能类似地推测说机械学法则的先天性比数学和力学所能保证的更多一样。

310　如果继续我们与机械学的比较，我们可能进一步追问：除了建立单纯的推测和愿望之外，我们还能在价值领域中建立或追求哪类确定性知识呢？在机械学中，先天性的终点是经验的起点，而这是因为机械学——作为物理学的一部分——最终研究的是实在，亦即实存之物。与此不同，尊贵物已经被识认为高阶的理想对象。经验何以可能接近这些对象呢？

事实上，我们发现自己处于一种特殊的知识情境中，其特殊性并不会因为它与理智领域的处境相似而被大大减轻。任何一个相信某事物的人也会相信他的信念是对的。这似乎就是他的信念的明显结果。更不具明见性的是，并非判断主体的某人最终也倾向于持有同一信念，至少在下述层面上确实如此，即对他而言，这个信念产生了一种或强或弱的假定去支持他所信奉之物的真。这不仅在权威的情形中如此。只要 X 相信这个或那个东西，就明显给 Y 传达了一种倾向：除非某些尤其使人麻痹的情形遮蔽了这个问题，否则他就应当倾向于相信同一事物。人们根据归纳法所形成的意见总是正确多于错误，我们能用某种归纳法来解释这种倾向吗？相似性是微弱的，但当我们注意到所有把感受（主要是价值感受）附着于某种预设对象之上的人也都相信自己拥有一种相当正当的感受，并且不经深思熟虑就去批评任何不同的态度时，我们一定会记起它。要容忍那些评价不一致的人并不比容忍那些思想不一致的人更简单，尽管我们自己经常也得这样行事。当某人学会了这一点并可能深谙此道时，那么生活就纠正了一种明显具有原初合法性的本能性夸大。它的出发点最好能这样描述：假如 A 是价值—感受 p 的预设对象，价值—感受 p 呈现了真正对象 P（Eigengegenstand/ proper object），那么对象 A 和 P 同时的被给予性（Zusammengegebensein/ simultaneous giveness）就使我们有理由假设 A 拥有 P。不容忽视的是，这并非肯定—明见性（evidence-for-certainty），而是猜测—明见性（evidence-for-surmise），这种明见性直到现在还没有被引入。这里的问题与关于外感知判断的问题十分相似。[1] 像这些问题一样，我们目前的假设也需要一种证据，而证据的缺少可能会危及这些假定的合法性，至少在其他情形中确实会如此。[2] 倘若所有的尊贵物——即使是那些价值领域中的尊贵物——都是理想对象这一看法没错的话，那我们至少在这一点上看到了一种不同于知觉的特性。因为对尊贵物来说，我们所考察的假设关涉的不是实存（像知觉一样）而是潜存。我

---

① 参见"知识的经验基础"，第 18 节。

② 参见《论可能性和极大可能性》，第 436 页以下。

们在这里研究的所有事实都是基于被关涉对象的事实，因而都是先天知识的问题。我们通过一种非常特殊的、经由经验的、迂回曲折的道路来获得这类知识，因为我们在这方面是如此力不从心。

总之，我们可以说，对这种知识我们已经有了一些头绪，即被给予对象是否具有价值—尊贵物。但是，除了某些可以说是神秘的方法之外，我们在实践上并没有这类由其独有的性质所提供的先天明察。但我们能够合法地推测出它们，即使这种推测不够有力。但是对我们而言，这使得我们由实际评价和经验（这由推测所确证）向关涉价值—尊贵物的更有力推测迸发成为可能，并且我们可以通过对经验的日渐依赖和其他像我们利用知觉要素一样用于知识之目的的非直接要素来实现这一点。不过，利用经验来达成这一目的会比利用知觉面临着的困难多得多。

把关于价值领域的论述转换成关于审美感受及相关欲求的论断并不困难。我们几乎不可能明察到任何关于中介的先天有效的法则，但是通过直觉我们把握住了伟大和渺小事物永恒的美。我们假设这类专属于天才的直觉会比假设对价值的把握容易得多。青史留名的伦理楷模屈指可数，而艺术大师相对来说却多得多。我们补充了丰富的事实材料，包括我们对于审美对象的态度，以及基于对象性（gegenständlich/ objective）预设的感受所包含的对判断而言的假设明见性的个例，因为感受的恰当对象实际上是预设对象的一种属性。在这一问题上仍然十分重要的是，这种假设的可靠性是否可以通过任何方式而得以显著提高，而这种可靠性又从何而来。经验路径倾向于指出这里的先天目标比其在价值领域中更具明见性。因为价值—感受大体上都是实存—感受，而审美—感受原则上是指向对象的如此—这般之存在的感受，这里并不关涉其实存。不管这些对象实存与否，审美感受都将其附着于对象上。因此即使我们不再考虑审美感受对象的特性，这种归纳实际上也是不可能的。

对于感觉（sinnlich/ sensuous）感受来说，问题甚至更糟糕。内在明见的合规性似乎并不存在，而就各种感受与其预设对象的关系来说，互不相同的经验已经把对合法性的自然意识正当地推向幕后。但是，出于本能的不宽容并不总是保持沉默，有时即使是在那些低阶愉悦中，它看上去仿佛也是一种与知识甚或能力的缺乏相对应的真正的认识和正当性。鉴于与之相对的知识必须依赖于某些环境和条件，这类缺乏可能往往是伦理上更值得欲求的。整体而言，我们

不能否认这组感受和欲求使我们有理由进行推测（Vermutungen/

surmises)。这些推测与关于价值对象和审美对象的推测类似，即便我们绝不会感受到一股强烈的冲动要把它们推向或多或少可接受的且确定的法则。

因此，我们得出结论，情感的真正对象是谓词而情感的预设对象是主词，这种知识在某些情况下是确实的，或者至少是可能的。这样，我们就为区分正当和不正当的情感奠定了基础。假如把情感之对象归于情感之预设对象的判断是正当的，那么这些情感就是正当的。但是，我们没有必要补充说，这种判断的正当性并不反过来暗示了进行呈现活动的情感具有正当性，因为这些判断可以是否定的，并且它们可以指出所考察之情感的不合法性(Unrechtmässigkeit/ illegitimacy)。

第十三章　个人价值和非个人价值

在我看来，那些与承载知识的情感呈现相关的论述在运用于下述想法时变得至关重要，这种想法也许能为一个非常古老且看上去不可解决的问题开辟一条解决之道。与其类似的情形一样，这种表面上的不可解决性来自一种把整个问题标注为"伪问题"进而对其置之不理的倾向。进一步来看的话，我们在这里关涉的是整个情感呈现领域，但某个相对特殊的领域显得尤为敏锐，出于这个原因，这个领域可能更适合经受理论考察。我所思考的是价值领域，在下文中我们应集中于这一领域。然后我们应该再来看看，我们的结论是否可能运用于情感呈现的其他领域。

我们应该考察一下在几乎所有的现代价值理论中都被当作最毋庸置疑的基本准则的东西，以及那些被贴上了价值相对性标签的东西。这种毋庸置疑性对于思维朴素的人来说并不总是显而易见的。流行信念如此热切地赋予黄金与宝石以非凡的价值就清晰地证明了这一点。人们已经越来越不相信价值是有价值之物的一种内在属性，有三点因素尤其应当为此负责。首先，一个事物的价值经常依赖于另一个事物的价值，前者是后者的部分、原因、条件或诸如此类的东西。当我们考虑这些诸多可能的复杂因素时，或许就不存在这样一个客体(Objekt/ objectum)，它不能在不同情形中有时充当有价值的客体，有时充当没有价值的客体，因此某个客体有无价值(unwertvoll/ disvaluable)的属性并不取决于它确定的特性。这一点在我们认识到价值依附于客体性质的方式是多么外在时变得尤为明显，因为在某些情况下，某个客体能够保留它作为有价值的客体的地位，即使这一地位的基础——这个客体与某种内在价值(Eigenwert/ in-

trinsic value)的关系，甚或这一内在价值本身——早已不复存在。[1]
当价值的大小依赖于(具体的)善好之物的储备时，第二个因素就很重要。这种依赖性在现代政治经济学中被称为"边际效用"(Grenz-nutzen/ marginal utility)法则。[2] 根据这条法则，同一个客体(如一定量的水)在具体情形中可能极具价值也可能毫无用处。如果所有其他条件保持不变，主体最为关注的特征将决定价值，比如，同样的食物对饥饿者而言具有价值，对饱腹者却不具价值，在这里第三个因素显而易见。种种经验已经把理论注意力从价值—客体的性质转移到价值—主体的实存(Vorhandensein/ existence)和性质上，尤其是转移到某种主体的特有经验——"价值经验"上。[3] 首先是价值—感受，其次是与之相关的欲求已经被识认为价值—经验。总之，价值可以被定义为一个对象的能力，这种能力能够把兴趣吸引到它自身从而使自己成为一个价值客体。

我无意低估自己帮助证明的这些结论的重要性。不过，即便充分考虑到这些结论的重要性，牢记绝非所有为价值理论设定的任务都因此得到解决仍然是合理的。接下来我们将通过举证某些非常显著的情形来表明这一点。

一般来说，如果主体对一个客体不感兴趣，那么否认这个客体对主体而言具有价值是再自然不过的。但是，从这个观点看，阅读和写作对除极少数学龄儿童之外的所有人都毫无价值，并且就算我们指出孩子们在学校所学的东西对他们将来是有价值的，这个困难也不会因此消除，因为我们的困难在于，不感兴趣的人们已经在孩子们现在所学的东西中看到了对孩子们而言的价值。价值—主体不能诉诸可能的未来加剧了这一困难。这也适用于不可救药的精神病人，我们不指望他们去赋予食物、衣服、房子等以价值，但对他们来说，这些事物依然被看成是有价值的。这里关于价值的思考似乎指向了某些与主体兴趣无关的东西—除非我们已经用"兴趣"来意指"价值"。

在前面章节中被称为价值—错误的事实也指向了同样的方向。一个客体吸引兴趣的契合性并不依赖作为其心理预设的判断的真假。因此，魔法棒似乎与药用植物一样可以被称为"有价值的"。我曾试图建议人们把后者称为"客观"价值而把前者称为"主观"价值来解释

---

① 参见 Chr. v. 艾伦菲尔斯：《价值论的体系》，第 1 卷，第 46 节。
② 参见同上，第 25 节。
③ 参见"在一般价值论中赞成心理学与反对心理主义"，《逻各斯》第 3 卷(1912 年)，第 3 页以下。

这一差别。但这样一来，"主观"价值也被接纳为价值，但一般的判断并不愿意承认魔法棒具有"有价值的"属性。①

另一个相关观点是我在其他地方②简单提到的"潜能化"。③ 如果价值被看成是与主体及其处境相关的东西，那么我们自然会把主体及其处境明确地包含在价值之中，因此价值将随其主体而产生或消失。考虑到这一点，潜能化无疑倾向于使价值独立于所有这些预设。当然，主体及其处境似乎还是得加以考虑。但是问题通常并不会随着客观事态被假言判断所把握而结束，这一点在所有关于性情的思考中都显而易见。当我们说某人是一个好射手，这是指他在射击时射得很好。但人们不会把一种"如果—那么"的关系或类似的东西判定为他的一种属性，而宁愿用迂回的方式来描述属性，这一属性本身在大多数情形下根本不为人所知，却依然是这个问题的核心——比如，我曾精确地称之为"性情的基础"（Dispositionsgrundlage/ the basis of a disposition）。我们通常只能相对地来描述这一基础，但这并不能使它本身变成一个相对的东西。价值方面的潜能化无疑也是类似的。因此我们可以推测，所有追求在潜能化中有所识认的东西都不仅仅是对价值的相对规定。

在某种更缺少理论化但却更有效的形式中，我们的观点可以表达如下：如果价值的本质主要是由主体的态度所构成，那么价值最终将随主体而产生和消失，也就是说，主体作为所有价值的最终条件将把价值涵括于自己之中。但这样一来，主体的实存作为所有价值的基础，将优先于所有具体的价值。生命将成为最大的善。我们偶尔已经得出了这样的结论；但却从未在实践上荒谬地得出过这样的结论，或暴露过其比我们自身更加明显的内在轻率性。

---

① 如果价值必须用关涉主体的方法来定义的话，那么"O 的价值在于：某个 S 对 O 感兴趣"，这种说法并不充分。我认为必须补充说"能够感兴趣或者以正当的理由应该感兴趣"（"在一般价值论中赞成心理学与反对心理主义"，第 9 页），这样所要表达的意思才完整。但是，当我继续说"在最近的评论中，对价值的界定仅仅使用心理学的方法被打破了"我就会受到 Th. 莱辛的指责："在这个定义中，价值的标准定义和价值的心理事实被混淆了。"（《价值原理研究》，第 18 页以下）

② "赞成心理学与反对心理主义"，第 6 页以下。

③ 对这个概念有一种反对意见，即在这个概念中，"概念的逻辑加工（logische begriffsoperation）——出自某个思想的思想的发展——与发生于实际事实中的经验变化相混淆"（Th. 莱辛：《价值原理研究》，第 18 页）。如果"实际事实"指的是在我们的把握行为中实际发生的事情，那么我必须对这样一种笼统的批评作简要回应，"出自某个思想的思想的发展"或者"概念的逻辑加工"总是发生在一个思维主体身上，同时，归纳和限定除了具有心理的特征，也保留了它们的逻辑意义。

因此我们自然就进入伦理价值这一具体领域，我相信在这里我们能获得最具决定性的立足点并借此考察我们的问题。无偏私的观察者将不会怀疑，几乎没有什么人类判断的领域会像伦理学一样，在那里对确信的保证总是与我们知识的实际水准相冲突。即便如此，任何一个严肃认真的人都至少会拥有一些基本的伦理信念用以衡量自己和他人行为的价值，并通过它来澄清价值概念的意义，即使他的某些基本观点无法在他将来的批评及其理论的进一步发展中立足。但是，对于有些事物人们实际上从未变得不确定，尽管人们的意愿各不相同。就像许多人经历过的一样，所有倾尽全力与虚伪和不公，抑或与不忠和无情进行斗争的人，可能都会问他们所追求并据此生活的理想是否具备充分的基础，他们希望得到某种理论性的答案。他们将论证称，人们根据各自独特的个性对某些东西抱有赞赏和满足，而对其对立物则不抱相似的态度一定事出有因——即使严格说来，对不同个性的人而言，没有什么可以阻止正确的变成错误的，好的变成坏的。

在伦理价值中我们可以提供一些对相对性学说的反驳——严格来说，我们经常并不是在研究真正意义上的价值，而是在研究功能性的或不如说是效果—价值（wirkungswerte/ effect-values）。但联结后两种价值与真正价值的关系却完全是客观的，因此它们尤其独立于价值主体以及价值主体的倾向。我自己曾经在那些利他倾向的具体案例中寻找这种关系，不过我不是在利他主义只能从效果价值的角度来看待这种信念中寻找。① 从那以后，我越来越怀疑这种尝试的意义。但即使人们能够成功表明基本的伦理价值就是功能—价值，这对我们刚才提到的相对性观点也毫无意义。因为功能—价值不可避免地要回溯到真正价值。对于真正价值来说，诉诸主体这种做法就像以前一样并不能令人满意，因为主体的性质总是外在于所考察的客观事物。它们在客观性方面的联系可能也较好地独立于主体的本性；但从这种联系中会产生新的价值，即那些特定的功能—价值，这只能用相对性观点加以解释，即假设如果某些对象中彼此存在着某种关系，那么主体的本性就会导致主体把其评价或欲求按照严格的法则从一个对象转移到另一个对象。在这种情形中，事情会因不同个性的主体而异，并且在此可能会提供一个完全不同的价值或非价值的基础。

---

① 参见《心理—伦理研究》，第56节以下。

面对这些困难，人们也许会问一个简单的问题，价值概念包括价值主体是否就像当代价值理论所设想的那样在所有情形中都是基本的和必需的。诚如是，人们很难不去怀疑在这里主体的相对性并不比在以下情形中更有帮助，即当主体的经验及与主体的关系都由真甚至由事实所构成时。事实上，"真就是被主体所确信的东西"这一论断似乎并不迥异于"如果某事物能够唤起主体的肯定性评价或欲求，那么这个事物就是有价值的"这一论断。如果在知识理论中确实存在着一种错误的心理主义，那么我们可能会问：人们怎样才能拥有一种感受上的正确，从而避免在价值理论中出现同样错误的心理主义呢？

通过指出联系、发展等内容可以让前述各种怀疑噤声，对这些怀疑的起源作"心理学的"解释也能摆脱它们。哲学史的许多先例已经证明这种做法是可能的，不管是出于好的动机还是坏的动机。并且恰恰因为人们能够应用这种方法，所以人们有义务对此进行更深入的研究。情感呈现以及以此为基础的知识必定能帮助我们进行这种尝试。

显然，不可避免的是，早先思考这些相关概念时，价值相对性学说应该没有考虑到情感呈现的可能性。"有价值的"这一谓词并不能在特征上与"美丽的"这一谓词相区分。后者意指对象引发审美感受的能力，而前者仅仅是用价值—感受替代了审美感受。但同样明显的是，不管价值—感受及与它相关的欲求的特征可能会是什么，这种呈现要素的特征在被呈现的对象中不必是明见的。如果价值是由价值—感受所呈现的对象，正如美是由美的感受（Schönheitsgefühl/ feeling of beauty）所呈现的对象，那么这些对象并不必然包含在与把握主体的关系当中。同样，我们在表象中拥有一种呈现经验，但在诸如声音、颜色这些对象中，把握经验或其主体并没有一种揭示能力。自然，毫无道理的是，出于某些特定目的，价值不应当通过把握经验间接地加以刻画，而颜色和声音却可以以另一种途径通过频率来进行描述。不过，必须承认，这些（把握行为）要素在前面两种情形中都不是构成要素，因此人们认为价值比颜色更具相对性也是毫无道理的。于是，价值并不主要是一种引发价值经验的能力，而只是由价值经验所呈现出的东西。这里，就如在所有基本事实（Fundamentaltatsachen/ fundamental facts）中一样，我们必须放弃一种支持直接经验的真正定义。

即使我们确实成功地——我认为我们已经成功了——从情感经

验的呈现行为中获得了一种已经摆脱相对性的价值概念，我们依然不能完全消除这一概念的主体性。这一点体现在第二性质（也包括第一性质）的相似情形中，这些性质的现象特征并不包含相对性。但这些特定的性质表明，即使我们承认这一现象状态，我们也绝不想忽略它们对于知识的重要性。在这两种情形中，重要的是要意识到，我们所考察的现象在何种意义、何种程度上可以作为知识的基础。在前一个段落我们得出结论：由情感呈现的东西足以为知识提供这种基础。奠基于情感呈现的价值概念也足以在适宜条件下满足自身对绝对客观性（unconditional objectivity）的要求，我们对于伦理问题的态度能够为此提供证明。对于这种实现而言，何种程度上的条件是真正适宜的则是另一个问题，这在我们目前的伦理实践中尚且得不到回答，更不用说在我们目前的伦理理论中得到回答了。但如果前述讨论已经成功地消除了下述困难，那么我们就已经收获颇丰。这个困难在于我们所考察的这些复杂的要求似乎与所有价值的本质都不协调，因而人们必然认为这些要求只是幻想。

即使与我类似的这些断言也已经被同时代人所提出①，但所谓的大众意见依然激烈地反驳我。这一反对意见足以使人们质疑，是否所有接受我的断言的人都不会因此使其自身与几乎所有的现代价值—理论的阐释者相冲突，而只是要求他们重新回到价值—理论自然地发展了几百年的道路上来。科学有时不得不这样做。但是，那些经过重新调整却不会带来如此严苛要求的论断则会正当地赢得更多的信任。这里所表达的理论也许就处于这种更为适宜的位置上。严格来说，这一理论并不反对已经被大家接受的价值—理论传统，而只是试图揭示在某种意义上一种全新的——或者不如说是一种被忽略的——关于这个问题的角度。乍看之下，这种反对意见似乎是对的，因为我前面的讨论已经在关注一种价值概念，与一般意见不同的是，我试图在这个价值概念中挖掘出中立于关系的要素。但是一旦人们意识到，上述论断并不在于揭示唯一的价值概念而只在于揭示一种价值观念（Wertgedanke/ one notion of values），那么这种

---

① 参见我在"在一般价值论中赞成心理学与反对心理主义"中的简评，第 9 页以下。O. 克劳斯的论文，"价值论的基础"提供了更多细节［《哲学年鉴》，第 2 卷（1914 年），第 12 页以下］。其中，下面这段话也是与我有关的："1911 年迈农放弃了他一贯坚持的对绝对客观之价值的反对。"（第 20 页）紧接着的注解确定不疑地把我说成是一个值得尊敬的人（当然没有丝毫尊敬）。这里需要说明的是（否则将没有机会对此进行说明），我在 1894 年就已经知道了 F. 布伦塔诺的伦理学著作，他与我转向价值—理论领域中的非心理学概念没有关系。

无疑真实的分歧就会变得不再那么尖锐，因为就我所见，并不是只有一种价值观念而是至少有两种，其中没有任何一种可以得到理论上的偏爱而不会导致片面性。事物的情形对我来说似乎是这样的：

所有他物—呈现经验都向认知主体呈现了两个对象；一方面，是认知主体进行他物—呈现的对象——请允许我这样说；另一方面，是认知主体自身—呈现本身。这种情形所包含的差别我们经常能体会到。如果有这样两类知觉论断：（a）水果成熟了，（b）水果看上去成熟了。我们所考察的知觉表象在一种情形中是他物—呈现要素，在另一种情形中是自身—呈现要素。但是，在第二种情形中，需要有某种关系，以便恰当地用经验自身来刻画事物。进行呈现的情感无疑也是这样行为的，当然除了我们已经经常提到的，它们通常不像理智领域中的经验那样进行他物—呈现。自身—呈现可能也就相应地占据了优势，并伴随着一种相对主义的处理方式。具体来看，价值—经验可以被效用化为一种手段，用来认识它所依附的对象。它们作为一种认识手段（Erkenntnismittel/ means of knowing）具有双重意义。其一，由价值—经验所呈现的事物作为对象的属性而归属于对象；其二，对象具有一种属性，用来激起与呈现的对象相符的经验（比如价值）。显然，即使当第一种解释失效甚至根本无权尝试时，第二种解释仍然保持有效。因此，我们可以断定第二种解释无需预设而具有普遍的适用性。这要求我们进行理论化，尤其是因为一种非相对主义的路径已经如此频繁地在变化多端的外部条件影响下遭到失败。在前面的讨论中，我们已经试图否认这种值得保留并进一步发展的前理论的价值概念关涉所有事物，并且也尝试着回到刚才所说的"第一种解释"。毋庸置疑，第二种解释为一种清晰而又广泛适用的基础性概念奠定了基础，但是我们必须同时强调，还有另外一种既可辩护又不可或缺的价值理论的基础性概念，它要奠基于前述的第一种解释之上。

最后得到的两个概念究竟哪个才称得上是价值的首要概念呢？在这一点上，分歧显然不可避免；我不能否认，那种在理论上长期受到忽视的独立于关系的价值，似乎更值得我们偏爱。如果我的理解是对的，从理论上说，价值并不包含任何关系：这首先跃入脑海是因为这种独立于关系的价值概念频繁地遭遇失败，其次它又通过一种最有力的方式让人印象深刻。但是价值理论和实践中最深刻和棘手的问题都围绕着独立于关系的价值展开，如果我们必须为它引入相对性，那么这些问题就被模糊和弱化了。

　　但是，所有倾向于把中立于关系的价值概念放在首位的人都绝对不能忽视，相对价值对于理解一些问题也极具重要性，在那里，中立于关系的价值概念可能毫无帮助。显然，相对价值和中立于关系的价值具有同样的重要性和正当性，或者说，即便中立于关系的价值完全缺席，相对价值也不会丧失其重要性。不同的人对同一个事实感兴趣的程度不同，却没有人会因此而被认为是错的，这是一种常识经验。一个病人对自身病痛的关注完全不同于一个即便最富同情心的人在其或亲或疏的关系中对此的关注。与我们相伴一生的许多事物中，有相当多会因为与之相关的人的死亡而贬值甚或完全没有价值。我们当然不能总是否认，主体的实存是一个事物具有中立于关系的价值的条件之一。然而前提是，在某些情形下，价值要被理解为与某个个体相关，也就是理解为对于这个个体而言的价值。要是有人只考察了中立于关系的价值而跳过了这些问题的话，那么他将会在理论和实践中忽略掉一些重要因素。

　　必须要补充的是，我们在这里研究的事实能够最为轻易地在经验上得到证明，如果没有人反对这样做的话。相对价值总是处于那些产生或可以产生价值—经验而不用理会其正当性的地方。但是中立于关系的价值却并不总是处于呈现或可以呈现它的地方。可以说，它只会处在那些将正当之物（etwas Richtiges）作为呈现对象的地方。这种正当性的确定并不比在外知觉的类似情形中容易，而且一般而言，这要比后者更难。

　　因此，相对价值仍然是真正可把捉的价值，这个价值在最好的意义上来说是肯定性价值。整个价值科学应该以相对价值为起点，并且如果它想在更为狭义的科学一词上配得上科学的地位，亦即不只是作为对象理论的话，那么它就应该总是与相对价值保持最紧密的联系。这类相对价值概念不会丧失它的重要性，即使它应该证明自己只是理论化思维的创造物，并且比起中立于关系的价值概念更偏离了我们对价值的素朴思维。而且，如果我们不能在这个问题上立刻达成一致，只要价值概念的自然二元性及其各自的特征得到阐明，那么这也不会带来太大的缺陷。为了在术语上巩固我们的结论，看来最合适的做法就是从两种意义上来谈论"价值"，但除此之外，我们还要做好准备，根据不同的限定词来恰当地确定它们之间的差异。为了实现这个目的，"客观的"和"主观的"这些词语就自动到了我们手边，因此中立于关系的价值可被叫作"客观的"，相对价值可被叫作"主观的"。

不过就我而言，在上述意义上运用这些术语尤为困难，因为在我从未思考中立于关系的价值的那段时间里，我已经决定在相对价值领域内以另一种方式使用这些术语。在相对价值领域，我们也必须研究上文简单提及的①与价值错误有关的事情。所有相信魔法棒或所谓糖丸的人都认为这些事物有价值，即使是出于一种错误的理由。这些事物无论如何都处在主体的兴趣领域中，因此它们毋庸置疑在任何意义上都是相对价值。但是，如果这种价值相比于边界对于一个城邦的价值，城邦可以利用边界免受已被证明为不可靠的邻国的侵略，那么，如果我们考虑到从错误和正确的预设中产生的多种结果，显然在第一种情形中存在着一种主观性，它并不存在于第二种情形中。那么在后一种情形中，我们或许可以谈论客观性。正是在这一意义上，我建议把"主观的"和"客观的"这对术语运用于相对价值。② 当然，我并没有考虑到中立于关系的价值有一天也可能在理论上得到承认。既然理论已经发生了变化，那么术语表达上的变化也要最为恰当地把它考虑在内，而我们真正要考虑的可能是，术语的变化是否事实上就是要实现的最基本的和最好的事情。但是，我担心一旦改变那些曾经得到定义的术语的意义，可能会产生误解。因此，出于我极为个人化的工作目的，也许我最好尝试着保留"客观的"和"主观的"这些术语在指涉相对价值时的原有含义。那么，我就应该试着为这两种主要价值类别找到其他的专有名称。

我在前面反复使用"相对价值"和"中立于关系的价值"，这两个名称可能不是十分合适。我们可以用"绝对的"（absolute）来代替"中立于关系的"。对于"绝对的"这个词，毫无疑问，所有可以被正当地称为"绝对的"东西都不是相对的。因此，当形势需要我这样做时，我将毫不犹豫地在中立于关系的价值的层面上来讨论"绝对价值"。然而，"绝对的"这个词，尽管在其自然意义上毫无害处，比如，当我们用它来指称看见的颜色或听到的音调时，由于它在长期的使用过程中获得了一种属性，令它并不总是正当而极大地激发起那个至今尚未被克服的形而上学恐惧（horror metaphysicus）。因此，如果人们要引入一种基本价值类型，而人们尚未实现对它的认识，那么一种专业指称可能将使得这种认识变得非常困难，于是人们也就很难出色地将其完成。必须进一步说明的是——"相对的"和"中立于关系的"这对表述也同样如此——由于先前我们对对象的性质进行了某

---

① 第108页以下，第127页。
② 见《价值论的心理—伦理学研究》，第23节。

些不同规定的命名，那么通过它们来辨认属性将造成一种印象：人们只是在考察分析判断，但事实上人们拥有一种完全不同的而且更加重要的明察。因此我寻求其他名称并相信我已经找到了——沿用 F. v. 维塞（F. v. Wieser）的用法——非常恰当的表述，即"非个人的"和"个人的"。[①] 我所遭到的反对主要来自一个方向[②]，我曾经期望得到来自这个方向的最肯定的理解——尽管上文也提到了[③]分歧，但它主要是术语方面的，而非客观特征的分歧，不过这些反对并不能使我仅仅由于这种术语上的困难而做出新的改变。这些事情无须改变就可以得到更好的解决，因为最后使用的这些名称对我而言并不重要，只是对事物自身重要，而且术语最终重回正轨也不会因此遭到阻止。

假定了这些，我们就可以将前面价值研究的主要结论阐述如下："价值"可在两种截然不同的意义上来使用，我们用"非个人价值（unpersönlicher Wert）"和"个人价值（persönlicher Wert）"来区分它们，这样我们在把握和经验主体的意义上，所想到的就不是"人格"（persönlichkeit / personality）而是"个人"（Person/ person），这种主体在一种情形中是缺失的，但在另一种情形中却必须出现。相似地，非个人价值是由价值—经验直接地经由他物—呈现出的产物，而个人价值是一种引起对他自身的价值—经验的能力。于是，个人价值自然就是对某人而言的价值，也就是对某价值—主体而言的价值，而在前一种情况中并不需要价值主体，这就相当于在所有对象情形中，如果它是一个把握的对象，那么它总是需要一个主体，反之，无须成为把握对象的对象就不需要主体。所以，个人价值总是相对的，而非个人价值总是摆脱了相对性，因此它也能被描述为绝对价值。就它们的相对性而言，个人价值总是主体性的，而非个人价值是客体性的。但在个人价值的主体性中，客观—主观的对立仍然具有重要性，因为，在我们所考察的价值—经验的理智预设中，客观事实只在某些时候具有决定性，而与事实松散地相符的主观意见非常容易取而代之。

为了考察非个人价值保有某种对主体之相对性的可能性，我们必须回到刚刚提到的"把握对象"这个概念上来。是 Th. 莱辛让我把注意力集中到这个问题上。对于"如果没有那种偏爱性或排斥性的兴

---

① "赞成心理学与反对心理主义"，第 2 页，第 12 页。
② 莱辛：《价值原理研究》，第 17 页。
③ 见前面，第 22 页，第 126 页。

趣，就不会有价值法则（Wertgesetze/ laws of value）"这一论断，他评论称这"无疑是正确的"。① 这就像"没有理性，亦即没有判断的心灵（Geister/ minds），也就没有真理或谬误"这个论断一样正确。如果我对真和事实性（Tatsächlichkeit/ factuality）之间的主要差异认识无误的话，那么在此对"真"一词的使用非常重要，因为与事实性相对，真是对于对象的把握。如果某个事实上的客观事态被看作把握经验的客观事态就会被称作真的②，那么真就必然与把握主体联系在一起，即使我们并不认为真依赖于这个或那个个体的实存或特性。尽管真具有这种中立性，它在这些情形中还是展示出了一种相对性要素，而事实性依然中立于这种相对性。事实上，我们现在也许可以问，价值概念是更相似于事实性概念还是真概念。在前文中我们自动地滑向了第一个选项，而上面所引用的莱辛的话则指向了第二个选项。尽管这对我来说有点多此一举，但我也无法在这里通过引入某种东西来消除这种烦琐。然而，如果在接下来的讨论中我坚持使用"中立于—把握"（erfassungsfrei/ apprehension-free）的价值这一概念，那么我几乎不会在概括我的主旨时铸成大错；因为，即使被把握的价值的概念更值得偏爱，我也能在描述中轻而易举地添加把握要素，尽管只是外在地添加。

如果我前面所说的是对的，非个人价值事实上就是前理论思维随着理论化的过程而引入价值理论中的概念，那么现代价值理论处理个人价值的做法就偏离了正轨，因此需要纠正其路线。但是这种说法是错的，这就像因为物理学或所有其他自然科学都必须研究实在性，由此我们就得出结论说它并不必然要关注显现（appearance）一样。对我而言，物理学显然不同于关于物理"现象"的理论。③ 物理学无疑关注的是"事物本身"，但如果物理学仅仅只能以此为起点，那么它就不能告诉我们，物理学从哪里开始或者从哪里获得它的经验合法性。即使我们暂时接受了这种类比，价值理论的正当性要求也不会因此得到满足。因为，与这类物理现象不同，把握对象严格来说只是心理学，当然还是对象理论的兴趣所在，而可能被称为价值—现象的东西，也就是我们兴趣领域内某个对象的内容，它的被给予不但具有心理学上的重要性，而且具有不同寻常的实践上的重要性。因此，在一个新的视角下，它受到了理论上的关注。所以，

---

① 《价值原理研究》，第104页。
② 参见《论可能性与极大可能性》，第39页以下。
③ 参见《知识的经验基础》，第106页。

我们得出结论：迄今流行的价值理论忽略了一个重要主题，即忽视了非个人价值，但它对个人价值的研究却做出了有价值的、必要的工作。没有这方面的工作，我们根本无法接触到非个人价值。但是只有未来才能确定这些问题在何种程度上能够找到令人满意的理论解决方法，通过这种解决方法，我们关于个人价值已经发现的或将要发现的事物，才能得到利用。任何真正科学的未来伦理理论都依赖这一点，这对我而言是明见的。

一般而言，人们不应该被这些困难所欺骗，所有未来的对非个人价值的研究都将与这些困难作斗争。我们上面提到这一点类似于我们与外部世界（äussere Wirklichkeit/ external world）的关系，对于初次评价来说，我们可以再次恰当利用前文提到的这种相似性。在适宜条件下，我们可以充分明见到存在这样一个世界，但是并不能明见到这个世界的特性。[1] 一个不偏不倚的人也可以用相似的方式坚信伦理价值及其非个人性（Unpersönlichkeit/ impersonality）。然而，当我们面对种种或多或少具体的对象，并且询问它们能否在这些价值之中找到位置时，我们就发现自己陷入了惊人的不确定性之中，这种不确定性不仅在现在的伦理理论中，而且也在伦理实践中被那些"聪明"的学者们以雄辩的方式所利用。众所周知，通过要求人们不能脱离被"给予"之物的基础，人们试图经常获得或保持作为科学荣耀的严格的精确性。无需详尽思考那些存在于这些要求的基础中的质朴和无知，我们也可以看到，要完全弄清那些已经被充分阐明的东西是多么容易的一件事。但是，我们仍然要根据事物的重要性来回答，是否该转向那些晦暗不明的事物。出于这个理由，人们将永远不会停止去尽可能好地从事形而上学的工作，同样，非个人价值理论将迫使人们经常重新思考更新自身。但是，我们希望对此目前已经有所进展，那些由理论本身为自己设置的、与非个人价值相关的障碍已经被消除了。

第十四章　价值与实存，非个人的应然性与非个人的手段性

到目前为止，我们的研究只与价值—领域中的尊贵物有关。于是自然会出现下述问题，即这是相对性的还是中立于相对性（Relations-freiheit/ freedom from relativity）的？换言之，这相当于价值—领域中欲求物的个人性或非个人性特征问题。有一个问题从本

---

　[1]　参见《知识的经验基础》，第18节以下。

质上来说最重要，这个问题只与尊贵物相关，我们首先试着澄清这个问题，把它当作研究的起点。从一开始，当我首次试图描述价值经验时①，我就指出在这种联系中判断扮演了关键角色，尤其是存在判断，甚至可以更进一步地说是实存判断，这个角色可以描述如下：价值—感受是存在—感受，尤其是实存—感受。这些话也暗示了，我们将存在——主要是实存——安插在价值概念中的一个关键位置上，其重要性只是通过潜能化②才被或多或少地弱化了。尽管这一点对我而言似乎一直是明见的，但存在和实存的关键地位却开始变得可疑。我不知道这些怀疑是否被公开表达过，但我自己在一些十分可靠的渠道中被私下告知了这些疑虑。即使这些曾被指出的质疑在原则上可以被消除，可由于它们时常揭露某些事实上的理论缺陷，因此只要这些质疑可以通过发展变得相对合理并同时可以被消除，那么这就可以被视为一种支持某种理论基本思想的标志。在这个意义上，它可被看作我们在关于非个人价值的研究中所获得的意料之外、意愿之中的结果，以这种非个人价值为基础，我们就可以对存在在价值理论中的地位问题达成共识。

现在清楚的是，我们刚刚就存在之重要地位所论述的一切，对价值—经验来说基本正确，因而对个人价值来说也是正确的。于是，接下来的问题就是，同样的论断是否适用于非个人价值。假如在适宜情况下，非个人价值是由价值—感受所呈现的，那么当下显而易见的是，存在——或者不如说实存——就不是这样被把握的属性的规定性。因为正如我们所见，由价值—感受所呈现的尊贵物宁愿被看作客观事物（objectum）的特征，也不应被视为客观事态的特征。诚如存在⌊当然，我们一直是用它来指事实上（tatsächlich/ factual）的存在⌋③对非个人价值而言的重要性并不在于它是一种经验的组成部分，而在于它是这种经验得以合理发生的前提，这种经验能够在作为其呈现要素的意义上把握价值。因此，非个人价值并不附着在客观事物的存在中，而是附着于所考察客观事物的如此—这般之存在中。因此我相信，对非个人价值而言，即对所谓价值的真正概念而言，人们否认其对象的存在与其相关是合理的。

对欲求物来说，情况则有所不同，下列事实揭示了这一点：诚如前文所述，欲求物并非像尊贵物那样类似于客观事物，而是类似

---

① 《价值论的心理—伦理学研究》，第 5 节。
② 参见"赞成心理学与反对心理主义"，第 6 页。
③ 参见《论可能性与极大可能性》，第 108 页、第 133 页。

于客观事态。但首先，我们必须回答以下问题，即在欲求物中从个人性到非个人性的转化是否像在尊贵物中一样可以或必须完成。如果我们首先想到的是应然性（Sollen/ oughtness），我们知道这种应然性总是关涉一种客观事态，因为每种应然性都是一种应然性存在（Seinsollen/ oughtness-to-be），正如"必须"与"能够"是一种"必须存在（must be）"与"能够存在（can be）"一样。[①] 就欲求总是关涉客观事态这点而言，它与欲求的本质是相对应的。欲求自然会与个人价值相伴随，不过在其中加入了更加个人的要素，因为，即便是在为欲求打造的情形中，它也并不是在每个主体中都与价值—感受成比例[②]，而应当也不会与没有欲求的主体相关联。同样明显的是，应然性和价值一样都具有正当性，因此应然性就像价值一样要从与主体的必然的相对性中中立出来，但这并不意味着应然性与价值之间的差别必须因此被抹除。所以，可以说，存在着一种非个人的、中立于关系的因而是绝对的应然性，就像存在着非个人价值一样。这一点与前理论思维相符，尤其在伦理问题上，因为"你应当"永远不是相对于某个特定主体而言的。以形而上学方式奠基的伦理学可能有时是模糊的，但也不能消除这些事实。

我们刚刚提到的应然性与价值之间的差别也需要特别关注。我们可以说，所有的应然性都是一种应然性存在。这一点无法随个人向非个人的转变而改变。在这种转变中，价值虽然摆脱了与存在的关系，但甚至是在非个人的意义上，这种关系对应然性来说依然如故。下列事实有助于我们澄清应然性和与其相关的存在之间的关系，正如我们所见，与由情感的心理对象预设所呈现的对象相比，由情感所呈现的对象是高阶之物（superius），也就是说，与呈现情感的借来对象相比，真正的对象是高阶之物。这一点在"它应当如此"的语言表述中似乎是明见的。但是像"它可以如此"和"它必须如此"这类表达虽然具有相似的形式，不过据刚才论及的可能性和必然性的本质而言，一种相似的解释是否对它们也行得通仍是值得怀疑的。

不管应然性被看作个人的还是非个人的，它本身都揭示了一种对其自然运用的限制。我们不能说："没有哪个人和哪个文明国家应当将其自身与1914年的皇室暗杀相提并论。"我们之所以不能这样说，是因为众所周知，这种认同已经由众多个体和全部国家与民族所做出。但即使这种认同从未发生，我们也不能这样说。应当不能

[①] 参见《论可能性与极大可能性》，第233页和第87页以下。

[②] 参见《论假设》，第327页以下。

应用于过去的事情。只有在虚拟语气中（如"这本来应该如何"）或在我们的例子中（如"这本来不应该如何"），它才可以被用来指涉过去。但相似的限制也要施加到现在和将来方面。在一个明媚的天气里，人们不能说："今天的天气应该好。"而我们也不能在一个绝望的雨天说这种话，这不足为奇。出于同样的原因，我们不能在 8 个月后说"5 个月后应当是冬天"，并且也不能说"5 个月后应当是夏天"。不能说前者是因为它无论如何都会发生，不能说后者是因为它肯定不会发生。过去以及现在可从同一个角度来看待，因为相比现在和未来，过去显然没有任何优势，它构造了一个尤其封闭的事实领域，即"一旦发生就不能成为没有发生"（infecta fieri non possunt）。于是，人们一般会问：如果应然性既不能应用于事实，也不能应用于非事实，那么它在哪里才能安身呢？如果不熟悉可能性理论，这个问题在理论上就难以回答。可能性同样既不能应用于事实，也不能应用于完全的非事实（Untatsachen/ unfactual）①，但是它能应用于不完整对象。② 因此，在不完整对象中寻找应然性或许是明智的。应当如此或者不应当如此的事物恰恰是可能之物。可以期待的是，和可能性一样，应然性在复杂存在物的协助下能够与事实或非事实的领域相关联。③

在试着理解应当之有效性的限制时，我们想起了之前提到的欲求的特定限制。④ 对于可欲求性这个问题，未来似乎也优先于过去。但实际上，它指的是已经如此的东西不能被欲求，而不管这个"如此"（das Sein/ being the case）是与过去相关、与现在相关还是与未来相关。唯一正确的是，对过去来说，事实按照清晰可知的方式得以划分。显然，已经如此的东西不能被欲求。与此相对，不那么明显的是，没有如此的东西也不能被欲求。乍一看，人们也许实际上倾向于相信，指向没有如此的东西是所有欲求的特性。穷人欲求财富。缺爱的人渴求同情、友谊和爱。这些问题需要更为切近的思考。

一位被拘留者和囚犯可以说他当前欲求自由吗？假如这里的"当前"就是严格地指向现在，那么我们必定会说，他不能在当前欲求自由，就像他也不能在事实上不自由的一刻钟以前欲求自由一样。他所欲求的和唯一能欲求的事情就是尽可能快地获得自由，也许就在

① 参见《论可能性与极大可能性》，第 165 页以下。
② 参见同上书，第 218 页以下。
③ 参见同上书，第 211 页以下。
④ 见前面，第 85 页。

下一分钟，至少是在一个他无法确定他是否自由的时间，而就现在和过去来说，这是确定无疑的。人们一定不要弄错这一点。欲求通常都被指向未来，而现时的情形并非与欲求的实现无关。所有不知道被囚禁的痛苦的人或没有向经历过的人直接了解过它们的人，根本不会感受到在或迟或早的未来要获得自由的欲求，或者只是微弱地感受到这种欲求。严格来说，这个欲求从来不被指向现在，在一定程度上这是可以确定地知道的。对未来而言情况也一样。上面关于夏天或冬天在 5 个月后开始的例子，很容易就可以被转换为某个主体在 8 月里的欲求。

在这一点上，我们开始意识到某些不确定性。难道我不能在夏天希望半年以后白天明亮而长久、鲜花盛开吗？那么又为何不能希望下述一些事情呢？即过去几年里的大战从未发生或早已结束、它给人们带来了更少的痛苦、报纸少一些谎言、在民族之间少挑拨一些仇恨等。毫无疑问，希望就是一种欲求。正如已经提到的①，希望或许可以和意愿相关联，就像猜测可以和确定的判断相关联一样。② 但是，当战争正在进行时，我能真的希望战争从未发生吗？就像我真的能希望那些我认为代表着正义和文明的一方能获得胜利一样。假如在这两种情形中，人们都在试图真诚而强烈地去希望，显然只在一种情况下，即在战争的结果方面，希望才真正实现了③，而在另一种情形中，只能产生某种类似于希望的东西，严格来说，它根本不是希望。假如我是对的，后者就不是一种真实的而是想象性的欲求④，它的语言表述肯定了这一观点，因为没有人会说"我希望没有战争"，而只会说"我本可以希望没有战争"。虚拟语气最自然的翻译方式是，"假如我能够希望，我就会希望，但是，事实是，我不能希望"。如果这是实情，那么欲求就与应当落入了同样的规则之中。欲求绝不能被应用于事实或非事实的情形中。它们被限制在可能性之中，这意味着欲求主要是与不完整对象联系在一起的。

如果考察一下我们在欲求和应当之间发现的关系，那我们对于这样一种相似性就不会感到惊奇。下一步就是要把这种相似性回溯到欲求的呈现（präsentationsleistung）上。因为我既不能欲求事实之

---

① 见前面，第 102 页。

② 其他区分要素当然并没有因此被排除在外。参见 H. 迈尔（H. Maier）：《情感思考的心理学》（图宾根，1908 年），第 616 页以下。

③ 迈尔的看法不同，参见同上书，第 618 页。

④ 参见《论假设》，第 314 页以下、第 379 页。

物，也不能欲求非事实之物，因此我会认为，在对事实之物或非事实之物的把握中，没有"应当"会被呈现，所以我们只能把"应当"置于可能性事物中。这样，应然性就会成为我们的心理态度的一个方面，它不能设置进一步的标准，因为它被限制在纯粹个人的领域。但是，我们已经发现，这里所关注的对应当的限制，在非个人性应当与在个人性应当中都同样存在。考虑到这一点，我们必须拒绝尝试性地将其解释为在不完美意义上的心理存在。事情也许得反过来理解。假如某个对象成为情感的借助对象，在我们的例子中，也就是成为欲求的借助对象，那么我们就可以把这种对象设定为，由情感所呈现的特征作为其属性归入对象之中。总之，所有已经如此或绝对没有如此的事物，都不可以被真正地欲求，因为在这些对象中不存在应然性。

当然，非常值得欲求的是，我们应该更多地了解存在于应当与可能之间的联系的根本特征：更好地洞察这一问题可以修正我们前面对应然性和可能性所做的描述。我们现在已经看到，古谚"你能够，因为你应当"（thou canst since thou shalt）如何可能得到捍卫，只要"你能够"被理解为可能性，而不是被理解为更确切意义上的性情的话。①

除了应然性，第二种欲求物就是手段性（Zweckmässigkeit/ instrumentality）。现在立即清晰的是，在这里从个人到非个人的转向也可以毫无困难地达成。目的和手段之间的关系就其本身而言是如此客观，以至于一直存在着一种把它等同于因果关系或条件关系的危险。但当我们考虑到情感呈现，我们就知道为什么通常对目的论的反驳都是一种有缺陷的心埋主义。这些反对意见是，所有目的论思维都预设了一种追求其目的的主体，换言之，所有目的都必定是个人的。对目的的把握需要一个主体，就像所有把握行为都需要主体一样。在对目的的把握中，主体的情感关涉必要的呈现。在适宜条件下，目标或手段自身中立于所有把握行为，并且因此中立于把握行为的主体。

第十五章　尊贵与欲求客体，宽泛意义上的价值

为了看到我们关于情感呈现所得出的主要结论，我们把思考只限制在价值领域，价值只是四种尊贵物及与之相关的欲求物之一。在总结前面讨论的过程中，我们应该简单想想，另外三类在何种程

---

① 参见《论可能性与极大可能性》，第55页。

度上可以使我们建立起类似于在价值领域中建立起来的原则。

有一种非常确定的迹象，即我们可以指望在审美感受领域得到类似的结果。正如我们所见，如果拥有素朴思维的人并不理解价值怎么会与主体相关，他也就更不会理解这甚至对美而言也是如此。他认为，美的事物就是美的，对此持有异议的人就是错的。某物可能对某人来说是美的，而对其他人是无关紧要甚至丑陋无比的，认识到这一点就是在锻炼容忍力，人们只有在饱经沧桑之后，尤其是经历了许多琐碎的论战之后，才能获得这种容忍力。尽管艺术史上已经具备丰富的材料，但直至今日，我们也不能像在价值领域中一样得出相对主义的结果。"A 是有价值的"（wert/ valuable）这一判断在语言上是不完整的，也就是说，它在语法上需要一个主体的补充，比如，"A 对我来说是有价值的"。但是，"A 对我来说是美的"或者"A 对我来说具有一种美"，像这种结构仍然是不常见的，因此任何相对主义的处理方式都必须利用"A 使我愉快"这个表述。不过，这一点足以使我们广泛采纳相对主义观点，至少是在理论中采纳。在这方面，我们所考察的价值相对性是就单个主体而言，还是就或大或小的群体而言是无关紧要的。这样，我们毫无疑问有权建构一种"个人性的美"的概念，无论这个名称本身是否足够恰当。然而，这里问题再次出现了，即我们是否有理由在这种情形中把个人和非个人相对立，后者是中立于关系的。

这个问题的答案是否定的，这是由于审美对象既缺乏知觉对象的实存，也缺乏理想的高阶对象的潜存。据此，我们只把审美对象当作把握行为的对象来研究，亦即它是与主体相关的，而审美标准仅仅是由心理态度所控制的法则。[①] 美虽然毫无疑问可以依附于现实，但从本质上来说，就像艺术的实存已经证明的那样，美在特征上并不依赖于实在，这可以用于支持反对审美对象之实存这一论点。因此，既然审美属性既与非实存无关也与实存无关，那么对象的审美特性就不可能与经验知识有关。人们因而会被限制在先天知识中，但审美对象无法获取先天知识，因为它们不是理想的高阶对象。不过我们发现，这些还不是真正的困难。审美对象是高阶对象，它们也是理想对象[②]，因此认知它们的恰当途径只能是先天的。但是，通往这种知识的道路上存在着一个障碍。这个障碍就是所有被认知

---

① 参见 St. 威塔塞克："论审美客观性"，第 198 页。

② 参见前面，第 92 页。

为先天之物的必然性问题①，它无法与我们对审美对象的多样态度协调起来。假如同样的旋律对某个人来说是美的，对另一个人来说是无关紧要的，对第三个人来说是难听的，或者同一个主体对一种曾令他愉悦的曲调逐渐变得无动于衷，接着认为它是令人厌恶的，那么我们绝不可能相信在旋律和依附于它的审美性质之间存在着一种先天认识到的联系，并因此是一种必然的联系。因此，假如所有的审美问题都被认为是中立于关系的，那它们就既不能由经验知识，也不能由先天知识获得。于是，它们必须被放在经验领域中，从而这就陷入一种相对主义的观点。

假如我们把目前的认识论思考重新运用于上一章所研究的价值领域中，这也许有助于澄清问题。我们看到，价值也是理想的高阶对象。不过，在这种情形中，经验知识似乎并不像在审美对象的情形中那样是完全不可能的。因为，正如我们所知，价值—经验，或者首当其冲的价值—感受，在面对实存的价值对象时便得到了充分显露。但是，有个问题仍然悬而未决，即经验怎么能够处理理想的——非实存而仅仅潜存的——对象呢？我们必须牢记，先天认识到的事物都是必然的。这样，在面对价值问题上各种不确定的态度时，我们就陷入了与在审美对象中一样的困境。因此，一般来说，审美领域和价值领域中的情形似乎并无多大不同。于是我们可以猜想，对于现在所关注的个人和非个人的对立，我们在审美对象中应该也可以得出相似的结论。这尤其是因为非个人的概念（即中立于关系的美）不只得到了前科学的素朴思维的支持。假如我们考虑到了某个希腊雕塑和德国诗歌或音乐，不管艺术史上的教导多么富有说服力，我们也很难相信"绝对的相对性"。

事实上，显而易见的是，对象的理想性不应该是经验知识无法达到的。对数学而言，几乎没有人会怀疑我高估了"枚举与度量经验"的重要性。② 虽然如此，数学理论的历史清晰表明了只要先天研究尚未完备，这些经验就能导向良好的结果。③ 问题是：经验主义如何能进而把握先天之物呢？显然，困难在于哪种知觉（或回忆）和归纳可以作用于那些凭借其理想性不能实存的对象。第一，存在着

① 参见《论对象理论在科学体系中的地位》（莱比锡，1907 年），第 51 页以下（同时参见《哲学和哲学评论期刊》第 129 期，第 156 页以下）。

② 参见"知识的经验基础"，第 5 页以下；《论对象理论在科学体系中的地位》，第 4 部分。

③ 参见《论可能性与极大可能性》，第 680 页。

一种对先天之物的归纳，即对那些不是实存而是潜存之物的归纳。①第二，在我们当前的内容中尤其重要的是，一种先天可知的事态［即一种必然事态（Sachverhalt/ necessary state of affairs）］与现实（reale/ real）中伴随的事态相关联的情形是会发生的，在后者中一种自然的合规性使它得以显现，而后者又可以通过经验或归纳建立起来。等腰三角形底角相等，这是与理想对象相关的先天事实。不过，人们能够通过测量，在大量三角形中证明这种相等，并且在经验上证明等边三角形符合等腰三角形的定义。这可以被解释如下：理想的相等性对它潜存其中的现实的底角做出了现实（reale/ real）的要求，这些要求的达成可以由归纳证明。但是，这里的问题还是完全先天的，因为在我们的例子中我们是在处理比较或测量，对此归纳只是说明了，三角形的侧边相等总是为实现理想的相等性提供了一个契机。

　　因此原则上我们没有理由可以用来说明为什么我们不应该从经验上像对价值一样而从美的方式中得出美中立于关系的结论。那么只剩下一个问题：哪些经验材料可以用于达到这种目的呢？在这里，与价值的类比再次提供了良好的帮助。首先，毋庸置疑的是，只有经由个人价值人们才可以（如果真的可以的话）达致非个人价值。接下来我们就要尝试着把这一点表达得更加清楚：在适宜条件下，客体 A 具有非个人价值 N，这是因为在 A 中个人价值 N 出现了，换言之，表象 A 在适宜条件下唤起了某种情感，或首先是唤起某种感受，它呈现出了对象 N。由于这种呈现，我们可以把对象 A 假定为服务于对象 N 的基础。呈现在这里是伴随事实，归纳通过这一伴随事实捕捉到了先天事实，即对象中的价值基础（Fundierung）。不过我们还是可以问，到底是呈现中的什么东西可以用来对应这一基础。但是我们很快就注意到，这种联系不只可以在情感呈现中观察到。"比较"就是一个范例，"比较"从来不会脱离理智呈现的基础性层面。红和绿共同为"差别"对象提供了基础（fundieren/ foundation）；然而，"比较"产生了呈现"差别"对象的表象（这次是在理智上），通过这种呈现我们把握到了一个对象的基础在于另一个对象（Fundierungstatbestand）。在这里，基础和呈现也完全是不同的事物。但是，它们自然而然地（即使会让人诧异）联系在了一起，这是因为经由呈现才得以可能的知识—经验明见地把握到了基础的潜存性关系。这会使

---

① 参见《论可能性与极大可能性》，第 679 页以下。

我们询问，是否在情感呈现中，这种联系就不能通过类似的手段建立起来。情况并非完全相似。假如情感呈现本身对这个基础就是明见的，那么每种价值—经验就会像每组比较一样精确地揭示一种非个人价值，如果条件充分适宜，它就会产生出完全非个人的相似性或差异性。但是，我们已经提到，存在一种可证成的推测的可能性。① 根据这种推测，我们不再对此感到困惑，即我们能够从完全一致的呈现行为中获得关于这种基础或非个人价值的知识。这种知识在探讨认识实践（Erkenntnispraxis/ epistemic practice）之前被看成是确定的，就像其他许多高阶推测那样。

这里不必得出结论说，我们可以通过类比把关于价值的结论应用于美。只有一点需要澄清，并且这一点对价值和美来说都是相似的：有一种反驳审美合规性（Gesetzmässigkeiten/ aesthetic lawfulness）具有成为先天可能性的反对意见，这是因为现实中对同一事物的相反（gegensätzlich/ contrary）态度使得具有某种必然有效的态度成为不可能。这些考虑因素自动地包含了价值，因为经验表明，甚至是被宣称为非个人的价值在特定条件下也不能再现，尤其是对那些自然天赋不高的主体来说。

既使在这里，我们也能由情感呈现回溯到理智呈现，并且也能再次利用比较判断（vergleichungsurteile）的范例。我们知道，存在着一个领域即临界区域，在这个领域中实际不同的事物看上去却是相同的。不论是对同一主体还是对不同主体来说，任何落入这个领域内的事物在不同的时间不一定是相同的。在其他地方亦然，对于高阶对象来说，我们已经指出表象的不完全性是可能的。② 没有人在意这个事实，而这个事实是相当正确的。假如对象 A 和 B 是对象 C 的基础，严格来说我们不能预先设定，通过主体对所考察对象的给予性做出的反应得到的经验 a 和 b，是否会在一种恰当的完备关系中产生与对象 C 相对应的经验 c。这种关系所包含的目的论，并不比其他在物质生活尤其是心理生活中呈现出来的目的论更多。在某些情况下，没有获得这种关系并不足以否认 A、B 与 C 之间的必然关系，不过当然这会是我们认识这些关系的障碍，尽管如此，在恰当的明见性的帮助下，我们能够克服这个障碍。

在这方面，我们关于理智呈现的一切论述原则上都不能与有关

① 见前面，第 121 页。

② 见 V. 贝努西（V. Benussi）在《对象理论与心理学研究》中的贡献，由本人编辑，第 383 页以下及各处。

情感呈现的论述不同。但是，我们发现了反复提及的普遍缺陷，知识在这里也发现自己身处这种缺陷之中，因为某些频繁伴随理智呈现的明见性在一种（情感呈现的）基础关系（Fundierungsrelation/foundation-relation）中似乎消失了。不去寻找音乐中大三度（major third）的美，也不去寻找连续五度（parallel fifths）的丑，这看来显然是与这些对象的本性相悖的。但是，人们也不能假定那些对这个主题已经或一直无动于衷的人也持有同样的态度，这就像人们也不应该如此对待那些无法分辨红色和绿色的色盲一样。这指出了在三度和五度这两种情形中的明见性特征，这种特征比其他许多审美判断和相似的价值判断更加清晰。在这里，我们当然不是在处理某种知识的明见性，而是在处理推测的明见性。考虑到这些，我们就能很好地理解这一点，即当对相同对象的明见判断可能与其他人不相容时，推测在适宜条件下能导向相当程度的确定性。主体的共识在这些适宜条件中并不必要，因此我们在这里看到了归纳程序的可能性，它绝不会消除由归纳所确立之事实的先天性特征。

总之，我们可以断言如下：对于禁止我们跃出与把握主体相关领域的审美对象来说，在现实中不存在认识论上的困难。我们并不能因此表明存在着一种中立于关系的，并且在这个意义上是非个人的美，不过证明它的道路已经被打扫干净。至少，我们所拥有的都是高阶对象，并且这些对象所具有的合规性无疑都是一种先天本质。在盛行于情感呈现中的不适宜的认识论条件下，我们不要对下列事实感到惊奇，即我们只能借道于经验来通达先天，或者说非个人的价值和美只能借道于个人的价值和美来逐渐通达。

在我们以前区分的四种主要尊贵物中[1]，只有两种还没有被考察，看看相对性和中立于关系的对立能否应用于它们。在这些尊贵物中，与知识—感受相关的尊贵物更加重要。与它相关的理论情形尤为困难，因为，正如我们所见，存在着把知识—感受与价值—知识—感受相混淆的危险，并且相关的呈现对象也将受到这种错误的影响。如果我们希望避免这种混淆的错误，那么一种与此前考察的类别之间的对立就逐渐明显起来，因为在这里，中立于相对性和一种非个人特性（Unpersönlichkeit/ impersonal character）比它们的对立面更加强烈地施加到我们身上，而这也是广为人知的。令人震惊的是，通过理智把握的非个人尊贵物的基础，非个人价值或美的最

　① 见前面，第103页。

坚定的追随者，自行宣布自己不是通过理智得以呈现的对象，而这些属性又毫无疑问地归属于它。这里所考察的基础—对象就是真，知识—感受由于它也经常被叫作"真—感受"，而真本身则被看作感受问题。对我来说，这种解释似乎是毫无必要的，因为在把握客观事态的事实性中，我们已经对真进行了充分刻画。与感受的关系为善、美、真三个概念在传统上的协调性提供了令人满意的正当性。任何一个不偏不倚的人现在都不会认为真是相对或主观的。但是，相对主义的态度从未完全消失。用价值和美中的个人要素来类比真，这种态度被赋予了某种正当性。但纠缠于这个古老的问题对我们而言并不必要。

目前还悬而未决的是，真在何种程度上可以使我们有理由在审美或价值领域的尊贵物中从个人性转向非个人性。我们越是发现把非个人价值在确切意义上划归给真是合理的，我们就越会感觉自己陷入了术语上的两难，因为根本没有表述可以表达由知识—感受所呈现的尊贵物，就像"价值"或"美"所发挥的作用那样。我试图引入一个术语来克服这个缺陷，它与我之前提议的"尊贵物"这个术语相关[1]，并且在目前的论述中它也偶尔被使用。[2] 我们似乎可以自然地说，具有价值或美（或其对立面）的对象，在非个人的客观意义上，拥有某种尊贵（Dignität/ dignity）。在这个意义上，我们一般认为尊贵指的就是非个人的尊贵物。那么，真也将拥有一种尊贵，它与价值—尊贵和审美尊贵紧密联系在一起，但也与它们有根本区别，这种尊贵可以被恰当地叫作"逻辑尊贵"。前科学语言以及科学语言[3]，也经常使用"价值"一词来考虑这些尊贵之间的相似性，这个词语不仅被运用于价值—感受领域中，而且也被运用于审美感受和逻辑感受领域中。这种更宽泛的意义显然不会招致任何实际的反对[4]，但这对我们把握所谓"价值"的独特性带来了某些困难，而且也为我们区分逻辑尊贵和真正的价值—尊贵带来了某些困难。如果价值是我们用尊贵所指的东西，那么在这个更宽泛的意义上，它自然同时也是非个人价值；并且在更宽泛的意义上，这个价值也将与个人价值相关。

然而，下面这个问题还没有得到回答，即是否存在这种个人价

---

① 见前面，第99页以下。

② 见前面，第117页以下。

③ 见前面，第77页以下，注释3。

④ 参见"赞成心理学与反对心理主义"，第13页。

值？或者更确切地说：在逻辑领域是否存在不是尊贵的尊贵物？只要我们发现知识感受不只是对真的论断有所回应，那么我们就不会怀疑这一点。所有由感受呈现的属于虚假判断的事物都不是尊贵的；它们是与主体相关的；也就是说，它们都是个人的逻辑尊贵物。

如果转向逻辑领域的尊贵，那就会产生一个问题，即它们是否必须总是相同的，因为只存在一类真。实际上，它们之中或许存在着极大的不一致。不过，某些变化之所以产生，是因为显然不仅只有真具有逻辑尊贵，而且可能性也具有逻辑尊贵，当然后者的强度更低，而且显然从这方面来说，"真"把自身也看作可能性的极限。[1]然而，值得怀疑的是，自明性是否应该和优越的逻辑尊贵保持一致，人们总是倾向于把前者划归给后者。毫无疑问，明见判断极大地胜过非明见判断，但是其优势与经验相关，正如明见性本身也是如此，而逻辑尊贵则与客观事态相关，如果确如我所指出的那样，真的"客观事态"—概念比"经验"—概念更为根本的话。[2] 明见判断肯定具有一种特殊的尊贵，但它不是逻辑尊贵，而是价值—尊贵，它属于知识—价值—感受领域。

上面这一段落中我们所关注的全部内容可以被概括为一个问题，我们可以用刚才已经认可的表述将其描述如下：尊贵在何种程度上对应于不同领域中的尊贵物？我们已经研究了价值—尊贵物、审美尊贵物和逻辑尊贵物。为了更恰当地限定它们，我们可以用"价值论尊贵物"（timologische dignitative/timological dignitatives）来代替"价值尊贵物"（Wertdignitative/value-dignitatives）。[3] 第四个也是最后一个领域可以被叫作享乐尊贵物（hedonischen dignitative/hedonic dignitatives），我们现在可以对它提出相似的问题。如果将它与逻辑尊贵物相比，我们会发现这里的情况正好相反。对于后者，客观的或曰中立于关系的事态处于最显著的位置，但对于享乐尊贵物来说，相对的或主观的事态处于最显著的位置。十分可疑的是，是否所有非个人的状态都是值得期待的。当我认为可能存在享乐尊贵时，此时我只是受到间接考虑的影响。人们一般会指望在这些不同类型的

---

① 参见《论可能性与极大可能性》，第 473 页以下。

② 同上书，第 38 页以下，第 414 页以下。

③ 我沿用了克里毕希（J. Kl. Kreibig）的表达方式［《价值论体系的心理学基本特征》（维也纳，1902 年），特别是第 3 页，第 194 页］；只存在这样一种差别，即克里毕希似乎是在前面提到的"价值"的广义上来使用这个词，第 154 页。在我的论文"赞成心理学与反对心理主义"中，第 13 页，我所用的"价值论的"（axiological）这个词，其真正用法要么被误解，要么不能被理解，因此我现在必须用另一个更合适的词来代替它。

尊贵物中存在着某种相似性。在其他尊贵物中存在的东西很难会在享乐尊贵物中完全消失。此前提及的正确与不正确的对立①，在享乐领域中也必须纳入考虑。只要在某处呈现了这种对立，我们都必定期望其中存在着对把握主体之主观性的超越。最后，并不是享乐感受所呈现的所有事物都与主体相关，在某种程度上也与绝对的和非个人的东西有关。但是，现在还不能确定的是，这些观点是否足以支撑起任何结论。假如存在着享乐尊贵，它们也肯定缺乏来自伦理或审美领域的帮助，而后者在树立逻辑尊贵时发挥了巨大作用。

将价值—概念引申为尊贵概念，这可以被看作暗示了在相应的欲求物中也存在一种类似的程序。显然，除了狭义的价值—欲求物以外，或者说除了价值论欲求物之外，还有审美欲求物、逻辑欲求物和享乐欲求物。相应地，除了价值—应当或价值论应当以外，还有审美应当、逻辑应当和享乐应当，只要我们所考察的应当被看成是个人的。但是，假如个人尊贵物和非个人的尊贵是相关的，那么我们就无从反驳相应的非个人欲求物，于是非个人欲求物可以被叫作"欲求客体"（disideratum）。如果我们承认了这些预设，那么毫无疑问存在着审美的和逻辑的欲求客体。享乐欲求客体的确定则取决于对什么是享乐尊贵物这一问题的回答。

无论这个问题和其他许多细节问题的情况是怎样的，显而易见的是，情感呈现在变化无常的心理生活领域和丰富多样的对象领域揭示了自己的重要性。对于这种呈现的进一步研究一定能对许多重要问题给出较为满意的答案，这不仅是对于价值理论来说的，而且在美的理论甚至真的理论中也是如此。

① 见前面，第122页以下。

迈农的价值哲学及其心理学基础

迈农价值哲学在伦理学中的运用

伦理学的要素

第一章

第 1 节　自我价值（Selbstwerte）、异己价值（Fremdwerte）与中立性价值（Neutralwerte）

在大众的、前科学的思维中只印刻着少数伦理概念，比如，彼此对立的利己主义和利他主义。这两个术语中的一个获得了相对的普及，而另一个术语在大多数情况下作为理论性思想的专有属性而存在。因此，似乎只有前者得到了彻底研究。无论是在日常生活中，还是在理论思考的发展趋势中都是如此。奇怪的是，不太普及的术语拥有相对完整的概念，而流行的术语却只有不完整的概念掺杂其中。我们的理论研究任务聚焦于那些尚未充分发展的概念。多年来，我一直致力于解决①这个问题。

---

① 载《价值论的心理—伦理学研究》（*Psychologich-ethische Untersuchungen zur Werttheorie*），Graz，1894，第 95 页以下。

同时，一些重要的问题将再次被提及，我希望可以尽己所能，不过，更为明晰的洞察有时十分繁杂。

尽管显得多余，我必须首先指出形容词"利己的"和"利他的"不仅仅指涉欲求——正如我本人曾经相信的那样——它们也指向评价乃至价值。① 当一个人谈论利己的和利他的价值时，主要是指人们应该把意义归属于表达——这些表达实际上是不具备这些意义的，但它们的确重要和有用。然而，特殊的术语应该被赋予这些意义。从词源上说，如果自我是主体，那我们就已经建立了利己的价值，如果他者是主体，利他的价值就被建立起来。然而，我们不太可能看到这样的情形，因为实际上，我除了拥有利己主义的欲求与评价以外，还怀有利他主义的欲求及评价。因此，必须承认，于我而言具有存在利他和利己价值的可能性。而且，自我甚至也可以是利他价值的主体。但是这些价值的利他性质必须以价值主体之外的东西为基础。

下面将讨论这个基础可能是什么。首先，研究其他天然属于主体的术语可能是恰当的，这也是价值研究中的惯常做法，这些术语的意义仍须被准确地确定。我们必须注意，这里的主体不是某个个体主体或具体确定的主体，而是普遍意义上的个体。只有所指向的主体可以通过一种相对的确定性来理解，即通过使该主体与所考察的言谈或思考主体相一致，思想与表达的某种普遍化才有可能达成。在第二种情况下，价值和它的客体（objectum）——善或恶——对主体来说是"外在的"（extraneous）。在第一种情况下，价值及其客体属于主体自身。就此而言，可称为本己价值或自身善，第二种情况则可视为异己价值和异己的善（或外在的价值和善）。事实上，我曾②提议性地偶尔使用这些表述，而其他作者沿用了我的用法。

我曾指出，"本己价值"（Eigenwerte）一词在被用来对应于艾伦菲尔斯（Christian v. Ehrenfels）的"派生价值"（Wirkungswert）之后，它就具有了双重含义。但我并没有充分强调我对这个术语多重而含糊不清的含义的反对，因为我不想放弃其他自然的表达方式。

然而，长期使用语言的经验证明我错了。在艾伦菲尔斯所使用的意义上，本己价值的概念具有非常基本的意义，即便在此之外引入一种可接受和可理解的二级含义，也很难使基础含义变得含糊不

迈农价值哲学在伦理学中的运用

---

① 载《价值论的心理—伦理学研究》（*Psychologich-ethische Untersuchungen zur Werthe-orie*），Graz，1894，第 95 页以下。

② 同上书，第 112 页。

清。因此，我们需要一个新的表达式。由于不想过于武断，我尝试提出"自我价值"（Selbstwert），还有类似的"自为的善"等表达。其对应的"异己价值"（Fremdwerte）仍然是无可非议的。总而言之，我们可以给出如下定义：自我价值乃主体是"自我"的价值，异己价值则为主体是他者或其他人的价值。

施瓦兹（H. Schwarz）似乎采用了我们在《价值理论的心理—伦理学研究》中所使用的"本己价值"①这一概念，这种用法已经被我们放弃。他用"异己价值"来表达除了自我价值以外的所有价值。除非自我或他者没有任何其他的价值，这种对异己价值的否定性定义才可能与我的肯定性定义相一致。乍看之下，它似乎可以被接受，因为在所有情况下这些条件应该都可以自然地得到满足。然而，已经存在至少一种情况不满足这些条件。我是在考虑一种其存在不容置疑的非个人价值的可能性。在另一个地方②我可以为我的信念给出理由。当人们认识到自我与他者是自我价值和异己价值的主体，只是自我价值和异己价值的主体时，人们也马上认识到了第二种例外情形。在这种条件下，我们已经发现，在个人价值中，由于自我和他者都是主体，这样的价值既不是专门的自我价值，也不是异己价值。刚才提到的第一种情况总是伴随着第二种情况，因为如果一个对象具有非个人价值，那么对于那些认识到其非个人价值和最终评价过这一对象的人来说，它同样具有个人价值。当然，这个对象既非仅有自我价值，亦非仅有异己价值。从两者各自的角度来看，它既不是自我价值，也不是异己价值。这种既不是自我价值也不是异己价值的价值，将在下文被称为"中立性价值"③（Neutralwerte）。因此，自我价值、异己价值和中立性价值构成了价值领域的完整可选项。

第 2 节　利己主义和利他主义—— 一种规定性定义

在上一节，我们讨论了一些概念，明确了它们的意义。在这种背景下，自然而然产生的想法并不需要严格的定义。但是现在，澄清"利己的"和"利他的"这些术语的含义遇到了一些意想不到的困难，至少就其中一个术语而言是如此。自然，这些词直接地表明了自我和他者的对立。在所有这些情况下，每当谈到自我或他者时，我们就会关涉到思维或经验主体的视点。但是，即使是利他的价值、评价和欲求，也首先是自我的价值、评价和欲求，利己主义和利他主

---

① 参见施瓦兹：《道德生活》（*Das Sittliche Leben*），柏林，1901，第 215 页。
② 参见我在《论情感呈现》（*Über Emotionale Präsentation*）中对此问题的讨论。
③ "中立性价值"与"中立价值"对我而言并非同义词。

义的对立并不像人们认为的那样与主体相关。对立应该涉及所考察的价值、评价和欲求中的客观因素。当考察利他主义时，这就变得明显了。正如上面所述，理论上素朴的人对利他主义很熟悉，正如他对"利他的"这个术语非常陌生一样。每个人都知道，在某些情况下，人们把自己的欲求集中在别人而非自身的福祸上。当他觉悟到这种欲求被称为"利他的"时，他就很熟悉这个词的意义了。那么，用类似的方式解释"利己的"这个词的意义是很自然的。因为大家会说每个人都是他自己最好的朋友，正因如此，人们认为利他主义的概念是以与利己主义的概念类似的方式形成的，这似乎是自然而然的。尽管这似乎是处理这个问题的自然方式，但它会遇到意想不到的困难。而克服这些困难，就是我们理论工作的重中之重。

目前我们可以稳妥地得出结论，我们并非执着于处理幻想的困难，这些问题往往与利他主义的概念紧密相关。在这一点上，古老的问题又被提出了：我通过评价和欲求表达的对某物的旨趣何以可能成为别人所欲求的——或者更恰当的说法是别人经验的——真正兴趣呢？在我研究价值情感之始，我们就很明确地了解到①，我们的评价与欲求可以与他人经验相关，也可以与所有能为我们把握和判断的东西相关。有反驳说，并不存在利他的评价和欲求，因为所有的评价和欲求本质上都是利己的。② 这种反对意见可以忽略，因为它只涉及利他主义。然而，这种反驳却植根于必须在此深入研究的对利己主义的理论态度上。即使这种理论态度否认利他主义的可能性，可运用利他主义的研究方式，利己主义仍然可以得到很好的理解。当人们认识到"他者的福祸"是利他主义的核心时，更确切地说，我们是在处理客体（Objecta），即价值主体"他者"（alter）的价值客体。利己主义可以以同样的方式来刻画：通常，人们自身的"福祸"关涉的客体是价值主体"自我"的价值客体。现在，没有"自我"，也就是说，没有人可以评价任何事物而不成为评价的主体。这只是一个重言式，但它是正确的。同样，自我也不能欲求任何对他来说不是价值客体（objectum）的东西。因此，自我的所有评价和欲求，进而言之所有的评价和欲求，都应该被称为利己的，因为它们具有所有利己主义共同的特征。然而，从这一点看，原则上必须否认利他行为的可能性。

这一观点最突出的特点是，它以利己的价值为开端，以上文所

---

① 参见《价值论的心理—伦理学研究》，第 42 以下。
② 同上书，第 96 页以下。

定义的自我价值为终点。自我价值是主体为自我的价值。因此，正如已经提到的，利他价值应该是异己价值，但这是不可能的。显然，这一定是弄错了。这个错误很可能被下述事实所遮蔽，即在刻画利己主义时，我们发现自己突然从价值客体回到了价值主体。这种错误在利他主义那里并没有出现。在利己主义中，从价值客体到价值主体的回归是恰如其分的，因为这里所指出的价值客体似乎完全被价值主体所决定。利他主义却并非如此。在那里，所讨论的价值客体不是由价值主体（自我），而是由他者决定的：利他主义的价值客体从一开始就从他者的福祸出发。因此，利己主义和利他主义在这一点上通常是不同的，真正的价值客体在利己主义中由自我给出，而在利他主义中则由他者给出。

　　不过，类似的艺术、科学、文化也被评价和欲求，这时我们的态度却既不是利己的也不是利他的。即便如此，根据上文的定义，由于价值客体没有一个给定的他者，这就应该成为一个利己主义的例子。所谓的文化商品在此的真正含义是在同样的意义上与自我和他者相关。此类评价或欲求就是我所说的"中立评价"和"中立欲求"。① 不过，与之相对，我通过一种肯定定义把利己的评价与欲求描述为：利己主义的客体（objecta）在一种我称之为"属我关系"（Meinheitsrelation）②的特殊关系中与自我相关。

　　总体而言，直至今日这些定义似乎依然是有用的。但是，"属我关系"显得非常普遍，甚至可以延伸到中立领域。画家称他的绘画为"他的"艺术，历史学家或人类学家称文化为"他的"工作。与我发生联系的所有对象都可以被称为"我的"，如"我的"祖先、"我的"朋友、"我的"上级、"我的"邻居、"我的"敌人、"我的"影子、"我的"肖像、"我的"对手、"我的"财产、"我的"危险等，这些五花八门的随机情形都可以被称为"我的"。然而，"我的"仅仅意味着"与我有某种关联"。但是这种特征不能用来描述与所有非利他主义的东西相对的利己主义。尽管如此，这个问题还是可以解决的。利己评价或欲求的客体必须与自我有某种关联，这一条件总能被满足，因而也不值一提。如果自我在这种情况下被发现，而且它的评价和欲求会被不同于自我的他人——所有平等事物——所取代，那么非利他主义和利己主义之间的差异就变得足够清晰。从而我们在客体和自我之间得到了一个有点奇怪却足够清晰的关系。在其狭义上，这种关系被称

---

① 参见《价值论的心理—伦理学研究》，第103、第113页以下。

　② 同上书，第101页以下。

为"属我关系"（Meinheitsrelation）。总而言之，下面可以说，我也认为毋庸置疑的是：价值、评价和欲求被称为"利己的"，这要求它们不是利他的，而且它们的客体与自我有一种关系，如果自我被另一个主体取代，这种关系就会消失。

这种对利己主义的描述似乎无可非议。刚刚得到的更加清晰的自我和客体之间的关系可以被呈现出来，而且仍然为某种利他主义留有余地。例如，对我朋友的兴趣在一种重要的意义上可以通过我与他的关系刻画出来。当我关心他的利益时，我是利他的，不是利己的。我第一次讨论这些问题时①就在考虑这种可能性，当时我将其描绘为自私性利他（Selbtistch-Altruistische）概念。然而，当某个评价或欲求明显是在考察他人的福祸时，它可能仍然保留着一种利己主义特征，这一点令人疑惑。一个人可能会说他是如此有同情心，以至于他不能看到别人的痛苦，可他却可以拒绝帮助一个需要帮助的人，这时我们会毫不犹豫地说这种情形的发生是基于利己的态度，或者说"出于同情"就不会发生这种情况。当我们向孩子们赠送礼物的直接目的是为了从他们收到礼物的幸福中获得快乐，那我们的行为也不是与利己主义无关的。进一步看，这里没有任何东西与我们上面的论断相抵触。我们只是在处理异常复杂的情况。在某种情况下的同情和在其他情况下为某人高兴显然是利他主义的。当然，对自我同情的评价或欲求也无法否认它的利己本性。这里，利己主义和利他主义结成了特殊的联盟。总体而言，是利己主义还是利他主义占主导地位，这取决于具体的条件。

第 3 节　利己主义的自然定义

我们对利己主义的描述轻描淡写地涵盖了相关事实。不过，人为定义始终不尽如人意。但是，由于在日常生活中利己主义的概念是如此随意地被使用，因此我们确实需要深入研究利己主义的本质，以便找到更好的定义。

就我们在这方面的工作而言，初看起来，再次采用类比利他主义的方式似乎是最好的努力方向。类比涉及对象，而不涉及讨论中的态度主体。利他主义的对象正是我们所说的他者的福祸。这必定意味着它关心的是（实际地或者推测地）处于他者兴趣范围内的客体（objecta）。利己主义的含义能否简单地通过把"他者"替换为"自我"来确定呢？任何一种评价或欲求都会被称为利己的，只要它关涉的对象具备一种真正或假定的自我价值。事实上，在日常生活中，由于其简明的形式，我们也熟悉这种想法。毫无疑问，任何与之相适的态度都会被大众毫不犹豫地归为利己主义。另外，并不是所有被称为利己的东西都契合这个模型。因此，我们有必要研究是否应该对这一概念进行修正。

第一个例子是饥饿或口渴的人对食物或饮料的欲求。这种欲求肯定是利己的，尽管一般来说，他不会思考所欲求对象的价值。他认为，在某种程度上，他的欲求的实现与快乐有关，而且一种美妙的感觉是与实现欲求的假设相关联的。这当然不同于下述情况，在那里某物之所以被明确地欲求，是因为它对于欲求它的人而言是有价值的。这触及了一种被普遍接受的在利己主义和利他主义的相似性中的情况。试图从对象的角度确定利他主义的做法也遭到了类似的反对。他者的"福祸"不仅对唤起他的价值感受十分重要，而且包含所有会导致他快乐或痛苦的东西。尽管如此，上面给出的利他主义的特征仍然不错。这是由于，所有能产生快乐或痛苦的东西，都可以被纳入价值或负价值（Unwerte）之下，这样利他的人可以正确地把它们归入其中。利己主义者也能做到这一点。如果利己主义和利他主义都可以被刻画为人们有权去做的事情，那么他们双方都必须被称为利己的，只要他们专注于一个位于所考察的自我价值域中的对象的话（这与价值领域的主体性无关）。这样一来，我们将回到所有评价和欲求都会成为利己的这个观点。因此，我们必须如此考虑上述食物和饮料的例子：在欲求中，无论是评价还是其他愉快或不愉快的感受都十分重要，因为它们提供了一种愉快情境，而这种情境为相关欲求赋予了动机，根据这一点，任何评价和欲求都是利己的，只要它把目标定为自我价值或快乐的对象。

同时，显然利己主义的轮廓还不够宽泛。根据一般观点而理所当然地认为所有欲求都是对恰当对象或至少是对动机的渴望的那些人，认为这种勾勒显得不太可信。这种误解适用于[①]不具有刚才描述的特征的利己行为。任何欲求被尊重或赋予获得的荣誉以价值的人都是利己的。但是，就刚刚提到的情况来看，价值感受或其他的愉快感受因何变成一种构成利己主义的东西呢？也许有人倾向于回答，一个雄心勃勃的人欲求荣誉，因为他赋予了它价值，事实上，他的欲求很容易被此驱动。然而，驱动它的评价本身又是怎样的呢？

---

① 参见《价值论的心理—伦理学研究》，第 96 页。

它不是利己的吗？这并不容易回答：因为一种态度的利己层面并不一定需要由其自身价值或其他愉悦感受来驱动。毫无疑问，雄心勃勃的人在获得荣誉时会感到满足。他可能知道这一点，而且知道他可能欲求荣誉。但满足本身虽然是利己的，它却不能被价值或快乐所驱动。价值——至少是个人价值（此处不讨论非个人价值）——是建立在这种作为价值经验的满足之上的。这种满足本身也就不能再建立在价值之上。价值感受建立在价值之上，而价值本身反过来又建立在价值感受的基础之上，正如古老的自因（causa sui）一样，这从理论上说是不可能的。就我所见，我们在此试图用类比利他主义的方式来澄清利己主义的前理论概念失败了。

通过下列考察我们也许会更容易达成目的。在价值理论或欲求理论领域中进行研究的人非常熟悉，评价和欲求与其客体有关，这部分是直接的，部分则需要通过其他客体作为中介。上面提到的本己价值和派生价值的对立说明了这个事实（它可以被添加到其他价值转移的情形中）。但我认为，到目前为止，人们忽略了一个事实，即这种转移不仅发生在客体上，而且也发生在主体上。当一位病人或一个遇到事故的人的状态唤起我的同情时，我无疑是一个评价的主体，我的评价对象就是另一个人的状态。但通常这种状态会引起我的悲伤，因为它也会引起其他人的悲伤。我有理由说，通过把其他人作为中介，我成为所考察的价值对象的价值主体。我不希望在一种全新而不同的意义上滥用"中介"和"转移"这些术语，因为它们通常都用于客体。因此，我们可以恰当地说：在我们的例子中，他人是直接主体，而我则是较间接的评价主体。我们会立刻看出，在欲求方面可以做出类似的论断。通过专门考察直接主体，我们可以发现直接主体和间接主体之间的区分为利己主义和利他主义的特征描述开辟了新的可能性。当自我作为直接主体时，我们就称价值、评价或欲求是利己的，这个想法就可以得到验证。而当自我处在间接主体的位置时，他者占据了直接主体的位置，价值、评价和欲求就被称为利他的。这种特征描述的优点不仅在于简单明了，而且它能够以同等的方式处理利己主义和利他主义。这在最开始就已经被在此考察过的前理论思考所提出了。

尽管如此，似乎仍然存在使这个利己主义的新概念无效的情况。一个对人文学科感兴趣的人致力于发现新的人才。科学家本身或拥护科学的人也与此类似。可这样的努力是利他的吗？或者可以说，那些在人文学科或科学中发现自己的幸福或财富的人也希望别人享受同样的幸福或财富吗？不少人都知道，相当普遍的情况是，在人类努力的许多领域中，能力和运气并不总是匹配的，但他们仍然继续为人文学科和自然科学招揽新人。如此行动并非完全为了别人的福祉，甚至有可能根本没有这样考虑。这样做并不是因为他者处于直接主体的位置，或至少处在稍间接的主体的位置上。这种情况下，自我才是直接主体：不过，这样的的努力也不是利己的，而无疑是中立的。虽然有许多理由倾向于用直接主体来刻画利己主义的特征，但它在这种中立态度的情况下失败了。

很明显，在这种情况下，考虑非个人价值会产生与中立价值类似的结果：自我可以聚焦于一种自身以外其他主体的非个人价值。不过，所考察的欲求与评价却不是利己的。显然，引入直接主体并不足以把一种态度刻画为利己的。一些直接主体的可能性必须被明确地否决。"直接"这一表述的含义应该表明排他性和单一性。为了清楚起见，下列表述是可取的：根据所讨论的客体的性质，只有当自我可以成为直接主体时，一个价值、评价或欲求才是利己的。这不属于中立的或非个人价值的情况：即使不是无限多，也总有可能存在着若干个直接主体的情况。这样在适宜的情况下，我们就能够指出，在利己主义中，客体的特殊本质不承认多个直接主体。于是前面明确的"属我关系"概念浮现在我的脑海中。它已经证明自己在描述利己主义的特征中是有用的。与客体相关的自我如果在尚未完全停止成为价值主体的情况下，就无法由他人所取代，于是自我作为直接主体的排他性就得到了保证。

那么接下来的问题就是：利己主义的态度总是与一个单一的直接主体联系在一起吗？当几个农民聚在一起合买一台打谷机时，他们每个人都是秉持利己心态行动的。几个直接主体都表明了他们的兴趣，基本上，任何利己的共同协议似乎都是不符合只有一个直接主体的条件的，无论协议参与者的人数是多是少。在这里，有一些东西显而易见是理所当然的，但它们往往因为太过明显而遭到忽视：我们必须问，我用以达到目的之手段的价值是利己的还是利他的。显然，这取决于目标可能有利己或利他的特征。一般说来，利己、利他和中立的对立与本己价值相关。根据自我价值的性质，源于自我价值的价值转移是合理的。如果和艾伦菲尔斯①保持一致，那它们可以适当地被称为核心价值（Stammwerte）。显然，上面提到的打

---

① 参见《价值论体系》，第79页。

谷机并不是自我价值的对象。任何与打谷机相伴产生的利己性都取决于其性质和目的。但这对于这台机器的每一个拥有者来说都是不同的。因为他们中的每一个人都只关心自己的粮食而不关心其他人的粮食。如果他也关心其他人的粮食，那他的态度就不再是利己的了。因此，直接主体的单一性这一条件可能仍然没有得到满足。这只针对那些客体，只要它们是被单独考虑的，那它们所面对的利己主义、利他主义或中立性问题就会悬而不决。当与它们相关时，主体可能会随机地累增。它们可以轻易地从用来恰切描述自我价值的直接主体的多样性中区分出来。

那么，从表面看来，根据其应用范围，我们对利己主义的描述满足所有的合理条件。然而，内在地看，根据其意义，正如"利己的"这个词自身所意指的那样，它接近一种自然的、前给予概念，在那里，自我的中心位置得到了恢复。当然，这也可以被解释为借由主体对一种在这部著作伊始就业已放弃的利己主义定义的回归。自我既是利己的决策或评价的主体，也是利他主义的决策或评价的主体这个事实表明，主体显然不是唯一重要的因素。而且不容忽视的是——正如我们已经看到的那样——一个事物是有多个直接主体还是只有一个或是自我或是他人的直接主体，这本质上取决于客体的属性。因此，我们对利己主义的描述仍然是客观的。

第 4 节　利他价值与中立价值，价值位置（Wertstellung）

在前面的章节中，我们成功地用一种独立的利己主义概念取代了最初基于利他主义概念之上的利己主义概念。当然，现在我们面临的问题是如何利用这个新获得的概念，并在其基础上确定利他的和中立的相应概念。就利他主义概念而言，类比利己主义似乎可以最自然地对其进行分析。那么，如果他者取得在利己主义中自我的位置，也就是说，如果他者是唯一的直接主体，那么其价值、评价和欲求应该被称为利他的。毫无疑问，这太狭隘了。因为如果我致力于推动某一门艺术学科的发展，而这"有利于"一个对它充满热情的人，那么我的行动肯定是利他的。

然而，这可能会造成进一步的困难：是否每次的利他主义情况，都会有一个第二主体作为中介呢？例如，E 学会尊重或甚至欲求某事仅仅是因为 A 尊重或欲求它。事实上，这很容易成为 E 和 A 之间的一种争议对象，在那里 E 绝不是利他的。与此同时，我曾经在另一处指出①，这种极端情况经不起严密的考量。因为，仔细来看，自我和他者没有面对同样的评价客体。然而，毋庸置疑的是，当他者以自己的评价主观地影响自我的评价时，客体是相同的，因此自我赋予一个客体以价值是因为他者赋予了它价值。在这种情况下，通常没有利他的评价。我已经得出结论称，两个评价主体之间的相互关系不能由价值转移充分解释。转移本身并不重要。但是如何转移，也就是说，他者的评价如何介入（mediated）自我评价中，这是至关重要的。在整个转移过程中，评价主体的位置是重要的，在这里，正如已经解释过的那样，这种位置指的是"直接"或"更间接"的评价主体。在每一个利己的评价中（也包括"出于自身利益"的利他主义），其主体会立刻成为这个评价的直接主体甚至"唯一直接"主体：自我的评价也参与其中。显然他者获得了一个类似的位置，因为他者产生了所考察的自我和客体之间的价值关系。正如我们所见，这两种中心位置并非完全类似。但它们的相似性足以证明利己主义和利他主义的并置。介词"对……"（für）的使用是令这种并置在语言上明显表现出来的最为关键的方式。当我们考察术语"对……"的用法时，这也具有经验上的指导意义。一般说来，首先价值主体通过介词"对……"与价值客体在语言上联系起来。客体具有这个或那个主体而言的价值。然而，当我们谈及在干某项工作的某位成功人士说，"我对他的成功感到高兴时，"对……"有一个不同而特殊的含义。显然，"对……"在这里服务于特殊的目的，即指出当自我的态度是利他的时，他者所占有的特殊位置。那么当我们在考察利己主义中自我的特殊位置时，我们只要把诸如"这对我很好"的句式中的"对……"看作具有一种类似的意义就不会过于牵强了。

在这些例子中，无论自我还是他者都占据了此前提到的中心位置，这些例子被视作先天地与那些不适用这两种可能性的价值、评价和欲求相关。它们就是我在多年前就指出并在上文反复强调的中立价值（neutraler wert）或中立性欲求（Neutralbegehrungen）。这两者的相似性要求我们必须将中立性价值（Neutralwert）和刚刚引入的中立性欲求（Neutralbegehrungen）清楚地区分开，以避免误解。

"中立价值"和"中立性价值"的表达都是合理的，因为它们都把自我和他者排除在外了。然而，每种情形中的排除并不相同。这点在以下情形中表现得尤为明显：如果取消排除，中立价值的主体仍

---

① 参见《一般价值论的基础》（*Zur Grundlegung der Allgemeinen Werttheorie*），第Ⅲ卷，第4部分。

然保留着自我，但自我在中立性价值之中却不再存在。它们的差别如此之大，以至于比起排除了自我与他者的立场，中立价值（包括中立欲求）从自我的立场可以更好地被刻画。我们发现，自我是利己价值中的唯一直接主体，在利他的价值中自我则是一个较为间接的主体，而他者则是更为直接的主体。然而，对于中立价值，自我也是直接的主体，但不是唯一的直接主体。因为可以有更多主体，甚至这种主体可以无限多。

当我们处理价值或欲求的问题时，最终的差异可以被称为主体价值位置的差异。那么把价值划分为利己的、利他的和中立的，这就是根据同一主体可能的价值位置而划分的。然而，自我价值、异己价值与中立性价值的区分则是严格根据不同的主体以及不同主体的相关本性决定的。我在开启目前讨论时所说的利己主义和利他主义的"人为"定义则受益于我的早期著作。在对利己主义和利他主义的描述中，它们与所考察的客体紧密相关。因此，这是与根据主体来划分的自我价值（Selbstwert）、异己价值（Fremdwerte）和中立性价值相对立的。新的对利己、利他和中立价值或欲求的刻画更接近主体而不是客体，不过它更关注主体的价值位置。因此，它仍然明显不同于与主体性质有关的自我价值、异己价值和中立性价值。

这两组区分的相互关系会带来一个相当明显的结果：所谓主体的价值位置既可以应用于自我，也适用于他者。我们可以说利己的、利他的和中立的价值与自我相关联，也可以说它们与他者相关联。因此，不仅自我价值，甚至异己价值都可以成为利己的、利他的或中立的。如果这种三分是一种完全的分类，那么就有充足理由认为价值既可以按照这种分类也可以按照那种分类划分。中立性价值则有所不同。它们不需要自我或他者，它显然与非个人的价值相联系。这时说利己主义或利他主义是没有意义的：中立性价值只能是中立价值。此外，当我们谈论利己或利他的异己价值时，根据利己价值或利他价值所确定的自我与由异己价值立场得到的自我并不相同。因为在这里，我们谈论的自我并不是进行言谈的主体或至少不是进行理解的主体。我们从"他者"的自我得出了利己和利他的区别。

第 5 节　经验价值与质性价值（Erlebniswerte und Eigenschaftswerte）

如上所述，这里给出的利己主义的特征毫无疑问是不够的，因为它还没有明确地提到所讨论的对象。幸运的是，这个不足可以通过用一个简单的分类确定所考察的客体来解决，不过这个分类必须满足此前提及的某些条件。我们已经发现，对于一种态度是利己的还是利他的这个问题，我们只能通过联系本己价值而非转移价值来给出回答，因为转移价值是遵循其核心价值之本质的。据此，初看起来，利己价值的多重性会急剧缩减，不过在我看来，清晰地区分两类利己价值是有可能的。它们要么是相对短暂易逝但原则上内在可感的主体经验，要么是相对持久的主体质性，由于后者不是经验而只是经验的一种倾向，它们本质上不是内在可感知的。感觉好或坏、绝佳的口味、令人作呕的气味、美景和诸多心理状态属于第一类。健康、疾病、敏锐的感觉、对愉悦或烦恼的敏感性、对艺术对象的品位、智力和情感能力以及许多其他属性属于第二类利己价值对象。在我看来，如果没有不能被归入这两种类型下的利己的自我价值，且利己的转移价值总可以被归入其核心价值所属的类型之中，那么利己价值就可被划分为经验价值与质性价值。因此，显而易见，经济价值通常被计入经验价值。我认为施瓦兹（H. Schwarz）必须被视作首位认识到这个区分的伦理重要性的人[1]，他使用“状态价值”（Zustandswert）和“人的价值”（Personwert）来表达这一区分。但“状态价值”一词似乎特别容易被误解，因为“状态”主要指的是更持久的东西，从而经常与相对持久的“事件”（Vorgang）形成对比，就像常量与变量的对比。然而，“人的价值”这个表述触及了事物的本性，因为它比“经验价值”或“状态价值”更关注作为主体的“人”。而且，它关注的主体之“人格性”（personality）是我在提出“个人价值”（persönlicher Wert）这个术语时试图规避的东西。但正因如此，我会尽量避免说“人的价值”摆脱了“个人价值”。[2] 毕竟，名称并不重要。我绝不应该遗漏反而应该大方承认的是，施瓦兹运用了我们目前选择的术语并且在我们当前的研究中做出了贡献。

在从直接经验已经知晓的两种价值类型的描述中，我只能做一些补充。当我们谈到经验价值时，需要注意的是，“经验”一词是非常不明确的。它可能仅仅意味着心理经验，但也可能还意味着物理经验。至少目前还不清楚，为什么一种通常被视为具有物理本质的疾病只应具有转移价值，而质性价值又应该保存到与其相关的官能感觉中。最后，有人可能会认为只有苦乐而非所有感觉的终点才是最终和最恰当的经验价值。这与古代的先入之见一致，即从根本上说，快乐是价值和欲求唯一可能的客体。然而，这种先入之见显然会被质性价值和大多数转移价值所证伪。甚至在许多与经验价值相

---

① 尤其参见施瓦兹：《道德生活》，第 30 页。

② 参见《在一般价值论中支持心理学反对心理主义》，1912 年，第 2 页。

关的情形中，明显出于经验的数据也会反驳：在这些价值的框架内评价与快乐有关。只有这样说才是正确的：从外部看，似乎没有经验具备一种本己价值却不产生快乐——如果不是因为它本身已经是一种快乐的话。从内部看，这种说法是正确的，因为伴随着经验的快乐如果不是强制对象本身的话，就是评价的强制动机。这种动机保留了作为评价的合理性背景的功能，即使它并不是评价的对象。这两种情况都是合理而有说服力的。同时，就像频繁在情感事件中发生的那样，人们可以在自身中感觉到一种脱离了最初清晰理解的合理境况。

即使在我们前面对比的质性价值和经验价值中，原则上，物理方面也不能被排除在外。不过必须指出的是，客体接受物理属性作为自我价值并不像接受心理属性一样简单。由于心理层面的盛行，我们注意到了所探求的质性主要是指倾向。关于这些倾向，如果它们出于对其关系及结果的价值依赖甚至承认了本己价值，那么就会产生一个十分紧要的问题。一种好的记忆被赋值是因为记住过去的事件是有价值的。对气流或感觉刺激的高度敏感绝不是有价值的，因为伴随它们或由它们引起的经验是没有价值的。因此，一般说来，我们可以说质性价值取决于它们由以产生的经验价值。质性价值是经验价值的结果，这与转移价值相似。现在的问题是，它们如何才能像上文那样被视为本己价值。事实上，不可否认的是，价值是从行为转移到倾向的。但这并不意味着这一转移穷尽了倾向的全部价值。事实并非如此，这将是显而易见的，正如我们也将发现下述在伦理上重要的事实，即我们关于质性价值的态度通常是以一种完全不同于我们关于经验价值的态度方式被赋值的。当有人拒绝乏味甚至痛苦的治疗或手术，而在可以被治愈的情况下任由病痛肆虐时，他的行为也会被批评为伦理上的软弱和哀怨。尽管如此，即使当今，一个在忍受痛苦（patiens frugus atque solem）的病人要求有尊严地死去，也没有人可以合理地反对他。这种对经验价值的忽视与对质性价值的显著偏爱形成了对比。例如，有些人在"人的教养"中看到了最高的伦理理想，而大多数人在其中至少看到了伦理上非常有价值的东西。

尽管如此，倾向被认为比从其中产生的行为高出一个层面，这可以根据转移价值与核心价值的关系来理解，因为从所考察倾向中产生的行为可能具有一种充分的核心价值。然而，如果倾向的价值或评价有一种前提从而与由其产生的行为的评价相矛盾，那么上述结论就不再适用且无法成立。这种实际中可能发生的情况将在后面讨论。就目前而言，我们只需要指出，如我们十分钦佩某人的信念，他愿意为祖国的福祉和荣誉而牺牲自己，但我们并不希望这个人真的因为他的信念而死亡。在这种情况和其他同类情况下，这种特性显露出了一种对其结果的出乎意料的独立性。这引发了一个古老的问题：一个人被称为好人是因为他的大部分行为是好的，还是因为他是一个好人所以他的大部分行为是好的。正如我们现在清楚地看到的，这个问题的第二部分不包含逻辑错误。直接经验并不怀疑，对我们信念及信仰的评价并不是完全地——甚至可能不是主要地——建立在随信念而来的行为的评估基础之上。这只能通过一种方式来理解，即通过倾向或性情，或简言之，通过与人有关的质性来理解。这也就是在经验中被忽略的主体的自我。在这里，我们可以探讨一下是否存在一种艾伦菲尔斯所讲意义上的[①]"价值运动"（Wertbewegung），根据他的想法，原初的转移价值可以成为"派生"[②]的本己价值（Eigenwerte）。

因此事实仍然是，在与经验价值的比较中，质性仍然可以保持足够独立，这使得质性价值可以作为一种特殊的本己价值的类别对立于经验价值。

在特定情况下，可以想象质性价值是由经验价值构成的，或反过来说，经验价值是由质性价值构成的，二者相辅相成。第二类令人惊讶的例子可能发生在以下的情况中，有人投入大量的精力来重现此前经验中的种种细节，因为这证明了他记忆的可靠性——或者猎人为看到远处的一只兔子而自豪，虽然他可能不真正打算猎杀兔子，但这激活了他敏锐的洞察力。在这里，质性本身是有价值的。它的价值以一个总是被忽略的方式转移到经验中，即以一种把握手段或在这个具体方面的价值知识获得了它自身的转移价值。前面提到的第一类案例在理论上并不特殊但却更重要；它说明了质性价值实际上可以被降至经验价值层面的方式。任何希望接受人文或伦理学教育的人出于自身之故都会重视质性评价。但有时人们会学习乐器，是因为他们喜欢扮演社会角色或想赢得赞誉，或者想在闲暇的时光里取乐。当有人为了享受高度的自尊而培养自己的伦理才能时，这就走向更为精微的程度。这些努力都不能被赋予太高的价值，尽管我们会高度赞扬那些因艺术或伦理才能自身而把它们作为目标的

---

① 参见艾伦菲尔斯：《价值论体系》，卷一，第二部分。

② 参见同上书，第44节。

人。当然，相互冲突的经验价值和质性价值的意义和正当性并不会因为这种可能的复杂性而变得不再可靠。

但首先，我们必须在其与利己价值的关系中进一步考察经验价值和质性价值。因为我们可以由一种能够更好地描述利己价值的方式将其区分开来。通过考查我们最初的直接经验发现——据我所知的和已经提到的——利己的本己价值要么是经验价值要么是质性价值。我还不能从利己主义的本质中先天地得出这个结果。但我的直觉是，就经验和质性而言，利己价值的客体与主体的特殊关系无法从别处发现。然而，相反的情况通常却不是这样。在那里，一切都必须是基于"经验价值或倾向价值"这个区分的利己主义。进行把握的主体之状态或质性并不能决定一个价值是经验价值还是质性价值；从这个主体的角度来看，它可能是自我价值也可能是异己价值。就主体而言，在自我价值中也有可能存在属于他人的经验价值和质性价值这些类别，因此也存在为了自我的利他价值，因为它们是出于其他人而被赋予价值的。但它们也可能是中立价值。在人文和科学中，我可能赋予了他者的经验和能力以价值，而不必考虑他的福祉。我自己的经验和质性也可以用类似的方式来考虑；因此，"所有利己的东西要么是经验价值要么是倾向价值"的立场是不可接受的。

同时，明显的是，经验价值与质性价值的对立不能用于描述利他主义。众所周知，在这里本身就十分重要的他者的福祉，可能是一种利己的、利他的或中性的福祉。在这里的每一种情况，我们可能都既要关注经验也要关注质性。

第二章　伦理学的主题(伦理学的特征)

第6节　作为动机和理论分析客体的价值

伦理学研究价值对象本身。对此大家并不存在严重的分歧，虽然对于组成伦理学恰当主体要素的特征可能有各种各样不同的观点。因此，我早在多年以前就想到，我应该提出一种对经典伦理问题的价值理论方案。现在我仍然坚持这一立场。对于我曾一度亦步亦趋的古老传统，我必须修正这种过度重视它们的心态。不过，从古至今，对古老传统的追随已经导致我们模糊甚至曲解了伦理理论的任务。通过构建"理论科学"和"实践科学"等术语来指涉科学研究的目标和研究方法而产生的对立大家已经司空见惯。这种对立并不排除从理论研究延伸到实践领域的中间情况。通过对这种对立的刻画，价值也必须——至少部分地——被纳入考虑。理论研究是由对象的属性决定的，而实践研究是由对象的价值决定的。这很容易导致下述结果，即任何时候，一个对象的价值既要被看作考察本身，也要被视为在其考察工作框架内的理论。因此，伦理学一直被理所当然地认为是哲学中与逻辑学和美学并列的一门实践学科。长期以来，被视为理所当然的事情已经表明本身绝不是理所当然的。因为没有人会否认有一门关于价值的科学，即属于一种理论科学的一般价值论。因此，这足以表明一门学科不能仅仅因为它研究价值就一定是实践的。如果价值——毫无疑问地——是一门实践科学的重要组成部分，那么关键就在于知道"价值"在何种意义上是该学科的主体要素；我们也必须认真探讨这个问题。

通常人们不会弄错，价值在一门科学中所起的是一种引导作用，价值就是它的动机。未来的医生研究人体健康和生病的状态。他这样做是为了维持并促进健康以及抗击疾病。他想这样做是因为健康有（肯定性）价值而疾病有（否定性）价值。因此，由于这里的价值与一种基础的生命相关，所以人们承认有一门名为"医学"的实践科学。不过大多数情况下，价值甚至不会被看作与医学有关。至少，价值根本不是其研究对象，它既不是其共同本质，也不是其独特特征。尽管如此，正如我们在刚才提到的价值理论中所清晰地看到的那样，我们仍然可以研究价值。当然，在那里，价值扮演着不同的角色，显然，从这个角度看，一门自身就关乎价值的学科因此不一定就是一门实践学科。如果我们把它应用到美学和逻辑上，虽然它们对我们目前的讨论来说并不重要，不过仍然显而易见的是，因为美和真是真正意义上的价值[1]，所以研究并实践逻辑和美学也是维护这些价值及提升这些价值的需要。毫无疑问，这些都是实践学科，这是否对我们的目标有利并不重要。但是，通过上述美学或逻辑价值共同刻画并秉持的事情仅由于它们是实践学科这个事实就不应该进行专门的理论研究，这是毫无道理的。因此，我们无从否认这门我们正在朝向并其自身正在成长的理论可以作为理论科学。

这与这些科学在实际研究中经常发生的情况完全相符。实践学科中的大量实践明显展现出了远胜于"不偏不倚"的实用主义者想象的理论特征。一门始终与日常生活需要息息相关的科学的代表人物总是表现得像最为神秘的理论家。不出所料，这种情况尤其出现在那些对人类行为产生积极影响的期望几乎荡然无存的地方。事实上，任何在这些科学领域工作的人往往觉得强调"实践"是不自然的。尤

---

[1]　参见《论情感呈现》，第15节。

其是在逻辑学中，强调实践性可能会导致人们误解这门科学的任务，尽管原则上这些任务肯定是实践的。而这种标签可能已经导致我们驱逐了"纯粹逻辑"中的某些问题，而这种"纯粹逻辑"问题不久就会被纳入对象科学即"对象理论"中。

现在把我们的结论运用到我们在此真正关心的伦理理论中就轻而易举了。毫无疑问，善行在伦理上是好的，也就是说，它是有价值的，任何尝试培育它的实践学科都是可辩护的。

但是与此同时，我们对善的强烈关注甚至足以令它在下述人群中盛行，他们已经坚信无论怎样的理论慎思都不足以影响人类行动：一个不再把伦理学当作实践学科研究的人并不会丧失其活动的正当性。通常来说，他可以在理论上追求他对于伦理学的兴趣而无须停下来狐疑地关注他的理论结论是否可以实现——即使只是原则上的实现。对他来说，人们认为他的研究服务于实践目标反而显得十分勉强。

综上所述，可以说：对于一门科学包含价值是否会令其成为实践的这个问题，答案取决于引入价值是出于理论上"对它们本身的兴趣"还是出于实践上"对它们的兴趣"。在后一种情况下，价值构成动机，在前一种情形中，它则是理论分析的对象。因此，伦理学可以作为一门实践学科来研究，但并非必须如此。任何反对实用主义的人都认为，因对象本身的兴趣而非对象作为达到目的手段的兴趣，构成了独特的尊贵性（Dignität），而当伦理学被划归为一门实践学科时它是被降格了。

第 7 节　伦理学中的理性和经验要素，对其方法的几点思考

自然，伦理学作为先验科学并不依赖于人们将其视为实践的还是理论的。所有经验科学——即使处于其最不完善的状态——都要探求其先验知识的部分。但一门价值科学即使具有最高的理性上的抱负，在应对这个或那个对象是否具有价值这个最初的问题时，也需要通过观察实际的评价和诉诸经验的回答来加以回应。这并不意味着任何事实上被赋值的事物实际上都具有价值。当我过去宣称我所建立的价值法则都是从经验而来时[①]，我可能太过激进了。我论点的基础毫无疑问是现代文明人的伦理行为经验，所有受过教育的人都可以接受它们。前科学词汇的含义证实了这种经验，它们应当尽可能地运用于伦理理论中。同时，由于我们可以发现建基于经验

① 参见《价值论的心理—伦理学研究》，第 92 页以下。

的评价的内在合理性，因此它也是一个理性的方面。而这为经验结果提供了一种合法性。当原初价值法则被制定并证实时，概念确实发挥了作用，这并不是——无论它们具有怎样的经验程度——由纯粹的归纳所确定的，而是象征着对现实中无比复杂多变的东西的粗略概括。这对于任何其他理论也同样成立。例如，我马上将具体展开的"忽略法则"（Unterlassungsgesetz），就绝不能被理解为，值得赞许地对某物的忽略是出于所有人的赞同，而正确地对某物的忽略是出于所有人的谴责。它也不应在下述意义上被实施，即对每一个人来说，行为的价值变化紧随着相应被忽略的价值变化。此外，在与经验评价相关时，忽略法则有时仍有可能被违背——但是，有保留意见认为这种违背并不存在。"正确的"或"对的"并非必然是理性的。只有明确排除经验解释，它才是理性的。

如果我所言非虚，伦理知识确实始于经验，那么，当我们的原则与在适宜条件下由其产生的原则相比还不为人知时，人们就不能用它来反对伦理学，这并不会令人吃惊。人类的理解能力在汲取了过多或过少信息时都会崩溃，它在面对（vis a vis）极度普遍和极度特殊时也会崩溃。正如所有其他领域一样，在哲学尤其是在伦理学中也同样如此：中道是最容易接受的，并因此起着一种前给予作用；而科学研究的任务是超越"给予"。这甚至也为一种先验知识总是在其中收获颇丰的基础（即数学）所秉持，这在近来突破其原理的研究中清晰可见。在那些经验程序或者不如说是归纳程序必须从相对具体的实例出发且旨在达到普遍以作为其相对未知的研究目标，而实现它的入口却是科学研究的结论时，这显得尤为正确。价值理论，特别是伦理学理论的一个特征在于，它们的出发点是评价。我们找寻的"原理"不会在这些评价本身中清晰地显现出来。因此，在这些原理的基础上，这些评价的确定性充其量还保留着一种赞同要素。这样一来，正如刚刚讨论的那样，在这些基础上建立起来的一种伦理学方法论几乎无法得到辩护。无论是应用的敏锐性还是作者的出色论述，都无法调和这种方法论在理论上的可疑特征。

当然，这并没有否定伦理主体要素的独特性，它带来的独特而恰当的方法已经被视为方法论主张并值得在进一步的伦理学研究中继续关注。因此，我自己不得不接受某种程序用以解决一个原初但却是根基性的问题，即如何精确确定伦理学的合适对象。简言之，这是对始于穆勒（J. St. Mill）的被称为"伴随环境变化方法"（Methode der Begleitveränderungen）这个程序的一种专门化。为了确定什么是恰当的价值对象，以及因此确定什么是伦理对象，一种可接受的最为自然的程序是首先确定，每当对象的伦理价值逐渐转变时，客体中的什么要素也在跟着逐渐发生转变。人们最初期待的是，聚焦于伦理学的中心区域就能完美地解决这个问题，这个区域很好地由"好"与"坏"这组相对的术语构成，对此，我根据传统用法，用更具体的"道德"领域来和更宽泛的"伦理"领域与此相对应。[①] 在这样的语境中，我特别考察了在道德价值中呈现的法则。为此，我发现下述事实格外有用，即有时行动者或至少是意愿者的利己和利他的感受会发生冲突，有时激起的利他主义的重要性则需要由一个人必须克服或无法克服的利己主义来衡量。[②] 这个程序在有限的范围内如我们所设想的那样产生了相当有利的结果，它被施瓦兹应用到了一个更广泛的领域，这个领域在某种意义上是伦理学的全部。因此，已获得的良好结论之主旨值得赞许，这种赞许甚至来自那些不同意这个作者许多心理学或价值理论论断的研究者。在这样的情况下，如果我利用施瓦茨的主要结论作为基础而做出小小的贡献，并能被可靠的同人视为在前者研究的层面上有所突破，那我将不胜开心。

第三章　忽略的法则

第8节　两个反驳，对第一个反驳的回应

我们希望尽可能地贴近《价值论的心理—伦理学研究》，我们也希望保持这个主题的简洁性。因此，下面我想把我的想法限制在我专门称为"道德"的内容上，不过，我观点的应用范围以后可能会扩大。我会略显轻率地从考察我曾命名的有关"忽略法则"开始。根据这条法则，在原点之上，道德价值的正轴上的每一点都对应着原点之下的负轴上的点，这意味着只要前者代表着一种确立（Setzung）的价值，后者就代表着一种忽略的价值。当考虑道德价值对象的四种主要类别时，它们就与上述法则一起产生了先前提到的论点，即对值得称赞的事情的忽略是可接受的，而对正确行为的忽略是应受谴责的，反之亦然。据我所知，这条法则的实际有效性是毋庸置疑的：该法则在经验上部分地被实际评价所证实。它的确切性超出了经验，这源于一种使概念确切和令彼此界限分明的恰当进程。但还有一些遗留的问题必须从理论上加以解决，下面，我将为此做出一些努力。

第一，由于我们的法则似乎产生了悖论，这引发了人们对是否

---

① 参见《价值论的心理—伦理学研究》，第 88 页。

② 同上书，第 49 节以下。

357

正确地建构了法则的问题产生了怀疑，因此有两点我们必须指出。第一，通过下述方式我们可以超越价值原点：一个道德上具有极高正值的决定不仅可以通过一种恰当的修正失去其极高的值（即回到价值原点），而且可以越过它获得一种负值。那么这种对行为的修正在何种意义上改变了与之相对的忽略的值呢？对于这个问题，忽略法则指明了答案：当一个行为的值趋近于原点这个极限时，忽略行为的值则趋近于反前缀的无穷这个极限。对于一个行为的值从轴上的正值越过原点到负值上这个运动，在忽略它的情形中，它对应于其值首先运动至负无穷，但在一个直至正无穷的跳跃之后紧接着再次回落到有限的一个正值。对于有连续性的一侧，另一侧没有连续性并包含着一个从负无穷到正无穷的突然转变，这可信吗？

　　第二，与法则明显不相容的情况似乎是不合理的。这一法则涉及对立感受（Gegengefühle），乍一看它似乎是经验心理学的一种主体性要素。然而它反过来又可以建立在先天价值律的基础上。当一个对象的实存曾让人非常开心时，那么失去它或它的不复存在也会使人经验到悲痛，反之亦然。这似乎是被普遍接受的。然而，在现实中，这并非没有例外。因此，不久前提到的理性法则成为这个问题的中心。显然，忽略的法则并不符合显而易见的事实。对值得称赞的或高价值事物的忽略会导致一种可接受的或极少的负价值；对正确的或适中价值的行为的忽略则会导致某些会被责备的或具有极高负价值的事物。在此四类的每一类中，对更具价值行为的忽略都会导致一种更小的负价值，反之亦然。问题是，尽管存在这些矛盾，忽略法则是否可以得以保留。

　　在许多情况下，仔细看来，这两个难题中看上去更为极端的那个可以很容易地被视作没有问题的。在某些地方，不连续的函数是前所未闻的。例如，从负无穷到正值的变化可以出现在三角函数的钝角（超过 90°）切线中。在我们的例子中，甚至还有另一种观点存在这种矛盾，这个矛盾总是存在并隐隐出现。正如在切线的例子中所见，这个矛盾是永恒的。但是在那里，我们关注现实，尤其关注时间要素，当独立变量的连续过程与非独立变量的不连续过程相关时，事情会显得非常奇怪。如果我们成功地以这样的方式在其具体的测定中不断修正一个决定或使其依赖于某种修正，那么在道德领域中也将如此——可以越过价值原点；于是高正值可以转换成负值，反之亦然。对于与之相关的忽略的类似转变，突然的变化实际上必须被完成或至少应被认为完成了，而这绝非易事。即使我过去曾尝试的对道德上的高正值和负值的描述原则上是正确的①，我们也不能认为，从正值到负值的转换在刚才所述的意义上是可能的。因此，忽略法则中最不为人所接受的层面就被消除了。

第9节　忽略法则和双重否定原则（以对象理论解释忽略法则）

第二个困难是很难克服的，放在以后讨论似乎较为合适。由于忽略法则，我们必须解决价值理论中的另一个问题。这一价值理论以一种奇怪的方式与刚刚提到的忽略法则相对立，后者似乎是没有问题的，这种对立造成的问题在于，该法则是否是一种更宽泛的理性法则的特殊情况以及对象理论的一部分。如果我们成功建立了这种联系，那么我们就不仅能对忽略法则有一个更为深刻的认识，还将为对象理论知识的发展做出贡献。在这种联系中，我们能否在双重否定原则或类似于该原则的东西中找到忽略法则的本质并不重要。人们可能会认为，对一种忽略行为的忽略会导致一种确立，就像对否定的否定会导致一种肯定一样，事实上，人们还会认为不仅对某种正确事物的忽略本身是值得谴责的，而且对正确事物忽略的忽略本身就是正确的。但是我们马上会发现在忽略和否定之间的类比是不成立的，尤其当它是双重忽略时。当有机会做一件事情或者至少有机会想去做一件事情，而这个机会又溜走时，我们可能会谈及一种忽略。因为这时没有意愿的行为发生，或者行为人否认这可以由他的意愿来实现（当然是根据他的意见）。也许把这些可能性中的第一个而非第二个与否定相联系会更容易些。就第一种可能性而言，它甚至不考虑其可能的忽略。虽然并不存在对忽略的忽略，但在这种情况下，忽略法则本身毫无疑问是适用的。但令人吃惊的是，否定原则的有效领域比忽略法则的领域更狭窄。这在第一种和第二种可能性的第一步——不是在它们的第二步——已经很明显。也就是说，当值得赞扬之物被忽略并变得可允许（zulässig）时，这一点表现得很明显。但对于双重否定或类似于双重否定的东西，目前还没有任何例示被给出。此外，我们无须指出，四种价值类别的特征或价值本身的等级并不会在否定问题上消失。

第10节　忽略法则的类似物

这四类道德价值无论是从它们构成的诸多序列来看还是从通过忽略法则把这些序列成员联系起来的方式来看，它们都类似于与其完全不同并彼此风格迥异的四元组，当我们认识到这一点时，我们

迈农价值哲学在伦理学中的运用

---

① 参见《价值论的心理—伦理学研究》，第91页。

的理论将取得不菲的收获。最近对对象理论的分析已经表明，某些四元组中有一些相关的特征。因此，有些人希望这种知识也可以支持价值论伦理学。在这里，我想提出一些与这个联系相关的分组。

"定言判断"已经在传统形式逻辑中被反复讨论，它的"形式"通常被划分为"全称肯定判断（A）、全称否定判断（E）、特称肯定判断（I）和特称否定判断（O）"；"A、I、O、E"系列形成了一个有序序列。当我们认识到由 I 和 O 处理的"一些"中包含着一条从零到"一、若干、许多"的数量序列（以"全部"为极限）时，这一点是很清楚的。I 和 O 在原点相遇，然后遵循彼此的关系在相反的方向上延伸。因此，这四个术语全部可以画在一条直线上，从中心看，原点在 I 和 O 之间，A 和 E 在更外侧。传统上这四个术语之间的某些关系被视为"逻辑矩阵"。而系统详尽的研究则必须参照霍夫勒（A. Höfler）对它的考察。我们主要感兴趣的是传统上被称为矛盾关系的东西，这种关系存在于第一项和第三项之间以及第二项和第四项之间。因此，我们采取刚才提到的这些术语的线性序列就是理所当然的。如果否认所有 S 都是 P，那我们同时也会知道一些 S 不是 P，反之亦然。如果至少一些 S 是 P 不对，则没有 S 是 P，反之亦然。这些关系和那些通过忽略法则得出的关系之间的类比是显而易见的。

霍夫勒令人信服地表明，在 A、I、O 和 E 之间成立的依赖关系，也同样包含在"必须完成、可以完成、不必完成和不可能完成"（müssen，können，nichtmüssen，nichtkönnen）之间。这四个对象也在给定顺序中构成了一个有序序列。同样在这一序列中，由直接相邻的成员区分开来的两组成员以一种类似于忽略法则方式联系起来。这种情况与"相同、相似、不相同、不相似"或"命令（要求）、允许、不命令（不要求）、禁止"（geboten，erlaubt，nicht geboten，verboten）这些序列不完全相同。以下四元组是忽略法则的真正明显的类似物的进一步例子："肯定的、推测的、大概不是、当然不是"（gewiss vermutlich，vermutlich nicht，gewiss nicht）；"必然的、偶然的、偶然不是、必然不是"（notwendig，zufällig，zufällig nicht，notwendig nicht）；"奢靡、慷慨、节俭、吝啬"（Verschwendung，Freigebigkeit，Sparsamkeit，Geiz）；"收入、储蓄、支出、浪费"（Einnahme，Ersparniss，Entgang，Ausgabe）；"冗余、充足、不太多、太少"（Überfluss，genug，nicht zuviel，zu wenig）。还可以有很多类似的例子。下面的问题是迫在眉睫的：从这些结果中可以了解到哪些关于忽略法则的特性呢？

当然，我们必须撇开它们的差异而首先确立与忽略法则类似的例子有什么共同之处。霍夫勒指出，四元组当中的其中两个总是对另外两个的否定，而且其中两个总是确切的对象，而另两个不是那么确切的对象而是确切对象的近似值。下列思考可能会让我们更进一步：这些相似例子的第二部分(在某种意义上也就是最重要的部分)亦即模态确定性的组别已经被详尽地研究过了。我们可以设想，这些研究的结果可以应用到其他分组。因此，我们需要进一步考察模态序列。

第 11 节　四元组中两个较强项系列的模态序列

根据上述研究，相对而言并不重要的是，传统上被称为"必须"(müssen，或"义务")的必然性类别仔细看来并不真正属于这里。因为用"可以"表示的可能性是与现实相关的。这产生了一个可能被以下事实掩盖的关系，即在大多数相关的重要研究中，理性被赋予了优先地位。在那里，先天可能性被掺杂在一种先天实在性之中。而必然性作为先天可能性的特征变得更加明显，因此我们宁愿说必然性而非必然实在性。当它们被理性地加以把握时，那么就像一般情况一样，只要承认"必然性"，就也会承认"不可能性"。严格说来，我们四元组的恰当成员分别是存在的实在性、存在的可能性、不存在的可能性、不存在的实在性。如果这个术语体系被接受，那么该序列最重要的方面也就显而易见了。

这条序列或线索被分成两半：一半关于存在，另一半关于不存在。这两部分相遇在原点或非实在性上。原点极限表示这两条射线是定量线。此外，在每一条线中，我称之为"较强项定律"的这条法则都可以成立，这是它们的特征之一。根据这条法则，只要在它成立的地方，某些较大事物的给定就意味着较小事物的给定。此外，这两条射线通过"补偿性法则"结合在一起，根据这一法则，每一种不存在的可能性都与一种存在的可能性相一致。二者相互补充形成一个整体，这通常在象征意义上被认为是一个包含可能性和概率计算的整体。我已经尝试解释了在可能性的双重序列中的法则，顺便说一下，每一条射线本身都构成了所考察的多重点的空间图像。然而，最常见的是将重合点紧密地放置在彼此下方，而这并不意味着二维空间图像。在我们讨论的意义上，模态的多重确定性被划分为"较强项的双重序列"。随后，问题在于由这个表达式所指的合法性案例是否可以使下面的关系变得清晰：存在的实在性和不存在的可能性的关系，存在的可能性和不存在的实在性的关系。

我们假设一个存在者具有四分之三的可能性。然后从上面讨论的规则来看，它的对立面即不存在的可能性是四分之一。但是，根据日常语言，我们必须准许假定，不论这四分之三的可能性是什么，它都是首要的可能性（Hauptmöglichkeit），或者更一般地说是最强的（potissimum），即在眼下的情况中占据了较强项序列中的一个点。如果存在进一步的较强项，那么与之相对立的可能性一定会更低。然而，让我们设想一下，如果与我们上面的假设相反，不存在四分之三的可能性，那么仍然会存在与之相对的四分之一的可能性。这一点可能会被遮蔽，因为这个对立项仍然有一种更大的可能性，这是由于最强项将会靠近四分之一，但也将位于不存在的可能性这条射线的某个遥远位置。当然，这对于其他所有没有计入两个原点的较强项的双重序列的成员也同样适用。它们的独特地位还包括这一点，较强项法则不适用于它们。不过，这对于此前四分之三可能性的考察也同样不适用，因为零可能性的缺失与更高可能性的缺失是不相容的。现在，如果我们不再考虑我们双重序列中的两个原点，那么每条射线的最高极限——实在性——就可以与可能性区分开来。让我们将存在的实在性设为Ⅰ，存在的可能性设为Ⅱ，不存在的可能性设为Ⅲ，不存在的实在性设为Ⅳ，那我们可以表述如下：如果Ⅰ不成立，那么至少存在某种程度的非实在性作为对立的同时存在物。它们属于Ⅲ和Ⅳ的范畴，而在后一种情形中甚至更类似于Ⅲ。如果Ⅱ不成立，那么只有Ⅳ可以成立。如果我们用另一条射线取代这条射线，即Ⅲ和Ⅳ，相似的情形同样可以成立。我们可以总结如下：如果Ⅰ，Ⅱ，Ⅲ，Ⅳ不成立，那么相应的Ⅲ，Ⅳ，Ⅰ，Ⅱ就成立。这只不过是被称为较强项双重序列的这个法则带来的结果。同时这也明显类似于忽略法则。

第 12 节　被理解为较强项之双重序列的相似案例

我们现在清楚地知道其他四项彼此之间以及它们与忽略法则之间的一致性是可以得到保障的，但我们仍必须成功确定较强项之双重线法则确实会在它们之中出现。

这一说明应该很简单，尤其是在确定—不确定性的序列中，我们可以从不确定性与可能性的密切关系中得出上述结论，我在其他文章中解释过这种关系。当然，显然并不是每个主观确信的确定性和不确定性都可以被用来与忽略法则进行类比。当某人并不能确定地理解一个客观事态（objective）时，他进而也不能理解与之对立的客观事态。同样，如果他确实理解了对立的客观事态，他也不能做出确定的判断。不如说，这是一种合理的确定性与推测；或者更确切地说，他有理由做出一个确定判断或推测判断。因此可以指出，我们的法则在真与可能性中成立而不是在确定性与推测中成立。但是，正如我们马上会看到的那样，这同样是不正确的。如果"A是B"不正确，那么我们能得到的就不是其对立项的可能性而是其真值。在纯粹可能性与应用可能性的关系中，会产生一些特殊的困难。尽管这看起来可能很奇怪，但我们法则的领域位于极度主观与极度客观之间的中点，因此它也会涉及个体可能性的边界。根据我的理解，如果我对某个客观事态并不确定，或者说据我所知它并不允许我做出一个合理的确定性判断，那么这种知识就使得我们可以合法地承认对立项在某种意义上是可能的。在这些限定下，较强项之双重线法则是可应用的。

毫无疑问，在 A，I，O 和 E 的序列中也会同样如此，尽管它们并不连续——不过它们的模态是连续的。对"全部"的判定必然比对"一些"的判定更强（potius）。而除了那些包括"许多"的东西之外，较强项（apotiori）还包括"一些"和"一"。同样可以理解的是，共存补充法则也具有相同的明晰性，即使由于纳入考察的"所有"在个体的数量上可能或多或少，因此对于不同的序列来说，彼此补充的共存判定项的总量也并不是一个常量。对"数量"的传统判定是相对的客观事态，正如模态的存在或不存在那样，在这个词语最宽泛的意义上，它尤其与如此—这般之存在和如此—这般之不存在一样。事实上，这个法则认为：对于一条射线上的点的不存在而言，其对立共存项的存在会在同一条射线上的不同的点（无论它们相距多近）上被给出，而且它位于这条射线的第一点和原点之间。第一点是它的较强项。在一种相似指称的推测下，联结 I 和 III，II 和 IV 的"矛盾"律只是上述描述情形的一个特例。

在霍夫勒（A. Hofler）恰当地称作"等同关系"（gleichungsrelationen）的领域中，上述情形的清晰性遭到了对象理论中未被解决问题的削弱，但是根据安美赛德尔（R. Ameseder）的研究，我们可以这样说：在两个对立关系中总是存在一种必然同时性，据此术语"相似性"和"差异性"可以得到运用。术语"不相似性"和"不相等性"的含义则仍需规范地界定。另外，"相等"显然意味着相似性的最大值，它与非相似性的零点共存。就此而言，较大的相似性归属于较小的差异，而较小的相似性归属于较大的差异。因此，毫无疑问，较大的相似性或较大的差异性是较小的相似性与差异性的较强项。我们立

迈农价值哲学在伦理学中的运用

即可以看到，Ⅰ与Ⅲ以及Ⅱ与Ⅳ之间的关系与忽略法则是一致的。

第 13 节　不同类别的相似案例

由"要求，允许，不要求，禁止"（geboten，erlaubt，nicht gebo-ten，verboten）构成的四元组将我们引入价值理论或伦理领域。当我们在一种客观的意义上运用那些已经十分主观的概念时，这点显得尤为明显。这产生了"必须是，可能是，可能不是，必须不是"（sein sollen，sein durfen，nicht-sein durfen，nicht-sein sollen）这个序列。以一种更简洁却更模糊的术语来说，人们可以说"必须不"和"可能不"（nicht sollen，nicht durfen）。因为"必须不"（nicht sollen）与相似的"不愿意"（nicht wollen）或许在词语的严格意义上是对"必须"的否定，但在一种不那么严格的语词意义上，"必须"的对立项与最终对"必须"的否定都意味着一种与肯定"必须"（Sollen）的对立。① "可能"（Durfen）也在一种相似的意义上作用。为了使我们的种种术语更为清晰，我们需要运用符号来指示它们。"必须"（S）和"可能"（D）的缺乏可以用零来指代。S 和 D 的性质被置于符号左侧，作为对象的存在的性质呈现在符号右侧。接着用负号来指代纯粹的否定性质可能就足够了。肯定性质则保持不变，那么我们马上可以得到如下有序序列：

$$
\begin{array}{ccccc}
S & D & 0 & -D & -S \\
-S- & -D- & 0 & D & -S-
\end{array}
$$

纵列的邻近符号表示客观上和在其本质上共存的客观情况，虽然根据我们的行为来看，它们可能在主观上并不共存。根据我们的研究目的，关注上排序列就足够了。我们很熟悉它，因为在零点的左右两侧分别存在一条较强项序列。只要是人们必须做的事情，他们总是有可能去做。类似地，人们也可以做他们必须做的事情。因此，我们可以期待组成水平序列的两条射线能够重叠，而且这样一来，我们可以发现共存点从而再次产生较强项的双重序列。它与忽略法则的类比再次以一种寻常的方式得以阐明。

与此同时，"必须"与"可以"的相似案例，或者不如说是实在性与可能性的相似案例却被打破了：根据这一类比，S 将是一个点而 D 是一条线。但这里的必须（S）可以强化，但说其是可能（D）的程度却

　① 参见《论情感呈现》，第 162 页以下。

并不自然。甚至把可能（D）指定为一条短线——或许是接近零点的线——是相当武断的。这会让我们在重叠上的成功受到质疑，因为存在的可能与不存在的可能应该是共存的。然而，对于反对"必须是"与相反性质之"必须是的缺乏"同时存在这一点，人们是没有顾虑的。甚至为什么肯定的必须是的缺乏应该与否定的必须是的共存都是更缺乏明证的。总而言之，我们可以看到将所有情况都归于较强项的双重序列这个观点将会导致一些无法克服的困难。这一理论必须认识到这一点并转而采取不同的路线。

经过更进一步考察，只要我们认识到"可能"一词指称一种否定性质的对象，我们就能够发现一条新的路线。我并没有忽视下述风险，尤其是在我自己多次犯错之后，即一种本质上肯定的对象可以被视为否定的，因为它可以通过否定的方式转化为一个确切的概念。进一步看，我们也不能忽视，我们做某事是由于它没有被禁止，换言之，"必须不"理应被否定。诚如是，我们暂时可以认为上述序列中的五种元素事实上只有三种元素：

$$S \quad 0 \quad -S$$

就其强度而言，S 与 −S 各自形成了一条以零点为终点的射线。另外，D 或 −D 被定义为在序列的 −S 或 S 部分被抽离后仍然留存的部分序列。本质上说，D 要么是 0 要么是 −S。同样 −D 也只能是 0或 S。让我们标记 S 为"Ⅰ"，D 为"Ⅱ"，−D 为"Ⅲ"，−S 为"Ⅳ"。那我们立即能得到下述结论：如果非Ⅰ，那么Ⅲ；如果非Ⅱ，那么Ⅳ，反之亦然。这样的情形与忽略法则和较强项的双重序列完全一样，只是潜在的原因不同。在 S 和 −S 的层级中，我们仍然拥有一条序列，但它并不是双重序列。严格来说，D 与 −D 不再是同一序列的组成元素。显然，刚才所说的这些对于"要求，允许，禁止"这条序列而言也同样成立。因为每个包含中立点的完整序列都必须遵循Ⅰ，Ⅱ，Ⅲ，Ⅳ这种合规关系。对于三元组 ABC 而言，如果非 A和非 C 的概念已经被预先规定为这一组别的极限的话，那么我们也可以对其报以同样的期待。

同样，只要我们对所研究的案例在是否与忽略法则的类似上产生了质疑，那我们也无法再把它们与较强项的双重序列联系起来。对于它们，我们甚至必须满足于其替代品，即通过定义引入的否定。第一，考虑一下从冗余（Überfluss）到缺乏（Mangel）这个序列的例子，即从过多到过少。任何属于这一序列的内容都是可获取的商品或贵重物品，为此必然存在一个需求（Bedarf）不能超出的极限。另一个极限是在不考虑落后于需求的情况下"供应"不会低于的极限。让我们以否定的方式把它们设定为不是太多和不是太少。进而我们得到了"过多,不是太少,不是太多,过少"的四元组,对此,还有一个问题仍需得到回答,即中间元素是否可以相反,或至少可以颠倒次序。事实上,"过多"与"不是太多"自然地相互抵触。"过少"与"不是太多"也是如此。让我们将数字Ⅰ到Ⅳ分配给这个序列中的元素。这四种情形的有效性类似于忽略法则可以通过定义马上变得显而易见。同样的方法可以运用到从挥霍到吝啬、从收益(Einnahme)到消耗(Ausgabe)这两种序列中。其中第一组可以被视为"过多—过少"系列的一个特殊例子。分布在这一序列中的特征似乎是给予的态度。关于这些态度,上述确定的四种类型都已经通过传统表达来指示了。给予太多的人是挥霍的,给予太少的人是吝啬的,没有给予太多的人可能是节约的,没有给予太少的人甚至可能是慷慨的。因此,Ⅰ与Ⅳ之间众所周知的关系得到了保障。第二组序列涉及流动商品(bewegliche Guter)的变化,尤其是金钱的变化。当这类商品增加则是收益,当它们减少则是消耗(Ausgabe)。当预期的收益未能实现,这叫开支(Entgang)。当预期的消耗未能发生,这叫储蓄(Ersparnis),而支出与储蓄只不过是收益与消耗行为未能实现的结果。由于这种前缀关系,"收益,储蓄,开支,消耗"这种顺序是合法的。Ⅰ与Ⅱ的前缀是肯定的,Ⅲ与Ⅳ的前缀则是否定的。由此,此类关系也得到了保障。

第二,我们必须考虑一种无论是过去还是现在都不可避免地与必然性相关的例子。在"必然存在,可能存在,可能不存在,必然不存在"这个序列中,这里的"存在"(在这个词语的宽泛意义上)可以被理解为狭义的存在和如此这般之存在。我们提及这个四元组的动机只是为了说明,通常被视为与在此考察的案例类似的情形并不一定要与忽略法则相似。而且对我们而言至关重要的是,它可能根本就不成立。当一个客观事态被称为可能的,只需它是实然的而非必然的即可,并且当我们序列中的四组元素再次按照Ⅰ到Ⅳ的顺序被给出时,我们就能清楚地看到Ⅲ不能从Ⅰ的不存在(Nichtbestand)中得出,Ⅳ也不能从Ⅱ的不存在中得出。如果B存在并非必然的,那么其对立项也不一定是可能的(zufallig),因为它甚至或许是必然的,而且因为如果A不是必然地为B,那么它也可能为B,这与它不可能是B的信念是不相容的。同样,当A是B是不可能的时,那么其对立项就不一定是必然的而也可以是可能的。人们可以尝试通过不借助实在性来定义可能性从而挽救这个法则，即每个不是必然的客观事态都是可能的。但这似乎无济于事，因为根据这种情形，我们仍然无法从Ⅲ的存在推出Ⅰ的不存在，因为一个非必然的客观事态并不意味着它的对立项也是非必然的。另外，如果我们变动一下上述四元组，那我们的法则同样适用。如果我们确实将可能性视为对必然性的否定，那么事实上Ⅰ的不存在就暗含着Ⅲ，Ⅱ的不存在就暗含着Ⅳ。但新的分组无法被称作一个有序序列。

第 14 节　相似案例的一般性特征，两极对立

让我们再次回顾先前的分析。我们注意到一些与忽略法则类似的四元组，明显地带有较强项之双重序列的特征，但其他四元组最初似乎却并不具有这些特征。在第一种四元组中十分清晰的属性是否也可以通过——以及通过相关情形的具体特征——第二组中合规行为的逐渐明证来指引我们发掘出后者中的标准呢？我们最好回到第一种情形，即较强项之双重序列，并更加细致地研究它们。

我们要进一步考察较强项之双重序列所能应用的对象的本质。这种尝试容易造成的困难在于，它首先会导致一些非常保守的结果。较强项之双重序列的两条射线显然都是由一个可被确定的对象的决定项所组成的，因而这个对象也是未被确定的或不完整的。这一对象明显是这个序列另一条射线上相应对象的对立项，但后者在同样的意义上是不完整的。这里的对立既不是传统意义上的"矛盾"，也不是"相反"。它原则上只不过是不相容事物的选项。只要我们认识到即使对象 A 与 B 是不相容的，因而也是"相反项"，但在对象 A 与 C，以及 B 与 C 之间仍然可能具有同样的关系时，这一点就会变得尤为明显。比如说，绿色既与红色不相容，也与紫色不相容，反过来，紫色也与红色不相容。但我们感兴趣的对立项的元素具有一种特殊的二元性，即当两个对象以某种方式对立时，那么这些对象就无法以同样的方式与第三种对象对立。我们的对立项关系所具有的这种特征与另一种对立项关系相同，后者在现代心理学中被称为"对比"，这在很大程度上被传统的形式逻辑所忽略。这种（心理学）对比是在一组有序序列的最末元素之间具有的一种关系。如果撇开这种表面上的亲密性，那么我们的对立项关系并不是一种心理学上的对比。前者明显在那些可以逐级转化的元素间也是具备的。像对比一样，它在某些（极端）程度的确定项之间是不具备的，但是它在具有此程度的确定项的不完整对象之间是可以具备的。因此，相似性与差异性可以由程度来确定。在巨大的和最小的相似或差异之间有一

种对比，而且根据共存法则，在等同和巨大差异之间也有一种对比。然而，我们的对立项关系无须考虑这些确定项就已经在相似性和差异性之间成立了。更清晰的是，在许多方面，它甚至在客观事态的肯定性的不存在（这被称作"否定"）和其存在之间成立。不存在与不吸烟者没有可比性，就像我们试图把我们的对立项变得矛盾那样。存在与不存在的关系，和价值与负价值（unwert）、必须与必须不（其被视为与负价值相似）的关系是一样的。这类巨大的相似性包括确认与否定、愉悦与悲伤、欲求与反感，它们都是呈现出这些对象的经验。这些情形和那些暖与冷、甜与苦①，左与右、上与下、高与低（空间或声音等）、大与小、多与少以及其他类型的对象没有什么不同，尽管后者更倾向于思考极端的对立项。诚然，存在着很多这种对立项。但如果我是正确的，那么被不完整地决定的对象就已经是对立项，这也正是我们在此所说的东西。这种关系似乎需要一个特殊的名字，我们称之为两极对立关系。这一关系的元素就是两极的对立项。

现在，我还不知道如何对"两极对立"这个描述进行一些补充，因为它看起来似乎已经足够明晰了。正如前文所述，两极对立的关系在不完整对象之间也具备，而非仅在已被完整确定的对象之间才具备。两极对立的两项元素中各自完整区分的确定项的总和，相当于其极限接近于零的量化序列，其中相关序列就某种方式而言在收敛。就此而言，这两个序列可以通过其原点对它们进行线性说明。这些序列向相反方向延伸使得两极对立项能通过其层级连续地联结在一起，并且它们都可以用一条直线来表征。这种源于原点的连续联结尤其引人注目，因为其他并非定量而是定性的连续联结似乎是不可能的。占据着一条射线的确定项自然是互不相容的东西。然而，它们与另一条射线上的点的不相容性极小却是有可能的，它们甚至可以相当合理地共存，正如较强项的双重序列中的情形一样，量化序列是较强项序列以及其共存点也是互补的，这些事实也可以支持这一观点。问题在于是否所有的两极对象都可能构成较强项之双重序列。这个问题似乎并没有一个确定的答案：譬如，不同程度的价值不会与不同程度的负价值共存。但令人诧异的是，我们何以会不自觉地驱动自己去期望这种一致性。因此，由于处在感觉对象量化序列中相对极端的位置，轻与重这组对立项长期以来都被认为是自

---

① "甜"与"酸"的对立项存在会与上述对立项元素的二元性情形相矛盾。也有可能这些对立项都不属于对立序列。

然的对立项，在那里，"重"意味着"非常重"，"轻"意味着"一点也不重"。但实验心理学家用可以量化分级的"绝对印象"取代了这类相对性的概念。一个人可以轻易地设想出不同程度的"重"（在其狭义上）与"轻"被画在一条直线上，零点或中立点居中。如果我们断定"轻"是"一点也不重"、"重"是"一点也不轻"是有意义的，它们就可以在一种相对的意义上被理解。但根据"绝对印象"，共存和互补主义的想法就绝不能被舍弃。另外，我们曾做出了一些采取定性序列的理论尝试，如声音音调的序列是对立项和量化可变成分的二元复合物。如今做出彻底的断言称，通常而言，两级对象可以构成量化对象甚至构成较强项之双重序列是没有根据的。但这类序列似乎只有在与两极对象相关联时才会出现，也许有朝一日通过一种合适的途径，我们可以看到双重序列甚至在与两极对象相关联时也不会出现。

显而易见，正如Ⅰ—Ⅳ的关系所显示的，忽略法则的类似物可以应用于构成较强项之双重序列的两极对象。如果Ⅰ不存在，那么在任何情况下都有Ⅱ、或有Ⅲ或Ⅳ。如果Ⅱ存在，那么根据共存法则在任何情况下Ⅲ都存在。但如果Ⅳ存在，Ⅲ的存在与否就跟随较强项。如果Ⅰ不存在，那么无论如何Ⅲ必须存在。如果Ⅱ不存在，那么Ⅰ也不存在，因为它是Ⅱ的较强项；同样Ⅲ也不存在，因为它与Ⅱ共存。最后只剩下Ⅳ。很显然，我们可以从Ⅳ和Ⅲ的不存在，通过类比推出Ⅱ和Ⅰ的存在。

与忽略法则类似的情形又如何？在什么情况下我们无法顺利地求助于较强项之双重序列？考虑到目前已有的例子，我们可以说在每种情况中它们都涉及相互的两极对象。"多与少"是一组涉及可获商品或舍弃这些商品之意愿的两极对象。"收益与消耗"（Einnahme und Ausgabe）、"必须是与必须不是"（sein sollen und nicht sein sollen）也同样如此。通过上面所讲的可知，期望较强项之双重序列与上述的前两个例子相联系，似乎也不再显得鲁莽。从上述一般术语中衍生出的法则也能应用于它们。关于另两个例子，我们必须使自己满足于那些与这个情形的特殊本质相适应的慎思。在每种情况中，我们都可以找到矛盾对立项的功能，因为它们是按定义引入的。按照定义，"可能做"只是对作为其对立性质存在的"必须做"的否定。同样，"开支"（Entgang）与"储蓄"（Ersparnis）也分别是对"收益"（Einnahme）与"消耗"（Ausgabe）的否定。我们法则的有效性建立在"如果并非 A 是 B，那么 A 就不是 B"这种形式之上。这一论断对于未确定对象无效，但对完整对象来说却是直接明见的。

369

第 15 节　忽略法则与相似案例的比较

在前面的讨论中，我们尚未穷尽所有忽略法则的相似案例。根据这些数量有限的例子我们还无法达成统一的结论。但我们目前所得到的结论也许能够提供充分的基础信息，从中我们可以直接转向忽略法则，问题在于忽略法则是否与那些已和它类似的案例有更深层的关联。事实上，忽略法则通过两项相互的两极对象显现自身。在那里我们正在考察的价值与负价值，或者不如说，价值与负价值的程度，可以用——正如我们已经提过的——两条相遇于零点、朝相反方向延伸的直线予以说明。不过除此之外，这一比较揭示出了本质上的差异，而我们将在这一节探讨其中最重要的差异。

无需再提的是，我们先前使用过的 Ⅰ 与 Ⅳ 是线段而非点。因为即使是我们例子中的必须与过多也不是点。但忽略法则的一个重要条件就是占据一段线段的特征。这个条件在其类似案例中似乎并不能被满足。在这里，Ⅰ 与 Ⅲ、Ⅱ 与 Ⅳ 的关系非常紧密，因为一条线上每个点都与另一条线上的一个确定点相对应。一种意愿行为的缺席在某种程度上值得称赞与某种程度的可容许性相关。而一种意愿行为的缺席在某种程度上是正确的则与某种程度的责备性相关。不过，对于一个存在者之实在性的不存在（Nichtbestand）而言，不存在的可能性无需对程度进一步确定就能够被推出，不同的例子包含的不存在的可能性也大有不同。如果我们下结论称："如果并非某些 S 是 P，那么没有 S 是 P。"那么，关于 Ⅱ 和 Ⅳ 的渐变区分自然都可以被排除。显然就这方面而言，忽略法则的相似案例并不能在这里很好地成立，因为和 Ⅰ 与 Ⅳ 不同，Ⅱ 与 Ⅲ 是点——正如必须做与可能做一样。所有位于过多与过少之间的东西，像储蓄和开支，都必定具有程度的差别并因此占据着一条线段；但它以否定的方式进入了我们的合法秩序，因此它无法具有层级，并且不能在我们所说法则的意义上与任何其他事物的程度相关。在较强项之双重序列中还有一个更明显的区别，对它们而言，那些从属于互补法则的共存物最为关键。这些共存物尤其关注 Ⅰ 与 Ⅲ 的领域，并且在基础法则（Hauptgesetz）的产生过程中起重要作用。忽略法则同样涉及较强项序列。但是，互补项与相关的共存项并非现在的重点。因此，在价值线的四个部分内的逐级确定项甚至价值线内，不同的点通常都是彼此互不相容的。在正确性与可容许性中，也即在 Ⅱ 与 Ⅲ 中尤其如此。有时欲求物被视为与它们相关，它们应该逐渐接近较强项之双重序列，但这是不可能实现的。然而，我们发现忽略法则的类似物的出现也与双重序列的共存项无关。但也存在一种与价值线上的各种点类似的不相容性。

如果协调性与相容性是这样一种属性，它们间接却清晰地刻画出了我们目前情形中的差异，那么一旦我们确定了忽略法则所关涉之物及其类似法则所关涉之物，另一项明显且基础的区别就会出现。让我们考虑一下近来提及的从一种实在的客观事态的缺席到其对立客观事态之可能性的推断过程。那么结果如下：如果某种客观事态 a 并非实在的，从中可以推出客观事态非 a，我们将会更加简洁清晰地称呼它在某种程度上是可能的。实在性与可能性似乎是客观事态的两种属性；因此，所有看上去合法关联起来的东西都是如此——这般之存在的客观事态。忽略法则的所有其他类似物也同样如此。但我们的忽略法则本身关乎什么呢？它关乎确立（Setzung）与忽略。确立与忽略不可能是如此这般之存在的客观事态。[①] 实际上，这条法则指出，如果某种意志行为缺席，并且如果在某些情形下它是可容许的、应受责备的、值得称赞的或正确的，那么其结果也将分别是可允许的、应受责备的、值得称赞的或正确的。因此，如果不是值得称赞的，那就是可允许的；如果不是正确的，那么就是值得谴责的，诸如此类。在这里，存在的客观事态合法地相互关联；而如此——这般之存在的客观事态却并非如此。长期以来，这两类客观事态之间的区别都已经被完全忽略或抛弃，这是由于人们试图把实存判断（或更好地表达为存在判断）还原为定言判断或把定言判断还原为实存判断而造成的。[②] 但实际上，这种还原后的判断仍然保留着它们特殊的特征，只是这些特征或多或少地潜藏了起来。只有从低阶客观事态到高阶客观事态的过渡是成功的。到目前为止，存在与如此——这般之存在的差别必须被视为不可还原且基础性的。事实上，如果忽略法则从根本上来说与其他案例相似，那么它就应当承认如下结论："因为某种意志行为并不是值得称赞的；所以它必须是可允许的。"显然这并不是完全正确的。

通过将忽略法则与各种各样的伦理学之外的类似案例作比较，我们得到了一个非常消极的结论：当把方才所述的差异考虑进来时，这些类似案例对理解我们的法则毫无益处。不过，我们绝不能摈弃理论，而应尝试去对其达成理解。前文所述的这一法则在对立感受

---

① 这绝不能与我们图解示例的目标 a 和目标非 a 混淆，它们可以是存在的目标，也可以是如此存在的目标。

② 参照布伦塔诺：《从经验立场出发的心理学》，1974，卷一，第 279、第 283 页等处。

和对立价值的本质上的差异亟须得到澄清。不过凡是想要解决这一问题的人都必须记住下面这点：忽略法则考察的是值得称赞的、正确的、可允许的与值得责备的。毫无疑问，它们都是价值类别。但前面描绘的并不完全是价值的区别而是义务（sollen）的区别，这是非常清楚的。因此，任何深入探究忽略法则的尝试如果想要取得彻底成功，都必须将义务问题包括进来。就此，它将会顺延到当我们要进一步考察伦理学中的义务概念的阶段。

第四章　道德价值律

第16节　初步评论

现在我们将注意力集中到道德价值的重要性上，因为在自我与他者各自的决定中起作用的价值重要性确定了自我与他者。据此，多年前关于这项主题的探究将得到校正和完善。首先，我将介绍并解释即将会使用到的符号及其意涵。这些符号的用意将会在它们出现在我们或多或少形式化的讨论中时加以说明。

符号 γ，g，ν，u 与此书的第一章相关。它们很容易解释。拉丁字母表示自我价值；希腊字母表示异己价值。如果在某些情境下符号需要用来表示中立性价值，我们就用斜体字母（g，u）。对于相同含义的符号，我们可以用不同的价值前缀来表示。譬如，我们将 ν 写作-γ，将 u 写作-g。我们仍需确定所表征的价值是利己的、利他的还是中立的。但如果有需要，它们也可以由标示来指示，更进一步地说，可以用标示所依附的主要符号中的 e，a，n 来表示。只有希腊字母和拉丁字母是主要符号，正如我们所见，中立性价值既非利己的也非利他的。因此，仅有标示 n 可以附属于它们，不过由于没有指明任何区别，它也有可能被遗弃。

就我们的直接要求所关涉的东西而言，暂时无需拉丁或希腊的标示我们也可以很好地完成它。但我们必须首先把自己限制在只去思考本己价值与异己价值上。这些价值将被我们用主要符号表示，而无需标示来表示。这项安排自然极大地限制了我们的研究领域。但暂时而言，以这种方式简化我们的问题却是值得的，我们也有理由这样做。出于同样的目的，我将更进一步，其中甚至不会去考虑所有的利己价值且将忽视质性价值（Eigenschaftswerte），而仅考虑利己领域中的经验价值（Erlebniswerte）。因此，暂时而言，g 与 n 会被用来指示自我在经验上的善（Erlebnisguter）与不幸（Erlebnisubel），γ 与 ν 则仅仅用来指示他者在经验上的善与不幸。但必须要说的是，一旦我们研究的进展允许甚或需要时，方才所提到的价值上的限制将会立即被抛弃。

第 17 节　第一主要公式（Hauptformel）

为了确定道德价值的对象，按照前科学的信念，我理所当然地认为就这个目的而言，与其相关的是意志行为而非行动。不过这并不排除行动仍有可能进入我们的兴趣视野。如果"道德"一词的含义尚未扩展到传统之外，那么"道德"的用法可能更契合传统从而与"伦理"一词的用法有所区分。此外，我已经尽可能清晰地说明了，要确定道德价值的对象，仅仅思考意图是不够充分的。因为即使在最简单的案例中也足够清晰的是，为了得到占主导地位的非个人关涉（Anteil），我们必须借助某些伴随性价值事实。我已经尝试用一些简单的形式符号来指明道德价值取决于意图与伴随性的价值对象；而我也没有低估实现这一计划过程中的困难，即当前对价值的量的确定尚不能实现。我曾指出有两项主要公式以及从中推出的推论可以作为我所发现的法则的简短表述。鉴于它们是简短的表达式，如今我仍然相信它们是一种完备的表征。

即便如此，如果这一考虑被忽视了，那么某种危险仍会遗留下来，因为使用简单的数字来表示常量，而可能由此产生的一种确切表象在特定情况下完全不可能发生。此外，我必须承认当我写下这些公式时，它们所呈现的合法性并没有如我所认为的那样是明显经验性的。这是无比清晰的，尤其是在与过渡的临界线相关时更是如此；而且就此而言，当先天特征变得足够明显时，它并没有削弱所考察的合法性的相关性。如果我们在考察显示出合法性的案例时不再直接考察意志行为，而是考察意志行为所倚靠的关心，这也许有助于阐明整体情形。也许我们甚至会成功地深入探究某些对立性趋向，而正是这些趋向使得第一、第二主要公式变得难以解释。

关心不是一种经验而是一种对经验的倾向，也就是说，对于那些经验而言，这类次级评价是我们曾发现过的特征，它们是利他感受和欲求的核心。如果自我赋值于某物是因为它是（客观的或仅仅主观的）异己价值，这就唤起了他的关心。他对异己价值对象赋值越多，这种对于自我的关心就会越加强烈，从而作为价值主体对他者的价值就越小——所讨论的对象对自我而言是一个给定大小的价值。简言之，如果其他条件不变，关心越强，次级价值越强，而伴随着它的初级价值就越小。让我们将这种关心称作"A"，它是标示"a"随附的次级价值 g 的感受客体。这个标示与我们的符号惯例相悖，但我们马上就会看到，它服务于一个有益的目的。作为一种初次尝试，我们令下述公式成立：

$$A = g_a / \gamma 。$$

我们没有特别考虑前缀，但这些考虑自然而然地产生了。初级评价与次级评价都可以有或正或负的前缀。因此，同一方向的两种情形（对他人快乐的快乐，对他人悲伤的悲伤；即为他人感到快乐或对他人抱有同情）与相反方向的两种情形（对他人悲伤的快乐和对他人快乐的悲伤）是相对立的——幸灾乐祸和嫉妒（Schadenfreude und Neid）的表现。当我们将不幸视为好的反面，那么在同一方向的态度情形中，其结果将是肯定性关心；而在不同方向的态度情形中，其结果自然就将是否定性关心。在图表中，将 γ 的正负价值置于横坐标，而将 g_a 的正负价值置于纵坐标，那么每条穿过坐标原点的直线都代表着某种大小的关心。每条以合适的角度穿过横坐标的直线离横坐标距离的增加代表着关心程度的增加；每条以合适的角度穿过纵坐标的直线离纵坐标距离的增加则代表着关心程度的减少。

这种表征关心的方式仍然没能说清在不同情况下它们的恒常性与变动性。但我们可以猜测，主体在特定时间上的关心是由一个 γ 和一个 g_a 坐标所表征的，在那里，所有归属于 γ 价值的 g_a 价值都位于持续穿过坐标原点的一条直线。但经验却展示了一种不同的情形。在 γ 与坐标 g_a 拥有同一正向前缀的情形中，这点尤为明显。当我对他者的某个小优势感兴趣时，我应该对他者的更大的优势感兴趣，这似乎是很明显的。但如果 γ 非常大，人们可能会由于其邻居的运气而嫉妒他，这是非常容易发生的。此时 g_a 的前缀不是正的而是负的，它会随着 g 的增长而再次增长。一种带有不同前缀的与此相似但更为稀少的情形可以更为清晰地说明这一问题。在那种情形中，自我对他者的悲伤赋予了正向价值而非负向价值。当 $-\gamma$ 相对较小时，这似乎经常出现，而且这似乎也与下述期待相一致，即在这种情形中，当对少量的 ν 有较少的兴趣时，那么对大量的 ν 就应该有较大的兴趣，而 ν 越大就表示它越好。然而，经验表明人类本性比这更好：当 ν 增长时，人的同情会被唤起并会随着 ν 的数量的增长变得更加突出。

在自我对 γ 和 ν 做出负面评价的两种剩余情形中，我们会发现自我的态度随着 γ 与 ν 的不断增长而改变。其前缀经历了一种类似的改变。所有会因他者的少量悲伤感受到同情的人都会由于其更强烈的悲伤而感到更深刻的同情。而凡是会对他人的少量幸运感到失落的人都会由于其更大的幸运感到更加失落。

　　显然，我们在这一问题上从经验获知的少量信息不足以完成曲线的构建。但对于阐明我们确实拥有的这些少量信息，下图可能有所帮助。

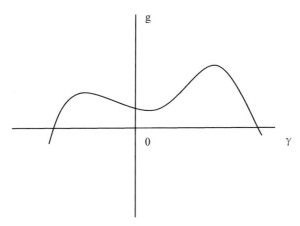

　　纵轴右边的曲线表示同情性快乐（Mitfreude）的变动过程，纵轴左边的曲线表示恶意性快乐（对他人的不幸感到快乐）的变动过程。当曲线越过横坐标轴时，纵坐标上的值的前缀变化逐渐变得明显。

　　与恶意性快乐的曲线相比，同情性快乐的曲线在离原点更远的地方穿过了横坐标轴。这说明所有的嫉妒都比同情开始得更晚。并不能十分确定但却得到充分经验支持的是，同情性快乐的最大值高于恶意性快乐的最大值。但是这些用来确切刻画合法性之规范的努力仍然需要进行不懈的考察，尤其是在实验上的考察。不仅如此，整体图景仍然十分主观，而且这个图景会被试图使这些情形清晰可见的欲求所抹杀。

　　视觉表象暗示前缀的改变源于两条曲线的重合，其中一条原初地包含了正价值，而另一条原初地包含了负价值。这表明他者的每一个 γ 都应该能够唤起自我的快乐或悲伤。在自我的价值态度中，两种感受的混合结果渐渐浮现。但同一客体同时引发快乐和悲伤是完全矛盾的，而就对立性感受而言，这似乎又是合理的甚至是明证的。严格来说，对立的价值感受没有指向同一个客体并不会带来困难。在某些情形中，同情与嫉妒似乎可以共存。直接经验清楚地表明嫉妒中有相对动量。激起嫉妒的不是 γ 的绝对数量，而是它与属于或看上去属于自我之价值的关系。对于那些嫉妒幸福之人的幸福的不幸者而言，如果他自身的幸运尚未被他的欲求甩得太远的话，他也不会对此感到嫉妒。显然在这类情形下，少量的 γ 激起的嫉妒程度远小于大量的 γ。如果这样的理解是正确的，我们必须认为导致曲线越过横坐标轴的（纵坐标上的）点的位置会有很大变化。

我们也可以类似地考察针对 ν——针对别人的悲伤——的态度。毋庸置疑，同情是自我的 u 对他者的 ν 的自然反应，ν 只是取它的绝对值。另外，从古时以来"与伙伴悲伤与共（socios habuisse malorum）"就被认为是令人赞许的。而且经常有"无伤大雅"的玩笑和取笑表明受害者的遭遇只是糟糕但也没有太过糟糕。这些是对照情形，也有许多其他情形旨在证明，只要他者的境况不会过多地损害自身的境遇，自我就会在对自身好运的满足中优先于他者。"恶意的快乐"（Schadenfreude）在这种态度中或许是一种过强的表述。无论如何，我们在此再次考察的相对动量迟早也会被一种绝对动量所取代。

目前我们仅仅探讨了拥有相同前缀的情形，而对相反前缀的评价只是以一种所谓的"旁观者"身份参与其中，并且这也承认一种相对主义的解释。毋庸置疑，即使在没有运用相对主义考虑要素的地方，（某人）对相反前缀的关心仍然有可能存在。他者的快乐可能在一开始就带来了自我的悲伤，他者的悲伤也可能带来自我的快乐。这是一种病态意志或嫉妒；这也是恶意的快乐甚或残忍这些词语的真正含义。由此产生的负面关心会随着异己价值的减少（由于它被给予了自我）和本己价值的减少（它最终会成为自我价值的结果）而增加。由于曲线重合所导致的复杂情形似乎并不会发生。

如果上述内容都正确，我们就可以总结如下：指向他者之初级评价的自我的次级评价清楚地表明了自我是如何关心他者之福祸的。

图书在版编目(CIP)数据

布伦塔诺与迈农卷/郝亿春主编. —北京：北京师范大学出版社，2024.5

（现代西方价值哲学经典）

ISBN 978-7-303-28663-8

Ⅰ.①布…　Ⅱ.①郝…　Ⅲ.①价值（哲学）　Ⅳ.①B018

中国版本图书馆 CIP 数据核字(2023)第 069548 号

营　销　中　心　电　话　010-58805385
北 京 师 范 大 学 出 版 社
主题出版与重大项目策划部

出版发行：北京师范大学出版社　www.bnupg.com
　　　　　北京市西城区新街口外大街 12-3 号
　　　　　邮政编码：100088
印　　刷：北京盛通印刷股份有限公司
经　　销：全国新华书店
开　　本：710 mm×980 mm　1/16
印　　张：24
字　　数：400 千字
版　　次：2024 年 5 月第 1 版
印　　次：2024 年 5 月第 1 次印刷
定　　价：128.00 元

策划编辑：郭　瑜　　　　责任编辑：郭　瑜
美术编辑：王齐云　　　　装帧设计：王齐云
责任校对：陈　民　　　　责任印制：马　洁　赵　龙